Die Klasse VIb der Nikolaischule, Ostern 1933.

LEIPZIG WIRD BRAUN

Das Jahr 1933
in Zeitungsberichten
und Fotografien

Herausgegeben von
Mark Lehmstedt

Lehmstedt Verlag

Buchgestaltung und Satz: Mathias Bertram, Berlin
Herstellung: Druckhaus Dresden GmbH

© Lehmstedt Verlag, Leipzig, 2008
Alle Rechte vorbehalten. Printed in Germany
ISBN 978-3-937146-55-3

Verlagsanschrift: Marktstraße 5, D-04177 Leipzig
Verlagsinformationen: www.lehmstedt.de

Titelbild: Gauparteitag Sachsen der NSDAP in Leipzig, Hitler auf der Fahrt vom Völkerschlachtdenkmal (Hintergrund) zum Stadtzentrum am 16. Juli 1933

Vorbemerkung

Am 24. April 1933 beginnt in Deutschland ein neues Schuljahr. Erwartungsvoll nehmen die dreiunddreißig Schüler der Klasse VIb der Leipziger Nikolaischule Aufstellung, um sich für das Schulalbum fotografieren zu lassen. Es ist ein sonniger Tag, an den Bäumen zeigt sich schon das erste Grün. Die zehnjährigen Jungen blicken fröhlich und voller Vertrauen in die Kamera. Sie ahnen noch nicht, daß sie schon bald ihre »nichtarischen« Mitschüler und Spielkameraden ausgrenzen oder doch tatenlos zusehen werden, wenn andere dies tun. Sie wissen noch nicht, daß sie vier Jahre später in den Uniformen der Hitlerjugend stecken werden und Märsche durch den Leipziger Auwald machen müssen. Nichts ahnen sie davon, daß sie in acht Jahren als Wehrmachtssoldaten in Rußland einmarschieren oder als SS-Männer KZs bewachen werden. Ist einer unter den dreiunddreißig, der sich einer illegalen Widerstandsgruppe anschließen und von der Gestapo »auf der Flucht« erschossen werden wird? Wird ein anderer zehn Jahre später zwangssterilisiert, weil er homosexuell ist? Wer von ihnen wird einen Nachbarn denunzieren, der einen politischen Witz erzählt hat? Wird keiner von ihnen polnische Juden erschießen, russische Frauen vergewaltigen, griechische Dörfer niederbrennen? Die fröhlichen Jungen von Ostern 1933 ahnen noch nicht, daß viele von ihnen in Schützengräben, U-Booten oder Kampfflugzeugen, im russischen Eis oder in der afrikanischen Wüste sterben werden. Und es übersteigt ihr Vorstellungsvermögen, daß zehn Jahre später ihre Heimatstadt Leipzig im Bombenhagel untergehen und von der Nikolaischule, in deren Hof sie stehen, nur eine Ruine übrigbleiben wird.

»Leipzig wird braun« beschreibt die letzten Tage der Weimarer Republik und die Etablierung der nationalsozialistischen Gewaltherrschaft am Beispiel einer deutschen Großstadt, die nach ihrer Einwohnerzahl, ihrer Wirtschaftskraft, ihrer Stellung im Welthandel und ihrer Bedeutung für das kulturelle und wissenschaftliche Leben zu den wichtigsten Zentren des Deutschen Reiches gehörte, einer Großstadt, die eine Hochburg der sozialdemokratischen und kommunistischen Arbeiterparteien war und zugleich ein Mittelpunkt des liberalen Industrie- und Handelsbürgertums. In atemberaubender Geschwindigkeit wird im Jahr 1933 aus der »roten« eine »braune« Stadt, deren »Parlament« schon wenige Wochen nach der »Machtergreifung« dem »Führer« die Ehrenbürgerschaft verleiht und eine Magistrale nach ihm benennt. Als Hitler im Juli 1933 zum Gauparteitag der sächsischen NSDAP nach Leipzig kommt, erwarten ihn Hunderttausende in geradezu hysterischer Verzückung. Während die politischen Parteien und Gewerkschaften binnen Wochen zerschlagen und Hunderte Leipziger Kommunisten, Sozialdemokraten und Gewerkschaftsfunktionäre angeblich in »Schutzhaft« genommen, tatsächlich aber in Konzentrationslager verschleppt, gefoltert und ermordet werden, passen sich Lehrer und Gastwirte, Hausbesitzer und Kleingärtner, Juristen und Handwerker, Buchhändler und Verleger, Handelskammer und Stadtverwaltung im Eiltempo an und lassen sich »gleichschalten«.

Bei den Reichstagswahlen am 12. November 1933 stimmen schließlich 85 Prozent der Leipziger Wähler für Adolf Hitler und seine Politik.

Diese Vorgänge sind eingebettet in die Kontinuität des ganz »normalen« Arbeits- und Alltagslebens. Auch 1933 wird in Betrieben, Werkstätten und Büros gearbeitet, sind Straßenbahnfahrer und Müllmänner unterwegs, werden Maschinen konstruiert und Bücher gedruckt, lindern Ärzte Schmerzen und verteilen Postboten Briefe und Päckchen. Auch 1933 finden Kleinmesse und Weihnachtsmarkt statt, gehen Groß und Klein im Sommer in die Schwimmbäder und im Winter auf die Rodelbahn, werden zu Weihnachten Pakete verschickt, lauscht man voller Entzücken den Thomanern oder den Gewandhausmusikern, die freilich schon nicht mehr vom »nichtarischen« Bruno Walter dirigiert werden dürfen, oder besucht noch kurz vor ihrem Auftrittsverbot im Mai 1934 eine Show der Comedian Harmonists. Auch 1933 gibt es Wetterkapriolen und Verkehrsunfälle, Mord aus Liebeskummer und Besuche bei den Löwen im Zoo (von denen einer voller Stolz dem »Tierfreund« Hermann Göring geschenkt wird).

Die hier versammelten Zeitungstexte des Jahres 1933 versetzen den heutigen Leser zurück in die Lage eines Zeitgenossen, dem sich als Zeitungsleser (und Beobachter) die Vorgänge als verworrene, kaum zu durchschauende Vielzahl von Tendenzen darstellten. Wie ihn die zehnjährigen Schüler der Nikolaischule anblicken, so treten ihm die Texte entgegen – in die Zukunft hinein offen, ohne noch zu wissen, was folgte und welche Zusammenhänge unter der wirren Oberfläche herrschten.

Leipzig im Januar 1933

4. JANUAR 1933 (MITTWOCH)

Im Kölner Haus des Bankiers Kurt von Schröder findet eine Unterredung Hitlers mit Franz von Papen statt. In seiner Konsequenz schlägt Papen dem Reichspräsidenten Paul von Hindenburg Hitlers Ernennung zum Reichskanzler eines Koalitionskabinetts vor. Zwischen Papen und dem Reichskanzler Kurt von Schleicher beginnt ein offenes Zerwürfnis.

Tumult im Leipziger Rathaus. Die Stadtverordneten wählen ein Links-Präsidium. Die Sitzung aufgeflogen

Mit größter Spannung sah die Leipziger Bevölkerung der ersten Sitzung der Stadtverordneten entgegen, die vor allem die *Wahl des Präsidiums* bringen sollte. Schon seit langem stand die Frage im Vordergrund: »Wer wird Vorsteher?« Niemand konnte sie zufriedenstellend beantworten, da die Meinungen darüber sehr geteilt waren.
Ehe jedoch oben im Sitzungssaal die Entscheidung fiel, hatte unten auf der Straße vor dem Rathaus die Polizei eine schwere Aufgabe zu bewältigen. Immer wieder drängten Demonstranten zum Rathaus heran, und immer wieder mußten sie von der Polizei zurückgedrängt werden.
Während dann vor dem Rathaus langsam wieder Ruhe eintrat, versammelten sich im Sitzungssaal die Stadtverordneten. Es gab Begrüßungen zwischen den alten Bekannten, und in Gänsemarsch zogen die 18 Braunhemden in den Saal ein. Die Tribüne und die Ratstische waren gut besetzt, von den 75 Stadtverordneten waren 74 anwesend.
Oberbürgermeister Dr. *Goerdeler* war die Aufgabe zugefallen, in Erfüllung der Bestimmungen der Sächsischen Gemeindeordnung die Sitzung zu leiten, bis der Vorsteher gewählt war. Schon kurz nach seiner Begrüßung erhob sich der Führer der Kommunisten, *Herrmann*, ausführend, daß man in diesem Augenblick keine Begrüßungsrede hören, sondern tatkräftige Hilfe für die Bedürftigen beschließen wolle. Der Rat müsse vom Polizeipräsidium die Freilassung der eben verhafteten Demonstranten fordern. Der Oberbürgermeister erklärte, da das Präsidium noch nicht gewählt sei, könne auch keine Abstimmung erfolgen. Dr. Goerdeler fuhr dann in seiner Rede fort und wünschte, daß das neue Kollegium *praktische Arbeit* zum Wohle der Gemeinde leisten möge. Der Redner hatte das Ohr des ganzen Hauses, als er auf die nächsten größeren Aufgaben verwies, die das Kollegium zu erledigen habe, nämlich die Beratung des *Haushaltplanes* und die Verabschiedung eines großzügigen kommunalen *Arbeitsbeschaffungsprogramms*.
Nachdem der Beifall (von rechts und aus der Mitte) verebbt war, schritt das Haus zur Vornahme der Wahlen. Bei den Vorschlägen für den Vorsteher wich sofort die begreifliche Erregung, und man sah klar, als der Kommunist *Herrmann* erklär-

te, daß seine Fraktion im zweiten Wahlgang *für den Kandidaten der SPD* eintreten werde. Die SPD nahm diese Einstellung als Zeichen der Vernunft begeistert auf. Noch einen Tag vorher hatten die Kommunisten erklärt, nur ein reines Kommunisten-Präsidium sei möglich. Inzwischen hatten sie sich davon überzeugt, daß das eine Unmöglichkeit war und daß sie beim Festhalten an dieser Forderung nur das erreicht hätten, was sie gerade vermeiden wollten, nämlich einen *Nationalsozialisten* als Vorsteher zu sehen.

Und nun kam alles, wie es kommen mußte; in rascher Folge wickelten sich die einzelnen Wahlhandlungen ab, bis das Präsidium mit zwei Sozialdemokraten (der Vorsteher [Dr. Hübler] und der zweite Vizevorsteher [Setzpfand]) und einem Kommunisten (der erste Vizevorsteher [Schmidt]) gebildet war. Der Ausgang der ersten beiden Wahlen hatte die »Nationale Bürgerliste« so verblüfft, daß sie erst bei der Stichwahl für den zweiten Vizevorsteher sich wieder aufraffte, an der Wahl teilzunehmen. Aber vergeblich, auch hier wurde ein Sozialdemokrat gewählt.

Einigen Mitgliedern der »Nationalen Bürgerliste« scheint ein Licht aufgegangen zu sein, welch' riesiger Fehler von ihnen gemacht worden war, sich den Nationalsozialisten zu verschreiben. Mit 6 gegen 5 Stimmen hatte die »Nationale Bürgerliste« in einer Fraktions-Sitzung beschlossen, für einen Nationalsozialisten als Vorsteher zu stimmen, nachdem die Nationalsozialisten es abgelehnt hatten, Herrn Enke wiederzuwählen. Die »Nationale Bürgerliste« trat also für eine Partei ein, die wiederholt erklärt hat, mit dem Bürgertum von heute *nichts* mehr zu tun haben zu wollen. Eine solche Niederlage hätte sich die »Nationale Bürgerliste« ersparen können, hätte sie sich rechtzeitig darauf besonnen, daß man die *Demokratie* nicht mit Füßen treten darf. Eine Fühlungnahme mit der stärksten Fraktion, der SPD – wie sie von uns wiederholt angeregt worden war – hätte zweifellos der »Bürgerliste« einen Sitz im Präsidium gebracht. Wenn sie jetzt über das »rote Präsidium« zetert, dann hat sie selbst die größte Schuld daran. Bei einigermaßen mehr *politischem Instinkt* und ein klein wenig mehr *Vernunft* hätten die elf Mitglieder der »nationalen Liste« viel erreichen können.

Ging es bei den Wahlen noch ziemlich ruhig zu, so änderte sich das Bild sofort, als der Kommunist *Plache* einen Antrag seiner Partei auf sofortige *Winterhilfe* [für die Erwerbslosen] begründet hatte. Nachdem der Oberbürgermeister in ruhiger, sachlicher Art auf einige Mißverständnisse hingewiesen hatte, nahm der Führer der Nationalsozialisten, *Haake*, das Wort. Zwischen Nationalsozialisten und Kommunisten haben sich im Laufe der letzten Jahre in den Sitzungen der Stadtverordneten allerlei Reibungen ergeben. Was aber heute, am ersten Sitzungstage des neuen Stadtverordnetenkollegiums, sich abspielte, das ist *tief beschämend* für das ganze parlamentarische Leben. Als der Nationalsozialist Haake weit ab vom Thema auf die Morde zu sprechen kam, da ertönten aus den Reihen der Linken stürmische Protestrufe. Die Nationalsozialisten antworteten mit *wüstem Geschrei* und *Klappern der Pultdeckel*. Man hörte immer wieder die Rufe »Fememörder«, »Lumpen« und zwischendurch den Namen: »Hentsch«, »Hentsch«. Der Vorsteher konnte sich nicht mehr durchsetzen und vertagte die Sitzung auf zehn Minuten. Trotzdem der Vorsteher nach der Wiedereröffnung der Sitzung darauf verwies, daß bei dem weiteren Lärm die gestellten Anträge gefährdet seien, wiederholten sich die gleichen Vorgänge. Der Nationalsozialist sprach immer wieder von Morden, worauf die Zurufe von der linken Seite verstärkt einsetzten. Dem Vorsteher blieb schließlich nichts anderes übrig, als die Sitzung zu *schließen*.

Zerstört ist die Hoffnung, daß das Gemeindeparlament sich schon in seiner ersten Sitzung als *arbeitsfähig* erweisen möge. Es wurde nach einem öden Parteiengezänk nach Hause geschickt ...

Emil Dörfel, NLZ 5. Januar 1933, S. 4

Zwischenfälle auf der Straße.
13 Personen verhaftet

So stürmisch wie im Stadtverordnetensaal selbst, so stürmisch wurde die neue Sitzungsperiode des Leipziger Stadtparlaments auch auf der Straße eingeleitet. Mehrere Stunden lang ist es am Mittwoch abend an verschiedenen Stellen der Stadt immer wieder zu größeren Ansammlungen und Zusammenstößen gekommen. In der 17. Stunde versuchten größere Trupps von Kommunisten und Erwerbslosen aus den Außenbezirken in geschlossenem Zuge nach der Innenstadt und vor allem nach dem Rathaus vorzudringen. Nach der Beendigung des Burgfriedens sind Straßenumzüge selbst nicht verboten. Die Leipziger Bannmeile, die um die Altstadt eine Sperrgrenze zieht, besteht aber nach wie vor. Da nun die Demonstranten die Bannmeile nicht beachteten und sie an mehreren Stellen zu durchbrechen versuchten, mußte die Polizei eingreifen und die Züge auflösen.

Der *ernsteste Zwischenfall* hat sich gegen 17 Uhr im Brühl ereignet, in den ein Zug von 200 Kommunisten aus der Richtung vom Alten Theater her einmarschierte. Mehrere Beamte der Revierpolizei stellten sich den Zugteilnehmern entgegen und versuchten die Straßenkundgebung aufzulösen. Dabei wurden die Beamten bedrängt und tätlich angegriffen, so daß sie die Revolver ziehen mußten. Es gelang ihnen, einen der Angreifer herauszugreifen und zu verhaften. Im Verlaufe dieses Vorfalls ist die Fensterscheibe der Eingangstür einer Buchhandlung im Brühl eingedrückt worden. Die Beamten wollten den Verhafteten in diesem Geschäft in Sicherheit bringen. Die Menge stürmte nach. Im gleichen Augenblick traf polizeiliche Verstärkung ein, von der die Versammlung zum Teil unter Anwendung des Gummiknüppels *auseinandergetrieben* wurde.

Zwischen 17 und 18 Uhr stießen größere kommunistische Abteilungen mehrfach nach dem Neuen Rathaus zu vor, wo sich die Stadtverordneten eben versammelten. Die Polizei hatte hier, als sie die viele hundert Mann starken Trupps zerstreuen mußte, eine ziemlich aufreibende Arbeit zu leisten. Im Schutz der Anlagen und der Buden des Neujahrsmarktes auf dem Roßplatz konnten sich die Gruppen immer rasch wieder zusammenfinden, um dann erneut nach dem Rathaus zu marschieren. Die Kundgebungsteilnehmer wurden schließlich von der Polizei abgedrängt und südlich vom Königsplatz und vom Roßplatz in den Straßen zerstreut. Einzelnen Trupps gelang es ab, die Straßen der Innenstadt zu erreichen. Auch hier wurden sie rasch von der Polizei vertrieben, die mit kleinen Überfallwagen das gesamte beruhigte Stadtgebiet ununterbrochen abfuhr. Dieser Zermürbungstaktik der Polizei sind die Demonstranten dann gewichen.

Die Zugangsstraßen zum Neuen Rathaus waren die ganze Zeit über durch Polizeiketten gesichert und für den Verkehr gesperrt. Es durften nur Personen passieren, die sich genügend ausweisen konnten oder eine Eintrittskarte für die Stadtverordnetensitzung hatten. Noch bei dem überraschenden Schluß der Sitzung glich der Burgplatz einem polizeilichen Heerlager. Hier waren die gesamten Mannschaften und die Überfallwagen zusammengezogen worden.

Im ganzen sind am Mittwoch abend *13 Personen wegen tätlichen Angriffs auf Polizeibeamten, Widerstands und Ungehorsams verhaftet* und dem Polizeipräsidium zugeführt worden.
NLZ 5. Januar 1933, S. 4

6. JANUAR 1933 (FREITAG)

Karl Straube 60-jährig. Er erhält vom Reichspräsidenten die Goethe-Medaille

Der Leipziger Thomaskantor begeht am 6. Januar seinen 60. Geburtstag. »Mein Leben ist Arbeit« – pflegt Straube zu sagen, wenn man nach seinem Künstler-Dasein forscht. Die Jahre, da er als junger Berliner Orgelvirtuose Städte und Länder mit großartigem Erfolge bereiste, liegen längst hinter ihm. Seit Jahrzehnten wirkt er an der Kirche Johann Sebastian Bachs, seit 1902 als Organist, seit 1918 als Kantor, als Leiter des Thomanerchors, der Gewandhaus-Chorkonzerte und weltberühmter Bach-Aufführungen. Oft bleiben ihm nur die späten Abendstunden, um den jungen Organisten-Nachwuchs am Landeskonservatorium heranzubilden und – was stets eine seiner vornehmsten Aufgaben war: Musikern jeder Richtung mit Rat und Tat zur Seite zu stehen.

Sein Leben ist Arbeit, aber es ist auch *einzigartiger Erfolg*. Denn *Straube hat Leipzig zur maßgebenden Bach-Stadt gemacht*. Bereits 1904 fand unter seiner Leitung das 2. deutsche Bachfest in Leipzig statt, nachdem er erst im Jahre vorher den Bachverein (heute mit dem Gewandhauschor vereint) übernommen hatte. Mit diesem Verein hat er in den folgenden Jahren aufsehenerregende Leipziger Bachfeste veranstaltet und hat zugleich Leipzig zum bevorzugten Festort der deutschen Bachgesellschaft (1920, 1923, 1929) gemacht. Musikfreunde aller Länder, selbst Amerikas, haben die Reise zu Straubes Bachfesten nach Leipzig nicht gescheut.

Ähnlichen Erfolg hatten seine *Händel*-Aufführungen, die 1925 den Anstoß zur Gründung der Händel-Gesellschaft gaben. Die größten Verdienste hat Straube um die Förderung Max *Regers*, dessen Bedeutung er als erster erkannte, für den er unermüdlich eintrat. Mit ähnlicher Anteilnahme hat er später junge Komponisten wie Kurt Thomas und Günter Raphael gefördert und nach Leipzig geholt. Ein besonderer Erfolg war dann Straubes *Gründung des Kirchenmusikalischen Instituts* der Landeskirche Sachsen. Der so verdienstvolle Leipziger Musiker ist heute Direktor dieses Instituts, Professor und Senatsmitglied des Landeskonservatoriums und Ehrendoktor zweier Fakultäten.

Der *Reichspräsident* hat Herrn Professor Dr. Karl Straube zur Vollendung seines 60. Lebensjahres in Anerkennung seiner Verdienste um die deutsche Kunst die *Goethe-Medaille für Wissenschaft und Kunst* verliehen.

NLZ 6. Januar 1933, S. 5

7. JANUAR 1933 (SONNABEND)

Das Reichsbanner ist kampfbereit. Machtvolle republikanische Kundgebung in Leipzig. Eine Rede Höltermanns

Nach dem Ablauf des Burgfriedens hat das Reichsbanner sofort wieder Frontstellung bezogen. Die Wochen der politischen Ruhe seit den Wahlen sind ihm gut bekommen. In der Stille ist in allen Gruppen eifrige Arbeit geleistet worden. So sind die Reihen jetzt fester geschlossen als zuvor. Die Mannschaften stehen noch straffer formiert zusammen. Unter dem Eindruck der politischen Ereignisse der letzten Monate sind *Kampfbegeisterung* und *Zuversicht* noch *unerschütterlicher* geworden. Das zeigte auch das Leipziger Reichsbanner bei seinem ersten öffentlichen Auftreten im neuen Jahre am Sonnabend abend im Zoo. Der Ortsverein Leipzig hatte in Gemeinschaft mit den Dietzeschen Chören zu einem Republikanischen Abend aufgerufen, zu einem Volksfest, das in einem Ball seinen Abschluß fand. Aber die Veranstaltung war mehr als das. Sie mußte es sein, weil das Reichsbanner seinen Bundesführer Karl *Höltermann* zu Gaste hatte. Der Abend wuchs sich aus zu einer großen Kundgebung für die Republik, wie man sie im geschlossenen Raume in Leipzig machtvoller kaum erlebt hat.

Schon lange vor Beginn waren im großen Saale, im Terrassensaal und auf den Galerien alle Plätze besetzt. Hunderte standen in den Gängen, Hunderte drängten sich noch am Eingang und waren gezwungen, umzukehren, weil der Zutritt zu den Sälen gesperrt werden mußte. Die Reichsbannerkapelle konzertierte unter *Siedeborns* sicherer Führung. Die *Dietzeschen Chöre* brachten Kampflieder zu Gehör und ernteten mit ihrem Chormeister H. Dietze an der Spitze unerhörten Beifall.

Ernst und mahnend waren die Worte des Bundesführers Höltermann; kraftvoll und anfeuernd. Er gab zunächst einen Rückblick auf das vergangene Jahr. »Ihr habt einen guten

Kampf gekämpft«, rief er in den Saal, »und die Geschichte wird den deutschen Arbeitern danken dafür, daß sie durch ihren Widerstand und ihre Geschlossenheit die Reichspräsidentschaft Hitlers verhindert haben.« Höltermann wies weiter darauf hin, daß Hitler jetzt wieder versuche, sich in das Reichskanzleramt hineinzuschleichen. Lange werde es aber nicht dauern, bis die glänzende Hülle von dem Götzenbild des Faschismus abfalle. »Alle, die ihm nachliefen, werden sich dann schämen, Hitler einmal ihre Stimme gegeben zu haben.« Der Redner machte aber auch darauf aufmerksam, daß den Republikanern, während sie im vordersten Graben gekämpft hätten, durch dunkle Machenschaften im Rücken manche Stellung verlorengegangen sei, wie die Herrschaft in Preußen und anderen deutschen Ländern. »Wir werden nicht ruhen, bis wir auch Preußen zurückerobert haben, bis es wieder heißt, die Republik den Republikanern.« Und dann ließ Höltermann noch eine Reihe erschütternder Zahlen folgen. Er gedachte der Opfer, die das Reichsbanner im Jahre 1932 hat bringen müssen. Allein 35 Tote hat es zu beklagen. Für das neue Jahr gab Höltermann die Losung aus: »Wider Wind und Wellen unseren Willen!«

Die Ansprache Höltermanns, die stürmische Zustimmung fand, hinterließ einen tiefen Eindruck, der sich auch dann nicht verwischte, als fröhliche Stimmung schon lange ihren Einzug gehalten hatte.

rdt., NLZ 8. Januar 1933, S. 6

8. JANUAR 1933 (SONNTAG)

Zusammenstöße bei Umzügen. Drei Verhaftungen. Fünf Reichsbannerleute überfallen

Die NSDAP hatte am Sonntag ihre Anhänger zu einer Straßen-Werbung zusammengerufen. In den Morgenstunden veranstalteten zunächst kleinere Gruppen in ihren verschiedenen Leipziger Standortbezirken Umzüge. Dann wandte man sich dem *Osten* Leipzigs zu und sammelte sich in der Nähe des Kuchengarten zur Hauptdemonstration. Nach amtlichen Feststellungen nahmen an diesem Zuge etwa 3500 Personen teil.

Gleich beim Anmarsch der Demonstrationsteilnehmer, gegen 8 Uhr, kam es zu einem *blutigen Zwischenfall*. Ein Angehöriger der nationalsozialistischen SS, ein 23 Jahre alter Techniker aus Leipzig-Plagwitz, befand sich auf dem Weg zu seinem Stellplatz in der Einertstraße. In der Eisenbahnstraße gab der Nationalsozialist plötzlich aus einem Revolver zwei Schüsse ab. Eine Kugel drang einem 22 Jahre alten *Maurer* aus Leipzig-Lindenau, der sich mit einem Bekannten auf einem Besuchsgang nach der Wissmannstraße befand, in den Oberarm. Der Verwundete wurde im Rettungsautomobil nach dem Diakonissenhaus gebracht. Er konnte, nachdem ihm ärztliche Hilfe zuteil geworden war, in seine Wohnung entlassen werden. Der Techniker wurde festgenommen und dem Polizeipräsidium zugeführt. Der Nationalsozialist behauptete, er sei angegriffen worden, habe zwei Faustschläge unter das Kinn erhalten und die Schüsse in Notwehr abgegeben. Er wurde später dem Maurer gegenübergestellt, mußte jedoch erklären, daß *der Angeschossene nicht der sei*, der ihn angegriffen habe. Der Techniker wurde der Staatsanwaltschaft zugeführt.

Beim Marsch der Nationalsozialisten durch die Kapellenstraße in Leipzig-Reudnitz kam es zu einer *Rempelei* mit Andersdenkenden. Polizei schritt sofort ein und konnte eine Schlägerei verhüten. Festgenommen wurde ein Angehöriger der NSDAP, der nicht im Zug mitmarschiert, sondern als »Zivilaufklärer« nebenhergegangen war. Bei ihm wurde ein *geladener Revolver gefunden*. Er wird ebenfalls der Staatsanwaltschaft übergeben.

In der *Lorckstraße* in Leipzig-Reudnitz wurden fünf Reichsbannerleute von nationalsozialistischen Zugteilnehmern angegriffen und geschlagen. Ein Reichsbannerangehöriger wurde erheblich verletzt und mußte sich in ärztliche Behandlung begeben. Einer der Schläger ist erkannt worden. Er konnte jedoch bisher nicht festgenommen werden.

Schließlich kam es noch in der *Kreuzstraße* zu einem Zusammenstoß zwischen Angehörigen der NSDAP und Andersdenkenden. Dabei wurde die Schaukastenscheibe einer Lebensmittelhandlung eingedrückt. Die Täter entkamen unerkannt.

Angehörige der KPD versuchten gegen Mittag, der nationalsozialistischen Propaganda eine Gegendemonstration entgegenzusetzen. Im Osten sammelten sich etwa 1500 Kommunisten zu einem Zug. Da die Teilnehmer aufreizende Lieder sangen, wurde der Zug von der Polizei aufgelöst.

Insgesamt wurden dem Polizeipräsidium sechs Personen zugeführt, von denen drei wieder entlassen werden konnten. Die anderen *drei*, sämtlich Angehörige der NSDAP, wurden *in Haft behalten* und werden sich vor der Staatsanwaltschaft zu verantworten haben.

Wie uns mitgeteilt wird, veranstaltete ferner die KPD am Sonnabend nachmittag in *Böhlitz-Ehrenberg einen Werbeumzug*. In der Eisenbahnstraße stießen die Teilnehmer auf einen Bäckergesellen, der einen Handwagen führte. Etwa 5 Zugteilnehmer stürzten sich auf den ihnen als Nationalsozialisten bekannten jungen Mann, schlugen ihn zu Boden und ließen ihn schwer verletzt liegen. Von Anwohnern der Eisenbahnstraße wurde der Bäckergeselle in ärztliche Behandlung gebracht. Die Schläger konnten nicht ermittelt werden.

NLZ 9. Januar 1933, S. 3

Trauerfeier für Heine.
Große Teilnahme aus allen Kreisen

Ungewöhnlich groß war die Teilnahme aus allen Kreisen der Leipziger Wirtschaft, der Angestellten und der Leipziger Bevölkerung an der Trauerfeier für den am Donnerstag verstorbenen Inhaber der Firma Gebr. Heine, Max Hermann *Heine*. Kaum vermochte die Kapelle des Südfriedhofes die Gemeinde zu fassen. Als das Präludium der Orgel und die Liturgie verklungen waren, hielt Rabbiner *Dr. Goldmann die Traueransprache*. Er zeichnete einen bedeutenden, doch schlichten Menschen, der getragen wurde von echtem und letztem Menschentum. Wenn es des Menschen Macht und Größe sei, sein Leben zu füllen mit allem Schönen und Edlen, so treffe dies auf den Verstorbenen in vollem Maße zu. Sein Leben sei echte Harmonie gewesen. Mit dem Sinn für das Gewaltige und Erhabene habe sich ihm auch der Sinn für das Kleine und scheinbar Nebensächliche verbunden, mit dem Wagemut, der ihn neue Wege gehen ließ, die notwendige Bedachtsamkeit und Fähigkeit, das Ganze zu überschauen. Seine ungewöhnliche Energie habe ihn ein Lebenswerk bauen lassen, das als Musterbeispiel wirklichen Lebenswerks gelten könne.

Alle die hohen Eigenschaften des Charakters und Geistes, die den Verschiedenen ausgezeichnet hatten, klangen wider in den *Nachrufen*. Im Namen der Geschäftsleitung der Firma Gebr. Heine gedachte Direktor *Fischer* mit warmen Worten des Verstorbenen und sprach das Gelöbnis aus, sein Lebenswerk zu erhalten und in seinem Geiste auszubauen. Der Trauer der Israelitischen Religionsgemeinde, der Max Hermann Heine stets sein Interesse bewiesen, gab der Vorsitzende Carl *Goldschmidt* Ausdruck. Was der Verschiedene den Leipziger Künstlern und der Staatlichen Akademie für Graphik und Buchgewerbe, besonders aber der in hartem Lebenskampfe stehenden künstlerischen Jugend, als wahrer Kunstfreund und Helfer bedeutet habe, sprach Professor *Steiner-Prag* aus. Für Heines Verdienste um den Großhandelsstand dankte im Namen des Reichsverbandes des Deutschen Groß- und Überseehandels Rechtsanwalt Dr. *Zöphel*. In seinem Nachruf brachte Bankier *Breslauer* den Dank aller Freunde des Hauses zum Ausdruck. Namens der Ferienheime für Handel und Industrie, Wiesbaden, übermittelte Direktor Dr. *Goldstein* den letzten Gruß, im Auftrag des Israelitischen Wohltätigkeitsvereins Rabbiner Dr. *Cohn*, des Tennisklubs »Rotweiß« Dr. *Zander*.

Ergreifend erklang zum Abschied Joachim Raffs »Sei still«, gesungen vom Oberkantor *Lampe*. Während das *Gewandhausquartett* in der herrlichen »Cavatina« aus Beethovens B-Dur-Quartett noch einmal die Klage um den Verstorbenen aufklingen ließ, sank der Sarg mit der sterblichen Hülle Max Hermann Heines in die Tiefe.

hz., NLZ 9. Januar 1933, S. 3

11. JANUAR 1933 (MITTWOCH)

Leipziger Kinos. »Tarzans Rückkehr«

Diesen recht beachtlichen Tonfilm bringen gleichzeitig »Alberthalle« und »Königspavillon« als mitteldeutsche Uraufführung. Eine glückliche Mischung zwischen einem Forschungs- und einem Abenteuerfilm. Auf der einen Seite sehen wir den unheimlichen Urwald mit seinen zahlreichen Gefahren durch wilde Tiere, die aber gleichzeitig wieder schaurig-schöne Bildmotive abgaben. Sehr geschickt verstand man es dabei, die Geräusche und Töne der Wildnis als klangliche Untermalung in den Film einzugliedern. Die andere Seite zeigt uns zwei Menschengruppen. Die eine sucht einen jungen Mann, der bei einer Expedition verschollen ist; sie haben aber begründete Hoffnung, ihn noch lebend aufzufinden. Der Führer der anderen Gruppe ist ein Abenteurer, der einen Elfenbeinschatz auffinden will und sich dem Wahne hingegeben hat, mit Hilfe dieses Schatzes dann Herrscher von ganz Ostafrika zu werden. Die Hauptrolle des interessanten Films ist bestens mit Tom Tyler besetzt.

et., NLZ 12. Januar 1933, S. 6

16. JANUAR 1933 (MONTAG)

Reichskanzler Schleicher sucht in Gesprächen mit dem Zentrumsführer Kaas nach Möglichkeiten einer neuen Regierungsbildung.

Pestalozzi-Feier des Leipziger Lehrervereins. Die Krisis der Humanitätsidee. Ein Vortrag Professor Litts

Am Montag abend beging der Leipziger Lehrerverein sein 87. Gründungsfest mit einer gut gelungenen Pestalozzifeier, zu der viele Hunderte seiner Freunde und Mitglieder, darunter namhafte Hochschullehrer und Politiker, im großen Saale des »Sanssouci« erschienen waren. Nach einer Begrüßungsansprache des Vorsitzenden Arno *Siemon*, der kurz auf die Nöte der Volksschule hinwies, hielt Professor *Litt* eine gehaltvolle und formvollendete Festrede über »Die Krisis der Humanitätsidee«. Seine Ausführungen waren mehr als eine bloße wissenschaftliche Abhandlung. Sie gaben eine tiefgründige Kritik an den vielfältigen geistigen Strömungen unserer Gegenwart und zeigten zum Schluß positive Wege zur Überwindung der allgemeinen geistigen Krise.

Die ganze deutsche Bildungsüberlieferung, so führte Litt aus, droht heute ins Wanken zu kommen, da ihr Kernstück, die Humanitätsidee, von den verschiedensten Seiten her verworfen wird. Ihre beiden Hauptmerkmale, die innere Ordnung der wohlgebildeten Persönlichkeit und das offene Verstehen für alles Menschliche, werden von vier Gegnern in Frage gestellt. Ein soziologischer Realismus will nur das Wissen um den gesellschaftlichen Standort als Bildung gelten lassen und führt in der »neuen Sachlichkeit« zur Ablehnung alles Geistigen. Ein nationalistischer Aktivismus bekämpft die Objektivität als Schwäche und fordert, daß alles Einzeldasein im Volksganzen aufgehe. Die neuprotestantische Frömmigkeit der »Theologie der Krisis« sieht im Humanismus eine frevelhafte Selbstvergottung des Menschen, will auf jede Selbständigkeit verzichten und nur die ewige Abhängigkeit des Menschen von Gott gelten lassen. Und eine Neuromantik schließlich sieht im Geist überhaupt den Verderber des Lebens und verherrlicht das Unbewußt-Triebhafte. So wesensverschieden diese Gegner auch sind, so groß ist doch die Gefahr, die von ihnen unserer Volksbildung droht, zumal die allgemeine Hinwendung zur Politik einer Fahnenflucht vor dem Geist überhaupt gleichkommt.

Der Erzieher hat nun, so meinte Litt weiter, die Aufgabe, gegen diese Entwicklung Stellung zu nehmen und das Positive im Geiste als Heilungsmöglichkeit lebendig werden zu lassen. Gerade in der heutigen Zeit der politischen Verrohung ist die Mahnung zur Menschlichkeit mehr notwendig denn je (Beifall). Die Absage an die Humanitätsidee ist vielmehr ein Zeichen von Schwäche und Feigheit. Sie allein erinnert den Menschen an seine großen Aufgaben. Daher kann sie heute auch keine Gefahr mehr für die Religion sein, wie es zu Zeiten der Klassiker wohl der Fall war.

An die Erzieher als die berufenen Hüter der Humanitätsidee richtete Litt zum Schluß die Mahnung, sie möchten diese Idee erkennen als das, was ihnen ewig als Pflicht und Möglichkeit auf der Seele liegt. (Lang anhaltender, stürmischer Beifall.)

Die beiden Reden wurden umrahmt von einer Brahms- und einer Boccherini-Sonate, die Konstantin Popoff und Joachim Popelka meisterhaft zu Gehör brachten. Im weiteren Verlauf des Abends wechselten ernste und heitere Darbietungen. Das Hennicker-Quartett sang Lieder und Madrigale, der Turn- und Sportverein 1867 zeigte Keulen-, Stab- und Bewegungsübungen und die köstliche Jenita Santas erntete mit ihren heiter-satirischen Vorträgen lebhaften Beifall.

Dr. C., NLZ 17. Januar 1933, S. 2

18. JANUAR 1933 (MITTWOCH)

Hitler spricht mit Papen im Berliner Haus des Henkell-Vertreters Ribbentrop über eine Regierungsbildung. Anwesend ist auch der Sohn des Reichspräsidenten, Oskar von Hindenburg.

Schüsse in Stötteritz. Blutiger Zusammenstoß zwischen Nationalsozialisten und Sozialdemokraten. Vier Schwer-, mehrere Leichtverletzte

In der Naunhofer Straße in Leipzig-Stötteritz hat sich am Mittwoch kurz nach 19½ Uhr ein schwerer Zusammenstoß zwischen uniformierten Nationalsozialisten und einer sozialdemokratischen Kampfstaffel ereignet. Dabei ist eine Reihe von Schüssen abgegeben worden. *Zwei Sozialdemokraten haben Schußverletzungen* erlitten und mußten ins Krankenhaus eingeliefert werden. Ins Krankenhaus kamen auch *zwei weitere Beteiligte*, offenbar Nationalsozialisten, die *durch Schläge verletzt* worden sind.

Nach der Darstellung der Polizei soll von beiden Seiten geschossen worden sein. Genauere Feststellungen hat die Polizei noch nicht treffen können. Es scheint aber nach den Ermittlungen kein Zweifel darüber möglich zu sein, daß die Schlägerei erst eingesetzt hat, nachdem die Schüsse gefallen waren. Die Mitglieder und der Führer der sozialdemokratischen Kampfstaffel bestreiten aber auf das entschiedenste, geschossen zu haben. Keiner der SPD-Leute habe eine Waffe bei sich geführt. Es sei auch bei der Durchsuchung der Mitglieder durch das herbeigerufene Überfallkommando weder eine Schußwaffe noch ein Messer oder Schlaginstrument gefunden worden.

Die etwa 30 Mann starke sozialdemokratische Kampfstaffel hatte sich gegen 19 Uhr in der Langen Reihe in Stötteritz gestellt, um geschlossen nach der Halle der Freien Turnerschaft in Probstheida zu marschieren, wo die Mitglieder an einem Vortragsabend teilnehmen wollten. Beim Einschwenken in die Naunhofer Straße wurde von dem sozialdemokratischen Trupp in dem mit Bäumen bepflanzten Mittelstück der Straße, die hier eine geteilte Fahrbahn besitzt, eine ungefähr gleich starke Gruppe uniformierter Nationalsozialisten bemerkt. Die SPD-Leute wollen singend an ihren politischen Gegnern vorübergezogen sein, ohne von diesen Notiz zu nehmen. Plötzlich hätten die SA-Leute die Kinnriemen heruntergezogen und zwischen den Bäumen Aufstellung genommen. Dann seien von den Nationalsozialisten auch schon *etwa zehn bis zwölf Schüsse abgefeuert worden*. Die Angehörigen der Kampfstaffel, von ihren Angreifern nur wenige Meter entfernt, seien sofort auf die Schützen zugeeilt, um sie festzuhalten.

Eine Darstellung der sozialdemokratischen Beteiligten bedarf noch der genauen polizeilichen Überprüfung, zumal die Schilderung der Nationalsozialisten wahrscheinlich das genaue Gegenteil ergeben dürfte.

Zwei Mitglieder der Kampfstaffel wurden von der Feuerwehr mit Schußverletzungen ins Krankenhaus St. Jakob gebracht. Es sind der 1916 geborene Bauarbeiter Alfred *Grunewald* aus der Wasserturmstraße 39 (Bauchschuß und Oberschenkelschuß) und der 17 Jahre alte Schlosser Richard *Biedermann* aus der Schönbachstraße 44 (linker Oberschenkelschuß). Außerdem haben noch drei bis vier Sozialdemokraten leichtere Hand- und Kopfverletzungen davongetragen. Weiter sind mit Schlagverletzungen am Kopf noch der Kaufmann Walter *Götze*, Schönbachstraße 50 wohnhaft, und der 18 Jahre alte Fleischer Hans *Gall* aus der Schwarzackerstraße 2 dem Krankenhaus St. Jakob zugeführt worden. An der Stelle, an der sich die Schießerei zugetragen hat, sind fünf Patronenhüllen, Kaliber 6,35 Millimeter, aufgefunden worden. Ein als angeblicher Schütze bezeichneter Angehöriger der Kampfstaffel ist von der Polizei festgenommen worden.

*

Einige Zeit nach diesem Vorfall ist es ferner in Probstheida in der Preußenstraße zu einer Schlägerei zwischen Nationalsozialisten und SPD-Leuten gekommen, bei der ebenfalls die Polizei eingreifen mußte. Hierbei hat ein Nationalsozialist Kopfverletzungen erlitten.

NLZ 19. Januar 1933, S. 1

19. JANUAR 1933 (DONNERSTAG)

11. Gewandhauskonzert. Das Furtwängler-Orchester. Gastspiel der Berliner Philharmoniker unter ihrem Meister

Die Leipziger Musikfreunde haben das Berliner Philharmonische Orchester, das diesmal an der Stätte des Gewandhausorchesters konzertierte, sehr herzlich gefeiert. Und das Wiedersehen mit Meister *Furtwängler* gab schon vor Beginn des Konzerts Anlaß zu minutenlangem Beifallsklatschen. Nur die Fünfminuten-Brenner von Strawinsky – dessen man in Leipzig in letzter Zeit entwöhnt wurde – hatten geringeren Erfolg. Alle anderen Aufführungen wurden mit Beifall geradezu überschüttet, Bravorufe erklangen den ganzen Abend über. Die Berliner Philharmoniker sind die beneidenswerteste Konzertvereinigung der Gegenwart. Unter ihrem weitgefeierten Führer sind ihnen auch jetzt noch ausgedehnte Kunstreisen vergönnt. Ihre Tätigkeit gilt Meisterwerken, und sie brauchen niemals, wie heute die meisten Stadtorchester, das »Weiße Röß'l« zu spielen. Die Leistungen sind entsprechend. Sie sind Vollkommenheit, die Konzentration auf wenige Reise-Programme schafft unter Furtwängler *Musterbeispiele des Orchesterspiels*.

*

Die Vortragsfolge war sehr geeignet, dies darzutun. Die erste *Beethoven*- und die letzte *Brahms*-Symphonie, so unterschiedlich sie im Ausdruck und der Dynamik sind – die Klangeffekte der beiden anderen Werke von *Strawinsky* und *Dukas* kennen sie noch nicht. Man spielt die beiden ersten Werke, also mit gesunden Sinnen, mit Herz, Gemüt oder mit Leidenschaft, die beiden anderen aber mit den Nerven.

Bei Beethoven gibt *Furtwängler* kein Piano und kein Forte, das über die klassisch gemäßigten Vorschriften hinausginge, und innerhalb dieser Grenzen ist der Klang hervorragend schön. Ob die zweiten Geigen oder die ersten einen Satz einleiten, immer ist die Wirkung von wundervoller Geschlossenheit. Wie leidenschaftlich Furtwängler die 4. *Brahms*-Symphonie anfaßt, bald ihrer Schwermut nachhängend, bald glanzvolle Bilder herausstellend, ist den Gewandhausbesuchern nichts Neues. Die Ausgeglichenheit des Blechkörpers im Schlußsatz verlangt ihre besondere Bewunderung.

Paul *Dukas* schrieb seine symphonische Dichtung »Der Zauberlehrling« bereits 1897, und die damaligen Bemühungen der Franzosen um verfeinertes Orchesterkolorit sind offensichtlich. Gleich im Anfang spielen die tiefen Streicher hohe Flageolettöne, die ersten Geigen betten rhythmischen Zierat hinein, allein die Holzbläser wirken melodisch. Aber die Beschwörung nachromantischer Orchesterpracht unterläßt dieser Zauberlehrling doch nicht.

Anders bei *Strawinsky*, der in seiner kleinen *Suite Nr. 1* (vor einigen Jahren nach den vierhändigen Klavierstücken instrumentiert) Augenblicksbilder vom russischen, italienischen, spanischen Volkslied und Volkstanz gibt. Hier schwingt wohl die Bewegung der Tanzenden, das Geräusch im Klange mit, aber das ganze Werkchen ist so delikat und appetitlich und rhythmisch so vielseitig, daß dem Orchester gänzlich neue Aufgaben erwachsen.

Beide neueren Werke konnten jedenfalls in der klangempfindlichen Darstellung durch Furtwängler durchaus überzeugen.

NLZ 20. Januar 1933, S. 2

22. JANUAR 1933 (SONNTAG)

Hitler spricht wieder bei Ribbentrop mit Papen und Oskar von Hindenburg über die Regierungsbildung. Reichstagspräsident Hermann Göring greift in einer Rede in Dresden scharf Reichskanzler Schleicher an.

»Werbeumzug« der Leipziger SA unter starkem Polizeischutz

In Leipzig veranstalteten die Nationalsozialisten in der Westvorstadt einen *Werbeumzug*. An vier Stellplätzen sammelten sich insgesamt etwa 3000 uniformierte SA- und SS-Leute, die dann durch Plagwitz und Schleußig stadteinwärts zogen. Wie in Berlin, so handelte es sich auch in Leipzig nicht mehr um eine politische Straßenkundgebung, sondern um einen mit großem technischen Aufwand der Polizei durchgeführten Aufmarsch einer Parteitruppe. Ein riesiges Beamtenaufgebot war bereitgestellt worden. Planmäßig wurden die Straßen abgeriegelt, die der nationalsozialistische Zug berührte. Kommunisten, die der am Sonnabend ausgegebenen Parole zu Gegenkundgebungen folgten, hielten vor allem die Karl-Heine-Straße besetzt. Der Polizei gelang es aber doch, den Nationalsozialisten über diese Straße hinweg den Abmarsch zu ermöglichen. Die Polizeibeamten, die außerordentlich zurückhaltend waren, hatten schwere Arbeit zu leisten. Oft erschien die Lage bedrohlich. Wenn sich trotzdem keine ernsten Zwischenfälle ereigneten, so ist das ein Verdienst des durch seine Umsicht und Überlegtheit bekannten Polizeimajors, der das Kommando führte.

Die kleineren Zusammenstöße, die an verschiedenen Stellen zu verzeichnen waren, sind ausnahmslos durch Nationalsozialisten hervorgerufen worden. So wurde in der Nähe der Kreuzung Demmering- und Merseburger Straße ein durch ein Abzeichen als Anhänger der Eisernen Front kenntlicher junger Mann namens Heinz *Kapitän*, als er durch eine Zuglücke hindurch auf die andere Straßenseite zu gelangen suchte, von SA-Leuten offenbar mit einem harten Gegenstand zu Boden geschlagen und erlitt eine schwere Kopfverletzung. Er mußte dem Diakonissenhaus zugeführt werden. Drei Nationalsozialisten, die als Schläger bezeichnet wurden, wurden festgenommen. In der Leutzscher Straße ist ebenfalls ein Straßenpassant von Zugteilnehmern geschlagen und verletzt worden. Zwei an diesem Vorfall beteiligte Nationalsozialisten wurden von der Polizei festgenommen. Einige Zeit später stürmten Nationalsozialisten in der Karl-Heine-Straße die von politischen Gegnern besetzt gehaltene Freitreppe eines Lokals. Offenbar waren von hier aus Zurufe gefallen. Polizeimannschaften trieben die Nationalsozialisten in die Marschkolonne zurück. In der Jahnstraße wurde ein nationalsozialistischer »Zivilaufklärer« aufgegriffen, als er einen jungen Mann, der vor einer Haustür stand, ins Gesicht schlug. Schließlich ist dann noch auf dem Abmarsch einer SA-Abteilung nach dem Norden in der Pfaffendorfer Straße eine Zivilperson von Zugteilnehmern überfallen und verletzt worden. Insgesamt wurden bei diesen Zwischenfällen sieben Nationalsozialisten dem Polizeipräsidium zugeführt. Der größte Teil von ihnen ist nach der Feststellung der Personalien bereits am Sonntag wieder entlassen worden. Zeugen der Vorgänge werden ersucht, sich im Polizeipräsidium, Wächterstraße 5, Zimmer 98, zu melden.

rdt., NLZ 23. Januar 1933, S. 2

28. JANUAR 1933 (SONNABEND)

Das Kabinett Schleicher tritt zurück. Die gewerkschaftlichen Spitzenorganisationen telegrafieren an Hindenburg, »daß die Berufung einer sozialreaktionären und arbeiterfeindlichen Regierung von der gesamten deutschen Arbeiterschaft als eine Herausforderung empfunden werden müßte«.

Weit unter Null. Der Kohlenmann hat in diesen Tagen viel zu tun

Er war eigentlich fast zum Gespött geworden, weil er sich gar nicht einstellen wollte, der Winter. Jeder glaubte, bereits das Recht zu haben, sich über ihn in Glossen und Witzen lustig zu machen. Aber da kam er endlich doch und hat's allen bewiesen, daß es auch heute noch richtigen Winter geben kann, gegen den das bisherige kühle Wetter nichts war.
»Sibirische Kälte« fast brachte er mit, so daß Stein und Bein gefror. Nicht nur eine vorübergehende, sondern eine handfeste Dauerkälte. Nun sitzt sie im Lande und regiert. Der etwa gehofft hatte, diesen Winter nur mit der Hälfte der Kohlen auskommen zu können, der wurde bitter enttäuscht. Und was sie alle bisher versäumt hatten, das soll der Kohlenmann nun mit einem Schlage nachholen. Bei ihm geht's jetzt flott hintereinander weg. Er ist einer von den wenigen beneidenswerten, die heute mit Hochdruck arbeiten. Auf wie lange allerdings – das ist eine andere Frage.
Die Geschäftsleute, die schon jeden Umsatz in warmer Winterkleidung zu Wasser hatten werden sehen, atmeten tief auf, als es kalt wurde, und mit einem Seufzer der Erleichterung bereiteten sie in den Schaufenstern und auf den Ladentischen wieder aus, was man gegen die Kälte braucht, vom Handschuh bis zur Gamasche, vom Halstuch bis zum Müffchen. Auch so manche Weihnachtsgeschenke, die bisher fast zwecklos erschienen, erwiesen sich plötzlich als praktisch. Denn jeder vermummt sich, so gut und dick er kann. Selbst wer sonst sich rühmte, nie im Leben mit Ohrenschützern auszugehen, läuft, die Hände in den Taschen versenkt, mit eingezogenem Kopfe auf der Straße umher. Über den hochgeschlagenen Mantelkragen aber gucken ihm vorwitzig ein Paar schwarzsamtener Ohrenschützer hervor. Man kann kaum von einer Straßenecke bis zur anderen gehen, schon hat einen die Kälte beim Wickel.
16 Grad unter Null am frühen Morgen sind eben keine Kleinigkeit. Das spürt man auch in der Straßenbahn. Mögen sich

die elektrischen Heizkörper noch so plagen, die ausgekühlten Sitze wollen gar nicht warm werden (wenn man nicht das Glück hat, einen vorgewärmten Platz zu erwischen). Und ehe die Wärme durch Holz, Mantel und Kleidung dringt, ist man schon längst an seinem Ziele angelangt und muß aussteigen. Das heißt, falls man das Ziel nicht verpaßt hat. Denn wenn der Schaffner einmal vergißt, die Haltestelle auszurufen, ist man verraten und verkauft. So dicht zugefroren sind die Wagenfenster und mit der Flora des Winters, fantastisch blühenden Eisblumen, überzogen.

Mehr Spaß hat der Winter mit seinem Einzug der Jugend bereitet. Die hat am sehnsüchtigsten auf ihn gewartet und tummelt sich nun um so ausgiebiger draußen. Allerdings fast nur auf der – Eisbahn. Hier herrscht lebhafter Betrieb. Recht dürftig sieht aber der Betrieb noch auf den Rodelbahnen aus. Denn der Winter brachte wohl Eis, aber nur wenig Schnee, zum größten Leidwesen der Kinder. Aber es gibt unter ihnen doch immer noch Schlaue, die sich zu helfen wissen. Und so kann man gelegentlich an kleinen Anhöhen Kinder bei einer sonderbaren Arbeit beobachten. Mit Besen und Kohlenschippen kehren sie die dünne Schneedecke, die über dem Boden liegt, zusammen und bringen es nach schier endlosen Bemühungen endlich so weit, daß eine Art Rodelbahn entsteht. Aber es ist keine ungetrübte Freude. Kaum haben sie nämlich ihre ersten Fahrten unternommen, da kommt nach kurzer Zeit bereits blanke braune Erde wieder zum Vorschein. Und schon müssen sie ihre Rodelbahn wieder flicken. Doch jugendliche Spannkraft läßt sich nicht so schnell werfen, und wenn es die Jungen und Mädel noch ein paar Tage mit ihrer Hilfsrodelbahn ausgehalten haben, so werden sie vielleicht auch noch die Freude erleben, daß ihnen ein richtiger dicker Schnee beschert wird.

hz., NLZ, 28. Januar 1933, S. 3

30. JANUAR 1933 (MONTAG)

Reichspräsident Paul von Hindenburg ernennt kurz nach 11 Uhr Adolf Hitler zum Reichskanzler; dieser leistet den Eid auf die Verfassung. Am Nachmittag fährt Hitler in die Reichskanzlei; beim Eintritt erklärt er: »Keine Macht der Welt wird mich jemals lebend hier wieder herausbringen.« Um 17 Uhr leitet er die erste Kabinettssitzung. Über die Szene vor der Reichskanzlei urteilt Goebbels: »Es herrscht ein unbeschreiblicher Jubel ... Hunderttausende und Hunderttausende ziehen im ewigen Gleichschritt unten an den Fenstern vorbei. Das ist der Aufbruch der Nation! Deutschland ist erwacht.« – Im Unterschied zu vielen anderen Städten finden in Leipzig keine Demonstrationen der NSDAP aus diesem Anlaß statt.

31. JANUAR 1933 (DIENSTAG)

Auf der Kabinettssitzung um 16 Uhr trägt Hitler das Ergebnis seiner Verhandlungen mit dem Führer des Zentrums, Prälat Ludwig Kaas, vor. Er hält die dabei zur Diskussion gestellte »sichere Vertagung des Reichstages auf ein Jahr« für nicht erreichbar und spricht sich deshalb für baldige Neuwahlen aus. Er glaubt, »bei Neuwahlen 51% des Reichstags hinter die jetzige Reichsregierung zu bekommen«. Kommunisten rufen in Berlin, dem Ruhrgebiet und in anderen Großstädten zum Generalstreik auf. Die SPD fordert ihre Anhänger zur Zurückhaltung auf. KPD und SPD beschließen, im Reichstag Mißtrauensanträge gegen die neue Reichsregierung einzubringen.

Virtuosität als Selbstzweck.
1. Auftreten von Jascha Heifetz in Leipzig

In der Reihe der großen Geiger, die Leipzig in diesem Winter besuchten, kam nun auch *Heifetz*, so berühmt, daß das Programm sogar den Vornamen verschweigt. Der Ruf, der ihm von Amerika aus vorausgeht, spannte die *Erwartung aufs höchste*, und ein Vergleich mit den großen Fachkollegen liegt nahe. Brillanz der Technik, Schönheit und Größe der Tongebung, Wohllaut des Instrumentes sind bei dieser »Weltklasse« zur selbstverständlichen Voraussetzung geworden. Nur an der Besonderheit der Programmauswahl und in der persönlichen Eigenart der Interpretation vermag man heute – wie immer – den wirklich Berufenen zu erkennen. So aber wurde der Abend in doppelter Hinsicht zur Enttäuschung. Die Spielfolge ging nicht über die üblichen Üblichkeiten hinaus: die Sonate von Franck (immer wieder!), etwas obligater Bach für Violine – Solo – und zum Schluß eine Reihe von Balancierakten auf den verschiedenen Saiten. Der Vortrag von formeller Eleganz, platt, untief und von jener »neuen Sachlichkeit«, hinter der sich oft nur das Fehlen einer wirklichen Persönlichkeit verbirgt. Wieviel der amerikanische Musikbetrieb an dieser gewiß außergewöhnlichen violinistischen Begabung verdorben hat, läßt sich nur ahnen und mit Bedauern feststellen. Man geht, *ohne einen nachhaltigen Eindruck* empfangen zu haben, und mit der Einsicht, daß auch die erstaunlichste Virtuosität jeden Sinn verliert, wenn sie nicht in den Dienst der musikalischen Idee gestellt wird. – Am Flügel begleitete zuverlässig Jos. *Achron*. Der Kaufhaus-Saal war sehr schwach besetzt, der Beifall stark.

hy., NLZ 1. Februar 1933, S. 4

Die Grimmaische Straße zur Messe, Blick vom Naschmarkt zum Zentral-Meßpalast.

Die Grimmaische Straße, Blick in Richtung Altes Rathaus.

Katharinenstraße, Blick in Richtung Brühl.

Brühl, Ecke Katharinenstraße, rechts der Erker des Romanushauses.

Brühl, Ecke Nikolaistraße, im Hintergrund die 1933 erbaute Straßenüberbrückung zum ADCA-Gebäude.

Lieferung von Rauchwaren in der Nikolaistraße, im Hintergrund die Nikolaikirche.

Bärmanns Hof in der Hainstraße 23, Durchgang zur Großen Fleischergasse.

Kleine Fleischergasse, Blick zum Matthäikirchhof mit der Matthäikirche.

Schillerstraße, Blick von der Ecke Universitätsstraße in Richtung Neues Rathaus, im Vordergrund das Denkmal für Albrecht Thaer.

Blick in die Klostergasse.

Große Fleischergasse, rechts im Hintergrund das Kaufhaus Brühl.

Universitätsstraße, rechts das zur Universität gehörende Paulinum, im Hintergrund die Nikolaikirche.

Das Neue Theater am Augustusplatz, links das Café Felsche.

Die Hauptpost am Augustusplatz zur Frühjahrsmesse 1933.

Der Augustusplatz mit Neuem Theater (vorn), Krochhochhaus, Universitätskirche St. Pauli und Augusteum (rechts) und Museum der bildenden Künste (oben).

Leipzig im Februar 1933

1. FEBRUAR 1933 (MITTWOCH)

Auf der Vormittagssitzung des Kabinetts weist Hitler darauf hin, daß »sich eine Einheitsfront von den Gewerkschaften bis zur KPD gegen die jetzige Reichsregierung« zu bilden scheine. Er teilt die Bereitschaft Hindenburgs mit, den Reichstag aufzulösen, und gibt als Wahlparole für die Reichsregierung an: »Angriff gegen den Marxismus«. – Der Reichspräsident verordnet die Auflösung des Reichstages.

4. FEBRUAR 1933 (SONNABEND)

Der Reichspräsident erläßt die »Verordnung zum Schutz des deutschen Volkes«; sie macht unter anderem die Versammlungen unter freiem Himmel von vorhergehenden Genehmigungen abhängig und verschärft die Maßnahmen gegen die Presse.

5. FEBRUAR 1933 (SONNTAG)

Politische Demonstrationen ruhig verlaufen. Fünf Verhaftungen

Anläßlich des Aufmarsches der Nationalsozialisten und des Stahlhelms am Sonntag vormittag im Norden der Stadt ist es – dank der umfangreichen polizeilichen Sicherheitsmaßnahmen – zu nennenswerten Störungen nicht gekommen. Nach der Zählung der Polizei betrug die Gesamtbeteiligung 4500 Mann.
Zu einzelnen Zwischenfällen teilt die Polizei folgendes mit: Gegen ½ 8 Uhr wurde in der Lützener Straße ein uniformierter SA-Mann von unbekannten Angehörigen der Eisernen Front angehalten, nach Waffen durchsucht und mit Füßen gegen den Leib getreten. Sein *Fahrrad wurde beschädigt*. Die Täter verschwanden, ehe die Polizei eintraf. Ein Kommunist, der gegen 11 Uhr einen durch die Oberläuterstraße ziehenden Zug zu stören suchte, leistete den einschreitenden Polizeibeamten *heftigen Widerstand*. Er wurde festgenommen und dem Polizeipräsidium zugeführt. Gleichfalls festgenommen wurde ein SA-Mann, der aus einem in Richtung Schönefeld ziehenden Zuge heraussprang und einen Andersdenkenden *mit einem Riemen über den Kopf schlug*. In der Elsbethstraße in Gohlis kam es beim Vorbeimarsch des Hauptzuges mehrfach zu Anrempeleien durch Andersdenkende. Es erfolgten mehrere Festnahmen und Zuführungen nach der Wache.

Nach Klärung des Sachverhaltes wurden die Zugeführten wieder entlassen. Kommunistische Störungen in der Nähe des Naundörfchens wurden verhindert. Gegen 14 Uhr wurde am Fleischerplatz ein Mitglied des Stahlhelms in Zivil belästigt und geschlagen. Der Angegriffene flüchtete auf einen Straßenbahnwagen, den die Angreifer aufzuhalten versuchten. Durch hinzukommende Polizeibeamte wurden weitere Tätlichkeiten verhindert. Die Verletzungen des Stahlhelmers sind unerheblich. Nach Auflösung der einzelnen Teilzüge ist es an verschiedenen Stellen noch zu unbedeutenden Zusammenstößen gekommen. In der Gemeindestraße wurde ein Stahlhelmmitglied angegriffen und durch Schläge über den Kopf verletzt. Er wurde nach der Poliklinik gebracht. *Drei* der Tat verdächtige Personen wurden *festgenommen*.
Wie uns von privater Seite mitgeteilt wird, wurde auch in der Berliner Straße ein Unbeteiligter von einem Nationalsozialisten aus einem Zug heraus mit einem Riemen geschlagen.

NLZ 6. Februar 1933, S. 3

7. FEBRUAR 1933 (DIENSTAG)

Auf einer Versammlung der Eisernen Front im Berliner Lustgarten sagt Otto Wels (SPD): »Ein Stacheldraht von Verboten, Strafandrohungen umgibt uns, wohin wir blicken. Die verfassungsmäßig gewährleisteten Rechte, Freiheit des Wortes und der Schrift, sind in einer nie dagewesenen Weise eingeengt. Wir erinnern an das alte Wort: Gestrenge Herren regieren nicht lange!« – In einer geheimen Sitzung des Zentralkomitees der KPD in Zeuthen erklärt Ernst Thälmann, die KPD habe »in dieser besonderen Situation eine Einheitsfronttaktik von unten und oben« gesucht, jedoch Mißerfolg gehabt, da man »den Einfluß der SPD- und ADGB-Führer sowie der christlichen Gewerkschaftsführer auf breite Arbeitermassen nicht in dem erforderlichen Maße zu liquidieren« vermocht habe.

Haussuchung bei der KPD. Verbotene Schriften und Broschüren beschlagnahmt

Beamte der politischen Abteilung des Polizeipräsidiums Leipzig nahmen am Dienstag vormittag im Grundstück Czermaks Garten 2/4, in den Büroräumen der Bezirksleitung der KPD, und in einer in der Nähe des genannten Grundstücks gelegenen Privatwohnung Haussuchungen vor. Dabei wurden größere Mengen verbotene Schriften und Broschüren gefunden und beschlagnahmt. Der Wohnungsinhaber, in dessen Verwahrung ein beträchtlicher Teil der beschlagnahmten Schriften vorgefunden wurde, wurde festgenommen und dem Polizeipräsidium zugeführt. Wie wir hören, handelt es sich um ein ehemaliges Mitglied der Bezirksleitung. Unter den beschlagnahmten Schriften befinden sich auch etwa 2000 Stück Flugzettel, die erst in den letzten Tagen angefertigt worden sind, und mit denen zum Generalstreik aufgefordert wird. Weiter wurden illegale Schriften, Zersetzungsschriften, bereits beschlagnahmte Verbandsmitteilungen und Schriften hochverräterischen Inhalts beschlagnahmt, die zu Propagandazwecken verteilt werden sollten.

NLZ 8. Februar 1933, S. 4

8. FEBRUAR 1933 (MITTWOCH)

Auf der Sitzung des Reichskabinetts setzen Hitler und Reichswehrminister Blomberg entgegen anderen Vorschlägen den absoluten Vorrang der militärischen Aufrüstung bei allen wirtschaftspolitischen Maßnahmen durch. Das Reichskabinett spricht sich dagegen aus, »den Rundfunk für parteipolitische Zwecke zur Verfügung zu stellen«; ausgenommen sein sollen Kanzler- und Ministerreden sowie die Behandlung politischer Themen »in wissenschaftlicher Form«. Damit steht das Massenmedium ausschließlich den Nationalsozialisten für den Wahlkampf zur Verfügung.

Kann Luftschutz eine Erziehungsaufgabe sein?

»Kauft Gasmasken!« ruft eine rührige Industrie. Das Stück kostet 30 Mark, macht *für die Gesamtbevölkerung Leipzigs rund 42 Millionen*. Ob der städtische Haushaltsplan diese Belastung verträgt? Kann der einzelne diese Summe aufbringen? Dabei ist dieser »Schutz« mehr als fragwürdig. Der Hauptbestandteil der Gasmaske ist der runde Einsatz. Dieser enthält eine bestimmte Mischung, die ein bestimmtes Gas beim Durchzug wirkungslos macht. Für jede Gasart ist eine besondere Mischung notwendig. Wer weiß *heute*, mit welchem Gas Leipzig *morgen* belegt wird?

Nein, mit der Gasmaske ist es nichts! Darum will der Luftschutz den größten Teil der Bevölkerung während des Gasangriffs in die *Keller* schicken. Aber die Bomben werden kraft ihrer Schwere und ihrer Fallkraft aus 4500 Meter Höhe alle unsere Wohnhäuser bis in die Keller durchschlagen und dort erst explodieren. Der Luftdruck wird Kellertüren und Kellerfenster eindrücken, und das Gas kann von allen Seiten einströmen. Auch diese Maßnahme erscheint als wirkungsloser Schutz, vor allem wenn man sich vorstellt, wie sich wohl die 1500 Kinder einer Schule während eines Gasangriffes im Keller benehmen werden.

Der *Leipziger Lehrerverein* ließ sich in einer Wochenversammlung durch Studienrat *Nestler*, der im Weltkrieg Divisionsgasschutzoffizier gewesen war, über die technische Seite des Luftschutzes unterrichten. Auf Grund dieses Vortrages, dem die obenstehenden Gedanken entstammten, nahm der Lehrerverein folgende Stellung ein:

Die Lehrerschaft sieht vor wie nach eine ihrer obersten Pflichten darin, die ihr anvertrauten Kinder vor Schäden geistiger und körperlicher Art zu schützen, soweit ihr dies nur irgend möglich sei. Sie muß unter dem Zwange der für jeden Erzieher erforderlichen *Ehrlichkeit* und *Aufrichtigkeit* die für den Luftschutz bis jetzt gemachten Vorschläge *ablehnen*, weil diese *keinen wirklichen Schutz* gewähren. Sie sind vielmehr geeignet, in der Bevölkerung ein sehr gefährliches Sicherheitsgefühl zu erwecken. Die Lehrerschaft erblickt den einzigen und besten Luftschutz darin, unablässig für die Ausbreitung des Willens zum Frieden bei allen Völkern bemüht zu sein, und wird nichts unversucht lassen, unter Wahrung der nationalen Ehre eine *Versöhnung* und *Verständigung* der Menschen diesseits und jenseits der Reichsgrenzen anzubahnen und zu fördern.   *NLZ 8. Februar 1933, S. 4*

12. FEBRUAR 1933 (SONNTAG)

Der Chefredakteur des ›Vorwärts‹, Friedrich Stampfer, fordert in einem offenen Brief die Kommunisten zu einem Nichtangriffspakt mit der SPD auf. Der kommunistische Reichstagsabgeordnete Ernst Torgler lehnt diesen Vorschlag ab. – »Blutsonntag« in Eisleben. Über 500 SA-Leute richten unter den Teilnehmern einer Veranstaltung der Roten Hilfe ein Blutbad an. – Anläßlich des 50. Todestages von Richard Wagner am 13. Februar findet in Leipzig die Reichsfeier des Wagnerjahres statt, an der auch Hitler als Reichskanzler teilnimmt, ohne jedoch das Wort zu ergreifen.

Wagner und seine Gäste

Ein reiches Erinnerungsjahr. März 1932: *Goethe*. Februar 1933: *Wagner*. Das zwanzigste Jahrhundert heimst gesegnete Ernte ein; sie tut ihm geistig und seelisch not ...

Die *Leipziger Reichsfeier* des Wagnerjahres ist schlichter und kürzer als die vorjährige Goethefeier in Weimar. Das festliche, in bestem Sinne bürgerlich-würdige *Gewandhaus* ist der gegebene Schauplatz für die Zeremonie des Gedenktags und für die offizielle Verbeugung. Allerdings: die *Schaubühne* ist die wahrhafte Stätte für die festliche Entfaltung des *dramatischen* Genies Wagners. Goethe ist allenfalls ohne Theater denkbar; aber der große Theatraliker, der Schöpfer des Tondramas bleibt ohne die Bühne nur eine Andeutung, so großartig ihn ein meisterhaftes Orchester, so liebevoll ihn auch die Festredner interpretieren mögen.

Seltsames Kulturbild: das Gewandhaus, in weitem Umkreis polizeilich gesichert, liegt wie in einer Bannmeile künstlicher Ruhe. Nur wenige Passanten, die sich ausweisen können, beleben den Reichsgerichtsplatz und die Straßen um das Gewandhaus. Das fröhliche Treiben eines Festplatzes ist in sein Gegenteil verkehrt. Aus der in die Zugangsstraßen gestauten Menge, die von den Polizeikordons zurückgehalten werden, tönen rhythmische Schreie, die nicht Wagner meinen, und ein dumpfes Johlen, das in keiner Beziehung zum festlichen Anlaß steht. Der politische Straßenlärm muß vom zeitlosen Ereignis ferngehalten werden. Ein kleines Heerlager von Photographen ist in Erwartung um das Denkmal Mendelssohn-Bartholdys geschart, der mit heiterer Gelassenheit das Treiben zu beobachten scheint. Und die schwarzrotgoldene Fahne, die Farben Großdeutschlands, für die der junge Wagner sich begeisterte, grüßte vom Giebel des Gewandhauses der *Auffahrt einer Regierung*, die dieser Fahne Haß und Feindschaft angesagt hat. Im Innern des Hauses aber rollt der Festakt gemessen und würdig ab, gewissermaßen schnurgerade. Eine *glanzvolle Versammlung*; der Rat der Stadt Leipzig hat eine umfassende Liste von Gästen zusammengestellt, und fast alle kamen. Die »Attraktionen« sind die Vertreter des Hauses *Wahnfried*, die Witwe Siegfried Wagners und ihr Sohn; und ein Teil des *Reichskabinetts* mit Reichskanzler *Hitler* an der Spitze. Sein Einzug und Abgang vollzieht sich in aller Stille. Das *diplomatische Korps* und die *deutschen Länder und Städte* sind gut vertreten. Aber auf dem Gebiet des *Theaters*, der *Kunst* und besonders der *Literatur* könnte man viele nennen, die nicht da waren …

Das Parsifal-Vorspiel verklingt. Tief hallt der schwere Ton der Tuben nach; in diesem unsterblichen Gewoge der Töne ist der Krampf und seine Lösung, der Kampf und seine Überwindung, der Schmerz und seine Verklärung, mystisch umwoben von den Begleitstimmen der Geigen. Ehrwürdig die Gestalt des alten Wagner-Dirigenten Karl *Muck*. Die Festansprache des Oberbürgermeisters *Goerdeler*, klar gegliedert, meisterhaft schlicht, hat es nicht leicht nach solchen Klängen. Als *Festredner* des Tages war Generalmusikdirektor Max von *Schillings*, Präsident der Akademie der Künste in Berlin, gewonnen – leider kein Gewinn. Schillings hat seine Verdienste, aber ein Sprecher ist er nicht; er blieb schon in den mittleren Reihen fast unverständlich. Uns scheint, das Thema Wagner und Leipzig war eine Höflichkeitsverbeugung vor der Vaterstadt des Meisters. Viel umfassender mußte die Rede angelegt sein. Es galt, die Beziehung Wagners zum deutschen Geist und zur Menschheit darzustellen, anstatt biographische Kleinarbeit aus zweiter Hand wiederzugeben. Ein Fehlgriff. Die geistesgeschichtliche Deutung der Gestalt Richard Wagners wäre eine Aufgabe für eine seherische und dabei kritische Kraft wie sie Thomas Mann besitzt. War Thomas Mann, der sich mit dem Phänomen Wagner seit Jahren beschäftigt, nicht »einwandfrei« genug? Man belastete einen großen Musiker mit einer ihm wesensfremden Aufgabe, und der berufene Sprecher bleibt fern und besteigt die Tribüne in München und Holland …

Zuletzt kündet, versöhnlich und befreiend, das Meistersinger-Vorspiel die heitere Kraft des deutschen Menschen.
Nochmals: das wahre Wagnerfest gehört der Schaubühne!

Hans Natonek, NLZ 13. Februar 1933, S. 3

Kundgebung der 20 000.
Die »Eiserne Front« auf dem Meßplatz

Während im Gewandhaus die letzten Vorbereitungen für die Richard-Wagner-Gedächtnisfeier getroffen wurden, versammelte sich auf dem Meßplatz am Frankfurter Tor die Leipziger *sozialistische Arbeiterschaft* zu einer gewaltigen Kundgebung. Es war die größte Kundgebung der freiheitlichen Arbeiterschaft Leipzigs seit dem Parteitag der SPD im Mai 1931. Mehr als 20 000 Männer und Frauen, erfüllt von Kampfbegeisterung, haben an ihr teilgenommen. Schon in den frühen Morgenstunden wurde es in den Arbeitervierteln lebendig. Bereits von 8 Uhr an sammelten sich die Teilnehmer an 15 Stellplätzen in den verschiedenen Teilen der Stadt. Die einzelnen Kolonnen, die sich von hier aus in Bewegung setzten, schlossen sich auf dem Anmarsch mit anderen zu großen Zügen zusammen. Musikkapellen und Spielmannszüge marschierten an der Spitze. Ihnen folgten starke Reichsbannerabteilungen, während den Schluß der Züge Kampfstaffeln der SPD bildeten. Kampflieder wurden gesungen. Eine große Zahl von Fahnen wurde mitgeführt. Das Reichsbanner marschierte unter den schwarzrotgoldenen Farben der Republik, die Gewerkschafter unter den Bannern ihrer Organisationen. Die SPD-Ortsgruppen und die Abeiterjugend trugen große rote Fahnen voran mit dem Kampfzeichen der Eisernen Front, den drei Pfeilen. Bemerkenswert war, daß bei der Kundgebung auch die Bemühungen um die Einheitsfront der sozialistischen Parteien deutlich zum Ausdruck kamen. An dem Aufmarsch beteiligten sich neben Anhängern der Sozialistischen Arbeiter-Partei kommunistische Gruppen, die das Sowjet-Banner zeigten.

Kurz nach 9.30 Uhr trafen die ersten Abteilungen auf dem Meßplatz ein. Immer neue Kolonnen rückten an. Unübersehbar waren die vier Gesamtzüge, die auf dem Platz vor dem Verwaltungsgebäude Aufstellung nahmen. Eine Stunde lang dauerte der Anmarsch. 10.30 Uhr hielt dann nach kurzen Einleitungsworten des Landtagsabgeordneten *Liebmann* der Vorsitzende der SPD von Groß-Berlin, Reichstagsabgeordneter *Künstler*, die Ansprache. Mit stürmischen »Freiheit«-Rufen begrüßt, wurde die Rede Künstlers durch Lautsprecher weithin über den Platz getragen. Der Sprecher betonte, daß die Arbeiterschaft der Harzburger Front die *Freiheitsfront entgegensetze*. Das neue republikanische Deutschland stehe im unerbittlichen Machtkampf mit dem Deutschland der Vorkriegszeit. In diesem Kampfe gehe es um mehr als um die Rechte der Arbeiter. Die in der Verfassung gewährleisteten Grundrechte aller Staatsbürger seien durch die Reaktion bedroht, die sich bemühe, den »Wohlfahrtsstaat« zu zerschlagen. Deutschland müsse aber erst einmal zum Wohlfahrtsstaat werden, aber nicht zu einem Wohlfahrtsstaat für die ostelbischen Junker, sondern zu einem Staat, der sich der notleidenden Menschen annehme. Nachdem Künstler scharf gegen die Zollerhöhungen Stellung genommen hatte, wandte er sich dem Reichskanzler Adolf Hitler zu. Das deutsche Volk warte auf die *Bekanntgabe der angekündigten Pläne der Reichsregierung* und der seit Jahren angepriesenen Rezepte Hitlers, mit denen die Krise behoben werden könne. Bisher habe man aber kein Wort davon gehört, wie den Arbeitslosen geholfen werden solle. Künstler zitierte dann den in der Rede Hitlers im Sportpalast nachträglich gestrichenen Satz: »Wenn das deutsche Volk uns in dieser Stunde (bei der Reichstagswahl) verläßt, so möge uns der Himmel verzeihen: wir werden den Weg weitergehen, der nötig ist, damit Deutschland nicht verkommt.« Wenn damit ein Staatsstreich angedeutet werden solle, so bemerkte der Redner, dann müsse sich der Oberreichsanwalt einmal mit dieser Angelegenheit beschäftigen. Wenn Hitler auf sein Reichskanzlergehalt verzichtet habe, weil er aus seinen schriftstellerischen Arbeiten genügend Einkünfte habe, so müsse dem entgegengehalten werden, daß ein Reichskanzler nicht noch einen Nebenberuf als Schriftsteller ausüben könne. Bisher sei man in Deutschland gewöhnt gewesen, daß ein Kanzler seinen Posten mit seiner ganzen Kraft ausfülle. Die Ernüchterung auf den Rausch des Fackelzuges vor Hitler in Berlin werde nicht ausbleiben. Dann werde die Sozialdemokratie das nachholen, was sie durch allzu große und falsch verstandene Menschlichkeit 1918 verabsäumt habe.

Die Ansprache wurde mit brausendem *Beifall* aufgenommen. Darauf marschierten die Teilnehmer in mehreren Zügen wieder in die einzelnen Stadtteile zurück. Die Kundgebung und der Auf- und Abmarsch verliefen in vollkommener Ruhe und Ordnung. Die Disziplin der Teilnehmer war mustergültig.

rdt., NLZ 13. Februar 1933, S. 11

14. FEBRUAR 1933 (DIENSTAG)

Schneesturm mit Blitz und Donner. Ursache: Kälteeinbruch

Eine eigenartige Naturerscheinung erlebte Leipzig am Dienstag morgen nach 7 Uhr. Um diese Zeit setzte unvermutet heftiger Sturm und starkes Schneetreiben ein, das in kurzer Frist Straßen und Dächer mit einer weißen grobkörnigen Schneedecke überzog. Zwar war die Lebensdauer des Schnees nur beschränkt, er verwandelte sich nach kurzer Zeit in eine schmutzigtrübe Masse, aber doch erschwerten das Schneetreiben und die Glätte der Straßen allen, die um diese Zeit unterwegs waren, sehr das Vorwärtskommen.

Das seltsame an dieser Wettererscheinung aber war, daß *heftige Blitz- und Donnerschläge* das Schneetreiben begleiteten. Leipzig erlebte also ein richtiges *Wintergewitter*, wahrscheinlich das gleiche, das zwei Stunden zuvor die Berliner unsanft aus dem Schlafe geweckt hatte.

Wintergewitter kommen in unserem mitteldeutschen Gebiet *außerordentlich selten* vor. Man beobachtet sie nur im Zeitraum mehrerer Jahre. Während an den Küstengebieten der Winter wegen der etwas höheren Wasserwärme gewitterreicher als der Frühling ist, wird die Zahl der Wintergewitter mit zunehmender Entfernung von der Küste immer kleiner.

Wenn z. B. in Berlin die Gewitterzahl des Monats Juni im Durchschnitt 3,5 beträgt, so ist sie für den Monat Januar nur 0,1, das heißt, man hat durchschnittlich nur alle zehn Jahre im Januar ein Wintergewitter zu erwarten. Das gestern niedergegangene Gewitter hatte seine Ursache in einem plötzlichen *Umspringen des Windes* von Westsüdwest auf Westnordwest und einem damit gleichzeitigen *Sinken der Temperatur um 2 Grad*, also in einem typischen *Kälteeinbruch*, durch den sich kalte Luftmassen unter wärmere schoben und durch Kondensierung der Luftfeuchtigkeit Gewitterwolkenbildung sowie Niederschläge hervorriefen.

NLZ 15. Februar 1933, S. 4

Die nächtliche Schießerei in der Seeburgstraße

Wie wir bereits in einem Teil unserer Mittwochausgabe berichteten, kam es am Dienstag abend im Anschluß an einen nationalsozialistischen Umzug im Osten Leipzigs zu schweren Zusammenstößen im Seeburgviertel, bei denen mehrere Personen verletzt wurden.

Zu den Vorfällen werden uns von gutunterrichteter Seite folgende Einzelheiten mitgeteilt:

Der nationalsozialistische Werbeumzug, der sich am Dienstag abend durch die östlichen Stadtteile und Vororte Leipzigs bewegte, gestaltete sich zu einem Akt übelsten Straßenterrors. Es kam an verschiedenen Stellen zu Skandalszenen, die sich, obwohl die Polizei eifrig um die Aufrechterhaltung der Ordnung bemüht war, immer wiederholten. *Aushängekästen derjenigen Zeitungen*, die die Politik der Nationalsozialisten beim rechten Namen nennen, wurden *zerschlagen* und eingeworfen. Polizeibeamte, die gegen die Täter einschreiten wollten, wurden von nationalsozialistischen Zivilaufklärern, die den Zug begleiteten, an der Ausübung ihrer Pflichten gehindert und einfach festgehalten. Bei dieser Gelegenheit tat sich ein in der Hohenzollernstraße wohnender Nationalsozialist, der seit langem als besonders aktiv bekannt ist, hervor. Wiederholt sprangen auch Teilnehmer aus dem Zug heraus, wurden gegen Andersdenkende tätlich und tauchten sofort wieder in den Reihen der Demonstranten unter. Daß es bei diesen Gelegenheiten nicht zu heftigen Zusammenstößen kam, ist lediglich der Disziplin des nichtnationalsozialistischen Publikums und der vorzüglichen Arbeit der Polizeimannschaften zu verdanken.

Bei dem Zusammenstoß mit den Kommunisten im Seeburgviertel handelte es sich nicht um den unter polizeilicher Bedeckung marschierenden nationalsozialistischen Hauptzug, sondern um eine *Gruppe, die sich am Stephaniplatz abgetrennt* hatte, durch das *Johannistal* gezogen war und von der Talstraße aus in die Seeburgstraße einrückte. Da der Hauptzug der Nationalsozialisten seinen Weg durch die nahm und gleichzeitig vom Osten her Uniformierte in die Seeburgstraße einmarschierten, erscheint es erklärlich, daß die zum größten Teil anti-nationalsozialistisch eingestellte Einwohnerschaft unruhig wurde und sich bedroht fühlte.

Bei der Hochspannung, in der sich die Parteien befanden, mußte es zu dem Zusammenstoß kommen. Schüsse knallten im Dunkel. Etwa 15 sollen es gewesen sein. Wer geschossen hat, läßt sich mit Sicherheit nicht sagen. Gleich darauf preschte ein Streifenwagen des Überfallkommandos heran. Freund und Feind suchten so rasch und unauffällig als möglich zu verschwinden. Eine große Anzahl Kommunisten flüchtete in den »Winkelhaken« und in die Wohnungen von Gesinnungsgenossen. Die Beamten jagten hinterher. *In einem dunklen Raum* hatten sich *13 Kommunisten versteckt.* Sie wurden zum Hochheben der Hände aufgefordert. Einer der Kommunisten kam dem Befehl nicht sofort nach. Ein Beamter gab einen Warnungsschuß ab. Durch ihn wurde der Mann leicht gestreift. Inzwischen hatte ein zweites Überfallkommando die geflüchteten Nationalsozialisten gestellt und nach Waffen durchsucht. Bei dieser Gelegenheit hatte ein Geschäftsmann, der sich auf dem Heimweg befand und der mit der ganzen Angelegenheit nicht das geringste zu tun hat, Pech. Auch er wurde von Beamten des Überfallkommandos angehalten und durchsucht. Man fand bei ihm eine *Schußwaffe,* die er sich zu seiner persönlichen Sicherheit angeschafft hat, ohne jedoch die dazu notwendige behördliche *Genehmigung* zu besitzen. *NLZ 16. Februar 1933, S. 4*

15. FEBRUAR 1933 (MITTWOCH)

Der Leipziger Arbeitsmarkt Mitte Februar 1933

Vom Arbeitsamt Leipzig wird uns mitgeteilt: Aufnahmefähig zeigte sich in der ersten Februarhälfte wiederum das graphische Gewerbe, insbesondere der Buchdruck. Die chemische Industrie war weiterhin gut beschäftigt und hatte zum Teil auch Bedarf an Arbeitskräften. Das Baugewerbe rief wohl eine Anzahl Arbeiter zurück, brachte anderseits aber auch wieder Zugänge von Arbeitsuchenden. Die Arbeitsmärkte der Metallverwertung und des Holzgewerbes ließen zu wünschen übrig. Auch die Textilindustrie forderte weniger Leute an. Die Lage des Bekleidungsgewerbes konnte noch nicht sonderlich günstig genannt werden. Weniger erfreulich waren auch die Einstellungsaussichten auf dem Markt der kaufmännischen Angestellten. – Trotz aller einer Aufwärtsbewegung des Arbeitsmarktes vorerst noch entgegenstehenden Hindernisse ist jedoch auf Grund der besonderen Bemühungen des Arbeitsamtes zu erwarten, daß für zahlreiche durch einen Reichszuschuß geförderte Hausinstandsetzungsarbeiten neben früheren Stammarbeitern viele neue Arbeitskräfte herangezogen werden. Aus dem Arbeitsbeschaffungsprogramm sind für Arbeiten innerhalb des Amtsbezirks insgesamt rund 5 400 000 Mark beantragt worden. Weiter können wir mitteilen: der Freiwillige Arbeitsdienst beschäftigt trotz winterlicher Jahreszeit bei 39 Maßnahmen zur Zeit noch über 1000 Arbeitsdienstwillige. Für das *Notwerk der Jugend,* das sich die berufliche Ertüchtigung, geistige Fortbildung und körperliche Stählung neben einer gemeinschaftlichen Verpflegung und Instandhaltung der Arbeitskleidung der arbeitslosen Jugendlichen bis zu 25 Jahren zum Ziel setzt, haben sich bisher bereits 74 Kameradschaften mit rund 1850 Jugendlichen gebildet oder sind noch in der Bildung begriffen. Dieses Hilfswerk dehnt sich immer weiter aus.

Über den Stand der Arbeitslosigkeit im Reich, Sachsen und Leipzig unterrichten folgende Zahlen:

Tag	Deutsches Reich	Freistaat Sachsen	Arbeitsamt Leipzig
15.2.1933	6 162 635	724 094	128 008
seit 1.2.1933	+ 44 143	+ 2 556	+ 907
	(0,7%)	(0,4%)	(0,7%)

NLZ 3. März 1933, S. 4

Die blonde Venus. Marlene-Dietrich-Film

Marlene Dietrich hat den Aufstieg zum einmaligen, unverwechselbaren Typus in erstaunlich kurzer Zeit zurückgelegt. Sie ist heute auf einer Film-Höhe, die eigentlich wie ein Abschluß wirkt: sie ist die reife Frau, die hinter einer Maske von Kühleit tiefste Frauenschicksale erlebt. Unvergleichlich, mit welcher Haltung, die Zurückhaltung ist, und mit welcher Noblesse, die schon wie Härte wirkt, sie das Leidenschaftlichste und Erschütterndste erlebt. Bei dieser vornehmen Sparsamkeit des Tons und der Gesten wäre Marlene Dietrich die gegebene Trägerin eines Kammerspiels. Doch ganz im Gegenteil wird sie von ihrem Regisseur Josef von Sternberg immer wieder in ein sensationelles, nach dem ältesten und krassesten Filmmuster angefertigtes Szenarium hineingestellt. Sie spielt – seltsamer Kontrast – Kammerspiel im Kintoppdrama. Da sie in Amerika wirkt, scheint dies unvermeidlich. Als Hauptkonkurrentin der Greta Garbo muß Josef von Sternberg ihr immer wieder dieses Filmkleid zuschneiden; das erfordert das Geschäft. Die Elisabeth Bergner ist besser dran: mit ihrer Darstellungskunst hat der für sie geschaffene Film Schritt gehalten.

Die Mängel der »Blonden Venus«: der Film ist zu ausschließlich auf die Marlene Dietrich gestellt; und ein Wechsel in der Regie täte der Künstlerin not, damit sie aus dem fatalen Milieu des Tingel-Tangels endlich herauskommt. –

Eine brave, bürgerliche Frau tritt in einem Neuyorker Broadway-Lokal als Varietésängerin auf, um ihrem Mann die lebensrettende Kur in Deutschland zu ermöglichen. Sie findet in einem Millionär einen edlen, nicht ganz uneigennützigen Geldgeber. Nach der verfrühten Rückkehr des Gatten kommt es zum Bruch; der Mann fordert das Kind, die Frau flieht, um sich von ihrem kleinen Jungen nicht trennen zu müssen. Die üblichen Phasen »von Stufe zu Stufe« werden von Marlene Dietrich sehr packend gestaltet; jedes ihrer Gesichter ist in seiner starken Bildhaftigkeit, ohne Nuance, ohne Worte, ein sprechendes Schicksal – also im höchsten Sinne filmgerecht.

Wie sie, um Brot für das Kind zu schaffen, in einem Provinz-Kabarett ihr Lied herunterleiert – das ist ganz große Kunst. Schließlich kapituliert sie vor ihren Verfolgern und liefert ihnen das Kind aus. Vom Tiefpunkt ihres Abstiegs läuft die Lebenskurve nun wieder, aber diesmal treppaufwärts, »von Stufe zu Stufe« bis zur glänzenden Höhe des Revue-Stars in Paris. Rückkehr nach Neuyork und Versöhnung der Gatten am Bettchen des Kindes; auch um dieses Kindes willen (wie süß es einschlummert!) ist der Film sehenswert.

Hans Natonek, NLZ 16. Februar 1933, S. 5

17. FEBRUAR 1933 (FREITAG)

> In Berlin beginnt die letzte Generalversammlung des Reichsbanners Schwarz-Rot-Gold. Ein Aufruf an das deutsche Volk hebt hervor: »Um Deutschlands willen geht das Reichsbanner wiederum in den Kampf für die Einheit, das Recht und die Freiheit der Nation. Die Wiederherstellung der Demokratie ist zur Lebensfrage für Deutschland geworden.« – Das Berliner Karl Liebknecht-Haus der KPD wird polizeilich besetzt und durchsucht. – Der preußische Innenminister Göring verordnet, daß die Polizei die nationalen Verbände SA, SS und Stahlhelm rückhaltlos zu unterstützen hat.

Razzia auf Waffen und Schriften. Durchsuchung von Privatwohnungen. Ein Verkehrslokal polizeilich geschlossen. Auch Straßenpassanten durchsucht

Auf Grund der Zusammenstöße, die am Dienstag abend an der Ecke der Seeburg- und Friedrichstraße zwischen Kommunisten und Nationalsozialisten erfolgt waren, wurde am Freitag vormittag in diesem Stadtteil eine polizeiliche Aktion durchgeführt. Mehrere »Roller«, besetzt mit karabinerbewaffneten Mannschaften des Überfallkommandos, und einige kleine Wagen, in denen Polizeioffiziere und Beamte in Zivil Platz genommen hatten, erschienen gegen ½ 11 Uhr. Die Zugangsstraßen wurden abgeriegelt und besetzt. Patrouillen forderten die Anwohner auf, die Fenster zu schließen. Dann nahmen die Beamtengruppen in einigen Wohnungen Durchsuchungen nach Waffen und verbotenen Schriften vor. Auch das in der Friedrichstraße gelegene Verkehrslokal »Winkelhaken« wurde einer genauen Kontrolle unterzogen. Es wurden dort drei verschlossene Koffer beschlagnahmt, die angeblich von Logiergästen zurückgelassen und nicht wieder abgeholt worden sind. Da festgestellt worden ist, daß vom »Winkelhaken« aus wiederholt Aktionen auf Nichtkommunisten und Angriffe auf Polizeibeamte erfolgt sind, wurde das Lokal auf Grund einer Verfügung des Reichspräsidenten zur Bekämpfung des politischen Terrors mit sofortiger Wirkung *bis zum 10. März geschlossen*. Bei der Durchsuchung einiger Wohnungen in der Seeburg-, Sternwarten-, Friedrich-, Glocken- und Karolinenstraße wurden ein Trommelrevolver, etwa 40 Stück scharfe Patronen, drei Totschläger, zwei Seitengewehre und mehrere kommunistische Schriften beschlagnahmt.

Zu Zwischenfällen kam es während der Razzia, die gegen 12 Uhr beendet war, nicht. Von *Passanten* der unter Kontrolle gestellten Straßen wurde es sehr lästig empfunden, daß sie von den patrouillierenden Beamten angehalten und einer Durchsuchung unterzogen wurden. Uns sind verschiedene *Beschwerden* zugegangen, in denen sich die Betroffenen darüber empören, daß sie sich in aller Öffentlichkeit wie Verbrecher behandeln lassen mußten. So bedauerlich es ist, daß auch gänzlich harmlose Bürger Leipzigs bei derartigen Gelegenheiten in Mitleidenschaft gezogen werden, so kann doch nur immer wieder angeraten werden, sich nicht dort aufzuhalten, wo gerade die Polizei damit beschäftigt ist, Maßnahmen zum Schutze der Allgemeinheit und zur Aufrechterhaltung der Ordnung und Sicherheit zu treffen. Diesbezügliche Mahnungen sind von uns schon wiederholt veröffentlicht worden. Die Beamten, die Durchsuchungen von Passanten vornehmen, kann kein Vorwurf treffen.

Der amtliche Polizeibericht teilt über die Durchsuchungen folgendes mit: Die Erörterungen, betreffend den Vorfall am Dienstagabend, wo in der Friedrich- und Seeburgstraße von dortigen Anwohnern scharfe Schüsse gegen Polizeibeamte und Nationalsozialisten abgegeben worden waren, haben ergeben, daß die Täter, soweit sie nicht aus den Häusern geschossen haben, aus der Hofwirtschaft »Zum Winkelhaken« gekommen waren und sich von dort – offenbar auf einheitlichen Entschluß – auf die Straße begeben haben, um die Gewalttätigkeiten zu begehen. Da diese Hofwirtschaft als kommunistisches Verkehrslokal und bei früheren Anlässen auch als Ausgangspunkt zur Verübung politischer Gewalttätigkeiten bekannt geworden ist, ist sie auf Grund des § 28 der Verordnung des Reichspräsidenten vom 4. Februar 1933 auf vorübergehende Zeit *polizeilich geschlossen* worden. Außerdem haben, da in der dortigen Gegend wiederholt in der letzten Zeit beim Nahen politischer Gegner die Anwohner durch *Hornsignale* auf die Straßen gerufen und dadurch die friedlichen Anwohner in Unruhe versetzt worden sind, am heutigen Tage in der Seeburg-, Friedrich-, Glocken- und Sternwartenstraße Haussuchungen in verschiedenen Wohnungen von Personen stattgefunden, die sich schon früher der Teilnahme an politischen Vergehen verdächtig gemacht haben. Es wurden eine Schußwaffe, scharfe Munition, Totschläger, sowie verschiedene Druckschriften vorgefunden und einstweilen beschlagnahmt, die auf ihren Inhalt noch geprüft werden. NLZ 18. Februar 1933, S. 4

18. FEBRUAR 1933 (SONNABEND)

Der Silbersee. Uraufführung im Alten Theater

Der Arbeitslose Severin hat bei einer Lebensmittelplünderung in der Stadt eine – Ananasfrucht »erbeutet«. Auf der Flucht in das armselige Versteck der Elendskolonie am Silbersee wird Severin vom Landjäger Olim angeschossen und bleibt mit zertrümmertem Oberschenkel liegen. Diese Ananas beunruhigt den Landjäger Olim; er wittert in ihr, als wäre er der Dichter Georg Kaiser, einen tieferen Symbolsinn. Sein Gewissen erwacht, von einem unsichtbaren Chor dialektisch befeuert. Seine Gedanken bohren sich in die Paradiesfrucht ein. Wie, ein hungriger Arbeitsloser stiehlt nicht Brot und Fleisch – sondern eine seltene Frucht, Sinnbild des Überflusses? »Das reizt zur Lösung«, sinniert der Landjäger Olim. Wenn ich Geld hätte, würde ich den Angeschossenen gesund pflegen, er sollte für immer mein Bruder sein. Von aller Not befreit, würden sich seine besten Charaktereigenschaften herrlich entfalten. So träumt der Landjäger Olim, durch eine Frucht mit seinem Opfer verbunden. Und da wir im Märchen sind, weitab von der wirklichen Welt, tief im dämmernden Welt-Geheimnis, geht der Traum sofort in Erfüllung. Des kleinen Mannes Traum vom Reichtum heißt: Haupttreffer in der Lotterie.

Der reiche Olim, Privatmann geworden, nimmt den in jedem Sinn Verwundeten auf sein prächtiges Schloß und füttert ihn gesund. (Dieses hochfeine Schloß kennen wir aus Georg Kaisers »Kolportage«.) Olim ahnt nicht, daß er in Severin die *Rache* hochfüttert. Und Severin ahnt nicht, daß Olim, sein Freund und Beschützer, der gleiche Mann ist, der ihn über den Haufen schoß. Die Güte genügt nicht, um Vergangenes auszulöschen. Die Wunde schwärt. Und der Genesene ist kränker denn je und fordert Vernichtung seines Widersachers, der ihm einst die Frucht vom Munde wegschoß … *Einst* heißt auf lateinisch Olim. Das Einst sitzt Severin vergiftend im Blut.

Die Entdeckung bleibt nicht aus; Olim, der Schloßherr, ist Olim der Gendarm, der den Severin niederschoß. Severin, zum Rachesprung geduckt, fleht seine Genossen vom Silbersee an, ihn festzuhalten und zu binden, damit er Olim nicht töte. Und nun verkapselt sich Kaisers *konstruktives Märchen* immer tiefer in die seltsamen, schwierigen Abstraktionen eines platonischen Freund-Feind-, Haß-Liebe-Gegensatzes. Olim versteckt sich aus Angst vor dem wütenden Severin im höchsten Dachwinkel des Schlosses. Severin hält sich, um zur Besinnung zu kommen, im tiefsten Kellergeschoß selbstgefesselt: Eine ewige Situation, gespiegelt in einer abseitigen, eigenwilligen szenischen Antithese. *Jeder argwöhnt Schlimmes von dem anderen; aber die Angst und das Mißverstehen sind der größte Feind.* Ein Dritter, die Dame des Schlosses, ist die Nutznießerin dieser in ihrem Winkel lauernden blinden Feindschaft. Sie hat den *Schlüssel* zu den beiden Verliesen, zu dem einen, in dem der Haß mit sich selber kämpft, und zu dem anderen, in dem der Menschenglaube in hartes Mißtrauen und starre Abwehr umzuschlagen droht.

Das arme Mädchen Fennimore, direkt dem Märchen entsprungen, bringt die Lösung; sie schließt die in ihrem Wahn gefangenen Menschen auf. Olim und Severin stehen voreinander, und beide sagen: »Vergib!« Um dieses doppelte »Vergib!« zum Tönen zu bringen, hat der Symbolspieler Georg Kaiser sein Wintermärchen geschrieben. Versöhnung gibt es nur, wenn *beide* Gegner sich beugen.

Das Schloß ist verloren; es versinkt wie eine Zauber-Erscheinung. Olim und Severin wandern die Landstraße hinaus, von der sie kamen, zum Silbersee, um dort den Tod zu finden. Es regnet, es schneit, es friert und es – grünt; sie schreiten über den See, der unter ihren Schritten zu festem Boden wird. Meteorologisches Wunder. Auch hier findet der Sinnsucher Kaiser einen Sinn: »Wer weiter muß – den trägt der Silbersee«. Kaiser, der scharfe Logiker und Konstrukteur, ist im Lyrischen und Mystischen angelangt.

Absicht und Vision des Dramatikers, so klar sie sich aus der Manuskriptlektüre auch ergeben mag, muß sich auf der Bühne bewähren. Und da zeigt sich: die Konstruktion will sich nicht mit Blut füllen; silberne Wortblasen steigen auf und nieder. Gedankensäulen stehen da und tragen Ideen; es geht zwar um Menschliches und doch – seltsamer, quälender Gegensatz – bleibt alles Menschliche fremd und fern wie hinter gläsernen Gardinen.

Das ist Georg Kaisers Dichtergesetz, dem er, der Fünfundfünfzigjährige, nun nicht mehr entrinnen wird: Dieser nach Gerhart Hauptmann größte deutsche Dramatiker ist, als hätte es die Literatur just so arrangiert, der strikte Gegensatz zu Hauptmann; dem wird unter seiner Hand jede Figur zum anschaulichen Menschen; dem anderen, Georg Kaiser, wird jeder Mensch zur Abstraktion, zur Idee. Nichts Verkehrteres könnte die Kritik tun, als von einem Dichter gerade das zu verlangen, was ihm versagt ist. Kaiser hat in fast dreißig Dramen immer neue Ideenfiguren, seltsame szenische Konstruktionen, gedanklich verschlungene Fabeln erfunden – niemals einen wirklichen Menschen. Dabei wird es auch bleiben. Er gibt dem Theater in seiner spröden, überstilisierten Sprache, die sich schwer sprechen läßt, sinngeladene Rebusse auf. Ein solcher Dichter hat es nicht leicht; Georg Kaiser ist heute, trotz eines viel gespielten Lebenswerkes, von großartiger Aktualität.

Die Einfalt und Natürlichkeit des Märchens muß einem konstruktiven Denker wie Georg Kaiser notwendig verschlossen bleiben. Es gibt zauberhafte, magische Situationen in diesem Symbolspiel, der Grundgedanke ist kühn und tief menschlich, und die Ausstrahlung dieses Gehirns bewegt noch lange das Herz.

Das Alte Theater hat – Spielleitung Detlev Sierck – die schwere Aufgabe ehrenvoll gelöst. Wieder war das Städtische Schauspiel der Treffpunkt der Theaterinteressenten aus Berlin und dem Reich; die Atmosphäre geladen von Gedankenspannung. Alexander Golling, die stärkste Leistung des Abends, war der verkörperte Groll, das Nichtvergessen-Können. Am intensivsten wirkte der Ausbruch des Hasses (»Es wird nicht vergeben!«), indes das stille doppelte »Vergib!« leider verhallte und nicht den Eindruck des Buches erreichte. Erhard Siedel (Landjäger Olim): die gütige Schwäche in Person; eine jener echt Kaiserschen Figuren, an die der höhere Ruf ergeht und die sich von Grund auf wandeln. Lina Carstens war das böse Weib des Märchens, Grete Berndt die brave Pechmarie, ein rührend hilfloses und doch hilfreiches Geschöpf. Die Bühnenbilder von Caspar Neher, besonders der Aufbau des Schlosses und der Silbersee, waren hier in solcher Schönheit noch nie gesehen.

Trotz der ermüdenden Deutungen, die der Dichter im Schlußbild gibt, war der Beifall überaus herzlich. Und wie ein Lebenstrost hallt es nach: »Wer weiter muß – den trägt der Silbersee.«

Hans Natonek, NLZ 19. Februar 1933, S. 2

20. FEBRUAR 1933 (MONTAG)

> Hitler und Göring empfangen die Spitzen der deutschen Industrie und des Bankwesens (Krupp, Schacht, Vögler, Flick, von Schnitzler, Schröder, Fritz Springorum, Ernst Tengelmann, Hans von und zu Löwenstein, Karl Büsen u.a.), um ihnen das Wirtschaftsprogramm der neuen Regierung zu erläutern. Im Anschluß an dieses Treffen wird ein Fonds von 3 Millionen RM für die NSDAP und die DNVP zur Finanzierung der Reichstagswahlen am 5. März bereitgestellt.

Nationalsozialistischer Wahlterror an der Leipziger Universität. Polizei säubert den Augustusplatz

Die am Dienstag stattfindenden Asta-Wahlen an der Universität Leipzig hatten am Montag vormittag ein für die gesamte Studentenschaft äußerst beschämendes Vorspiel. Die nationalsozialistischen Studenten hatten für 10 Uhr eine Kundgebung auf dem Universitätshof geplant, in der Hoffnung, durch eine mit Uniformen und Fahnen aufgezogene Kundgebung eventuell noch Wähler auf ihre Seite ziehen zu können. Der Rektor der Universität hatte jedoch die Gefährlichkeit eines derartigen einseitigen Vorhabens erkannt und es kurzerhand untersagt. Das Verbot war durch Anschläge an sämtlichen Zugängen zur Universität bekannt gemacht worden. Da die in Uniformen und mit Fahnen anrückenden nationalsozialistischen Studentengruppen in der Universitätsstraße und in der Grimmaischen Straße vor den geschlossenen Toren wieder umkehren mußten – das Betreten des Universitätsgebäudes war nur durch den Haupteingang vom Augustusplatz aus gestattet – sammelte sich dort rasch eine Menge Publikum, die mit großem Interesse die Dinge verfolgte, die sich entwickelten.

Zunächst nahmen die Studenten die Wahlpropagandazettel der verschiedenen Parteirichtungen ruhig entgegen. Das friedliche Bild änderte sich aber gewaltig, als gegen ½11 Uhr *uniformierte nationalsozialistische Studierende* sich mehr und mehr in den Türen, auf den Stufen und auf dem Bürgersteig vor dem Universitätsgebäude breitmachten.

In der 10-Uhr-Pause fand sich auch in der *Wandelhalle* der Universität eine große Anzahl uniformierter Nationalsozialisten ein. Es wurde eine *Ansprache* gehalten und anschließend das Horst-Wessel-Lied gesungen. Die Kastellane versuchten vergeblich, das Eindringen uniformierter Nationalsozialisten in die Universität zu verhindern. Doch der Rektor machte, als ihm von der Durchführung der Kundgebung Mitteilung gemacht wurde, keinerlei Anstalten, für die Durchführung seines Verbots zu sorgen.

Es dauerte nicht lange, so kam es weiter zu Belästigungen und Anrempelungen vor dem Universitätsgebäude. Das Publikum sah sich zunächst das Hin und Her mit an, ohne sich einzumischen. Als dann aber einem *Zettelverteiler* der sozialistischen Studentenschaft die *Flugblätter entrissen* wurden und etwa 20 Nationalsozialisten mit Koppel- und Schulterriemen über den jungen Mann herfielen, brach ein Sturm der Entrüstung gegen die Braunhemden los. Der geschlagene Student wurde von Passanten, die den Nationalsozialisten entgegentraten, in Schutz genommen. Pfiffe und Rufe nach der Polizei wurden laut.

Auf ein Signal hin *sammelten sich die Nationalsozialisten in zwei Gliedern* vor dem Universitätseingang. Ein *Überfallkommando* erschien. Der Augustusplatz wurde geräumt und die Nationalsozialisten, die sich den Anschein gaben, als müßten sie das Universitätsgebäude schützen, wurden zur Freigabe der Fahrbahn und des Bürgersteigs aufgefordert. Ein nationalsozialistischer Student, der beim Angriff auf den republikanischen Zettelverteiler als Hauptschläger erkannt und zur Anzeige gebracht worden war, wurde mit zur Wache genommen.

Wie später festgestellt werden konnte, sind außer einem Angehörigen der Sozialistischen Studentenschaft auch noch andere nichtnationalsozialistische Studierende geschlagen worden. Gegen 12 Uhr waren Ruhe und Ordnung wieder eingetreten.

Kurz nach 12 Uhr hatten sich unter dem Schutz uniformierter Parteigenossen nationalsozialistische Zettelverteiler am Eingang zur »Mensa« (dem studentischen Mittagstisch) in der Ritterstraße postiert, um dort Propaganda zu machen. Auch hier begannen die Nationalsozialisten, die Zettelverteiler der anderen politischen Parteien zu terrorisieren, zu verdrängen und außer Gefecht zu setzen. Vor der »Mensa« hatten sich wiederum große Mengen Zuschauer eingefunden, die ihren Unwillen über das Vorgehen der Nationalsozialisten laut zum Ausdruck brachten. Ein großes *Polizeiaufgebot* machte sich notwendig, um die Straßen freizubekommen und den Studierenden den Gang zum Mittagessen zu ermöglichen.

NLZ 21. Februar 1933, S. 4

23. FEBRUAR 1933 (DONNERSTAG)

Im Berliner Sportpalast spricht Wilhelm Pieck vor 15 000 Anhängern und warnt vor Provokationen und Staatsstreichabsichten der NSDAP. – Der Berliner ›Angriff‹ verbreitet die Meldung von »Aufstandsplänen« der KPD, welche die Polizei im Berliner Karl Liebknecht-Haus sichergestellt habe.

Die Überfälle in Leipzig

Zu den politischen Überfällen am Donnerstag abend erfahren wir folgende *Einzelheiten*: Kurz nach 19 Uhr trafen sich an der Ecke Nonnenstraße und Ernst-Mey-Straße etwa 15 Mitglieder des Reichsbanners aus Schleußig und Plagwitz, die von hier aus gemeinsam zu einer Versammlung ins *Volkshaus* gehen wollten. Noch während die Reichsbannerleute hier warteten, wurde ihnen mitgeteilt, daß aus Richtung Schleußig eine Abteilung *Nationalsozialisten* im Anmarsch sei. Die Reichsbannerleute wollten einem Zusammenstoß ausweichen und sich gerade von ihrem Stellplatz entfernen. In diesem Augenblick waren die SA-Leute auch schon in unmittelbare Nähe gekommen. Übereinstimmend wird von einer ganzen Reihe Reichsbannerleuten behauptet, daß der Führer der nationalsozialistischen Abteilung kommandiert habe: »*Wegdrängen! Straße frei! Drauf!*« Jedenfalls sind die Nationalsozialisten den Reichsbannerleuten, die der Übermacht weichen mußten, nachgeeilt und *über sie hergefallen*. Dabei wurden *Messer* und *Schlagwerkzeuge* gebraucht. Der 30 Jahre alte Schofför Walter *Heinze* aus der Ziegelstraße 13 wurde schwer zugerichtet. Er erhielt zwei *Kopfstiche*, einen *Gesäßstich* und einen *Lungenstich*. Heinze wurde ins Diakonissenhaus eingeliefert, wo er nach einigen Stunden an den Folgen des Lungenstiches durch innere Verblutung *starb*.
Beim Rückmarsch schossen Nationalsozialisten kurz vor 23 Uhr in der Zeitzer Straße auf eine Abteilung Reichsbannermitglieder, die nach der Versammlung im Volkshaus auf dem Heimweg war. Dabei sind von den SA-Leuten etwa 20 bis 25 Revolverschüsse abgegeben worden. Der 28 Jahre alte Reichsbannermann *Rudi Bracket* aus der Trachenbergstraße erhielt einen *Steckschuß in den rechten Unterschenkel*. Genaue Angaben über weitere Verletzte waren an amtlicher Stelle noch nicht zu erhalten. Die Polizei setzte in der Zeitzer Straße sofort Überfallwagen ein.
Bei dem in Plagwitz verletzten Nationalsozialisten handelt es sich um Arthur Zeh aus der Ponickaustraße in Großzschocher.
NLZ 24. Februar 1933, S. 3

24. FEBRUAR 1933 (FREITAG)

Hitler spricht im Münchener Hofbräuhaus vor 2000 alten PGs zur Parteigründungsfeier. Bei einer Massenveranstaltung der NSDAP aus gleichem Anlaß im Berliner Sportpalast sind Goebbels und der preußische Prinz August Wilhelm die Hauptredner. – Auf der letzten KPD-Kundgebung in Berlin fordert Wilhelm Pieck eine »Einheitsfront der Tat« und die Eroberung der Mehrheit aller Werktätigen für die KPD, lehnt jedoch einen »Nichtangriffspakt« und die Einstellung der kommunistischen Angriffe gegen SPD- und ADGB-Führung ab.

Freiheit! Freiheit! Frohe Wahlkundgebung der Sozialdemokraten. Eiserne Disziplin sichert ruhigen Verlauf

Am Freitag abend hatte die Leipziger SPD im Großen Saale des Zoo eine Wahlversammlung veranstaltet, bei der der frühere Polizeipräsident von Berlin, *Grzesinski* sprach. Der Saal mußte lange vor Beginn wegen Überfüllung geschlossen werden. Mehr als 1500 mußten an den Toren wieder den Heimweg antreten.

Die Versammlung selbst war eine imposante Kundgebung für den *Kampfwillen der Republikaner gegen die Reaktion* – aber zugleich auch ein Beweis für die eiserne Disziplin und die Selbstzucht der Kämpfer für die Freiheit. Nationalsozialisten hatten geplant, wie gestern bei der Grzesinski-Rede in Breslau, nun auch in Leipzig die Versammlung zu sprengen und die Überwachungspolizei zu zwingen, die Versammlung aufzulösen. Angesichts der Disziplin und der abwehrbereiten Schutzformationen und Reichsbannerleute hat aber keiner der Nationalsozialisten gewagt, den Mund aufzutun.

Zu Beginn der Versammlung gedachte der Vorsitzende *Liebmann* des gestern von den Nationalsozialisten ermordeten Reichsbannermannes *Heinze*. Ergriffen hörten die Versammelten, die sich erhoben hatten, während die Fahnen gesenkt wurden, die Gedenkrede an. Der Vorsitzende erklärte dann, man dürfe sich durch die Terrorwelle nicht provozieren lassen, der Widerstand dürfe nicht in Einzelaktionen verpuffen. Und wenn die Nationalsozialisten glaubten, eine Bartholomäusnacht veranstalten zu können, so sollten sie erfahren, daß es kein harmloses Vergnügen sei, 13 Millionen Marxisten umzubringen.

Grzesinski, der mit großem Beifall empfangen wurde, rechnete mit dem Nationalsozialismus und seinen reaktionären Bundesgenossen ab. Er beleuchtete, wie weit es heute schon mit dem deutschen Rechtsstaat gekommen sei. Republikaner seien durch Görings Erlaß zu Deutschen zweiter Klasse gemacht worden. Hitler habe zwar die SA zurückgepfiffen – aber die Überfälle seien fortgesetzt worden. Er rechnete ab mit dem Verleumdungszug, den die Nationalsozialisten gegen die »Marxisten« führen. Er sagte, der *Nationalismus* der Arbeiter stehe turmhoch über dem *Maul-Nationalismus* der anderen. Er brauche dabei nur an den *1. August 1914*, an den *Ruhrkrieg* und die *Besatzungszeit* zu erinnern. Er sagte, man sollte meinen, daß es heute schwerere Sorgen gebe als einen Kampf gegen den Marxismus zu entfesseln, den schon andere verloren hätten. Immer wieder kam in seiner Rede zum Ausdruck, daß die Sozialdemokraten nicht mit dem Rüstzeug der Barbaren kämpfen, sondern mit den Waffen des Geistes. Auf die Dauer werde der Geist siegen. Trotz aller Verbote werde es nicht gelingen, die Freiheit zur Strecke zu bringen, weil der Druck diese Idee nur neu belebe.

Mit dem Rufe: »*Wir wollen frei sein, wie die Väter waren. – Lieber tot, als Sklav'!*« schloß er seine Rede, die mit großem Beifall aufgenommen wurde.

Vor Beginn der Zoo-Versammlung ist es in der Berliner Straße unter der Eisenbahnunterführung zu einem schweren Zusammenstoß zwischen einem starken Zug Nationalsozialisten und einigen Reichsbannerleuten gekommen. Im Verlaufe der Schlägerei sollen die Nationalsozialisten mehrmals geschossen haben. Mehrere der Beteiligten, und zwar sowohl Reichsbannerleute als auch Nationalsozialisten, erlitten Verletzungen. Der 19 Jahre alte Schlosser Herbert *Plöttner*, der dem Reichsbanner angehört, und zwei SA-Leute sind in die städtischen Krankenhäuser eingeliefert worden. Vier Reichsbannermitglieder wurden leicht verletzt. Das herbeigerufene Überfallkommando stellte die Ruhe wieder her.

Ferner ist in der Uferstraße ein Nationalsozialist über das Geländer in das gemauerte Parthenbett geworfen worden. Verletzt wurde er ins Krankenhaus gebracht. Schließlich will noch ein Nationalsozialist, der sich ebenfalls mit Verletzungen im Krankenhaus befindet, in der Kohlgartenstraße überfallen worden sein.

NLZ 25. Februar 1933, S. 3

26. FEBRUAR 1933 (SONNTAG)

Treue-Kundgebung für Hindenburg

In der deutschen Politik hat man das Überraschtsein längst aufgegeben. Aber daß die Nationalsozialisten, wie das am Sonntag in Leipzig der Fall war, nach allem, was in dem mit nie erlebter Erbitterung geführten Wahlkampf um den

Reichspräsidenten geschah, zu einer Treue-Kundgebung für Hindenburg aufriefen, ist doch etwas erstaunlich. Allerdings war von Hindenburg bei der Kundgebung vor dem Völkerschlachtdenkmal kaum die Rede. Der Reichskommissar für Volksbildung in Preußen, Studienrat *Rust*, bemühte sich vor allem, die Arbeiter zu gewinnen, ein nutzloses Beginnen gerade bei dem sächsischen Arbeiter, der weiß, daß er nur durch *Export* Verdienst findet. Man darf in Sachsen nicht mit Autarkieplänen kommen, wie Rust es tat. Die Kundgebung sowie ein anschließender Umzug der SA durch den Süden verliefen im allgemeinen ruhig.

Über die Kundgebung gibt die Polizei folgenden Bericht: Die Kundgebung der NSDAP am Völkerschlachtdenkmal bei einer Beteiligung von etwa 30 000 bis 40 000 Personen ist ohne *Störungen* verlaufen, ebenso die An- und Abmärsche. An dem Auszug nach dem Meßplatz beteiligten sich etwa 5000 uniformierte SA-Leute. Auch hierbei ist es zu nennenswerten Zwischenfällen nicht gekommen. Im Laufe des Tages kam es an verschiedenen Stellen lediglich zu einigen unwesentlichen Ordnungsstörungen.

NLZ 27. Februar 1933, S. 2

27. FEBRUAR 1933 (MONTAG)

Ein »Offener Brief« Thälmanns ruft alle politisch und gewerkschaftlich organisierten Arbeiter zum »Kampfbündnis gegen den Faschismus« auf. – Die SPD veranstaltet im Sportpalast eine Karl-Marx-Feier (50. Todestag am 14. März 1933). – Zur selben Stunde bricht im Reichstag ein Feuer aus. Die Schuld wird sofort den Kommunisten gegeben. Noch in der Nacht kommt es zu zahlreichen Verhaftungen.

28. FEBRUAR 1933 (DIENSTAG)

Die offene Terrorherrschaft der Nationalsozialisten beginnt. Vor dem Reichskabinett führt Hitler aus, daß eine rücksichtslose Auseinandersetzung mit der KPD dringend geboten sei. Der Kampf gegen sie dürfe nicht von juristischen Erwägungen abhängig gemacht werden. Auch Göring erklärt den Reichstagsbrand mit den Aktivitäten der KPD. Er erläutert seine Sofortmaßnahmen: Schließung aller KPD-Lokale, höchste Alarmbereitschaft für Schutz- und Kriminalpolizei, Verhaftung aller KPD-Abgeordneten, Unterstützung der Polizei in Berlin durch 2000 SA- und SS-Leute. Reichspräsident Hindenburg unterzeichnet noch am selben Tag die »Verordnung zum Schutz von Volk und Staat«; diese setzt die Art. 114, 115, 117, 118, 123, 124 und 153 der Weimarer Verfassung außer Kraft.

Leipzig im März 1933

1. MÄRZ 1933 (MITTWOCH)

Eine zweite Notverordnung, »Verrat am deutschen Volk«, verschärft die Bestimmungen bei Landesverrat und Aufreizung zu gewaltsamem Vorgehen gegen die Staatsgewalt.

Der Leipziger Polizeipräsident beurlaubt

Der Leipziger Polizeipräsident Fleißner ist auf Grund einer Ministerialverfügung mit *sofortiger Wirkung beurlaubt* worden. Mit seiner Stellvertretung wurde der *Dresdener* Polizeipräsident Dr. *Palitzsch* beauftragt. Die Mitteilung von seiner Beurlaubung ging Präsident Fleißner am Mittwoch mittag *telephonisch* zu. Eine schriftliche Bestätigung der Beurlaubung steht noch aus. Auch der Leiter des Leipziger Kriminalamtes, Oberregierungsrat Dr. *Heiland*, ist ebenfalls telephonisch beurlaubt worden. Mit der Stellvertretung Dr. Heilands ist der Leiter des Kriminalamtes Chemnitz, Oberregierungsrat Dr. *Böhme*, beauftragt worden.

NLZ 2. März 1933, S. 1

2. MÄRZ 1933 (DONNERSTAG)

Das Reichskabinett beschließt, den neuen Reichstag zu seiner Eröffnung in die Potsdamer Garnisonkirche einzuberufen. – Die am 1. März fällig gewesenen Diäten der kommunistischen Reichstagsabgeordneten werden gesperrt. Alle Landesregierungen verbieten auf Ersuchen der Reichsregierung kommunistische Druckschriften und Versammlungen jeder Art. Verhaftungen werden im ganzen Reich vorgenommen.

»Leipziger Volkszeitung« bis 15. März verboten

Das Polizeipräsidium teilt mit: Die »Leipziger Volkszeitung« ist wegen ständiger hetzerischer Ausführungen gegen die Mitglieder der Reichsregierung und deren Maßnahmen bis einschließlich 15. März verboten worden.

NLZ 3. März 1933, S. 1

Wohnungsdurchsuchungen in Leipzig

Im Laufe des heutigen Vormittags sind von der Politischen Polizei verschiedene Durchsuchungen von Wohnungen usw. vorgenommen worden, in deren Verlauf zahlreiches kommunistisches Druck- und Schriftenmaterial, u.a. 40 Zentner Flugblätter, sowie *eine Schußwaffe* beschlagnahmt worden sind. Eine Anzahl bekannter Funktionäre der KPD wurde in *Schutzhaft* genommen.

NLZ 3. März 1933, S. 2

3. MÄRZ 1933 (FREITAG)

Der KPD-Vorsitzende Ernst Thälmann wird festgenommen. Nach über elfjähriger Einzelhaft in Moabit, wo ein Befreiungsversuch 1936 scheitert, in Hannover und Bautzen wird er am 18. August 1944 im KZ Buchenwald erschossen.

4. MÄRZ 1933 (SONNABEND)

Am »Tag der erwachenden Nation« wird aus Königsberg im gesamten deutschen Rundfunk eine Rede Hitlers zur bevorstehenden Reichstagswahl übertragen. Die Rede endet mit dem »Niederländischen Dankgebet«, dazu läuten die Glocken des Königsberger Doms. – Gegen den Holländer Marinus van der Lubbe, Mitglied der KP der Niederlande, wird Haftbefehl wegen Brandstiftung bzw. versuchter Brandstiftung erlassen. – Die beginnende Leipziger Frühjahrsmesse verzeichnet mit 6292 Ausstellern gegenüber 1932 (7716) und 1931 (9540) einen deutlichen Rückgang.

Die Leipziger Frühjahrsmesse beginnt. Etwa 6300 Aussteller. Befriedigende Anzahl von Einkäufern wird erwartet

MS 101 von Hoek van Holland; MS 127 von Wien-Westbahnhof; MS 115 von Paris; MS 107 von Amsterdam … In ununterbrochener Folge laufen seit Freitag nachmittag Sonderzüge, Vorzüge und Nachzüge auf dem Leipziger Hauptbahnhof ein. Leipzig ist der sichtbare Mittelpunkt der europäischen, ja der Weltwirtschaft geworden. Der Leipziger Hauptbahnhof schlingt Züge aus allen Himmelsrichtungen und entläßt einen breiten Strom geschäftiger Menschen in alle Gegenden der Stadt. Wieder vollzieht sich ein Verkehrswunder und wieder dieses gewaltige Aufgebot vorbildlicher Gastfreundschaft und vollendeter Hilfsbereitschaft für den Fremden. Man sagt, keine große Ausstellung sei je am Eröffnungstage fertig geworden. Nun, die Leipziger Messe, die gigantische Weltschau in 33 Palästen und 17 Hallen, ist noch immer *auf den Tag fertig* gewesen. Nach einer unsichtbaren Ordnung vollzieht sich der Aufbau: Lastwagen und hochbeladene Automobile bringen schon Wochen vorher die ersten Messegüter. In den leeren Hallen und Gängen der Ausstellungshäuser wird es plötzlich lebendig. Überraschend schnell entstehen aus dem Inhalt vieler tausend Kisten übersichtliche Verkaufsausstellungen, die sich infolge der Branchen-Konzentration zu einer einzigartigen, wohlgeordneten Leistungsschau aller beteiligten Industrie- und Handelszweige entwickelt haben. Und während in den Hallen noch die Hammerschläge schallen, sind draußen auf der Straße emsige Hände dabei, ein *farbiges Bild aus Werbebauten, Fahnen und Leuchtreklamen* zu schaffen. Langsam wächst inzwischen der Verkehr: Automobile tragen die Kennzeichen aller deutschen Gaue und vieler Staaten, ihre breiten Kolonnen sprengen der Raum der Parkplätze. Neue Straßenbahnlinien werden eingerichtet, die Menschenflut in der Innenstadt, die am Sonnabend merklich angeschwollen ist, verdrängt die Fahrzeuge: Bis 20 Uhr gehören die Straßen der City den Fußgängern. Das alles vollzieht sich mit einer Selbstverständlichkeit, wie sie nur Jahrhunderte alte Tradition entwickeln kann. Mit der gleichen Selbstverständlichkeit finden die vielen tausend Messegäste aus Deutschland und aus dem Auslande ihre Quartiere, werden sie in Leipzig beköstigt und unterhalten.

6300 Aussteller erwarten diesmal das große Heer der Einkäufer. Mehrere Staaten vereinigen in besonderen *Kollektiv-Ausstellungen* ihre ersten Häuser. An der Spitze liegen die Tschechoslowakei mit 195 und Japan mit 162 Firmen, während Holland und England dem Vernehmen nach die meisten Einkäufer und Interessenten aufbieten. Das Zusammentreffen der Leipziger Frühjahrsmesse 1933 mit der Reichstagswahl hat, nach Ansicht des Meßamtes, den befürchteten nachteiligen Einfluß auf die Messe nicht ausgeübt. Es ist auf Grund der Anmeldungen mit einem befriedigenden Besuch zu rechnen, zumal am Sonntag noch eine ganze Reihe von Sonderzügen erwartet wird. *NLZ 5. März 1933, S. 16*

Kommunistische Büroräume geschlossen

Das Polizeipräsidium teilt mit: Der gesamte Gebäudekomplex Czermaks Garten 6/8, in dem sich die Büroräume der Bezirksleitung Sachsen der KPD und der Druckereibetrieb der Neudrag befinden, sind nach einer nochmaligen Durchsuchung polizeilich geschlossen worden. Ferner wurden die Büroräume aller kommunistischen Nebenorganisationen in verschiedenen Stadtteilen polizeilich geschlossen. In der kommunistischen Literatur-Vertriebsstelle sind etwa 15 Zentner Bücher, Zeitungen und Zeitschriften beschlagnahmt worden.

NLZ 5. März 1933, S. 6

5. MÄRZ 1933 (SONNTAG)

Bei den Reichstagswahlen erringt die NSDAP mit 17 280 000 Stimmen 288 von 647 Mandaten. – Das Exekutivkomitee der kommunistischen Internationale ruft alle Arbeiter der Welt zum »Kampf gegen den Faschismus« auf.

Wie Leipzig wählte

Parteien	Reichtagswahl am 5. März 1933		Reichstagswahl am 6. Nov. 1932		Reichstagswahl am 31. Juli 1932	
	Stimmenzahl	In v.H.	Stimmenzahl	In v.H.	Stimmenzahl	In v.H.
Nationalsozialisten	188.492	37,2	128.425	27,6	142.093	32,3
Sozialdemokraten	156.534	30,8	154.191	33,5	150.220	34,1
Kommunisten	92.324	18,2	100.377	21,6	89.188	20,2
Zentrum	7.148	1,4	6.508	1,4	6.545	1,5
Schwarz-Weiß-Rot	31.694	6,2	34.398	7,7	19.693	4,6
Deutsche Volkspartei	12.600	2,5	20.305	4,3	12.649	2,8
Chr.-Soz. Volksd.	4.747	0,9	4.323	0,9	3.433	0,8
Deutsche Staatspartei	12.941	2,5	7.063	1,5	8.684	2,0
Deutsche Bauernpartei	118	-	102	-	182	-
Soz. Kampfgemeinschaft	190	-	-	-	-	-
Wahlberechtigte	535.904		531.754		500.892	
Abgegeb. Stimmen	506.788		463.367		440.096	

NLZ 6. März 1933, S. 1

6. MÄRZ 1933 (MONTAG)

Weitere Maßnahmen gegen die KPD in Leipzig

Vom Leipziger Polizeipräsidium wird mitgeteilt:
Am vergangenen Sonntag [5. März] ist es der politischen Polizei gelungen, vier Personen festzunehmen, als sie Vorbereitungen zur Füllung eines *Luftballons* trafen, der am Wahlsonntag über Leipzig aufsteigen und kommunistische Propagandaflugblätter über dem Stadtgebiet abwerfen sollte. Durch rechtzeitigen Zugriff gelang es, diesen Plan zunichte zu machen.
Bei den Erörterungen stellte sich heraus, daß zunächst geplant war, ein größeres Kabinenflugzeug in den Dienst der KPD zu stellen, mit welchem die Flucht des Parteiführers Thälmann und anderer Funktionäre in das Ausland ausgeführt werden sollte. Da durch die Festnahme Thälmanns in Berlin dieser Plan nicht mehr zur Ausführung gelangen konnte, beschloß man, die eingangs erwähnte Wahlpropaganda über Leipzig mit einem Luftballon durchzuführen.
Am Montag wurden gegen Mitternacht in einem Grundstück in der Großen Fleischergasse 12 Kommunisten festgenommen, die sich bei einem dort in Untermiete wohnenden Kommunisten in verdächtiger Weise aufhielten, offenbar, um Gewalttätigkeiten gegen andere vorzubereiten. Sie wurden dem Polizeipräsidium zugeführt und verbleiben in Schutzhaft. Der politischen Abteilung sind die Verhafteten von ihrer früheren politischen Betätigung her bekannt.
In Leipzig-Dölitz wurden ebenfalls am Montag abend kommunistische Ansammlungen festgestellt. Bei der Verfolgung durch Polizeistreifen warfen die Kommunisten *fünf scharfgeladene Pistolen* von sich, die bei einer Streife durch die Gärten am Rundling gefunden wurden. Drei verdächtige Kommunisten wurden nach dem Polizeipräsidium gebracht. Sie werden der Staatsanwaltschaft zugeführt.
Die hier erscheinende Wochenschrift »Wahrheit und Recht« ist auf die Dauer von 4 Monaten bis mit 30. Juni dieses Jahres verboten worden, weil in den Nummern 7 und 9 Ausführungen enthalten sind, die geeignet sind, die Mitglieder der Reichsregierung und andere Organe des Reiches verächtlich zu machen.

NLZ 8. März 1933, S. 2

8. MÄRZ 1933 (MITTWOCH)

Die Reichsregierung hebt die 81 Reichstagsmandate der KPD auf. Sie beschlagnahmt das Karl-Liebknecht-Haus, den Sitz der Leitung der KPD, und verlegt dorthin die Zentrale der politischen Polizei.- SPD und ADGB protestieren gegen die Besetzung zahlreicher Parteibüros und Gewerkschaftshäuser in Berlin, Breslau, Dresden, Kassel und Kiel sowie der ADGB-Bundesschule durch SA und SS.

9. MÄRZ 1933 (DONNERSTAG)

In Plaue bei Flöha (südlich von Chemnitz) wird das erste sächsische Konzentrationslager eingerichtet. Unmittelbar darauf entsteht im nahegelegenen Leubsdorf ein weiteres Konzentrationslager. In den folgenden acht Wochen werden allein in Sachsen an folgenden Orten »Schutzhaftlager« errichtet: Reichenbach, Annaberg, Oelsnitz, Schloß Osterstein (bei Zwickau), Burg Hohnstein, Königstein-Halbestadt, Colditz, Königsbrück, Hainewalde, Struppen, Hainichen, Pappenheim (bei Oschatz), Altenberg, Zschorlau, Bautzen, Sachsenburg (mit zahlreichen Außenlagern). Darüber hinaus werden an vielen Orten reguläre Gefängnisse für die »Schutzhaft« mitbenutzt, so in Leipzig die Haftanstalt in der Beethovenstraße. Mehr als zwei Drittel der Inhaftierten sind Kommunisten.

Leipziger Volkshaus besetzt

Das Polizeipräsidium teilt mit: »Nachdem von verschiedenen Seiten der Verdacht ausgesprochen worden war, daß sich im Volkshaus bewaffnete Personen befänden, und nachdem weiterhin am Donnerstag morgen bei einem Zusammenstoß vor dem Wurzner Volkshaus scharf geschossen worden war, fand am Donnerstag vormittag durch eine größere Anzahl Kriminalbeamter eine eingehende Durchsuchung des hiesigen Volkshauses und der dazugehörigen Nebengebäude statt. Anschließend wurden die Arbeiter-Turn- und Sportschule sowie der Arbeiter-Sportpark ›Vorwärts‹ im Connewitzer Holze durchsucht. Es wurden eine Anzahl Gummiknüppel und ein altes französisches Gewehr gefunden.«
Das Polizeipräsidium Leipzig, Abteilung 4, berichtet: »Von der SA und der SS sind Donnerstag nachmittag, ähnlich wie in anderen Städten, das *Volkshaus* in der Zeitzer Straße, das Gebäude der ›*Leipziger Volkszeitung*‹ in der Taucher Straße und die *Zentrale der KPD in Czermaks Garten vorübergehend besetzt* worden. Eine Abteilung Schutzpolizei traf die Sicherungsmaßnahmen. Infolge starken Personenverkehrs mußten diese Straßen zeitweilig gesperrt werden.«

NLZ 10. März 1933, S. 2

10. MÄRZ 1933 (FREITAG)

In Sachsen tritt die Regierung zurück; Reichskommissar von Killinger übernimmt die Regierung und setzt in den einzelnen Ministerien Bevollmächtigte ein. In einem Aufruf an SA und SS erklärt Hitler: »Mit dem heutigen Tag hat in ganz Deutschland die nationale Regierung die vollziehende Gewalt in Händen.« Er gibt die Parole der nationalen Revolution von 1933 aus: »Vernichtung des Marxismus«. – Als letzte SPD-Zeitungen müssen die ›Bremer Volkszeitung‹ und die ›Schwäbische Tagwacht‹ ihr Erscheinen einstellen. –
SA besetzt die Bundesgeschäftsstelle des Reichsbanners in Magdeburg.

»Liebelei«. Uraufführung zum Jubiläum der UT-Lichtspiele

Eine wirkliche Festvorstellung – nicht wegen der Ansprachen und Rahmendarbietungen, sondern weil die jubilierenden UT-Lichtspiele einen *Meisterfilm* gefunden haben! Es gibt ihrer nicht viele, die so sauber, so ehrlich bearbeitet sind, so abhold allen krassen Effekten. Nach Arthur *Schnitzlers* stiller Wiener Alltagstragödie »Liebelei« ist hier ein kammerspielartiges Filmwerk entstanden, das den Höhepunkt einer abgetönten Regie bedeutet. Die Verfasser halten sich ziemlich eng an das kleine Meisterwerk Schnitzlers – nur mit dem Unterschied, daß die jungen Lebemänner aus dem Zivil in die Offizierssphäre gerückt werden. Das ganze ist aus dem Bürgerlichen in die Feudalwelt erhoben.
Der junge Fritz Lobheimer zieht unter die Liebschaft mit der Baronin den Schlußstrich, als er die Christine kennenlernt. Aber der Ehrbegriff des gekränkten Ehemanns greift unerbittlich in die Liebe dieser beiden Menschen. Fritz Lobheimer fällt im Duell, Christine tötet sich; um eine längst abgetane, erledigte Liebesaffäre müssen zwei Menschen sterben.
Schlicht wie die Fabel ist die Darstellung unter der Regie von Max *Ophüls*. Mehrere Hauptdarsteller sieht man zum ersten Male im Film. Magda *Schneider* ist das herbe Bürgermädchen, ganz sparsam im Ton und in jeder Geste, ein wundervoll geschlossenes Gesicht – eine Darstellerin, die an die Rose Bernd der Paula Wessely erinnert. Wolfgang *Liebeneiner* ist der kleine Wiener Leutnant, ein lieber Junge, nichts weiter. Luise *Ullrich*, das leichtfertige Mädel vom Ladentisch, und Willy *Eichberger*, ihr Freund, sind prachtvoll natürlich. Gustav *Gründgens*, der betrogene Baron, macht zuviel Theater. Jede Szene dieses Films hat Atmosphäre, Stimmung und eine Fülle reizender Einzelheiten; die Behandlung des Wortes ist außerordentlich delikat.

Walter *Steinhauer* sprach einleitend über die rapide Entwicklung des Films, die der Jubilar der UT-Lichtspiele, Max Künzel, als Lichtspielbesitzer miterlebt hat; und dann führte Steinhauer aus seinem wertvollen Filmarchiv Proben vor, wie der Film vor 30 Jahren ausgesehen hat, als Max Künzel seine Laufbahn begann. Das UT-Orchester unter Leitung von Kapellmeister Otto *Müller* spielte Weber und Mozart. Das Publikum dankte dem Jubilar für die wertvolle filmische Festgabe; die beiden Darsteller Wolfgang Liebeneiner und Willy Eichberger konnten den Beifall persönlich entgegennehmen.

Hans Natonek, NLZ 11. März 1933, S. 13

11. MÄRZ 1933 (SONNABEND)

Das Reichskabinett beschließt die Errichtung des Propagandaministeriums. Minister für Volksaufklärung und Propaganda wird Joseph Goebbels. – Nach Thüringen werden auch in Bayern, Sachsen und Braunschweig das Reichsbanner und die Eiserne Front verboten.

15. MÄRZ 1933 (MITTWOCH)

»Leipziger Lehrerzeitung« verboten

Vom Polizeipräsidium wird mitgeteilt:
»Zur reibungslosen Durchführung der Maßnahmen gegen die KPD wurde im Polizeipräsidium ein *Sonderdezernat* innerhalb der politischen Polizei eingerichtet.
Im Laufe dieser ununterbrochen fortgesetzten Maßnahmen gegen die Kommunistische Partei wurden außerhalb Leipzigs 6 Kommunisten wegen hochverräterischer Umtriebe verhaftet. Sie werden der Oberreichsanwaltschaft zugeführt.

In Schutzhaft befinden sich hier im ganzen *90 Personen* aus dem Landgerichtsbezirk Leipzig.
In Verbindung mit dem Verbot des Reichsbanners fanden mehrere Durchsuchungen statt; die Geschäftsräume wurden polizeilich geschlossen.
Ferner wurde die ›Leipziger Lehrerzeitung‹ wegen eines in der letzten Nummer erschienenen Artikels, in dem eine Verächtlichmachung der Reichsregierung zu erblicken ist, *auf die Dauer von 3 Monaten verboten*.
Das Verbot der ›Leipziger Volkszeitung‹ ist um weitere 2 Wochen (bis 29. März) verlängert.«

NLZ 16. März 1933, S. 5

16. MÄRZ 1933 (DONNERSTAG)

Gewandhaus-Konzert abgesagt

Das Polizeipräsidium teilt mit: Das für Donnerstag abend angesetzte Gewandhaus-Konzert unter Leitung des Dirigenten Bruno *Walter* darf auf Anordnung des Ministeriums des Innern nicht stattfinden.

NLZ 17. März 1933, S. 2

Ein Konzert-Verbot und seine Lehre

Das *Gewandhauskonzert* dieser Woche unter *Bruno Walters* Leitung ist verboten worden. Es ist damit nichts gegen die Künstlerschaft Bruno Walters gesagt, sondern es ist Vorsorge getroffen worden zugunsten der Ruhe des 150jährigen Hauses. Das Verbot geschah zur Wahrung der Ordnung und Sicherheit. Erregte Zeiten erfordern Ausnahmegesetze.
Ein Vergleich mit den Dresdner Maßnahmen beweist, daß die erregte Volksmeinung sich keineswegs *einseitig* gegen einen Teil der Künstlerschaft richtet. Sie richtet sich vielmehr auch

gegen ein System, das innerhalb der Kunstwelt seit den Nachkriegsjahren zu manchmal unerträglichen Ausmaßen emporgetrieben wurde: gegen das Startum. Die Angriffe gegen *Fritz Busch*, den Dresdner Generalmusikdirektor, beweisen das klar und deutlich. Man verargte ihm Gehalt und Urlaub, die beide ungewöhnlich reichlich bemessen waren.

Zum erstenmal ist die *Unantastbarkeit des weltgefeierten Künstlers aufgehoben* worden. Alle werden davon lernen, sowohl das Publikum wie die Künstler. Auch Bruno Walter fällt unter die Kategorie von Dirigenten, denen die Weltgeltung ihrer Kunst *über* die heimische Musikpflege zu stehen schien. Man kann dem einzelnen Künstler keinen Vorwurf aus dieser Einstellung machen. Das frühere Publikum wollte es ja so. Wer nicht in Amerika dirigiert oder gespielt hatte, der »war« nichts. Die hohen Eintrittspreise, die das Gewandhaus als nicht unterstütztes Privatunternehmen verlangen mußte, waren nur zu rechtfertigen, wenn man weltgefeierte Stars herausstellte. Sonst blieb ein großer Teil des Publikums zu Hause.

Aber ist diese Entwicklung nicht im höchsten Grade ungesund? Was dabei gefährdet wurde, war nicht mehr und nicht weniger als die bisherige absolute Geltung des deutschen Konzertinstituts. Mendelssohn und Nikisch hatten das Gewandhaus zum Mittelpunkt des europäischen Konzertlebens gemacht – sie bekannten sich stolz zum Gewandhaus als ihrem vornehmsten Wirkungskreis. Nach Nikischs Tod trat in dieser Auffassung ein Wandel ein, der zunächst die Weltgeltung der deutschen Musik zu fördern schien. Die deutschen Dirigenten trugen die deutsche Kunst in viel stärkerem Maße als früher ins Ausland. Die *Urlaubsfrage* aber wurde ein oft unlösbares Problem, und es kann nicht bestritten werden, daß die heimische Musikpflege darunter litt.

Gerade jetzt ist Bruno Walter erfolgreich aus Amerika zurückgekehrt. Aber während der Zeit seines Urlaubs hat das Gewandhaus schwere Sorgen gehabt! Sie sind zum Teil durch unglückliche Zufälle veranlaßt worden, durch Erkrankung und Unglücksfall von Gastdirigenten – aber sie sind jedenfalls derart, wie man sie unter einem *ständigen* Dirigenten niemals wahrgenommen hat. Mehrmals haben fremde Orchester im Gewandhaus gespielt, was gewiß sehr anregend war, aber doch der Tradition des Hauses durchaus zuwiderläuft.

Die Forderung, daß der Gewandhausdirigent in Leipzig wohnen müsse, um die Belange des Hauses in jedem Falle als künstlerischer Leiter mit wahrnehmen zu können, ist oft erhoben worden. Wir wiederholen sie heute. *Es muß wieder dahin kommen, daß das Gewandhaus als das erste Konzertinstitut der Welt eingeschätzt wird.* Nur so kann Leipzig die Bedeutung als Musikstadt, die es über ein Jahrhundert lang innegehabt hat, wiedererlangen. Gerade diese Lehre sollte man aus dem Verbot eines Gewandhauskonzertes entnehmen.
Alfred Baresel, NLZ 17. März 1933, S. 4

Maßnahmen in der Leipziger Stadtverwaltung

Vom Nachrichtendienst der Stadt Leipzig wird uns mitgeteilt: *Städtische Einrichtungen* werden entsprechend den ergangenen Verordnungen marxistischen Organisationen nicht mehr zur Verfügung gestellt. In Frage kommen insbesondere Jugendheime, Turnhallen, Sportplätze, Badeanstalten.

Das *Volksbildungsamt* ist *aufgelöst* worden. Es wird mit dem Schulamt vereinigt und wird die Bezeichnung Schul- und Bildungsamt erhalten.

Im Schulamt wurde Stadtverordneter *Bennewitz* unter teilweiser Befreiung von seinen dienstlichen Obliegenheiten zur Bearbeitung bestimmter Sachgebiete herangezogen, ebenso hat Stadtrat *Teutsch* bestimmte Arbeitsgebiete im Fürsorgeamt übernommen.

Bürgermeister *Schulze* und Stadtrat *Freytag* sind *beurlaubt*. Entsprechend der Verordnung des Reichskommissars für das Land Sachsen vom 11.3.1933 wurde die *kommunistischen Stadträte* von amtlicher Betätigung ausgeschlossen.
NLZ 17. März 1933, S. 4

20. MÄRZ 1933 (MONTAG)

> Heinrich Himmler läßt auf dem Gelände einer ehemaligen Pulverfabrik in der Nähe von Dachau das erste zentral organisierte Konzentrationslager errichten.

Ausstellung Joachim Ringelnatz. Der malende Dichter

Wenige von den Heutigen, die das Dichterhandwerk pflegen, haben so viel von einem *wahren Dichter* wie *Joachim Ringelnatz*, denn das, was dem Dichter eigentlich erst das Recht gibt, zu dichten, das fühlende, mit aller Kreatur mitfühlende Herz, ist heute selten und steht auch nicht hoch im Kurs. Bei Ringelnatz aber fühlt man es in jedem seiner Gedichte schlagen, auch in den scheinbar frivolsten. Immer rührt das kindliche Gemüt und der tiefinnerliche Ernst, der sich oftmals nur schwer hinter groteskem Spaß verbirgt, und vor allem die Erkenntnis des menschlichen Dichters, daß die einzig dem Menschen gegebene Fähigkeit, zu lachen, die herrlichste und doch eine schmerzensreiche Gabe ist. Es ist kein Zufall, daß sein Ideal der Don Quijote ist, dessen Gestalt er gerade in einem seiner neuesten Gedichte aus tiefstem Verstehen würdigt.

Der Dichter Ringelnatz ist, wie bekannt, auch Maler und fühlt sich offenbar zeitweilig fast *mehr als bildender Künstler*. Und eben der Maler Ringelnatz, von dem nach fünfjähriger Pause neuere Arbeiten bei *Barchfeld* zu sehen sind, packt seine Stoffe mit genau der gleichen, wehmütig lächelnden Schalkhaftigkeit an, wie es der Dichter tut. Daß er vollkommen *ohne Schulung im Handwerklichen* des Malers ist, wird immer außerordentlich deutlich, und überall fallen kleine Unbeholfenheiten in der Zeichnung auf. Aber gerade diese Unbekümmertheit um äußerlich sicheres Wirken macht Bilder von Ringelnatz so besonders reizvoll. Er erfindet sich wie ein Dichter die eigenartigsten Stimmungen und setzt sie in Landschaftsdarstellungen um, die von einer Keuschheit und Lieblichkeit sind, wie wenige Werke raffinierter Künstler. Dabei hat er seine besondere Freude an dem Spiel des Lichts über einer von Wolken verhängten Landschaft, und er wagt sich sogar daran, in einem Bilde, das Giraffen in freier Landschaft grasend und an einem Tümpel zur Tränke sich sammelnd zeigt, strömenden Regen zu malen. Solche Wagnisse gelingen ihm merkwürdig gut. Und mit gleicher Sicherheit des Erfolges bildet er auch Abendstimmungen mit scharf vom Himmel sich abhebenden Bäumen. Besonders starke Wirkung hat die in ihrer in jeder kleinen Einzelheit frommen Haltung an Bilder von Nazarenern erinnernde abendliche *Landschaft mit dem Kruzifix*, vor dem andächtige Gestalten sich aufgestellt haben, ganz in der Weise der romantischen Malerei in voller Rückansicht gegeben. Auch alte Leipziger Erinnerungen, wie eine Partie an der Alten Elster, erfüllt Ringelnatz mit zarter, feiner Stimmung.

Daß diese gemütvolle und auch dem Auge des einfachen Mannes sich anpassende Malerei eines Dichters Beachtung findet, ist für unsere Zeit bezeichnend. Daher wird es hoffentlich möglich sein, nachdem die Nationalgalerie ein Bild von Ringelnatz erworben hat, auch für das Leipziger Museum eins der liebenswürdigen Kabinettstücke festzuhalten.

Hans Nachod, NLZ 21. März 1933, S. 11

21. MÄRZ 1933 (DIENSTAG)

> Tag von Potsdam; am Frühlingsanfangstag, an dem vor zwei Generationen (1871) auch der erste Reichstag des zweiten Deutschen Reiches eröffnet wurde, wird die Eröffnung des Reichstages des dritten Deutschen Reiches mit einem Staatsakt in der Potsdamer Garnisonkirche eingeleitet. Am Nachmittag eröffnet Reichstagspräsident Hermann Göring in der Berliner Krolloper den neuen Reichstag. Er erklärt: »Weimar ist überwunden.«

Ganz Leipzig marschiert. Hunderttausende Bürger im Zug und als Spalier

Wie ganz Deutschland, so hatte auch Leipzig zu dem großen nationalen Feiertag gerüstet. Der Feiertag, von der kommissarischen Regierung in Dresden angeordnet, gab dem Tag sein besonderes Gepräge. Nur die Lebensmittelgeschäfte hatten für die Mittagsstunden ihre Ladenräume geöffnet. Nach dem feierlichen Staatsakt in Potsdam und Berlin, den wohl ganz Leipzig am Rundfunk miterlebte, kamen die Stunden des Fackelzuges heran. Alles drängte in den späten Nachmittagsstunden zu den Straßen heran, durch die sich der Fackelzug bewegen sollte. Die Festleitung, durch viele Feiern erprobt, hatte in kürzester Frist den Plan ausgearbeitet und der Öffentlichkeit durch die Presse zugeleitet. Alles klappte. Eine Überraschung boten nur die Massen. Hunderttausende strömten aus allen Stadtteilen zusammen, reihten sich in den Zug ein und trugen die flammenden Fackeln hinter ihren Fahnen her. Hunderttausende säumten die Straßen. Die letzten zwanzig Jahre hat Leipzig schon manche Feier erlebt, die Völkerschlachtfeier und große Sportfeste, die Siegesfeiern und die großen Aufmärsche der Nachkriegszeit, aber nichts reicht an die heutige Feier heran. Und was besonders erhebend war: kein Verband, keine Partei, keine Front hatte die Bürger der Stadt aufgerufen, sondern es war eine Erhebung der Stadt selbst. Der 21. März wurde von der Regierung zum Volksfeiertag erklärt; und das Volk machte diesen Tag zu seinem Feiertag. Aus dem Rundfunk, durch Telefon und durch Fernschreiber erfuhren wir und meldeten weiter die Feiern und die Fackelzüge aus ganz Deutschland. Hier in Leipzig aber sahen wir alles vor uns, hier marschierten die endlosen Kolonnen vorbei am 21. März!

Das Stellen am Meßplatz

Stunden vor dem Abmarsch des einen Hauptzuges herrscht auf und um den Meßplatz unheimliches Gedränge. Von allen Seiten rücken Gruppen von Zugteilnehmern an. Aus allen Straßen, die auf den Riesenplatz einmünden, marschieren Kapellen und Fahnenabordnungen. Zwischen die bunten Fahnen und Uniformen drängen sich Tausende von Zuschauern, die lange vor 20 Uhr, der festgelegten Abmarschzeit, den Marschweg dicht umsäumen, Mauern bilden, durch die hindurch die Polizeibeamten nur mit allergrößter Mühe dem Verkehr einen Weg bahnen können.

Der Meßplatz ist vor allem Sammelplatz der nationalsozialistischen Sturmabteilungen, der Amtswalterschaften und Betriebszellen. In der Hindenburgstraße stellt sich die Leipziger Schuljugend, zahlreiche Jugendverbände haben sich ihr angeschlossen. Neben der ungeheuren Menge, die von den genannten Organisationen sich am Zug beteiligt, treffen gegen ½ 20 Uhr die Studenten, die sich in der Ritterstraße gestellt haben, ein. Der bunte Wichs der Chargierten, die Fahnen der Verbindungen, die farbigen Mützen der Aktiven und Alten Herren geben dem festlichen Bild eine besondere Note.

Trommelwirbel, Fanfarenklänge und Gesänge mischen sich mit Kommandos. Auf dem Dach der Lichtzentrale ist eine Lautsprecheranlage aufgebaut. Von hier aus ertönen über den mit Menschen vollgepfropften Platz die Kommandorufe, die Ordnung in das Wirrwarr bringen. Unaufhörlich schwenken die Marschkolonnen nach rechts und links. Sperrketten drängen das Publikum von den Sammelplätzen der einzelnen Gruppen ab. Aber immer wieder fluten die Zuschauermassen auf den Platz zurück.

Kurz nach 20 Uhr ist der größte Teil des Zuges geordnet, *die Fackeln werden verteilt und angebrannt*. Ihr gelbes, flackerndes Licht erfüllt den Platz und leuchtet gespenstig über das bunte Tuch der Uniformierten und Fahnen. Kurz nach 20 Uhr legt sich die Spitze des Zuges, der die Fanfarenbläser der Polizei voranreiten, unter Marschklängen in Bewegung. Mit aller Macht versuchen immer neue Zuschauer, sich noch einen Platz am Rande des Abmarschweges zu sichern, obwohl auf den Fußsteigen längst kein Raum mehr ist und auf den Fahrwegen nur eine enge Gasse für den Zug geblieben ist. Nahezu eineinhalb Stunden dauert der Abmarsch.

Feldgrau, Trachten und Zivil

Das farbigere und wechselvollere Bild bot sich auf dem Stellgelände des zweiten Hauptzuges, der sich an der Tauchnitzbrücke dem großen vom Meßplatz kommenden Zuge der Nationalsozialisten, Studenten und Schüler anschloß. In diesem bunten Heerlager, das mehrere Stunden lang die Karl-Tauchnitz-Straße und die angrenzenden Straßen des Musikviertels besetzt hielt, standen in breiter Front die Bürger aus allen Schichten und Ständen der Leipziger Bevölkerung, stand das Alter neben der Jugend. Auch Frauen und Mädchen hatten sich zu Tausenden eingefunden.

An der Spitze des Zuges gegenüber dem seitlich beleuchteten Neuen Rathaus, vor dem sich eine unübersehbare Menschenmenge drängte, hatte der *Stahlhelm* Aufstellung genommen, geführt von drei Reitern, denen der Spielmannszug, die Kapelle, die Fahnenabteilung und dann die einzelnen Gruppen folgten. Eine große Zahl der alten Soldaten in ihrer feldgrauen Uniform war mit dem Stahlhelm ausgerüstet. Hinter diesen straff militärisch formierten Kolonnen war die ganze Vielfalt der nationalen Vereinigungen Leipzigs aufmarschiert: der *Bund Sächsischer Feldkameraden*, die *Militärvereine*, die *Offiziersvereine*, darunter Ulanen und Kürassiere in den Vorkriegsuniformen, die *Jugend der Deutschnationalen Volkspartei*, die *GDA-Jugendgruppen*, die *Pfadfinder*, die *Christliche Jugend*, die *Schützenvereine*, die *Innungen*. Und dann kamen in endloser Reihe mit ihren kampferprobten Fahnen, mit ihren Musikkorps und Schalmeien-Kapellen die Mitglieder des Schlachtfeldgaues der Deutschen Turnerschaft, die Sportvereine, und mit geschulterten Riemen und Paddeln die Rudervereine. Der letzte Teil des Zuges wurde von *Arbeitsfreiwilligen* und dem *Gausängerbund* gebildet. Die Fahnenabordnung der *Sänger* hatte mit dem schweren Gau-Banner in einer Kutsche Platz genommen.

Schon vor 19 Uhr rückten die ersten Abteilungen des zweiten Hauptzuges auf dem Stellplatz an. Die Turner versammelten sich zunächst in der Leplaystraße, von wo aus sie geschlossen nach der Karl-Tauchnitz-Straße zogen.

Erst 21,45 Uhr wurden die Fackeln angezündet. Wenige Minuten später ertönte ein kurzes Kommando. Der Abmarsch begann. Die Spitze des Zuges schwenkte nach dem Rathaus zu ein, wo sie den Anschluß an den ersten Hauptzug fand. Fast eine Stunde dauerte es dann, bis die letzte Abteilung vom Stellplatz abmarschiert war.

Der Vorbeimarsch auf dem Augustusplatz

Der Fackelzug durch Leipzig fand seine Krönung auf dem Augustusplatz. Dort standen vor den riesigen Fahnenmasten am Neuen Theater die *Spitzen der Behörden*, der Leipziger Stadtverwaltung, der Reichswehr und die Führer der nationalen Verbände. Deshalb war der Augustusplatz vor allem das Ziel der Leipziger, die sich das große Ereignis ansehen wollten.

Stunden vorher sammelte sich das Publikum. Die eigentlichen *Vorbereitungen* waren sogar schon Tage vorher von jedem einzelnen getroffen worden. In den Kaffeehäusern war bereits am Montag jeder Platz, von dem aus man den Zug beobachten konnte, ausverkauft. Die Gäste fanden sich rechtzeitig ein. Die Fenster, die Terrasse und die Balkone vom Kaffee Felsche waren bis zum Brechen besetzt. Hinter den Fenstern von Kaffee Corso türmten sich ebenfalls die Reihen der Zuschauer. Das gleiche Bild boten alle anderen Gebäude. In den sonst um diese Zeit nach Arbeitsschluß längst dunklen Fenstern der Dresdener Bank, der Hauptpost und der anderen Geschäftshäuser sah man vor dem hellen Licht Kopf an Kopf. Eine ganze Reihe besonders Schlauer hatte sich Leitern mitgebracht, andere erkletterten Wagen. Wo irgendwo eine Erhöhung, ein Austritt oder ein Denkmal stand, wurde es schleunigst in Besitz genommen. Am Neuen Theater hatte man die Fenster der Treppenhäuser geöffnet, und auf den

Treppen drängten sich die Zuschauer, ebenso wie auf dem Balkon. Um die vielen Tausende auf dem Platz selbst in Bann zu halten, marschierte schon vor 7 Uhr die Polizei und die Hilfspolizei auf. Sie zogen Seile von Mann zu Mann, und sorgten auf die Weise dafür, daß später der Zug sich in Ordnung von der Schillerstraße aus am Bildermuseum, und an der Hauptpost vorüber, und schließlich am Standplatz der Persönlichkeiten vorbei, die die Parade abnahmen, bewegen konnte.
Inzwischen schichtete eine Abteilung der Leipziger Berufsfeuerwehr einen mächtigen *Holzstoß* auf. Die Standartenkapelle einer nationalsozialistischen Sturmabteilung marschierte heran. Als es eine halbe Stunde nach 8 Uhr wurde, dem angekündigten *Beginn des Abmarsches auf dem Meßplatz*, stieg die Spannung beträchtlich. Man rechnete, daß der Fakkelzug nicht mehr lange auf sich warten lassen konnte, wenn er pünktlich in Marsch käme.
Man hatte sich nicht verrechnet. Gegen 8.40 Uhr zogen von der Frauenberufsschule her *die ersten Fackeln* flammend heran. Alles wurde lebendig. Man sah den feurigen Zug am Bildermuseum vorüberziehen, Näher kam er und immer näher. Unter Beifallsrufen bog er dann auf die nördliche Hälfte unter Vorantritt der Kapelle ein. Die *Begeisterung* erreichte im nächsten Augenblick schon einen ersten Höhepunkt. Die Musik spielte einen Marsch, und mächtig lodernd prasselten die Flammen des entzündeten Scheiterhaufens in die Nacht empor, wirbelnd stoben die Funken in die Luft, in einigen Schwaden auch auf das überraschte Publikum. Die Menschenmauern standen auf allen Seiten des Augustusplatzes in glühender Begeisterung vor diesem feurigen Auftakt. Von 8.45 Uhr an bis 9.30 Uhr marschierten in ununterbrochener Folge nationalsozialistische Abteilungen an den Führern ihrer Bewegung und den anderen leitenden Persönlichkeiten vorüber. Dann folgten die Leipziger *Schüler*, auch sie ausgestattet mit Fackeln und Fahnen. Ein großartiges Bild bot sich beim Vorbeimarsch um 9.45 Uhr. Da kamen die *studentischen Verbindungen*. Es war eine einzige Front von Bannern. Ungefähr 70 Fahnen der Studenten zogen vorüber. Ihnen folgten in erstaunlicher Zahl noch die Mitglieder der Verbindungen. Gleich darauf vervielfachte sich die Zahl der Fackeln. Der *Stahlhelm* kam näher, voran eine Abteilung zu Pferd, und eine neue wirkungsvolle Gruppe von acht Kriegsflaggen.
Inzwischen war es schon 10 Uhr geworden. Es folgten immer neue Gruppen, unter denen die Militärvereine und die ihnen verwandten Organisationen besonders auffielen. Auch sie zogen mit ihren schönen bunten Fahnen vorbei. Eine halbe Stunde später, um 10.30 Uhr, begann der *Zug der Turner*, in dem ebenfalls Fahnen über Fahnen mitgeführt wurden. Jugend, Männer und Frauen, alle nahmen, wie bei den anderen Gruppen, so auch bei den Turn- und Sportverbänden gleichen Anteil. *Den Beschluß* bildeten *sportliche Verbände*, der *Gausängerbund*, dessen Banner in einer Droschke mitgeführt wurde, weitere Gruppen und eine Abteilung *berittene Polizei*. 11.05 Uhr konnte schließlich der offizielle Abschluß dieser Parade durch die Lautsprecher verkündet werden. Noch zogen die letzten Fackeln in die Grimmaische Straße hinein, da entblößten ein letztes Mal die Zehntausende den Kopf, um gemeinsam das Deutschlandlied und das Horst-Wessel-Lied zu singen.
Eine der gewaltigsten Kundgebungen, die Leipzig je gesehen hat, war beendet. Zehntausende aus allen Schichten der Leipziger Bevölkerung haben diese Parade mitgemacht, Zehntausende hatten stundenlang ihren Platz verteidigt und während des mächtigen Fackelzuges unentwegt ausgeharrt. In den anderen Straßen, wo der Zug noch hindurchführte, hatte sich das gleiche Bild entwickelt, so daß man die Beteiligung Leipzigs an diesem Fackelzug mit 300 000 Personen nicht zu gering schätzt.

Abschluß auf dem Meßplatz: Stv. Haake spricht

Noch haben die letzten Teilnehmer das Gelände der Kleinmesse nicht verlassen, da ertönen in der Waldstraße erneut Marschweisen. Die Spitze des Fackelzuges hat ihren Ausgangspunkt bereits wieder erreicht. Ein flackerndes Lichterband hat sich um Leipzigs Innenstadt gelegt.

Dann beginnt ein neuer Aufmarsch. In langen Reihen nehmen die Marschkolonnen wieder Aufstellung. Bald ist der Meßplatz in ein Flammenmeer getaucht. Schwarze Rauchwolken wirbeln von den Scheiterhaufen, zu denen die Fakkeln zusammengeworfen wurden, zum Himmel empor. Die Kapelle der Standarte 107 hat sich um das Mikrofon gruppiert und sendet durch den Lautsprecher flotte Marschweisen über den in rote Glut getauchten Platz. Und immer neue Kolonnen marschieren auf. Fahne reiht sich an Fahne, Wimpel flattert neben Wimpel. Unaufhörlich wälzt sich der Menschenstrom.

Um 23 Uhr, als der Fackelzug noch längst nicht vorbei war, fand die Feier mit einer Ansprache des nationalsozialistischen Stadtverordneten Haake ihr Ende.

Stadtv. *Haake* wies in seiner Ansprache darauf hin, daß die nationalsozialistische Bewegung mit ihren Gegnern bis jetzt sehr human verfahren sei. Das werde sich aber ändern, wenn die aufbauwilligen nationalen Kreise in Deutschland noch einmal provoziert werden sollten. Jeder erneute Versuch eines Attentats gegen den Volkskanzler Adolf Hitler werde zur Ausrottung des letzten Bolschewisten in Deutschland führen. Das Dritte Reich sei noch nicht vollendet, und es gebe noch viel Arbeit zu tun. Um das Ziel zu erreichen, sei es notwendig, daß sich das ganze national empfindende deutsche Volk hinter die nationale Bewegung stelle. Es ergehe daher jetzt der Ruf an die, die bisher noch beiseite gestanden hätten, an die Marxisten, soweit sie sich zum Deutschtum bekennen wollen, sowie an die liberalen Oberschichten. Die im Weltkrieg sowie im Kampf um die Wiederaufrichtung eines freien und mächtigen Deutschland Gefallenen seien die Mahner, den Kampf fortzuführen, bis auch das letzte Hemmnis überwunden und ein *einiges Deutschland* der Freiheit, der Macht und des Ansehens aufgerichtet worden sei. Die Ansprache schloß mit der Absingung des Deutschlandliedes.

NLZ 22. März 1933, S. 4-5

22. MÄRZ 1933 (MITTWOCH)

Weitere Kommunisten in Haft genommen

Am Dienstag [21. März] sind in den Morgenstunden im Osten der Stadt in der *Kregelstraße* von einer Anzahl Kommunisten Reichs- und Hoheitsfahnen heruntergerissen und verbrannt worden. Von den eingesetzten Polizeikräften wurden *zwölf* beteiligte Personen *festgenommen*. Bei der Durchsuchung ihrer Wohnungen wurde eine große Menge Propagandamaterial sowie Zersetzungsschriften, mehrere Gummischläuche, Dolche, Schlag- und Schußwaffen und Munition vorgefunden.

Am Mittwoch wurden in den Vormittagsstunden etwa dreißig Wohnungen von Angehörigen der KPD in *Alt-Lößnig* am Rundling durchsucht. Es wurden eine Anzahl kommunistischer Zersetzungsschriften, zwei Teschins, ein Dolch, ein Säbel und eine kommunistische Fahne vorgefunden und beschlagnahmt. Zwei kommunistische Funktionäre wurden in *Schutzhaft* genommen.

NLZ 23. März 1933, S. 4

23. MÄRZ 1933 (DONNERSTAG)

Professor Kessler beurlaubt

Der kommissarische Leiter des sächsischen Volksbildungsministeriums hat an Professor Dr. Gerhard Kessler folgende Mitteilung gerichtet:

»Sie haben Ende November vorigen Jahres in der Presse sehr scharfe Angriffe gegen Träger der nationalen Bewegung gerichtet. Der Studentenschaft der Universität Leipzig hat sich deswegen eine starke Erregung bemächtigt, und es ist mit Sicherheit anzunehmen, daß, falls Sie Ihre Lehrtätigkeit im kommenden Sommer-Semester wieder aufnehmen würden, das zu schwerem Zusammenstoß führen müßte. Der Unterzeichnete ordnet deshalb aus Gründen der öffentlichen Sicherheit hiermit an, daß Sie sich *zunächst im Sommer-Semester 1933 Ihrer Tätigkeit* an der Universität Leipzig *zu enthalten haben.* gez. Hartnacke.«

NLZ 24. März 1933, S. 2

Gewandhaus. Furtwängler-Begeisterung. Die Leipziger Schubert-Symphonie

Bravorufe, Blumen, Lorbeerkranz – so klang der gestrige *Furtwängler-Abend* im ausverkauften Gewandhaus aus. Die *Berliner Philharmoniker* und ihr Meister wurden mit Beifall überschüttet! Furtwängler hatte ein kleines »Musikfest in C-Dur« veranstaltet. Die große *Schubert-Symphonie* erklang; und das andere berühmte Stück in dieser verwendeten Tonart, das *Meistersinger-Vorspiel*.

Man darf diese Schubert-Symphonie die »unsere« nennen. Denn hätte sie Schumann nicht (10 Jahre nach dem Tode des Komponisten) aus Wien nach Leipzig geholt, zur Uraufführung im Gewandhaus unter Mendelssohn und zum Druck bei Breitkopf & Härtel – wer weiß, wie lange sie noch geschlummert hätte. Seitdem gibt es so etwas wie eine Leipziger Schubert-Tradition. Aber es gab auch Zeiten, da man diese Symphonie »zu lang« fand und vorzeitig abbrach. Kretzschmar hatte dies unheilvolle Wort geprägt. (Man wird sich von einigen seiner Werturteile in Zukunft freimachen dürfen, vor allem zugunsten einer vermehrten Leipziger Bruckner-Pflege.) *Furtwängler* behob hier alle Vorurteile. Schon in diesem einleitenden Werk des Abends rief man Bravo. Es ist eines der berühmtesten Tourneestücke seiner Philharmoniker. Dennoch erschien das eingespielte Werk ungemein frisch und sorgfältig ausgeführt. Wie sauber die Holzbläser gleich zu Anfang ihre schwierigen Triolen bringen – die man anfänglich für unausführbar hielt! Wie durchsichtig das ganze Werk erklingt!

Wundervoll wirkt die innere *Ausgeruhtheit*, mit der der Vielbeschäftigte die beiden ersten Sätze aufführt. Hatte er kürzlich hier noch den 2. Satz der h-Moll-Symphonie reichlich beschleunigt, so lag jetzt etwas von himmlischer Ruhe über diesem Schubert. Er führte ihn ganz objektiv auf, höchstens daß die Beschleunigung der Coda im 1. Satz in einer höchst überzeugenden Art um ein gutes Stück vorausgenommen wurde. Wer Furtwänglers lebendige Darstellung des Schlußsatzes miterlebt hat, wird hier nichts mehr von »unnötigen Wiederholungen« bemerken!

Diese Lebendigkeit, ja Leidenschaftlichkeit gab dann dem *Meistersinger-Vorspiel* eine geradezu hinreißende Aufführung. Hier lauscht das Publikum nach bekanntesten Motiven, und es könnte böse werden, wenn es die »Liebesseligkeit«, das »Meistergesangsmotiv« und die »Fanfare« in ihrer dreifachen genialen Verschlingung nicht heraushörte. Aber es ist erstaunlich: so überwältigend Furtwängler die klangliche Steigerung dieser kühnen Stelle auch anlegt – es stehen doch alle Einzelheiten klar und plastisch vor uns!

Zwischen beiden Werken spielte *Georg Kulenkampff* das Violinkonzert von *Brahms* mit großem Erfolge, er wurde immer wieder herausgeklatscht. In der Tat meisterte er das schwierige Werke mit prachtvoller Selbstverständlichkeit. Er gab einen fein durchdachten Brahms, aber vom 2. Satz ab, schon in der Kadenz des 1. Satzes (Joachim), wurde er auch »warm«. (Einige Schärfe des Tones in der Höhe mag an einer ungeeigneten E-Saite gelegen haben.) Jedenfalls war das Wiedersehen mit Kulenkampff, der längere Zeit in Leipzig nicht zu hören war, höchst erfreulich.

Alfred Baresel, NLZ 24. März 1933, S. 11

24. MÄRZ 1933 (FREITAG)

Das »Gesetz zur Behebung der Not von Volk und Reich«, das sogenannte Ermächtigungsgesetz, tritt, vom Reichstag mit der notwendigen Zweidrittelmehrheit gegen die Stimmen der SPD beschlossen, in Kraft. Artikel 1 bestimmt: »Reichsgesetze können außer in dem in der Reichsverfassung vorgesehenen Verfahren auch durch die Reichsregierung beschlossen werden.«

Die Stunde verpflichtet!
Ein politisches Bekenntnis

Die Freitag-Sitzung des Rates der Stadt Leipzig eröffnete Oberbürgermeister Dr. Goerdeler mit folgender Ansprache:
Am gestrigen Tage hat der Reichstag mit überwältigender Mehrheit ein Ermächtigungsgesetz verabschiedet, das mit bisher in der deutschen Reichsgeschichte noch nicht bekannten Vollmachten ein ebenso großes Maß von Verantwortung auf die Schultern der Reichsregierung legt. Zum ersten Male seit der Gründung des Reichs durch Bismarck ist die Möglichkeit gegeben, die Verfassung des Reichs und der Länder, das Recht der Gemeinden und der sonstigen Selbstverwaltungskörperschaften einheitlich so zu gestalten, wie es nach den Erfahrungen der letzten 60 Jahre den Lebensinteressen des deutschen Volkes, seiner Eigenart, seinem nationalen Willen und seiner Ehre entspricht.

Im Sommer vorigen Jahres habe ich mich vor den Stadtverordneten für die Auffassung eingesetzt, daß es niemals Aufgabe der örtlichen Verwaltung, selbst einer von glühendster Begeisterung für die Aufgaben der Selbstverwaltung erfüllten örtlichen Verwaltung sein könne, sich in Gegensatz zur Reichsregierung zu setzen. Die jetzige Stunde verpflichtet zu mehr. Sie verpflichtet uns, mit unserer ganzen Person hinter die Arbeit der Reichsregierung uns zu stellen, ihr die Arbeit auf jede uns mögliche Weise zu erleichtern; denn jetzt hängt von dem Gelingen dieser Arbeit die Rettung unseres Vaterlandes als Staat, die Erhaltung unseres Volkes als Nation ab. Als ich vor einem Jahre dem Ratskollegium ein Vorwort zum Verwaltungsbericht für 1931 vorlegte, stieß ich auf gewisse Hemmungen, dieses Vorwort als ein solches des Rates den Stadtverordneten zugehen zu lassen. Ich betrachte es heute noch als wesentlich, daß schließlich die Widersprüche verstummten. Jenes Vorwort ist für den, der es richtig liest, ein großes Bekenntnis zu Grundsätzen, die auch für die Arbeit der Reichsregierung, wie ich anzunehmen allen Grund habe, mitbestimmend sein werden. Die Stadt Leipzig kann ihr Gedeihen nicht außerhalb der Wohlfahrt des ganzen Vaterlandes finden. Wohl ist es uns gelungen und muß es uns auch in Zukunft gelingen, getreu dem gestern von dem Herrn Reichskanzler Adolf Hitler vertretenen Grundsatz, durch Einfachheit und Sparsamkeit in der Verwaltung das Gleichgewicht zu finden und die Wirtschaft vor noch höheren Lasten zu bewahren. Diese Aufgabe im Rahmen der uns durch Reichs- und Staatspolitik bestimmten Möglichkeit zu erfüllen, ist ebenso entscheidend wie die Erfüllung der gleichen Aufgabe durch Reich, Länder und andere öffentliche Körperschaften. Ich weiß, daß es auch Auffassung des Herrn Reichskanzlers ist, daß von einem solchen Augenblick ausgeglichener Etats an die gesunden Kräfte des deutschen Menschen von selbst wieder beginnen werden, sich zu regen, sich zu entfalten und damit von innen heraus unter dem Schutze einer zielbewußten Politik die Wirtschaft im Interesse des gesamten Volkes zur allmählichen Gesundung zu bringen. Wir haben die örtliche Aufgabe, weiter wie bisher unsere Finanzen in Ordnung, unsere Verwaltung sauber und diszipliniert zu halten. Zu einer Insel der Glücklichen können wir auch die Stadt Leipzig nicht machen. Ihr Wiederaufstieg zu neuer Blüte ist abhängig von der Entwicklung unseres Vaterlandes und unseres Volkes zu neuem Ansehen und zu neuer Wohlfahrt.
Bekennen wir uns in dieser Stunde nationaler Selbstbesinnung und Erhebung, von der ich hoffe, daß sie die Freimachung aller gesunden Kräfte unseres Volks zur naturnotwendigen Folge haben wird, zu dem Gelöbnis, mit dem alten

Freiheitssinn der Leipziger Bevölkerung die Einordnung in die nationalen Notwendigkeiten und Ideale unseres Volkes zu verbinden. Wir wollen arbeiten, um die Stadt Leipzig, in der das Denkmal der Befreiungsschlacht in den Himmel ragt, hinzustellen als ein Bollwerk deutschen Gemeinsinns und des Willens zu nationaler Freiheit, Einigkeit und Ehre.

Carl Goerdeler, NLZ 25. März 1933, S. 1-2

28. MÄRZ 1933 (DIENSTAG)

In einem Aufruf an alle Parteiorganisationen der NSDAP ruft Hitler zum Boykott gegen die Juden auf. Er fordert in elf Punkten für den 1. April »Schlag 10 Uhr« den Beginn eines allgemeinen Boykotts »gegen das Judentum in Deutschland«. Die Parteileitung der NSDAP ordnet für den Boykott an, in jeder Ortsgruppe »sofort Aktionskomitees zu bilden zur praktischen, planmäßigen Durchführung des Boykotts jüdischer Geschäfte, jüdischer Waren, jüdischer Ärzte und jüdischer Rechtsanwälte«.

30. MÄRZ 1933 (DONNERSTAG)

Leipziger Arbeitgeber für Hitler

Der Zentralausschuß *Leipziger Arbeitgeberverbände e.V.* Leipzig hielt am 30. März seine Jahreshauptversammlung ab. Der Vorsitzende, Direktor *Retzmann*, begrüßte unter Zustimmung der Mitglieder die vom Landesausschuß Sächsischer Arbeitgeberverbände, Dresden, gefaßte Entschließung, in der es u.a. heißt:
»Die im Landesausschuß Sächsischer Arbeitgeberverbände vereinigten Arbeitgeber der Industrie und Landwirtschaft, des Handwerks und Handels begrüßen die Bildung der nationalen *Regierung im Reich* und stellen sich ihr zur Mitarbeit freudig und ohne Vorbehalt zur Verfügung. Sie danken den Inhabern der *Staatsgewalt in Sachsen*, daß sie der Wirtschaft in den letzten Wochen die Gewähr ungestörter Arbeit gaben und das von der Krise so schwer betroffene Land Sachsen vor Erschütterungen bewahrten. Wir bekennen uns zum großen Ziel der *Volksgemeinschaft* an Stelle des von uns stets verurteilten Klassenkampfes. Es muß im Gesamtinteresse von Staat und Volk gelingen, die organisierte deutsche *Arbeitgeber- und Arbeitnehmerschaft* zusammenzuführen und verantwortungsbewußt in den Wirtschaftsaufbau einzugliedern. *Wir sind bereit*, mit diesen Aufgaben sofort zu beginnen und stellen unsere Mitarbeit zur Verfügung. Nur durch wahre Volksgemeinschaft und soziale Befriedung, durch Beseitigung des Klassenkampfes und *Entproletarisierung der Arbeitnehmer* kann bei Selbstverwaltung und Selbstverantwortung der organisierten Berufsstände der soziale und wirtschaftliche Neuaufbau Deutschlands beginnen und zu dem von Arbeitgeber und Arbeitnehmer heiß ersehnten Ziel des Wiederaufstiegs unseres Vaterlandes führen.«

NLZ 2. April 1933, S. 17

31. MÄRZ 1933 (FREITAG)

Das vorläufige »Gesetz zur Gleichschaltung der Länder mit dem Reich« (1. Gleichschaltungsgesetz) wird erlassen. Es veranlaßt die Neu- bzw. Umbildung aller Landtage und Gemeindeparlamente nach dem Reichstagswahlergebnis vom 5. März. Mit dem Gesetz findet der Begriff »Gleichschaltung« Eingang in den allgemeinen politischen Sprachgebrauch.

Wahrt Disziplin!
Aufruf des Leipziger Polizeipräsidenten

Der kommissarische Polizeipräsident von Leipzig erläßt folgenden Aufruf:

An die Bevölkerung Leipzigs!
Am 1. April 1933, 10 Uhr, setzt der Abwehrkampf der NSDAP gegen die Greuelpropaganda ein. Ich ermahne alle Bewohner der Stadt Leipzig, Ruhe und Ordnung zu bewahren und nicht zu vergessen, daß es sich nur um Boykottmaßnahmen handelt, die nicht Angriffe gegen Gut, Leib oder Leben zum Ziele haben dürfen. Es gilt, die Würde der nationalen Erhebung zu wahren.

Der kommissarische Polizeipräsident
(gez.) Knofe

Das Polizeipräsidium teilt weiter mit:
Aus verschiedenen Teilen Deutschlands sind beim Zentralkomitee zur Abwehr jüdischer Greuel- und Boykotthetze Meldungen eingelaufen, wonach von Seiten der Kommunisten beabsichtigt wird, am kommenden Sonnabend mit Beginn der Abwehraktion jüdische Geschäfte zu plündern und Schaufenster einzuschlagen. Das Zentralkomitee zur Abwehr der jüdischen Greuel- und Boykotthetze hat die Behörden ersucht, Gegenmaßnahmen zu ergreifen.

Warnung
Es ist festgestellt worden, daß ebenso wie im Ausland, auch in Deutschland Provokateure am Werke sind, die die unglaublichsten Greuelmärchen verbreiten. Wir machen darauf aufmerksam, daß gegen alle, die an der Urheberschaft und auch an der *Weiterverbreitung* beteiligt sind, mit allen uns zu Gebote stehenden Mitteln vorgegangen werden wird. Wir machen allen Parteigenossen zur Pflicht, mit dafür zu sorgen, daß die Elemente, die an der Verbreitung derartiger Unwahrheiten beteiligt sind, unschädlich gemacht werden. Zu diesem Zwecke sind die Namen festzustellen und an die untenstehende Dienststelle schriftlich zu melden.

Nationalsozialistische Deutsche Arbeiterpartei
Kreis Leipzig, Propagandaabteilung.
NLZ 1. April 1933, S. 1

Die Durchführung des Boykotts in Leipzig.
Das Aktionskomitee mahnt zur Besonnenheit

Der Aktionsausschuß zur Durchführung des Abwehr-Boykotts übermittelt uns zur Veröffentlichung den folgenden Aufruf:

Nationalsozialisten! Leipziger Mitbürger!
Der Versuch des internationalen Judentums, der Regierung der nationalen Revolution, hinter der die erdrückende Mehrheit des deutschen Volkes steht, im Auslande *Schwierigkeiten* zu bereiten, zwingt zu den schärfsten *Abwehr-Maßnahmen*.
Wir werden nicht untätig zusehen, daß das Gift der Lüge und Verleumdung große Nationen zerfrißt, mit denen in *Frieden und Freundschaft* zu leben unser aufrichtiges Bestreben ist.
Schon einmal ist das deutsche Volk das Opfer eines *systematischen Hetzfeldzuges* geworden. Zum zweiten Male soll den Mächten der Finsternis ihr Werk nicht gelingen!
Von der Einsicht ausgehend, daß die beste Verteidigung der

Angriff ist, ruft die Parteileitung der NSDAP zu einem *Abwehr-Boykott der jüdischen Waren- und Kaufhäuser, Spezialgeschäfte, Rechtsanwälte und Ärzte* auf, der schlagartig am Sonnabend, dem 1. April, vormittags 10 Uhr, einsetzen wird. Auch in Leipzig wird dieser Kampf mit allen uns zu Gebote stehenden, rechtlich erlaubten Mitteln vorangetragen und mit der *schärfsten Rücksichtslosigkeit* bis zum Endsieg durchgeführt werden. Wir bitten die friedliche Bevölkerung Leipzigs, von Einkäufen bei jüdischen Firmen Abstand zu nehmen. So weit es die in Frage kommenden Geschäfte nicht vorziehen, ihre Verkaufsräume *geschlossen* zu halten, werden *Doppelposten* unserer SA und SS die Eingänge besetzen.

Nationalsozialisten! Leipziger Mitbürger! Zeigt auch in diesem Falle Eure altbewährte Disziplin! Ordnet Euch freiwillig und freudig den Maßnahmen des örtlichen Aktionsausschusses unter; *meidet Aufläufe* und erschwert nicht die Tätigkeit der Polizei! *Entehrt nicht* das große Werk der nationalen Wiedergeburt durch *Zuchtlosigkeit* und *Unordnung*, die nur unseren Feinden zugute kommen würden! *Schenkt unkontrollierbaren Gerüchten keinen Glauben*, sondern helft ihre Verbreiter festnehmen! Tragt das, was einzelnen von Euch vielleicht als *Härte* erscheinen mag, im Hinblick auf das Volksganze mit Würde! Denkt daran, daß dieser Boykott nicht mutwillig von uns vom Zaune gebrochen ist, sondern eine zwangsläufige Notwendigkeit darstellt.

Wie bisher jeden unserer Kämpfe, so werden wir auch diesen siegreich zu Ende führen. Helft alle mit dazu! *Heil Hitler!*
Leipzig, am 31.3.1933

        Leipziger Aktionsausschuß
        zur Durchführung des Abwehr-Boykotts
        jüdischer Geschäfte.

NLZ 1. April 1933, S. 3

Entlassungen bei der AOK

Der städtische Beauftragte bei der Allgemeinen Ortskrankenkasse für die Stadt Leipzig, Stadtrechtsrats Dr. Hommel, teilt uns mit, daß die bei der Untersuchungskommission und der Sachleistungskommission der Kasse bisher beschäftigt gewesenen drei jüdischen Ärzte am 30. März 1933 ihre Tätigkeit aufgegeben haben.

NLZ 1. April 1933, S. 3

Umstellung bei Althoff

Die Direktion der Karstadt-A.-G. teilt uns mit:
Aus dem Aufsichtsrat der Rudolph-Karstadt-Aktien-Gesellschaft sind die Herren Dr. Gustav Gumpel, Dr. Norbert Labowsky, Dr. Julius Oppenheim, Albert Schöndorff, Dr. Fritz Warburg, Dr. Arno Wittgensteiner ausgetreten. Aus dem Vorstand und aus den Geschäftsleitungen der Filialen und Warenhäuser dieser Firma sind die jüdischen Mitarbeiter ebenfalls restlos ausgeschieden.

NLZ 1. April 1933, S. 3

Das Alte Rathaus, Ansicht von der Grimmaischen Straße während der Messe, Zeitungsverkäufer mit Ausgaben von NSDAP-Zeitungen (u.a. »Völkischer Beobachter«, »Der Stürmer«, »Der Angriff«).

Das Rentamt der Universität (Schillerstraße 8) neben dem Augusteum mit Hakenkreuzfahne und Wahlwerbung der NSDAP »Dem Führer Dein Ja«.

Aufmarsch der SA in der Lützner Straße in Lindenau im Januar 1933.

Die Parteizentrale der KPD in Czermaks Garten mit Wahlwerbung für Ernst Thälmann.

Demonstration der KPD auf dem Alten Meßplatz, Januar 1933.

Demonstration der KPD auf dem Alten Meßplatz, Januar 1933.

Demonstration der KPD auf dem Alten Meßplatz mit dem an die SPD gerichteten Aufruf zur Bildung einer antifaschistischen Einheitsfront, Januar 1933.

Boykott der jüdischen Geschäfte am 1. April 1933, Schließung des jüdischen Kaufhauses Joske in der Karl-Heine-Straße in Plagwitz durch die SA.

Boykott der jüdischen Geschäfte am 1. April 1933, Schließung des jüdischen Kaufhauses Held an der Ecke Merseburger und Demmeringstraße in Lindenau durch die SA.

Errichtung von Tribünen für SA-Aufmärsche auf dem Augustusplatz, im Hintergrund das Museum der bildenden Künste.

1. Mai 1933 auf dem Augustusplatz, im Hintergrund das Neue Theater.

Demonstrationszug der NS-Studentenschaft der Universität am 1. Mai 1933.

Menschenauflauf am Volkshaus an der Adolf-Hitler-Straße während der Besetzung durch die SA am 2. Mai 1933.

Plünderung des Volkshauses durch die SA am 2. Mai 1933.

Verbrennung von Büchern und Akten im Garten des Volkshauses am 2. Mai 1933.

Verhaftete SPD- und Gewerkschaftsfunktionäre müssen im Volkshaus unter SA-Aufsicht Zwangsarbeit verrichten.

Verhaftete SPD- und Gewerkschaftsfunktionäre müssen im Volkshaus unter SA-Aufsicht Zwangsarbeit verrichten.

Wachau bei Leipzig, Arbeiter müssen unter SA-Bewachung KPD-Wahllosungen von einem Hoftor abwaschen.

Leipzig im April 1933

1. APRIL 1933 (SONNABEND)

Trotz ausländischer Proteste – besonders im britischen Oberhaus – beginnt in Deutschland um 10 Uhr ein allgemeiner Judenboykott. Er richtet sich gegen jüdische Geschäfte, Waren, Ärzte und Rechtsanwälte. Goebbels gibt vor der Presse bekannt, daß dieser Boykott bis zum Abend andauere und dann bis zum 5. April, 10 Uhr, ausgesetzt werde. Julius Streicher, Vorsitzender des »Zentralkomitees des NSDAP zur Abwehr der jüdischen Greuel- und Boykotthetze«, droht eine totale Vernichtung des Judentums an.

Straffe Disziplin in Leipzig

Der Tag des Boykotts hat in *Leipzig* das gehalten, was die Reichsregierung von dieser Aktion gefordert hatte, um die Wirkung der Greuelhetze vom Deutschen Reich abzuwehren und die Gegner im Ausland niederzuringen. Sowohl in den Aufrufen der Zentralstellen, als auch in den Veröffentlichungen der Leipziger Boykottleitung war dieses Ziel des Kampfes klar herausgestellt worden. Mit der Hoffnung auf die Erreichung des Zieles kann man heute die Feststellung verbinden, daß die Methoden vollständig dem Willen der Reichsregierung entsprachen. Die Leipziger nationalsozialistischen Abteilungen haben in strengster Disziplin die gebotenen Maßnahmen durchgeführt.

Der Boykott begann pünktlich zur angesetzten Stunde. Kurz vorher trafen sich Abteilungen der Nationalsozialisten auf dem *Königsplatz* und auf der *Karl-Tauchnitz-Straße*. Dort sammelten sich die Motorradfahrer und Gruppen mit zahlreichen Kraftwagen. Von den Stellplätzen aus rückten dann die Nationalsozialisten zu zweit und auch in Gruppen vor die Tore der zu boykottierenden Geschäfte. Vielfach wurden schon in der ersten Stunde an den Schaufenstern und vor den Eingängen zu den Verkaufsräumen *rote Plakate* angebracht. Leipzigs Einwohner hatten an den Vorgängen von Anfang an lebhaftes Interesse. Jeder wollte sich selbst davon überzeugen, wie die Aktion vollzogen wurde. So füllten schon gegen 11 Uhr Tausende und Abertausende die Straßen der Innenstadt. Es dauerte nicht lange, bis auf der Petersstraße ein so starker *Verkehr* herrschte, daß man an die Eröffnungstage der *Mustermessen* erinnert wurde. Die Regelung des Verkehrsstroms hatte die Polizei übernommen. Gab es einmal Stauungen, so sorgten die Beamten höflich und rasch dafür, daß die Gruppen der Neugierigen sich verstreuten. Und wenn ein Käufer oder eine Käuferin überrascht feststellen mußte, daß sie in einem von Uniformierten überwachten Geschäft etwas zum Abholen bestellt hatten, so fanden sie dafür Verständnis. Im übrigen wurden den Leuten, die sich bei den nationalsozialistischen Posten erkundigten, die Vorgänge sachlich und ruhig erklärt. Zur Unterstützung der von der Reichsregierung veranlaßten Protestaktion hatten die Leitungen von Kaufhaus *Brühl*, Warenhaus *Ury*, Kaufhaus *Held* und der Handelsgesellschaft *Wohl-Wert* ihre Geschäftsräume für Sonnabend von 10 bis 19 Uhr geschlossen.

Zur Beobachtung durchstreiften die Stadt mehrfach Kraftwagen der Polizei. Sie, wie auch die Masse der Neugierigen, konnte überall feststellen, daß die Aktion in einer durchaus *straffen, aber immer verbindlichen Form durchgeführt* wurde. Es war schon wenige Stunden nach dem Beginn zu spüren und hat sich bis zum Schluß bestätigt, daß von der strengen Disziplin nicht nur gesprochen worden war, sondern daß auch jeder einzelne *danach handelte*, einig in dem Bewußtsein, dem Volk und dem Ausland einen Beweis nationaler Kraft und Selbstzucht zu liefern, entschlossen, dadurch die ausländischen Erfinder hetzerischer Verleumdungen über Deutschland Lügen zu strafen.

Das hat Leipzig erreicht. Wiederum hat an diesem Tage die große Stadt in der Mitte des Reichs bekundet, daß in ihren Mauern bewußtes Deutschtum und würdevolle Kampfesweise Selbstverständlichkeiten geworden sind. Die ausführenden Abteilungen, die Bevölkerung und nicht zuletzt der Polizeipräsident, der dem Willen der Regierung durchschlagende und von nationaler Zucht überzeugende Geltung verschaffte, haben diesen Kampf gewonnen. Davon werden sich auch die in *Leipzig ungewöhnlich zahlreichen Vertretungen ausländischer Regierungen überzeugt* haben. Deren Pflicht ist es, nach diesem Tage ihre Regierungen von der *Wahrheit über Deutschland* sofort und nachdrücklich in Kenntnis zu setzen.   *NLZ 2. April 1933, S. 2*

Gretl Berndt in Schutzhaft

Die Leipziger Schauspielerin am Alten Theater Gretl *Berndt* ist am Sonnabend abend nach der Vorstellung in Schutzhaft genommen worden. Der Grund liegt in einer die Reichsregierung und Reichskanzler Hitler *beleidigenden Äußerung*, die Gretl Berndt andern gegenüber getan haben soll. Die Untersuchung, die die Theaterkommission, Oberbürgermeister Dr. *Goerdeler* und der Polizeipräsident *Knofe* von Leipzig durchführen, ist noch nicht abgeschlossen. Die Schauspielerin wird bis auf weiteres *nicht auftreten*.   *NLZ 3. April 1933, S. 2*

4. APRIL 1933 (DIENSTAG)

Gegen die drei bulgarischen Kommunisten Georg Dimitroff, Blagoi Popoff und Wassil Taneff sowie das Mitglied des Reichstags Ernst Torgler (KPD) wird im Zusammenhang mit dem Brand des Reichstagsgebäudes Haftbefehl erlassen.

5. APRIL 1933 (MITTWOCH)

Im Auftrag Baldur von Schirachs besetzt die Hitler-Jugend die Geschäftsstelle des Reichsausschusses deutscher Jugendverbände, der als Dachorganisation fünf bis sechs Millionen Jugendliche zusammenfaßt. Schirach übernimmt den Vorsitz und schließt in den folgenden Tagen die jüdischen und sozialistischen Vereine aus. Anschließend werden alle politischen Bünde, selbst der konservativen Rechten (Bismarck- oder Hindenburg-Jugend), aufgelöst.

Weitere Maßnahmen gegen die KPD

Vom Polizeipräsidium Leipzig wird mitgeteilt: Im Laufe des Mittwochs wurden eine Anzahl Wohnungen von Angehörigen der KPD durchsucht. Es wurden große Mengen illegaler Schriften, Infanteriemunition, ein Revolver, Gummiknüppel, Schlagringe und Fahnen vorgefunden und beschlagnahmt. 13 Personen wurden in Schutzhaft genommen.   *NLZ 7. April 1933, S. 4*

6. APRIL 1933 (DONNERSTAG)

Eine Arbeitsgruppe legt den »Entwurf zu einem Gesetz zur Regelung der Stellung der Juden« vor; dieser nimmt die späteren Maßnahmen der Reichsregierung gegen die Juden (Nürnberger Gesetze u.a.) nahezu vollständig vorweg.

Deutsches Volkstum und Internationale. Nationalsozialistische Kritik an den Städtischen Bücherhallen

Die Pressestelle der Kreisleitung Leipzig der NSDAP übermittelt uns die folgenden Ausführungen, die vom nationalsozialistischen Standpunkt an der bisherigen Arbeit der Städtischen Bücherhallen zu Leipzig Kritik üben.

Es kann auf Grund einer vierzehnjährigen genauen Beobachtung nicht dem geringsten Zweifel unterliegen, daß die mit öffentlichen Mitteln ausgestatteten Leipziger Städtischen Bücherhallen die ganze Nachkriegszeit hindurch in einem Sinne ausgebaut worden sind, der gebrandmarkt werden muß. Die beherrschende Stellung, die der *Marxismus* bis zur Märzrevolution gerade in Leipzig innehatte, wurde von dieser Stelle aus bewußt geistig untermauert und damit der seelischen Zerrüttung und Zerklüftung und der Verewigung des geistigen Zwiespalts in unserem Volke Vorschub geleistet.

Ich benütze zur Begründung meiner Vorwürfe das Bücherverzeichnis »*Unsere Zeit im Roman*«, das die Städtischen Bücherhallen im Juni 1931 herausgegeben haben.

In diesem Bücherverzeichnis finden wir als viertes ausgesprochen deutsches Weltbild Heinrich *Manns* »Kopf«, als »eine große und leidenschaftliche Anklage« charakterisiert, – in Wahrheit eins der gemeinsten Pamphlete, zu denen die deutsche Sprache jemals mißbraucht worden ist. Auf der nächsten Seite begrüßt uns der Jude Franz *Werfel* mit seinem Roman »Barbara oder Die Frömmigkeit«. Juden scheinen überhaupt eine ganz besondere Begabung zu besitzen, deutsche Weltbilder zu fabrizieren: die *Döblin, Neumann* (Alfred und Robert), *Roth, Schnitzler* und *Wassermann* sind mit ihrer Romanproduktion reichlich und überreichlich vertreten.

Der kommunistische *Malikverlag* ist mit einem Großteil seiner Produktion vertreten. Da finden wir beispielsweise Ernst *Ottwalts* »Ruhe und Ordnung« mit dem frechen Untertitel »Roman aus dem Leben der nationalgesinnten Jugend«, der die Entwicklung eines Studenten vom Zeitfreiwilligen zum Kommunisten darstellen will; da ist Lydia *Sejfullinas* »Wirinea«, deren Heldin sich durch das Bekenntnis zur (bolschewistischen) Revolution wiederfindet; da sind die »Wege zur Liebe« der Sowjetdiplomatin Alexandra *Kollontay*, die durch den Kommunismus bewirkte Befreiung der Frau von alten Bindungen behandelnd – lauter Bücher, die nach der Meinung der Leitung der Städtischen Bücherhallen geeignet sind, die geistigen und gemütlichen Bedürfnisse deutscher Menschen zu befriedigen.

Oder man sehe sich etwa den dritten Teil des Katalogs an, der »Amerika von heute« überschrieben ist: er beginnt mit den vier jüdischen Autoren *Dreiser, Lewis, Lewisohn* und *Gold*. Ihnen folgen weiterhin *Cohen* und *Hergesheimer*. Dreiser und Lewis sind mit je vier Werken vertreten.

Von den mehr als vierzig Büchern des vierten Teils: »*Das neue Rußland*« sind mindestens zwei Drittel ganz wertlose Propagandaschriften für den Bolschewismus.

Des Tschechen Iwan *Olbrachts* »Roman einer Arbeiterfrau« »Anna« behandelt den »Aufstieg eines Landmädchens zur klassenbewußten Arbeiterfrau«.

Wir Nationalsozialisten werden uns nie zu jener »*Objektivität*« bekennen, die Vaterlandsliebe und Vaterlandslosigkeit, Verwurzelung im Volkstum und jüdischen Internationalismus, Wehrwillen und Pazifismus als gleichberechtigte Lebensäußerungen gelten läßt und literarische Erzeugnisse lediglich nach ihrer technischen und sprachlichen Gewandtheit oder bestenfalls nach der subjektiven Ehrlichkeit ihrer Verfasser bemißt. In einem nationalen Staate hat nur eine Kunst

Existenzberechtigung, die auf dem Boden des Volkstums erwächst und für den Leser als Kraftquell im Sinne seiner Verbundenheit mit den Lebenswerten seiner Nation und seiner Rasse wirkt. Ohne in übertriebenen Zelotismus zu verfallen und unter bewußter Beiseitelassung aller Grenzfälle (Gorki, Sinclair usw.) muß festgestellt werden, daß rund die Hälfte der mehr als zweihundert Titel des Katalogs in einer für deutsche Menschen bestimmten Bücherhalle nicht das geringste zu suchen haben. Wir werden unerbittlich die Konsequenzen ziehen und dafür Sorge tragen, daß sie ein für allemal verschwinden.

Traurig ist es freilich, daß es dahin überhaupt kommen mußte. Bei pflichtmäßiger Verantwortung der maßgebenden Stellen hätte sich der Bücherbeschaffungsetat der Leipziger Bücherhallen niemals im Sinne einer systematischen Förderung jüdisch-demokratisch-international eingestellter Autoren und Verlage auswirken können, wie es tatsächlich ein volles Jahrzehnt hindurch und noch länger unbeanstandet geschehen ist. Irgendeine Kontrolle von seiten des zuständigen Ratsdezernenten hat entweder nicht stattgefunden oder aber dieser war seiner Aufgabe einfach nicht gewachsen. Beides ist gleich unentschuldbar. Denn was hier in einem bestimmten begrenzten Einzelfall klipp und klar und unwiderleglich nachgewiesen ist, das trifft mehr oder weniger auf alle Arbeitsgebiete der Bücherhalle zu: *Planmäßige Bevorzugung von Werken, die dem deutschen Wesen fremd oder feindselig sind, zum Nachteil eines aus wirklich deutschem Geiste erwachsenem Schrifttums*. Es sei hier nur noch einmal festgestellt, daß die Bücherhallen ja unter anderem auch die Bilderwerke des George *Grosz* und das Machwerk »Deutschland, Deutschland über alles« von Kurt *Tucholsky* enthält bzw. bis vor wenigen Tagen enthielt. Die Ausmerzung all dieser und ähnlicher geistiger Exkremente wird der Stadtkasse und damit der Bürgerschaft viele Tausende von Mark kosten.

Aber die Geldfrage ist noch nicht einmal das schlimmste. Entscheidend für uns ist der völlige Schwund allen und jeden Vertrauens zur bisherigen Leitung der Bücherhallen, welche an diesen Zuständen die Schuld trägt. Kein einziger wirklich nationaler Benutzer kann glauben, daß diese Leitung mit der gleichen Hingabe nunmehr die Pflege eines Schrifttums von deutscher Art und Kunst in die Hände nehmen könnte. Daraus ergibt sich die unweigerliche Forderung: *Fort mit den Schuldigen! Keine Halbheiten!* Die Leitung der Städtischen Bücherhallen gehört in die Hände eines Mannes, der Gewähr dafür bietet, daß ihm der Dienst am deutschen Volkstum wahrhaft innerste Herzensangelegenheit ist! Die Leipziger Bücherhallen haben sich einzuordnen in den großen Rahmen des geistigen Gesundungsprozesses der Nation.

Rudolf Linke, NLZ 6. April 1933, S. 9

7. APRIL 1933 (FREITAG)

Das »2. Gesetz zur Gleichschaltung mit dem Reich«, das sog. »Reichsstatthaltergesetz«, wird erlassen. Es regelt in Artikel 1: »In den deutschen Ländern, mit Ausnahme von Preußen, ernennt der Reichspräsident auf Vorschlag des Reichskanzlers Reichsstatthalter.« Reichsstatthalter von Sachsen wird Gauleiter Martin Mutschmann. Die Reichsstatthalter werden am 26. Mai vereidigt. – Das »Gesetz zur Wiederherstellung des Berufsbeamtentums« wird erlassen. Es regelt in Artikel 3: »Beamte, die nicht arischer Abstammung sind, sind in den Ruhestand zu versetzen.«

9. APRIL 1933 (SONNTAG)

Am 8. und 9. April findet in Leipzig die Reichstagung des Nationalsozialistischen Lehrerbundes statt.

Einigung der deutschen Erzieher. Das deutsche Schulwesen durch die Reichstagung des nationalsozialistischen Lehrerbundes auf eine neue Grundlage gestellt

Mit der Reichstagung des Nationalsozialistischen Lehrerbundes am Sonnabend und Sonntag in *Leipzig* ist das deutsche Erziehungswesen auf eine *neue Grundlage* gestellt worden. Es war mehr als eine äußerliche Parole, wenn der Reichsführer des Bundes, Hans *Schemm*, das ganze Geschehen an diesen zwei Tagen mit den Worten feierte, daß Leipzig *das Potsdam der deutschen Erzieher* geworden sei. Hier ist wirklich die *Einigung aller deutschen Lehrer* und ihrer Organisationen erreicht worden. Was nach Leipzig folgt, hat nur noch die Bedeutung einer Fertigstellung dieses organisatorischen Rohbaues. Dazu haben die Führer *aller* deutschen Lehrerverbände ihr Wort gegeben. Sie werden es bald einlösen, um so mehr, als Lehrer und politische Führer aus allen jetzt von Deutschland durch Grenzen abgetrennten Gebieten, aus dem Saargebiet, aus Danzig und dem Bruderland Österreich bereit stehen, dem Reich in seiner vorläufigen Gestalt dabei zu helfen.

Der Name der Stadt Leipzig wird mit diesem neuen Beginnen an deutscher Erziehungsarbeit für immer unlöslich verknüpft bleiben. Den entscheidenden Tagungen wohnten der Oberbürgermeister und der Schuldezernent der Stadt, Vertreter des Reichswehrstandorts und vieler anderer maßgebender Behörden bei. Die gesamte Lehrerschaft nahm an dem Kongreß einen so starken inneren Anteil, daß diese Reichstagung zu den größten Veranstaltungen der Stadt überhaupt zu zählen ist. Schon am Sonnabend mußte der Saal des Künstlerhauses für die Eröffnung mit herangezogen werden, da der Saal im Sanssouci überfüllt war. Das gleiche am Sonntag. Tausende hatten bis auf die letzte Ecke und die Fensterbretter den großen Saal und Terrassensaal des Zoo und die Concordiasäle besetzt. Mit den Einwohnern zusammen hatte die Stadtverwaltung auf den öffentlichen Gebäuden die Fahnen der neuen Reichsführung gehißt.

Vier große Erziehungsparolen

Das *geistige Fundament* der neuen deutschen Schule umriß in großer Verantwortlichkeit vor Staat und Volk der Reichsführer des Nationalsozialistischen Lehrerbundes, bayrischer Kultusminister Hans *Schemm*. Er richtete die Grundpfeiler des künftigen Erziehungsgebäudes in ungemein klarer und zielbewußter Form auf. Unter die großen, das Ganze zusammenfassenden Begriffe von *Volk* und *Gott*, ordnete er ein die vier großen *Erziehungsparolen* der *Rasse*, der *Wehrhaftigkeit*, der *Persönlichkeit* und der *Religiosität*. Er ließ ein hoffnungsfrohes Bild deutscher Jugend entstehen, erzogen im Vertrauen zu seinen Lehrern und Erziehern, völlig gewonnen für die Ideale des Volkes und des Reiches. Ein lebensnaher Unterricht soll getragen sein von aufrechten Persönlichkeiten und gestaltet im Geiste der ehrenvollen Höhepunkte deutscher Geschichte, nicht zuletzt eingefügt durch Rundfunk, Film und Lichtbild in den Ablauf der heutigen Geschehnisse. Er brandmarkte unter dem Beifall seiner Hörer alles Bürokratische, alle Einbildungen geistreicher Spezialitäten, alle Blindheit der sogenannten Gebildeten, denen erst das primitivere und ursprüngliche Volk und die Jugend habe zeigen müssen, wie weit sie sich vom *reinen Quell des Volkstums* entfernt hätten. So leuchteten in seiner großen Rede uralte Ziele deutscher Lehrer verheißungsvoll auf.

Jugendorganisation nach faschistischem Muster

Aber hinter diesem geistigen Abriß stieg bereits die *Formung der Praxis* auf. So, als Schemm von seinen ersten Maßnah-

men und Plänen in Bayern sprach. Er betonte, daß bald eine *Jugendorganisation* nach dem Muster Italiens geschaffen werden solle. Hierdurch würden einander die Gestalten des Lehrers und des Offiziers wieder nähergebracht.
Wege in die Praxis wies auch der Schulreferent Münchens, *Bauer*. Als Beispiel brachte er die bisherige Dreiteilung der *Lehrbücher* in katholische, evangelische und dissidentische. Damit werde bald Schluß gemacht. *Ein einziges Lehrbuch* für alle werde eingeführt. Jüdische Kinder würden die deutsche Schule nicht mehr besuchen. Dies waren erste Ansätze für eine neue Schule unter entschiedener Führung des Staates mit Unterordnung konfessioneller Richtungen. Der Ausbau und die Ausdehnung der Anfänge auf das ganze Reich werden folgen.

Eine deutsche Staatschule das Ziel

Eine allen gemeinsame deutsche Staatsschule wird aufgebaut. Der Wille dazu ist da und organisiert. Leipzig schuf dafür die Voraussetzungen und offenbarte auch die zielbewußte Absicht, den Kampf durchzuhalten. In diesem Sinne appellierte zum Schluß noch der sächsische Gauleiter *Göpfert* zum Sonntag nachmittag an die Tausende.
Mit dem feierlichen Akt der Einigung aller deutschen Erzieher im Herzen, schieden die Teilnehmer von Leipzig, bereit, alles einzusetzen, um das Werk dieser Tagung zu vollenden.
NLZ 10. April 1933, S. 1

10. APRIL 1933 (MONTAG)

Durch Reichsgesetz wird der 1. Mai zum »Feiertag der nationalen Arbeit« bestimmt. Goebbels erklärt dazu: »Von da an beginnt dann die Auseinandersetzung mit den Gewerkschaften. Wir werden nicht eher Ruhe bekommen, bis sie restlos in unserer Hand sind.«

Eine kommunistische Geheimdruckerei ausgehoben

Am 10. April wurde in einer Wohnung in Leipzig-Reudnitz durch die Politische Polizei eine kommunistische Geheimdruckerei unschädlich gemacht. Bei der Wohnungsdurchsuchung wurden ein Abziehapparat und eine größere Anzahl selbst hergestellter *Flugblätter* mit hochverräterischem Inhalt vorgefunden und beschlagnahmt. Drei Kommunisten, die in der Wohnung angetroffen wurden, wurden *in Haft* genommen und dem Polizeipräsidium zugeführt.
NLZ 12. April 1933, S. 4

11. APRIL 1933 (DIENSTAG)

Als erste der großen Parteien der Weimarer Republik löst sich die Deutsche Volkspartei (DVP) auf und empfiehlt ihren Anhängern den Anschluß an die NSDAP.

Kommunistenführer Selbmann verhaftet

Am frühen Abend des Dienstag wurde von der Leipziger Schutzpolizei der Kommunistenführer *Selbmann* festgenommen, der sich unter dem Namen Ohlsen in *Burghausen* bei Leipzig aufgehalten hatte.
NLZ 12. April 1933, S. 4

12. APRIL 1933 (MITTWOCH)

Papst Pius XI. empfängt Göring und Papen, um den Abschluß eines Konkordats zwischen dem Vatikan und dem deutschen Reich zu beraten. – Auf der Wiesbadener Rektorenkonferenz der deutschen Hochschulen wird die Gleichschaltung des Hochschulwesens beschlossen; Studenten müssen zukünftig bei ihrer Immatrikulation unter Ehrenwort ihre arische Abstammung bekunden.

13. APRIL 1933 (DONNERSTAG)

Der Gesamtverband deutscher Angestellten-Gewerkschaften beschließt den Anschluß an die NSDAP. – Die preußische Wirtschaftspartei beschließt ihre Auflösung. – Mit ihren »12 Sätzen« eröffnet die Deutsche Studentenschaft eine große Kampagne »Wider den undeutschen Geist«. Satz 4: »Unser gefährlichster Widersacher ist der Jude und der, der ihm hörig ist.« Im Satz 7 wird die Ausmerzung des undeutschen Geistes aus den Volksbüchereien gefordert: »Die deutsche Schrift steht nur Deutschen zur Verfügung.«

14. APRIL 1933 (KARFREITAG)

Bachs Matthäuspassion.
Aufführung unter Straube in der Thomaskirche

Leipzigs ehrwürdigstes Musikgut, die vor zwei Jahrhunderten hier entstandene *Bachsche Matthäuspassion*, gab in den Vor-Ostertagen wiederum Zeugnis von der Kraft deutschen Glaubens und deutscher Musik. Diese Bachsche Gefühlswelt ist unvergänglich, weil sie Grundtatsachen des menschlichen Empfindens mit erschütternder Wucht und höchster Zartheit zugleich verherrlicht, und seine Musik kann nie an Wirkung verlieren, weil sie Volkstümlichkeit und gipfelhohe Kunstfertigkeit in einer nicht wieder erreichten Art verbindet.

So bringt jede neue Karfreitagsaufführung in der Thomaskirche – das *Leipziger Stadtorchester* verzeichnet bereits seine 78. – dem Hörer eine Reinigung, Klärung und Neubefestigung seines Gemütslebens, indem er miterlebt, wie sich diesem Riesengeist Bach der erhabenste Menschheitsgedanke in Tönen darstellte.

Wenn *Karl Straubes* Bach-Aufführungen heute wohl an erster Stelle genannt werden, so ist dies Ergebnis einer Lebensarbeit, Ergebnis einer besonderen Kennerschaft, welche die erforderlichen besonderen Aufführungsmittel in vieljährigem Bemühen herangebildet hat. Vor allem aber ist die Leipziger Bachpflege ein Beweis dafür, wie mannigfaltig ein nachgeborenes Musikertemperament ein jetzt allen vertrautes Werk durchleuchten kann, ohne die Überlieferung anzutasten.

Denn diese beiden Tatsachen sind erstaunlich: einmal, daß *Straubes Aufführungsart* seit Jahren so *festgegründet* ist, daß stilistische Fragen – die doch bei allen anderen Altmeistern noch längst nicht zur Ruhe gekommen sind – hier überhaupt nicht mehr zur Erörterung stehen. Die alte Klangwelt, die er vor uns Heutigen neu erstehen ließ, überzeugte und bedarf seit Jahren keiner Korrekturen. Zum anderen aber sorgt sein empfindungsstarkes Musikertum bei jeder neuen Aufführung dafür, daß der *lebendige Eindruck* vom Werke stets wächst.

In der Übermittlung des Gefühlsausdrucks dieser Musik gibt es bei Straube nichts Starres, nichts Historisches! Die Wahl der Tempi ist allein durch das künstlerische Erlebnis des Nachschaffenden bestimmt. Das Werk erscheint so als frei und spontan empfundenes *dramatisches Gedicht*. Oft wechselt das Zeitmaß oder die Stimmung schroff inmitten einer einzigen Zeile – wenn der musikalische Gedanke rückwärts oder vorwärts deutet – auf andere Begebenheiten oder Gestalten. Solche inneren Beziehungen oder Gegensätzlichkeiten in diesem Kolossalwerk, das ja kaum Aufführungsanweisungen enthält, aufdecken – daß heißt gewißlich, Bachsches Wollen im höchsten Maße erfüllen!

Freilich ergaben sich bei dieser Aufführung gerade bei den beiden wichtigsten Parteien Gegensätze, die zwar sehr wirksam, aber stimmlich nicht ganz gerechtfertigt waren. Beim Evangelisten des Martin *Kremer* litten Tonhöhe und rhythmische Genauigkeit unter dem allzu flüssigen Hinsprudeln einzelner Rezitative, und bei Walter *Zimmer*, der die Christuspartie schon im Vorjahr sehr erfolgreich gesungen hatte, bekam die angestrebte Gemessenheit und Würde der musikalischen Linie diesmal gelegentlich etwas Gewaltsames. Eine sehr schöne und sichere, wenn auch nicht sehr große Sopranstimme zeigte Irmgard *Genzel-Röhling*, der Baß von Johannes *Oettel* erscheint gewachsen und gerundet, nicht minder bewährte sich die gut geeignete Altistin Henriette *Lehne*.

Ganz besonders aber sind die *Chöre* des *Gewandhauses*, der Thomaner und Thomasschule zu rühmen, die Solisten des Stadtorchesters sowie Günther *Ramin* und Max *Fest* am Cembalo und an der Orgel.

Alfred Baresel, NLZ 16./17. April 1933, S. 2

18. APRIL 1933 (DIENSTAG)

Goebbels notiert: »Den 1. Mai werden wir zu einer grandiosen Demonstration deutschen Volkswillens gestalten. Am 2. Mai werden dann die Gewerkschaftshäuser besetzt. Gleichschaltung auch auf diesem Gebiet. Es wird vielleicht ein paar Tage Krach geben, dann gehören sie uns. Man darf hier keine Rücksicht mehr kennen.«

19. APRIL 1933 (MITTWOCH)

Haussuchungen in Leipzig-Anger

Vom Polizeipräsidium wird mitgeteilt: Im Rahmen der fortgesetzten Maßnahmen gegen die KPD wurden am Mittwoch in Leipzig-Anger etwa 60 Wohnungen durchsucht, die vorwiegend von Kommunisten bewohnt sind. Es wurden illegale Schriften, Gummiknüppel und Schlagringe vorgefunden und beschlagnahmt. Drei Personen wurden dem Polizeipräsidium zugeführt und in Schutzhaft genommen.

NLZ 21. April 1933, S. 4

20. APRIL 1933 (DONNERSTAG)

Hitlers Geburtstag wird erstmals in ganz Deutschland als nationaler Feiertag begangen. Hindenburg gratuliert ihm telegraphisch zu der erbrachten »großen vaterländischen Arbeit«. In Deutschland beginnen Straßenumbenennungen. – Göring übernimmt das Amt des preußischen Ministerpräsidenten.

Die Hitler-Feiern in Leipzig. Leipzig im Festgewand

Ein Werktag – und doch kein Werktag wie alle anderen. Man spürte schon am frühen Morgen eine festliche Stimmung, die den Donnerstag eigentlich zu einem *Feiertag* erhob. Viele Menschen trugen ihr Feiertagsgewand, um den Geburtstag mit ihrem Kanzler zu begehen. Die Stimmung spiegelte sich auch in den Gesichtern wider, die Ausdruck freudiger Bewegung und Erwartung waren. Viele fanden sich schon in aller Frühe ein, um die SA- und SS-Leute auf ihrem Marsch zur Polizeikaserne zu begrüßen, wo um 7 Uhr eine Feier der gesamten Leipziger Polizei angesetzt war. Zahlreiche Zuschauer warteten auch vor den Leipziger Kirchen, in denen um 10 Uhr Fest- und Dankgottesdienste stattfanden. Die Einwohnerschaft belebte die Straßen, die auch wie die Menschen ihr Festgewand angelegt hatten. Wohin man auch blickte: Fahnen über Fahnen. Die leuchtenden Farben des alten und neuen Reiches, Schwarzweißrot, und die roten Fahnen mit dem einprägsamen Symbol des Hakenkreuzes, die vertrauten Landesfarben Grünweiß wehten über den öffentlichen Gebäuden und der Stadt, sie grüßten von den Fahnenmasten vor dem Neuen Rathaus und auf dem Augustusplatz. In dichter Folge flatterten sie in allen Größen, vom Riesenausmaß bis zu den kleinen Papierfähnchen, vor den Häuserfronten und über den Dächern. Ein wahrer Fahnenwald, Ausdruck der Freude, der Teilnahme der Bevölkerung an ihres Kanzlers Ehrentag und Symbol zugleich einer starken Verbundenheit des Volkes mit Adolf Hitler, die sich nicht nur in den offiziellen Veranstaltungen dieses Tages erwies, sondern mit noch größerer Eindringlichkeit in der Einmütigkeit der Beflaggung Leipzigs kundtat!

Die zweite Hälfte des Vormittags war dem Kirchgang der SA, SS, Amtswalterschaft und Hitlerjugend gewidmet. Vier Kirchen der Leipziger Altstadt und einzelner Stadtteile hatten sich gerüstet, die Gefolgsmannen des Volkskanzlers Hitler aufzunehmen und einen schlichten, würdigen Dankgottesdienst zu gestalten. Für Standarte 107 predigte Pfarrer *Israel* von der Nikolaigemeinde in der *Connewitzer Kirche*. Den Gottesdienst des Leipziger Westens für Sturmbann II./107 und Reservesturmbann II./107 gestaltete Pfarrer *Behrend* von der Heilandgemeinde in der *Plagwitzer Heilandkirche* zu einem Festgottesdienst, während zu SS, Amtswalterschaft und Hitlerjugend Pfarrer Dr. *Faber* von der Luthergemeinde in der *Thomaskirche* sprach.

Festlich grüßte die Kirchenfahne vom Turme der *Markuskirche in Reudnitz* die anrückenden SA-Männer der Standarte 106, die bereits von einer lange harrenden Menge vor den Portalen erwartet wurden. Auch im Gotteshause selbst füllten Männer, Frauen und Jugend in großer Zahl die seitlichen Gänge und die Emporen, als die Standarte mit wehenden Fahnen unter den Klängen des Horst-Wessel-Liedes in das Kirchenschiff einzog. Während sich die Fahnenträger im Chorraum zu beiden Seiten des Altars aufstellten, nahm die SA in dem für sie reservierten Mittelschiff Platz. Der gemeinsame Gesang des »Niederländischen Dankgebets« hatte bereits eingesetzt, doch immer noch strömten neue Scharen in den Kirchenraum nach. Mit Worten des deutschen Propheten Martin *Luther*, dessen Trutzlied die Gemeinde einmütig anstimmte, leitete Pfarrer Dr. *Markgraf* den Gottesdienst ein. Festlich gestimmt und von Dank für diesen Tag erfüllt war seine Predigt: Ein Jubel braust, so begann er, in allen Gauen, von Nord bis Süd, durch die Herzen des deutschen Volkes. Aber nicht nur innerhalb Deutschlands Grenzen selbst, sondern überall dort, wo Deutsche wohnen, die deutsch fühlen und in innerer Verbindung mit dem Schicksal ihres Volkes blieben. Die Feiern im Gotteshause geben der Geburtstagsfeier ihre besondere Weihe und ihren Gesichtspunkt: von höherer Warte aus erscheint Adolf Hitler als Gottes Werkzeug, Deutschland wieder zu befreien und emporzubringen. Dann stellte Pfarrer Markgraf seine Predigt unter die Worte aus Lukas 10: »Die Regierung im Lande steht in Gottes Händen. Er gibt ihm zu Zeiten einen tüchtigen Regenten. Es steht in Gottes Händen, daß es einem Regenten gerate. Er gibt ihm einen löblichen Kanzler.« Auf die ungeheure Schwere der Aufgaben einer ihrer Pflicht bewußten Regierung, dem Volke Brot und Arbeit, Sicherheit und ein Leben in Freiheit und Ehre wieder zu schaffen, wies der Pfarrer dann hin. Diese Aufgaben habe Adolf Hitler zu lösen begonnen mit klarem Blick und Pflichttreue, darum jubele ihm das Volk an diesem Tage zu. Aufgabe der Nation sei es nun aber auch, Pflichttreue zu üben, wie der Kanzler, der dem Reichspräsidenten gegeben worden sei, damit das große Werk gelinge. Gemeinsamer Gesang des Chorals »Nun danket alle Gott« folgte der eindrucksvollen Predigt. In dem *Deutschlandlied*, das von der Standarte und der Gemeinde stehend gesungen wurde, klang die würdige Feier aus. *NLZ 21. April 1933, S. 3*

21. APRIL 1933 (FREITAG)

Eine geheime SPD-Führersitzung ausgehoben

Am 21. April wurde in einem Lokale in der *Färberstraße* eine geheime Sitzung von Führern der SPD ausgehoben. Es wurde eine Menge Schriftmaterial beschlagnahmt. Alle Beteiligten, die sozialdemokratischen Landtagsabgeordneten *Liebmann*, *Riehle*, der Parteisekretär *Schrörs* und die Sekretärin *Schumann*, wurden *festgenommen* und dem Polizeipräsidium zugeführt.

NLZ 23. April 1933, S. 2

23. APRIL 1933 (SONNTAG)

Volksfest der Leipziger. Die Kleinmesse beginnt

Mit ein paar Männern, die riesige Pfähle in die Erde rammten, sehr schnell eine Bretterbude aufbauten und einigen kräftigen Lastpferden, die, vor vollgeladene Wagen gespannt, wiehernd dieser Tätigkeit zusahen, fing es an. Jetzt ist die Budenstadt auf dem Meßplatz an der Frankfurter Straße fertig und steht für drei Wochen wieder inmitten stärksten Großstadtgewühls.
Es liegt ein Duft von feinen Schokoladen, gerösteten Nüssen, warmen Würstchen und geräucherten Heringen zwischen den Zelten. Es klingt eine seltsame Mischung von Drehorgeln, Orchestrions und Leierkästen durch das Gewirr der Gänge ans Ohr. Noch ist man nicht heran und doch nimmt einen diese *Volksmusik* schon gefangen. Da erklingt neben dem »Hohenfriedberger« die »Morgenstimmung« aus »Peer Gynt« und neben der »Orpheus-Ouvertüre« die »Holzauktion im Grunewald«. In den meisten Fällen schlägt eine Figur aus Gips in fridericianischer Tracht den Takt. Und ringsherum drehen sich die Karussells, vollbesetzt mit kreischenden Menschen. Hinauf und hinunter schwingen die schmalen Kähne der Luftschaukel. Immer höher kriechen die Wagen der Achterbahn und immer höher schweben die Schaukeln des Riesenrades. In schwindelnder Höhe halten sie oftmals für Sekunden an und hinterlassen bei denen, die gerade in diesen Kähnen sitzen, ein höchst komisches Gefühl.
Durch das Labyrinth der vielen Wege schiebt sich die *Menge*. Zieht vorbei an der »Dame ohne Unterleib« und dem »Riesenkrokodil«, läßt sich willig von »Pythia, dem modernen Orakel«, das Schicksal deuten und betrachtet argwöhnisch das »Kalb mit den fünf Beinen«, lacht über tolle Bemerkungen eines stark geschminkten Spaßmachers und läßt sich vor dem Zelt der internationalen Ringkampf-Größen den »Pariser Einzugsmarsch« in die Ohren schmettern und wird doch nicht müde, immer wieder durch die Gänge zu gehen und zu schauen. Von irgendwo klingt das eindringliche Schluchzen eines kleinen Mädchens, das beängstigend nach der »Mutti« ruft, und gleichzeitig setzt auch das wütende Knurren eines Hundes ein, den man nicht am Wege gesehen hat.
Am *Abend* wird das Bild der Budenstadt noch interessanter. Alles ist in Tausende von Glühlämpchen getaucht, die in ihrer bunten Anordnung ein farbenprächtiges Bild geben. Als riesiger runder leuchtender Kreis erscheint dann das Riesenrad, und in eine lange, dahinkriechende Kette sind die Wagen der Achterbahn verwandelt. Aus den Gaststätten dringt fröhliche Unterhaltungsmusik und beschließt den Tag in angenehmer Unterhaltung.

H. S., NLZ 23. April 1933, S. 3

24. APRIL 1933 (MONTAG)

Schulpforten öffnen sich

Für Hunderttausende deutscher Knaben und Mädchen begann gestern ein neuer *Lebensabschnitt*. Die einen wanderten, von der Mutter treu geführt, zum ersten Male in die Schule. Die für alle gemeinsame Grundschule nahm sie auf.

Die anderen wechselten von der Grundschule hinüber zur höheren Schule. Die Schulen bereiteten ihren Neulingen einen *liebevollen Empfang*.

In Leipzigs Volksschulen

Am Nachmittag wanderten die Kleinsten alle zu den riesigen Steingebäuden, die sie schon längst oft neugierig betrachtet hatten. Wichtiger aber war ihnen zunächst das geheimnisvolle spitzige Etwas, das die Eltern so sorgsam unter dem Arm trugen. Doch das Rätsel löste sich nicht so ohne weiteres. Vorher mußten die Abc-Schützen ihren ersten Schulgang auch vollenden. Zur Aula kletterten sie atemlos die vielen Treppen empor und nahmen zum erstenmal zwischen ihren zukünftigen Klassenkameraden auf den Holzbänken Platz, die sie von nun an acht Jahre lang drücken sollen. Drei Uhr war schon vorbei, und doch kamen immer noch Nachzügler an. Die Pünktlichkeit will erst erlernt sein. So mancher Knirps mußte erst auf dem Spielplatz gesucht und mühevoll gefangen werden. Ein lustiges Bild grüßte meist die Kleinen von den Wänden der Aula, oder aber der Zeichenlehrer hatte mit bunter Kreide einen drolligen zuckertütenbewaffneten Osterhasen auf die Wandtafel gemalt. Ein Lied leitete die Aufnahmefeier ein, dann deklamierte ein kleines Mädel ein hübsches Gedicht. Eine Ansprache folgte. Es schien alles wie andere Jahre vorher auch. Und doch wehte eine andere Stimmung durch diese Aufnahmefeiern. Vergleiche wurden gezogen zwischen der harten strengen Zuchtschule, die die Großeltern und Eltern noch erlebten, und dem im letzten Jahrzehnt angewandten Prinzip, das mehr im spielenden Lernen, weniger im harten Muß, sein Ideal sah. Zwischen beiden Extremen werde die neue, nun nicht mehr extreme Form stehen. Etwas straffer und fester solle die Jugend angefaßt und auch ein Mehr an Leistungen von ihr verlangt werden, ohne daß deshalb etwa die Zeit der Prügelpädagogik wieder anbrechen solle. Das Gute aus der alten und der neueren Zeit wolle die Lehrerschaft übernehmen, doch dabei auch die Schlacke abstoßen. Mit ehrlichem Wollen und Liebe empfange die Schule im neuen Reiche die ersten Abc-Schützen. So und ähnlich lauteten die Gedanken, die sich durch die Ansprachen in den Leipziger Volksschulen hindurchzogen. Dann zeigten in Deklamation und Gesängen die Schüler, was sie bisher gelernt hatten. Verlesung der Aufzunehmenden folgte, der erste Gang ins neue Klassenzimmer, ein Händedruck der neuen Lehrer – und nun endlich kam der große Moment, wo von den *Zuckertüten* die Papierhüllen fielen und strahlende Kinderaugen auf das bunte, spitzige Tütenwunder verklärt blickten.

An den höheren Schulen

Schlicht und einfach und dadurch gerade recht würdig war die Feier am *Königin-Carola-Gymnasium*. Die Lehrerschaft hatte sich in der Aula mit den neuen Sextanern und deren Eltern in den späteren Nachmittagsstunden versammelt. Das erstemal trugen die Zehnjährigen ihre grüne Mütze *amtlich*. Noch empfanden sie es als eine Selbstverständlichkeit, wenn sie ermahnt wurden, diese bis zum Abgang von der Anstalt stets mit Stolz zu tragen. Und welch ein Stolz strahlte aus diesen frischen Jungenaugen. Eine Etappe ist erreicht. Die Grundschule liegt hinter ihnen, die Aufnahmeprüfung ist mit mehr oder weniger Schwierigkeiten überwunden. Werden sie alles schaffen, was die Schule von ihnen fordern muß? Die Eltern sind davon überzeugt. Eltern trauen aber ihren Kindern meist alles zu. Sie bedenken nicht, wieviel Jugendglück zerstört wird, wieviel Tränen fließen, wieviel schlaflose Stunden sie ihrem Kinde bereiten, wenn sie es durch eine höhere Schule zwingen, ihm aber die Kraft fehlt, bei allem guten Willen doch das Ziel zu erreichen. Zerstörtes Jugendglück als Folge falschen Elternstolzes.

Oberstudiendirektor Dr. Barge empfing die Neulinge in der Anstalt als väterlicher Freund. *Erziehen* will die Lehrerschaft. Erziehen aber kommt von ziehen, hinziehen zu immer Neuem. Es kann nicht alles in das Belieben der Kinder gestellt werden. Da würde bald das Unkraut überwuchern. Es ist ein köstlich Ding um eine reine Kinderseele. Darum wird es den Lehrern nicht an *Liebe* zu ihren Schülern fehlen. Die Schule will zu jungen Menschen erziehen, an denen Eltern und Lehrer Freude haben. Dann ist es nach Luther etwas Herrliches, Knabenlehrer zu sein.

Mit Handschlag verpflichtete der Leiter der Anstalt die neuen Zöglinge, und dann gingen sie mit ihren neuen Klassenlehrern in die Zimmer, die ihnen künftig Stätten der Arbeit sein sollen. In ähnlichem Rahmen vollzogen sich die Aufnahmen auch an den anderen höheren Schulen.

NLZ 25. April 1933, S. 4

26. APRIL 1933 (MITTWOCH)

In Berlin findet die Reichskonferenz der SPD statt. Der Parteivorstand stellt seine Ämter zur Verfügung, um der »Partei nach einer so furchtbaren Katastrophe die Möglichkeit eines Führerwechsels zu geben«. Neugewählte Vorsitzende sind Otto Wels und Hans Vogel.

Parteiamtliche Bekanntmachung der NSDAP

Der vielfache *Mißbrauch*, welcher mit dem Symbol der *Hakenkreuzfahne* getrieben wird, zwingt uns, ihr *dauerndes Hissen an Gastwirtschaften* für das Gebiet der Stadt und Amtshauptmannschaft Leipzig generell zu *verbieten*.

In Zukunft dürfen nur noch solche Gastwirtschaften dauernd die Hakenkreuzfahne an ihrem Lokal aufziehen, die sich bei der Kreisleitung Leipzig, Weststraße 79, Abteilung Propaganda, die schriftliche Erlaubnis zur Führung der Bezeichnung: »*Parteiamtlich anerkanntes Verkehrslokal der NSDAP*« erworben haben.

Die Lokale, welche die Erlaubnis zur Führung dieser Bezeichnung nicht erhalten, dürfen nur an den Tagen die Hakenkreuzfahne aufziehen, an denen eine allgemeine Beflaggung der Häuser angeordnet ist. Die Entscheidung über die Verleihung dieser Bezeichnung behält sich die Kreisleitung vor. Sie ist endgültig, Beschwerden über Ablehnung sind daher zwecklos.

Leipzig, 26. April.

Nationalsozialistische Deutsche Arbeiter-Partei,
Kreisleitung Leipzig.

Von verschiedenen Seiten wird uns mitgeteilt, daß sich Werber für die in Leipzig erscheinende illustrierte Monatsschrift: »Das neue Deutschland« zur leichteren Gewinnung neuer Bezieher der Behauptung bedienen, es handle sich um ein Unternehmen, dessen Überschüsse oder ein Teil des Reingewinns der Bewegung zuflössen. Das trifft nicht zu. Im Wiederholungsfalle bitten wir Namen und Anschrift der Verbreiter dieser falschen Meldung feststellen zu wollen, damit wir gerichtlich gegen sie vorgehen können.

Die NSDAP hat mit diesem reinen Privatunternehmen nicht das geringste zu tun.

Leipzig, 26. April.

Nationalsozialistische Deutsche Arbeiter-Partei,
Kreisleitung Leipzig.

Die Kreisleitung Leipzig der NSDAP macht weiter folgenden Aufruf bekannt:

»Alle, denen heute noch wegen des *Flaggens von schwarzweißroten und Hakenkreuzfahnen* von ihren Hauswirten irgendwelche *Schwierigkeiten* in den Weg gelegt werden, melden deren Anschrift und die ihrige sofort schriftlich bei der Abteilung Hausbesitz bei der Kreisleitung Leipzig der NSDAP.«

NLZ 27. April 1933, S. 4

29. APRIL 1933 (SONNABEND)

Hindenburg und Hitler Ehrenbürger von Leipzig

Die erste Stadtverordnetensitzung nach der Gleichschaltung wurde von Oberbürgermeister Dr. *Goerdeler* mit programmatischen Erklärungen eröffnet, an deren Schluß er die Ehrungen des Reichspräsidenten von *Hindenburg* und des Reichskanzlers *Hitler* bekannt gab: die Weststraße wird in Hindenburgstraße umbenannt, so daß nunmehr der ganze Straßenzug vom Rathaus bis zur Hindenburgbrücke diesen Namen trägt. Die Zeitzer Straße und die Südstraße erhalten als geradlinigste und breiteste in die Freiheit des Landes führende Straße den Namen des Reichskanzlers Adolf Hitler.

Die Wahl des neuen Präsidiums ergab: als *Stadtverordnetenvorsteher* Otto *Wolf*, als 1. Vizevorsteher Stadtverordneter Rudolf *Haake*, als 2. Vizevorsteher Stadtverordneter Bruno *Metzel*.

Nach einer Ansprache des neuen Stadtverordnetenvorstehers Wolf wurde die Verleihung der Ehrenbürgerschaft an Reichspräsident von Hindenburg und Reichskanzler Hitler einstimmig beschlossen.

NLZ 30. April 1933, S. 1

Leipzig im Mai 1933

1. MAI 1933 (MONTAG)

Als Auftakt der Berliner Veranstaltungen am »Feiertag der nationalen Arbeit« bringt Hitler auf einer Kundgebung der Jugend im Lustgarten ein dreifaches Hoch auf den anwesenden Reichspräsidenten aus. Am Abend erklärt er auf einer Massenveranstaltung auf dem Tempelhofer Feld: »Deutsches Volk, vergiß 14 Jahre des Verfalls, hebe Dich empor zu 2000 Jahren deutscher Geschichte!«

Leipzigs größter Tag.
Dem deutschen Arbeiter gewidmet

Leipzig hat schon große Feste gesehen, ein Deutsches Turnfest mit seinen gewaltigen Menschenmassen, die Enthüllung des Völkerschlachtdenkmals, verbunden mit Kaiser- und Fürstenbesuchen aus aller Welt, doch sie waren wenig gegenüber dem 1. Mai 1933, dem Tage der nationalen Arbeit. Man mag einem Feste irgendeine Idee geben, mag es der körperlichen Ertüchtigung gelten, einem historischen Gedenken, einer Glaubensbewegung, immer wird man nur *Teile* der Bevölkerung erfassen. Ein Festtag der Arbeit aber begeistert jeden Menschen. Und das hat der 1. Mai bewiesen. Betrieb reihte sich an Betrieb, Fachgruppe an Fachgruppe, alles Menschen, die sich ihrer Arbeit, die sie im Dienste des Ganzen leisten, verbunden fühlen, Menschen, die sich sehnen, wieder in Arbeit zu kommen; Arbeiter, sich ihrer Würde als gleichberechtigte Staatsbürger bewußt, und Volksgenossen, die bisher den Arbeiter nicht immer voll gewürdigt haben. Sie alle schlossen am 1. Mai 1933 einen Bund in dem Gelöbnis: *Ehret die Arbeit und achtet den Arbeiter!*

Und wenn das Fest verrauscht ist, wenn heute wieder Meister, Geselle und Lehrling, Chef, Angestellter und Arbeiter am gleichen Werke schaffen, dann soll das am Sonntag geschlossene Bündnis fest halten, dann soll sich der Gedanke der *Werks-* und *Volksgemeinschaft* als zukunftskräftig erweisen, dann ist die Arbeiterschaft, die um ihren gerechten Anteil am Wirtschaftsertrag kämpft, kein »Interessenhaufen« mehr, dann ist sie wesentlicher Bestandteil eines Volkes, das um seine äußere Freiheit und um seinen inneren Wiederaufstieg kämpft. So war die Wirkung des 1. Mai 1933 von der Regierung gedacht. Sie wird darauf sehen, daß dieser Sinn des Tages von niemanden verfälscht wird. Der auf Gedeih und Verderb geschlossene innerdeutsche Bund muß treu gehalten werden, wenn aus deutschen Menschen ein *deutsches Volk* erstehen soll.

Auftakt

Den Auftakt des Festtages in Leipzig bildete am frühen Morgen ein *Großes Wecken* der Reichswehr. Zwei Abteilungen mit je einem Spielmannszug, einem Musikkorps und einem Zug Infanterie marschierten unter klingendem Spiel durch die noch schlafende Stadt. Pünktlich um 8.30 Uhr versammelten sich die Lehrer und Schüler der Leipziger höheren Berufs- und Volksschulen in den schön geschmückten Schulsälen. Die Leiter der Anstalten leiteten die Feier mit einer Ansprache ein. Die Rundfunkübertragung der Jugendkundgebung im Berliner Lustgarten schloß sich an. Tiefen Eindruck hinterließen die warmen Worte des *Reichspräsidenten von Hindenburg,* die in der Mahnung gipfelten: Nur wer gehorchen gelernt hat, kann später befehlen!

Anmarsch zur Kundgebung.
Endloses Heer auf endloser Straße

Einem gewaltigen Stromgebiet glich bereits in den Mittagsstunden der Leipziger Osten. Wie rings von den Hängen, wie aus Seitentälern Bäche und Flüsse dem einen Hauptstrom zufließen, sich mit ihm zu vereinigen, so strebten auch die ungeheuren Menschenmassen alle nach einer Richtung, Zehntausende um Zehntausende, der einzelne gleich dem Tropfen im Wasser, in ihrer Gesamtheit einen Riesenstrom ergebend. Die einzelnen verdichteten sich zu Gruppen, die Gruppen zu Zügen, aus Viererreihen wurden Achterreihen. So schwoll das Ganze zu immer größerer Breite an im engen Bett der Straßen. Ein Bild von nie gesehener *elementarer* Wucht. An den Stellplätzen stauen sich die Massen. Und immer stoßen neue Züge hinzu: die langen Züge der Belegschaften und Angestelltenschaften aus Industrie und Handel, das buntschimmernde Mützenmeer der Verbindungen. Zug reiht sich an Zug. Das Rauschen des Stromes – es war das vieltausendfältige Murmeln der Menschen, die mannigfache Marschmusik der Kapellen und Spielmannszüge, mit ihren Trompeten, Fanfaren, Pfeifen, Triangeln, Trommeln und Pauken.
Von dicken Menschenmauern umsäumt sind die Straßen. Nur schmale Streifen bleiben an den Häusermauern, gerade breit genug, um sich noch durchzudrängen. Viele haben sich an den Hauptstraßen, durch die der Festzug kommen soll, Bänke und Stühle mitgebracht. Ja, in zahlreichen Schrebergärten an der Straße des 18. Oktober sind von ganz Schlauen erhöhte Stehplätze eingerichtet worden, die für ein kleines Entgelt bestiegen werden dürfen. Auf Leitern, Zäunen und Mauern hocken die Menschen, an den Fenstern stehen sie dicht gedrängt, und selbst von den Dächern schauen sie herab. Ein Fahnenwald schmückt die Straßen, kleine Wimpel, Banner und Riesenfahnen. Grüner Maienschmuck grüßt von Fenstern und Türen. Transparente in bunten Farben spannen sich über die Straßen von Haus zu Haus: »Arbeit adelt!«, »Du bist nichts, Dein Volk ist alles!«, »Deutscher Arbeiter, wir grüßen Dich!«
Endlich kommt Ordnung in die Massen. Sie formieren sich endgültig zu Zügen, schmetternde Marschmusik ertönt. Die Massen setzen sich in Bewegung, Reihe für Reihe. Im gleichen Schritt schreiten nun Hunderte, Tausende und bald Hunderttausende. Ein aufgeregtes Raunen geht durch die Zuschauerreihen: Sie kommen! Hälse recken sich, man drängt und schiebt sich, um nichts von dem gewaltigen Bild der anrückenden Massen des Festzuges zu verpassen.
Jetzt erscheint die Spitze. Voran berittene *Polizei* auf schmucken braunen Rossen. Ein Spielmannszug der SA mit klingendem Spiel, das durch die Straßen voraushallt, den nahenden Zug ankündigend. Dann – ein eindrucksvolles Bild – in zwei Gruppen *die sechzig Fahnen der NSBO,* die auf dem Gelände der technischen Messe geweiht werden sollen, weithin leuchtend in ihrem Rot mit schwarzem Hakenkreuz. Nun folgen die *Straßenbahner* in ihren schwarzen Uniformen, von den Wagen und aus den Werkstätten, ein unübersehbarer, dunkler Zug. Die wartende Menge jubelt ihnen zu. Blumen werden geworfen, man sieht Bekannte im Zuge und ruft sie an. Scherzworte fliegen hinüber.
Die Fachschaft der *Polizei* zieht vorbei. Dann die Fachschaft *Steuer,* vom Publikum mit gemischten Gefühlen begrüßt. Ein Witzbold ruft: »Geht lieber wieder heim, ihr!« Alles lacht. Aber es wird nicht übelgenommen. Gruppen der *Feuerwehr* folgen. Ein fast endloses blaues Band naht: die *Eisenbahner* in ihren blauen Uniformen, hinter ihnen die Fachschaft *Zoll*

im schmucken grünen Uniformrock und der Riesenzug der Angehörigen des *Speditionsgewerbes,* zum Teil im Arbeitsgewand.
Es hat vorher schon einmal gegossen. Nun fängt es wieder an. Scheinbar regnet's in Raten. Schon hat sich der Zug in eine Regenschirmpolonäse verwandelt.
16 Uhr! Nur der kleinste Teil des Festzuges ist jetzt vorüber. Seine Spitze ist längst auf dem Gelände der Technischen Messe eingezogen. Und immer noch kommen die einzelnen Züge an ihren Stellplätzen nicht vom Fleck. Weiter wälzen sich die Massen vorbei, in stillem Schritt aber singend, Männer, Frauen, Mädchen, die *Angestellten* der großen Firmen, die *Belegschaften* der Fabriken.
Eine kurze Pause – dann trifft, lachend von den Zuschauern begrüßt, die kleine Gruppe der Leipziger *Essenkehrer* mit Zylinder und Besen ein, schwarz ihr Gewand, aber festlich weiß Gesicht und Hände. Die Fachschaft *Reichspost* erinnert an vergangene Postkutschenromantik: vier Postreiter zu Pferde, die einstigen »Schwager«, in blauem Rock und weißen Hosen, angetan mit Stiefel und oranger Schärpe, reiten vorüber, in den Händen große Posthörner schwingend. Den Briefträgern voraus eine eigene Kapelle. Blaue Uniformen, so weit man sehen kann. Das *graphische Gewerbe,* Leipzigs charakteristischster Wirtschaftsfaktor, bildet einen Riesenzug, mitten drin die Belegschaft der »Neuen Leipziger Zeitung«. In blütenweißer Arbeitstracht die *Bäcker* und *Konditoren,* drei ihrer Mitglieder voran in schwarzer, weißer und roter Tracht, den neuen Farben des Reiches.
17 Uhr! Noch immer kein Ende abzusehen! Menschenmassen wälzen sich weiter vorbei, Angestellte, Beamte, Arbeiter. Man fragt sich, wo sie alle Platz finden sollen. Ihr Zug ist inzwischen zu doppelter Breite angewachsen. Als einzige Akzente stehen die Schilder und Fahnen über den Schreitenden. Selbst eine Stunde später will der Zug nicht aufhören. Die Menschen marschieren und marschieren, beseelt von *einem* Willen zur Einigkeit, in die Zukunft.
Ein endloses Heer auf endloser Straße ...

Hunderttausende auf dem Ausstellungsgelände

In einem überwältigenden äußeren Rahmen, wie ihn eindrucksvoller und dem Sinn der Stunde besser entsprechend keine andere deutsche Stadt aufweisen kann, hat gestern nachmittag das gesamte schaffende Leipzig den Tag der nationalen Arbeit gefeiert. Das Ausstellungsgelände war der Schauplatz der riesigen Kundgebung. Hier, zwischen den gewaltigen Hallen, in denen alljährlich zweimal auf der Messe von den überragenden Leistungen der deutschen Technik Zeugnis abgelegt wird, hier, wo sich die Kräfte der Arbeit mit den Kräften unvergänglicher nationaler Tradition in der Erinnerung an die Befreiungskriege, an das Jahr 1913 eng berühren, marschierten die Belegschaften der Leipziger Betriebe und Behörden auf, um ihr Gelöbnis zum neuen, einigen Deutschland abzulegen. Fast *200 000 Menschen* waren hier versammelt, von einem Willen beseelt: Dem Vaterlande zu dienen und es mit nationalem und sozialistischem Geiste zu erfüllen.
Vor einem imposanten Hintergrunde wurden die Feier und das Festprogramm abgewickelt. Und dieser Hintergrund brauchte nicht erst geschaffen zu werden. Er war entstanden in jahrzehntelanger organischer städtebaulicher Gestaltung: Die Straße des 18. Oktober, flankiert von den Messehallen. Die Freitreppe der Straße, die hinüberführt zum Gelände der Völkerschlacht, war die große Tribüne für das Geschehen der Feier. Weiter rückwärts als herrliche Naturkulissen die Bäume der Anlagen und als Abschluß und Krönung des ganzen Bildes wie auf einem ins Unendliche gehenden Rundhorizont eines gigantischen Theaters das mit einem leuchtenden Hakenkreuzbanner geschmückte Völkerschlachtdenkmal.
An den Pfeilern der Freifläche waren auf meterlangen Flächen Hakenkreuze angebracht. Auf dem zweiten Podest ragte ein in den sächsischen Landesfahnen gehaltener und von Lorbeergrün umgebener Rednerturm empor, auf dem das Mikrofon stand. Lautsprecher, die die Reden mit durchdringender Stärke über den weiten Platz trugen, flankierten den

Aufgang. Hakenkreuzfahnen wehten von den Masten der Straße des 18. Oktober. Hakenkreuzfahnen grüßten auch von der Spitze der beiden Funktürme.

Einzigartig das Bild dieser Bühne für das Massenschauspiel am Tag der Arbeit! Bewundernswert und vollkommen auch die Regie. Die Leiter der Kundgebung können auf ihr Werk stolz sein. Der Platz vor der Freitreppe wurde in weitem Halbrund von SA-Leuten abgesperrt. Die Mannschaften hatten schweren Dienst. Liebenswürdig, aber bestimmt gaben sie dem Publikum Anweisungen. Sie hielten den Zugang zur Freitreppe offen, wo links und rechts neben der Rednertribüne Stühle für Gäste und die in bekränzten Kraftwagen anfahrenden *Kriegsverletzten* aufgestellt waren. Unter den Ehrengästen sah man die Vertreter sämtlicher Leipziger Behörden, Oberbürgermeister Dr. Goerdeler, Polizeipräsident Knofe, Offiziere der Reichswehr, Senatspräsidenten und Räte des Reichsgerichts.

Aber selbst geschicktester Regiekunst waren an diesem Tage Grenzen gesetzt. Auch der bewährteste Aufmarschleiter war vor eine Aufgabe gestellt, die angesichts des Ansturms von Hunderttausenden einfach nicht gelöst werden konnte.

15.45 Uhr öffnen sich die nach der Deutschen Bücherei zu gelegenen Tore des Ausstellungsgeländes. Die Spitze des Zuges marschiert ein. Die Marschkolonne stößt vor bis zur Kruppstraße. Säule reiht sich neben Säule. Auch die Rasenfläche zwischen den beiden Fahrbahnen der Straße des 18. Oktober wird besetzt. Kurz nach 17.30 Uhr ist das gesamte schon seit den frühen Nachmittagsstunden von Zuschauern dicht umsäumte Gebiet zwischen den Hallen gefüllt. Kopf an Kopf drängen sich die Teilnehmer. Ein riesiges, nicht zu übersehendes Menschenmeer, scheinbar regellos durcheinanderwogend, aber, wie sich bei näherem Zusehen herausstellt, doch wohlgeordnet in Achterreihen. Die Kapellen und die Lautsprecher unterhalten die Wartenden mit Marschmusik. Stundenlang dauert der Aufmarsch. Er kann nicht beendet werden. Der Ansager verkündet, daß der Zug immer noch bis zum Ostplatz reicht. Trotzdem aber muß mit der Kundgebung begonnen werden. Zehntausende können nicht Zeugen der Feier sein, weil das Gelände die Massen nicht zu fassen vermag.

Vizevorsteher Rudolf Haake spricht

»Heil den deutschen Arbeitern und Arbeiterinnen«, so beginnt Stadtverordneter *Haake* seine große politische Ansprache. Der Redner betonte, daß die Nationalsozialisten von Anfang an die Bedeutung des Arbeiters gekannt und gewürdigt hätten, was schon aus dem Namen der Partei hervorgehe. Gerade die Not der deutschen Handarbeiterschaft, die unter den Verhältnissen der letzten Jahre ganz besonders habe leiden müssen, sei von ihr klar erkannt worden. Wie der November 1918 keinen Sieg der Arbeiterschaft gebracht, sondern sie vielmehr dem Weltfinanzkapital ausgeliefert habe, so seien auch die marxistisch, international und klassenkämpferisch eingestellten Arbeiterorganisationen niemals geeignet gewesen, das deutsche Arbeitertum zu vertreten. Der Begriff »Arbeiter« dürfe aber nicht zu eng gefaßt werden. Die NSDAP sehe jeden schaffenden deutschen Menschen als Arbeiter an, was schließlich auch im bürgerlich-liberalen Lager begriffen worden sei. Der Fluch der Vergangenheit sei gewesen, daß ein Teil des Volkes verächtlich auf die Handarbeit und den Handarbeiter herabgeblickt habe. Stadtverordneter Haake erinnert in diesem Zusammenhang an die nationalen Leistungen von Millionen deutscher Werktätiger im *Weltkriege* und wendet sich mit ehrenden Worten an die zu der Feier erschienenen *Kriegsverletzten.* Nach jahrelanger falscher Führung gelte es, die deutsche Arbeiterschaft *einzugliedern in die Nation.* Eingehend würdigt der Redner die enge Verbundenheit zwischen *Arbeitertum* und *Soldatentum* und die Wechselbeziehungen zwischen dem nationalen Bewußtsein und dem sozialen Aufbau des Staates. Sozialistisches Wollen werde bedingt durch den nationalen Gedanken, denn wer sein Volk liebt, der liebe auch diejenigen, die zu den entrechteten und verarmten Massen gehörten. Aber auch nur in einer kraftvollen und erstarkten Nation könne dem Arbeiter der Weg in die Freiheit gebahnt werden.

Die Weiherede des NSBO-Kreisleiters Peitsch

Darauf tritt der Kreisleiter der Nationalsozialistischen Betriebszellen-Organisation, *Peitsch* ans Mikrophon. Er streift kurz die Geschichte und Bedeutung des 1. Mai, der in diesem Jahre herausgehoben worden sei aus der Atmosphäre des Klassenkampfes und des Internationalismus. Adolf Hitler und seine Bewegung seien von den ehemaligen Führern der deutschen Arbeiterschaft zu Unrecht als reaktionär bezeichnet worden. Das Heil der Arbeitnehmer dürfe aber nicht in der Verstaatlichung der Produktionsmittel erblickt werden. Echter Sozialismus sei etwas ganz anderes. Die Voraussetzung dafür sei, daß die Arbeiterschaft erkenne, wie stark ihre Kräfte im gesamten deutschen Volke wurzelten. Daß das Volk aber zu den Arbeitern stehe, das habe der gewaltige Aufmarsch der Leipziger werktätigen Bevölkerung mit aller Deutlichkeit gezeigt. Es sei deshalb Pflicht aller schaffenden Schichten, *sich zum Volk zu bekennen* und zu seinem *Führer,* dem Arbeiter und Sozialisten *Adolf Hitler,* wenn ein Staat der nationalen Größe und der sozialistischen Gerechtigkeit aufgebaut werden solle.

Soldat und Arbeiter

Die Arbeiterschaft hat in der Vergangenheit kein rechtes Verhältnis zur deutschen Wehrmacht gefunden. Ein Teil der Arbeiter sah in der Polizei und Reichswehr nur Machtinstrumente zur Niederhaltung des Arbeiters. Sie waren es nicht und wollten es nicht sein. Bei der großen Kundgebung auf dem Ausstellungsgelände fand die *Verbundenheit von Truppe und Arbeiterschaft* erstmalig wieder sichtbaren Ausdruck. Pünktlich um 17.50 Uhr rückt vom Völkerschlachtdenkmal her eine *Ehrenkompagnie* unter Führung von Hauptmann *Junck* mit klingendem Spiel an. Begeisterung durchzuckt die Massen. Militär hat den Deutschen immer begeistert. »Kompanie halt!« – »Links um!« – »Gewehr ab!« – »Rührt euch!« Die Feldgrauen stehen wie im Stillgestanden fast eine Stunde. Nach der Rede des Stadtverordneten *Haake* und der Weihe der 60 Betriebsfahnen durch den Leiter der NSBO, Stadtverordneten *Peitsch,* vollzieht sich ein Akt von großer symbolischer Bedeutung und seltener Schönheit. Die 5. Kompagnie des Infanterie-Regiments 11 präsentiert vor den Fahnen der Arbeiterschaft. Sie formiert sich zum Parademarsch und marschiert, marschiert, daß die Massen von diesem Anblick gebannt stehenbleiben und schweigen. Wenn man selbst im Frieden einmal Kompanieschule mitgemacht hat, dann versteht man auch ein wenig vom Handwerk des Soldaten. Aber was die Reichswehr bei diesem Vorbeimarsch zeigt, ist *Kunst,* ist *höchste Vollendung militärischer Durchbildung.* Vollenderes kann nicht geleistet werden. Leipzig kann stolz sein auf sein Regiment! Die Ehrenkompagnie rückt in Richtung Völkerschlachtdenkmal ab. Noch in der Nacht marschiert das Regiment zum Truppenübungsplatz. Eine längere Schießübung trennt es von der Garnisonsstadt. Und wenn die »Elfer« wieder einziehen, dann wird das Bündnis vom 1. Mai erneut bekräftigt werden. Soldat und Arbeiter gehören zusammen. Was fleißige Hände schaffen, werden unsere Feldgrauen getreulich schützen.

Der unerwartete Ansturm zu der Feier der nationalsozialistischen Betriebszellen macht eine einschneidende Programmänderung notwendig: Der Abmarsch der Teilnehmer, der ursprünglich für 21.45 Uhr vorgesehen war, muß vorzeitig begonnen werden, um das Ausstellungsgelände an diesem Abend überhaupt noch räumen zu können. Unmittelbar nach der Fahnenweihe, gegen 19.45 Uhr, setzt sich die Spitze des Zuges unter Vorantritt der sechzig neuen Betriebsbanner nach dem Westausgang der Technischen Messe zu in Bewegung. Und während nun Kolonne auf Kolonne folgt, wird die Feier zum nationalen Tag der Arbeit auf dem Tempelhofer Feld [in Berlin] mit der Ansprache des Reichskanzlers auf dem Ausstellungsgelände durch die Lautsprecher übertragen.

Am Ausgang nach dem Völkerschlachtdenkmal zu wird ein *Riesenfeuerwerk* abgebrannt. Kanonenschläge hallen ohrenbetäubend durch die Nacht, Raketen steigen zum Himmel, glühende Sonnen kreisen am Horizont, feurige Fronten flammen auf. Das überwältigende Finale bringt die Feuerzeichnung des Symbols der NSBO und in flammender Schrift den Gruß an den Reichskanzler »Heil Hitler«.

Erst nach 22.30 Uhr ist der Abmarsch vom Ausstellungsgelände beendet.

Rückmarsch nach der Stadt

Und noch einmal beginnt der Aufmarsch, zurück zur Stadt. Wie sie gekommen, treten sie zum Heimmarsch wieder an. Ein imposanter Zug im Dunkel des Abends. Fackeln wurden an die Flügelmänner der Achter-Reihen ausgegeben, Feuerbäche flammten auf, an denen die Fackeln entzündet wurden, und von Glied zu Glied loderten die Feuer weiter. Voran die nun geweihten Fahnen, in glühendes Rot getaucht, Kapellen, Spielmannszüge und wieder Menschen in kaum zu fassender Zahl, singend und rufend.

Aus der Kaiserin-Augusta-Straße bog der Zug in die von Tausenden umsäumte Adolf-Hitler-Straße ein, deren Straßenschilder dem Führer zu Ehren vielfach mit Grünschmuck umkränzt waren. Soweit das Auge reichte, ein ungeheuer langes Band lodernder, unruhig zuckender Lichter.

Und wie sich der Zug in Lichter getaucht hatte, so hatten auch die Häuser ein Lichtergewand angelegt. Der ganze Straßenzug war festlich illuminiert. Lange Reihen von Lichtpünktchen auf den Fenstersimsen, die Fenster selbst und die Schaufenster strahlend erhellt. Lichtgirlanden schlangen sich an den Häuserwänden von Pfeiler zu Pfeiler, und riesige Hakenkreuze leuchteten an den Fassaden. Bis in die Stadt hinein, und auch in zahlreichen Nebenstraßen, hatte die Bevölkerung der Aufforderung zur Illumination in großer Zahl bereitwillig Folge geleistet.

Gegen 21 Uhr traf die Spitze am Königsplatz ein, bereits von einer großen Menschenmenge erwartet. Bis zum Roßplatz zog noch das Lichtermeer. Dann löste sich der Zug in den Nebenstraßen auf. Aber während die ersten Fackelträger bereits den Heimweg antreten konnten, quoll, stets wieder sich erneuernd, noch immer aus der Kaiserin-Augusta-Straße ein neuer, fast unendlicher Menschenstrom, der erst in später Nachtstunde sein Ende nahm.

NLZ 2. Mai 1933, S. 3-4

2. MAI 1933 (DIENSTAG)

> SS und SA besetzen schlagartig in ganz Deutschland alle Häuser des ADGB, des AfA-Bundes, ihrer Einzelgewerkschaften, die Redaktionsbüros der Gewerkschaftspresse sowie die Büros der Bank der Arbeiter, Angestellten und Beamten. Neben Theodor Leipart, Paul Grassmann und Rudolf Wissell (alle AGDB) werden die Vorsitzenden aller Einzelgewerkschaften und die Direktoren der Bank, die Geschäftsführer, die leitenden Funktionäre der Gewerkschaftsorganisationen und die Redakteure der Gewerkschaftspresse in Schutzhaft genommen. Das gesamte Gewerkschaftsvermögen wird beschlagnahmt, die Konten werden gesperrt. An die Stelle der gewählten Gewerkschaftler werden vom »Aktionskomitee zum Schutz der deutschen Arbeit« unter Führung von Robert Ley Kommissare eingesetzt: »Wir treten heute in den 2. Abschnitt der nationalsozialistischen Revolution ein.«

An Leipzigs Arbeiter und Angestellte!

Die Leitung der freigewerkschaftlichen Organisationen ist genau wie im ganzen Reich in die Hände der nationalsozialistischen Betriebszellen-Organisation übergegangen. In organisatorischer Hinsicht ändert sich zunächst nichts. Die Mitglieder haben die Aufgabe, ihren Beitragsverpflichtungen *wie bisher* nachzukommen. Die *vorhandenen Gelder* sind für die Mitglieder der Organisationen *restlos sichergestellt*. Da mehrere Buchprüfer tätig sind, um das Kassenwesen der einzelnen Organisationen zu prüfen, muß eine *Auszahlungssperre bis einschließlich Donnerstag* dieser Woche verhängt werden. Unterstützungsempfänger werden ab Freitag wieder in den Genuß ihrer Anrechte kommen.

Wir erwarten, daß die gesamte organisierte Arbeitnehmerschaft uns bei der Bewältigung der uns übertragenen Pflichten im stärksten Maße unterstützt. Alle Maßnahmen, die wir treffen, sind getragen von der Sorge um die gerechte Wahrnehmung der sozialen Belange der deutschen Arbeitnehmerschaft.

Die Männer, die bis heute diese Organisation leiten, haben jahrelang ein frevelhaftes Spiel mit den Interessen der Organisierten getrieben. Sie betätigten sich mit als Schrittmacher für die Ausbeuter unseres Volkes. Während Millionen unserer Arbeitsbrüder und Schwestern durch die verbrecherische Politik den Arbeitsplatz verloren und weitere Millionen Lohnabbau über Lohnabbau über sich ergehen lassen mußten, wagten diese Menschen noch bis in die letzte Zeit hinein, monatlich Gehälter von durchschnittlich 600 Mark einzustecken und darüber hinaus auch noch mehrere hundert Mark als Spesengelder zu kassieren. Das wird jetzt anders werden. Diese Organisationen werden von nun an bis zur endgültigen Lösung der Gewerkschaftsfrage sauber verwaltet werden. Auch in dieser Frage ist unser Leitsatz: »*Gemeinnutz geht vor Eigennutz!*«

Der kommissarische Leiter
der freien Gewerkschaften zu Leipzig
gez. Peitsch
NLZ 3. Mai 1933, S. 1

Die Durchführung der Aktion

Schlagartig setzte nicht nur in Berlin, sondern im ganzen Reich die bis ins einzelne durchorganisierte Aktion, die die Gleichschaltung der Gewerkschaften zum Ziel hat, ein. Zwischen 10 und 11 Uhr fuhren vor den Gewerkschaftshäusern, die alle ihren Betrieb schon aufgenommen hatten, *Lastautomobile* mit SA- und SS-Leuten vor. Es wurden sofort nach einem vorher *genau durchgearbeiteten Plan* sämtliche Eingänge, die Treppenhäuser und die *Direktionsbüros* besetzt. Für jedes einzelne Unternehmen war ein besonderer Leiter vorgesehen, der sich sofort mit dem Vorstand der betreffenden Gewerkschaft in Verbindung setzte und ihn über die Gründe und Ziele der Maßnahmen unterrichtete. Die *Belegschaft* wurde dann nach den meist sehr kurzen und reibungslosen Verhandlungen mit dem Vorstand in einen größeren Raum, den Sitzungs- und Verhandlungssaal gebeten, wo der betreffende Leiter der Aktion die Belegschaft über die Notwendigkeit der Maßnahme informierte und sie mit der zukünftigen Gestaltung der Gewerkschaften vertraut machte. Die Korridore, die einzelnen Zimmer, alles wurde durch SA bewacht. In den Hauseingängen waren strenge Kontrollen eingerichtet, die niemand passieren ließen. Jeder einzelne, der mit besonderem Ausweis das Gebäude verließ, mußte sich einer Kontrolle seiner Aktentasche bzw. mitgeführten Pakete unterziehen. Jede SA-Abteilung führte eine *Hakenkreuzflagge* mit, die sofort auf dem Flaggenmast des betreffenden Gebäudes gehißt wurde.

Die Arbeit ging in allen Büros nach der Ansprache des Aktionsleiters weiter.

In Leipzig

Von der Leipziger Kreisleitung der NSBO wird mitgeteilt:
Am gestrigen Tage hat die Nationalsozialistische Betriebszellen-Organisation im ganzen Reiche die Leitung der freien Gewerkschaften übernommen. Schlag 10 Uhr vormittags bega-

ben sich auch in Leipzig die Vertrauensmänner der NSBO ins Volkshaus und die übrigen Gewerkschaftsbüros, um die dort befindlichen Geschäftsführer ihrer Ämter zu entheben. Die Übergabe vollzog sich schnell und vollkommen reibungslos, sämtliche Angestellten setzten ihre Arbeit in der gewohnten Weise fort, und auch der Verkehr in den Büros nahm ungestört seinen Fortgang.

Zur Sicherung der Arbeit war es allerdings notwendig, einige Haupt-Bonzen vorläufig dadurch unschädlich zu machen, daß sie bis auf weiteres *in Schutzhaft* genommen wurden. Es handelt sich hierbei um insgesamt rund 25 Geschäftsführer und Bezirksleiter, darunter: *Schwar* und *Grünert* vom Melker-Verband, *Schumann* vom Fabrikarbeiter-Verband, *Riepl* und *Sendig* vom Verband der Nahrungsmittel- und Getränkearbeiter, *Riehl* und *Gutjahr* vom Baugewerksbund, *Hesche* vom Buchbinderverband, *Biach* vom Gesamtverband, *Siebold* vom Zentralverband der Steinarbeiter, *Katzer* vom Textilarbeiter-Verband, *Ferkel* und *Büchner* vom Verband der Lithographen, *Müller* vom ZdA, *Hesselbarth* und *Stürz* vom Verband Deutscher Buchdrucker, *Schmidt* vom Verband der graphischen Hilfsarbeiter, *Endorf* und *Drescher* vom Einheitsverband der Eisenbahner, *Riemann* von den Hotel-, Restaurant- und Café-Angestellten, und einige andere.

Trotz der schlagartig zur bestimmten Zeit im ganzen Reich vollkommen unvorbereitet einsetzenden Aktion war es einigen der übelsten Bonzen doch gelungen, zu verschwinden. Ihre Verhaftung steht jedoch ebenfalls bevor.

Es handelt sich bei diesen Maßnahmen nicht um eine Aktion etwa gegen die deutsche Arbeiterschaft. Im Gegenteil, die NSBO wird dafür sorgen, daß die Organisationen ihre alte Schlagkraft wieder erhalten und in Stand gesetzt werden, endlich wieder einmal die Interessen ihrer Mitglieder ehrlich und erfolgreich wahrnehmen zu können. Einzig und allein im Interesse der Arbeitnehmerschaft liegen diese Maßnahmen, die gerade in diesen Tagen dringender denn je waren. Die kommissarische Leitung der freien Gewerkschaften, die in Leipzig der bekannte Stadtverordnete und Kreisbetriebszellenleiter Hellmut *Peitsch* mit seinen Mitarbeitern übernommen hat, erwartet von allen Arbeitnehmern größte Ruhe und Disziplin!

NLZ 3. Mai 1933, S. 2

Gefängnis für versuchte Polizeizersetzung

Der 41 Jahre alte Schlosser Lorenz *Kannegießer* aus Leipzig, ein langjähriges Mitglied der KPD, ist am Dienstag von dem 4. Strafsenat des Reichsgerichts wegen Vorbereitung zum Hochverrat zu *einem Jahr drei Monaten Gefängnis* verurteilt worden. Der Angeklagte hatte einem Bekannten eine kommunistische Zersetzungsschrift zugesteckt mit der Bitte, der Beamte solle sie an seinen Schwiegersohn, einen Polizeibeamten, weitergeben. Gegen Kannegießer war schon vor einiger Zeit die Hauptverhandlung angesetzt worden, der sich der inzwischen verhaftete Beschuldigte aber durch die Flucht entzogen hatte.

NLZ 3. Mai 1933, S. 10

3. MAI 1933 (MITTWOCH)

Weitere Maßnahmen bei den Freien Gewerkschaften in Leipzig

Von der Kreis-Betriebszellen-Abteilung der Nationalsozialistischen Deutschen Arbeiter-Partei, Kreis Leipzig, wird der Presse mitgeteilt:

»Im Volkshaus und in sämtlichen Leipziger Gewerkschaftsbüros nahm am Mittwoch die Arbeit ihren gewohnten Fortgang. Von den meisten Verbänden und ihren Angestellten werden die Maßnahmen der NSBO aufrichtig begrüßt, und auch aus Mitgliederkreisen werden allseitig Zustimmungserklärungen laut. Zur Sicherung eines ungestörten Verlaufes der Arbeit der neuen kommissarischen Leiter der Gewerkschaften wurden auch am gestrigen Tage einige weitere Personen in Schutzhaft genommen. Der Vorsitzende und Geschäftsführer des ADGB, Ortsausschuß Leipzig, Erich *Schilling*, hat sich der Polizei selbst gestellt und wurde in Schutzhaft genommen. Weiter wurde der Vorsitzende des Zentralverbandes der Steinarbeiter, *Winckler*, und der Geschäftsführer des Allgemeinen Verbandes der Bankangestellten, Gustav Adolf *Müller*, in Schutzhaft genommen. Bei dem Letztgenannten handelt es sich um einen ganz besonders übelberüchtigten marxistischen Bonzen, der unter der Zeigner-Regierung drei Jahre lang Ministerialrat war, dann als Reichsbannergeneral und Reichstagsabgeordneter der SPD von sich reden machte. Er steht bei den deutschen Bankangestellten in einem sehr schlechten Rufe, sonderbarerweise soll er aber immer noch im Aufsichtsrat der Sächsischen Staatsbank sitzen (!).

Bei der Durchsuchung der Akten und Bücher wurden schon bei einer oberflächlichen Sichtung zahlreiche Mißstände aufgedeckt. So wurde z. B. der Kassierer des Sattler- und Tapezierer-Verbandes verhaftet, der vor einigen Wochen eine größere Geldsumme aus Mitgliedsbeiträgen sowie Quittungsmarken und Akten unterschlagen hat. Dieser Kassierer, namens *Frahnert*, wurde Ende April von der Zentrale in Berlin fristlos entlassen mit der ausdrücklichen Vorschrift an die Leipziger Geschäftsstelle, die Angelegenheit nicht weiter zu verfolgen. Derartige Fälle sind noch mehrfach vorgekommen. Sie werden z. Z. durch mehrere Buchprüfer untersucht, und nach Abschluß der Ermittlungen wird die Öffentlichkeit weiter unterrichtet werden.«

NLZ 4. Mai 1933, S. 4

4. MAI 1933 (DONNERSTAG)

Der neugewählte SPD-Parteivorstand tritt zu seiner ersten und gleichzeitig letzten Vollsitzung zusammen und beschließt, einige seiner Mitglieder ins Ausland zu schicken, um dort eine Auslandsstelle aufzubauen. Diese Parteivorstandsmitglieder gehen zunächst nach Saarbrücken. Berlin soll jedoch Sitz des Parteivorstandes bleiben.

Leipziger Hochschullehrer beurlaubt

Dresden. Die Nachrichtenstelle der Staatskanzlei teilt mit: Die ordentlichen Professoren an der *Universität Leipzig* Dr. *Witkowski* (Literaturgeschichte), Dr. *Goetz* (Geschichte), Dr. *Apelt* (Staatsrecht), Dr. *Everth* (Zeitungskunde), Dr. *Hellmann* (Mittelalterliche Geschichte) und Privatdozent Dr. *Becker* (Geologie) sind bis auf weiteres von ihrer Lehrtätigkeit entbunden worden, ebenso Professor Dr. *Holldack* (Rechtswissenschaftler an der Technischen Hochschule Dresden). Die Beurlaubung schließt jedoch nicht aus, daß nach Nachprüfung der Unterlagen noch eine andere Entscheidung Platz greift. Der Honorarprofessor an der Universität *Leipzig* und Direktor des Pädagogischen Instituts Dr. *Richter* ist bis auf weiteres von seiner Tätigkeit an der Universität und an dem Pädagogischen Institut entbunden, und der planmäßige außerordentliche Professor der Philosophischen Fakultät Dr. *Volkelt* mit der kommissarischen Wahrnehmung der Direktionsgeschäfte des Pädagogischen Instituts beauftragt worden.

NLZ 5. Mai 1933, S. 2

Pfingstangebote

Der Kampfbund des gewerblichen Mittelstandes, Kreisleitung Leipzig, teilt mit: Zu dem bevorstehenden Pfingstfeste und dem damit zu erwartenden Geschäft ist die Verwendung des Wortes »*Pfingst*« bei Inseraten, Angeboten und sonstigen Bekanntmachungen ausnahmslos nur *christlichen* Firmen gestattet.

NLZ 4. Mai 1933, S. 4

Die Gleichschaltung der Gewerkschaften in Leipzig

Von der Kreis-Betriebszellen-Abteilung der Nationalsozialistischen Deutschen Arbeiterpartei, Kreis Leipzig, wird der Presse mitgeteilt:

»Auch am Donnerstag gingen die Arbeiten zur Gleichschaltung der freien Gewerkschaften in Leipzig weiter. Zur Sicherung der Maßnahmen der kommissarischen Leitung wurde der Geschäftsführer des Holzarbeiter-Verbandes, *Hahn*, wegen verschiedener Unregelmäßigkeiten in Schutzhaft genommen. Ebenso wurde über den 2. Bevollmächtigten des Verbandes der Buchbinder, G. *Haffner*, die Schutzhaft verhängt. Außerdem fanden eine ganze Reihe Haussuchungen statt, die auch in den nächsten Tagen noch fortgesetzt werden. Es handelt sich bei diesen Haussuchungen vor allem darum, das verschwundene Aktenmaterial sowie die Kassenbücher herbeizuschaffen, die bei den meisten Organisationen fehlen. Aus den vorhandenen Belegen geht einwandfrei hervor, daß die Gewerkschaften bis in die letzte Zeit hinein die SPD und ihre Unterorganisationen, wie die ›Eiserne Front‹, mit erheblichen Geldmitteln unterstützt und sich auch sonst im marxistischen Sinne politisch betätigt haben. Außerdem bezogen einzelne Geschäftsführer und Vorsitzende neben ihren nicht geringen Gehältern noch unverhältnismäßig hohe Spesen, Zuschüsse usw. Vielfach lauten Quittungen über Tausende von Mark, über die jeder Beleg über Verwendungsart, Buchung usw. fehlt.

Die von der NSBO eingesetzten kommissarischen Leiter sind eifrig damit beschäftigt, die bisherige Luderwirtschaft zu beseitigen und Licht in das Dunkel zu bringen. Die Mitglieder der Gewerkschaften dürfen versichert sein, daß mit all den geschilderten und noch aufzudeckenden Korruptionserscheinungen Schluß gemacht und ihre Urheber rücksichtslos beseitigt werden. Von den Arbeitnehmern wird erwartet, daß sie diese schwierige, nur im Interesse der Arbeiterschaft selbst liegende Arbeit zu würdigen wissen und in Ruhe und Disziplin weiter ihre Beträge zahlen und mitarbeiten an dem Aufbau einer sauberen, ehrlichen deutschen Arbeitsfront! Sämtliche Geschäftsstellen der Verbände, auch des Holzarbeiter-Verbandes, sind wieder voll geöffnet und arbeiten wie bisher. Am Freitag vormittag nimmt auch die ›Bank der Arbeiter, Angestellten und Beamten‹ im Volkshaus ihren vollen Betrieb wieder auf. Im übrigen verweisen wir auf die nachfolgende Bekanntmachung der Arbeiterbank.«

NLZ 5. Mai 1933, S. 4

5. MAI 1933 (FREITAG)

Auf Vorschlag Hitlers ernennt Reichspräsident Hindenburg die Reichsstatthalter, darunter Gauleiter Martin Mutschmann für Sachsen.

7. MAI 1933 (SONNTAG)

Mai-Gewitter

Der Sonntag führte sich mit einem strahlenden blauen Himmel ein. Bereits in den Morgenstunden meinte es die Sonne recht gut. Bis zum Mittag kletterte die Quecksilbersäule bis weit über 30 Grad hinaus. Zahlreiche Ausflügler und Spaziergänger begannen bereits unter der Hitze zu seufzen. Jacken wurden ausgezogen, Westen aufgeknöpft, Kragen abgebunden. Dann stiegen am Horizont verschiedene ganz harmlos aussehende Wölkchen auf, die im Laufe der nächsten Stunden heransegelten und sich schließlich zu einer schwarzen Decke zusammenzogen, die sich hauptsächlich über den Westen und Süden der Stadt und ihrer Umgebung ausbreitete. Fernes Wetterleuchten verstärkte sich zu zuckenden Blitzen, Donner grollten und die ersten großen Tropfen begannen zu fallen. Noch ein paarmal versuchte die Sonne durch das Gewölk zu dringen. Die Wolken behielten jedoch die

Oberhand und schließlich goß es in Strömen. Was unterwegs war, rettete sich ins Trockene, und viele glaubten schon, der ganze Sonntag würde zu Wasser werden. Die Angst war unbegründet. Ein frischer Wind trieb die Wolkendecke nach Nordosten ab und auseinander. Es wurde noch ein schöner Spätnachmittag und Abend.

Zu irgendwelchen bemerkenswerten Zwischenfällen ist es bei diesem ersten heftigen Gewitter im Mai nicht gekommen. An der Ecke der Lößniger und Ecksteinstraße wurde ein Grundstück vom Blitz getroffen. Es war ein sogenannter »kalter Schlag«, der wohl viel Lärm machte, sonst aber keinen nennenswerten Schaden anrichtete. Der Blitz warf ein paar Ziegel vom Dach, die auf der Straße zersplitterten. Weiter wurde in der Adolf-Hitler-Straße, in der Nähe des ehemaligen Südplatzes ein Baum gespalten; ob durch einen Blitzstrahl oder einen Windstoß, ließ sich mit Sicherheit nicht feststellen.

NLZ 8. Mai 1933, S. 3

Leipziger Brahms-Fest.
Orchesterkonzert im Gewandhaus

Das dreitägige Leipziger Brahms-Fest klingt in einem repräsentativen Orchesterkonzert im Gewandhaus feierlich aus: Der große Saal ist voll besetzt von Besuchern, die gekommen sind, um sich von Brahms' Zauberstab anrühren zu lassen, Hermann Abendroth dirigiert, Wilhelm Backhaus spielt den Solopart und das Gewandhausorchester beweist einmal mehr seine herrliche Spielkultur. Der Beifall will nicht enden. Man hört an diesem Abend nicht den innigen, gefühlswarmen Romantiker, sondern den männlich ernsten, unter dem Zwang bewußter Verantwortung schaffenden Brahms. Zwei sinfonische Werke: die C-Moll-Sinfonie und das B-Dur-Klavierkonzert. Zwei männliche Interpreten: der Dirigent Abendroth und der Pianist Backhaus. Auf diesen Gleichklang von Werken und Aufführenden ist die geschlossene Wirkung des Leipziger Brahms-Finales zurückzuführen.

Hermann *Abendroth*-Köln, dem Leipziger Konzertbesucher seit langem bekannt, läd die C-Moll-Sinfonie mit Energie und Kraft, indem er die dramatischen Ecksätze des Werkes in den Vordergrund rückt und die lyrischen Mittelsätze bewußt zurücktreten läßt. Zugleich nimmt er den ersten und den letzten Satz sehr gespannt, ja fast derb. Kein Ausruhen gibt es hier, kein Atmen, kein Absetzen; unablässig wird alles vorwärtsgetrieben, auf das Ende zu gebaut. Manche Zartheit, mancher echte Lyrismus geht so verloren (vor allem in dem spannungslosen, nuancenarmen Piano und in den Rückungen des Brahmsschen Tempos); dafür wirkt alles groß und mitreißend. Es ist etwas einseitig der mit sich und dem Stoff ringende Brahms – aber dieser Brahms ist es dafür ganz: unerbittlich, kühn, konzessionslos.

Wilhelm *Backhaus* ist nicht eigentlich das, was man einen »Brahmsspieler« nennt. Seine technisch fast unfehlbaren Pianistenhände vermögen zwar Bau und Gerüst Brahmsscher Klavierkompositionen unübertrefflich aufzeigen, doch sie wischen manchen Blütenstaub von den Brahmsschen Kantilenen. Aber *dieses* Werk, dieses herb-männliche B-Dur-Konzert, spielt Backhaus vollendet. Denn hier geht es nicht um solistische Einzeleffekte, hier hat sich das Klavier nicht mit Orchesterbegleitung auszusingen; vielmehr ist das Klavier gewissermaßen ein zweites Orchester im sinfonischen Wettstreit. Aus dem »einzelpersönlichen Solisten« wird ein »Klavierton-Ensemble«, zu dessen Darstellung es mehr eines traumhaft überlegenen Spielers als eines spielenden Überlegers und Träumers bedarf. Backhaus ist der überlegene Spieler, und seine männlich sichere, objektive Spielweise ließ die herbe Grundstimmung des Werkes prachtvoll zur Geltung kommen.

Ganz hervorragend das *Orchester*. Was je ein Dirigent an Brahmsauffassung diesem Orchester im Laufe der Jahre mitgeteilt hat, schien am Sonntag aus dem Unterbewußtsein wieder emporzutauchen und Klang und Leben zu gewinnen. Man spielte bewußt unter Abendroth, aber man spielte unwillkürlich zur gleichen Zeit Brahms-Tradition mit einer Klangfülle und einer geistigen Erfülltheit, daß man von der künstlerischen Dreiheit Orchester-Dirigent-Solist dem ersten den Preis des Abends reichen muß.

Otto Schumann, NLZ 9. Mai 1933, S. 5

8. MAI 1933 (MONTAG)

Die Gleichschaltung der Gewerkschaften vollzogen!

Die Kreis-Betriebszellen-Abteilung der NSDAP teilt mit: Am gestrigen Montag, mittags 12 Uhr, gingen – wie in ganz Deutschland, so auch in Leipzig – an allen Häusern und Geschäftsstellen sämtlicher Gewerkschaften, der freien, der christlichen und aller anderen, die Hakenkreuzfahnen hoch zum sichtbaren Zeichen der nunmehr vollzogenen Gleichschaltung der gesamten deutschen Arbeitnehmerbewegung. Sämtliche Gewerkschaften werden nunmehr von Nationalsozialisten geleitet und im Sinne der nationalen Regierung verwaltet. Die Bildung der neuen *Deutschen Arbeitsfront* ist eines der wichtigsten Ereignisse der nationalsozialistischen Revolution. Die Hakenkreuzfahnen auf den Gewerkschaftshäusern sollen Symbol für den Anbruch einer neuen Zeit sein, in der die deutsche Arbeit nicht mehr ein Ausbeutungsobjekt, sondern der einzige Wertmesser für alle deutschen Menschen sein soll!
NLZ 9. Mai 1933, S. 4

Kolbenheyer spricht. Der Lebenswert und die Lebenswirkung der Dichtung im Volke

In den Zeiten nationaler Besinnung und stärkster völkischer Sammlung bedarf auch die Frage nach der Stellung und der Bedeutung des dichterischen Schaffens im Leben des Volkes einer klaren und gültigen Antwort. *Erwin Guido Kolbenheyer,* einer der tiefsten deutschen Denker und markantesten Gestalten der nationalen Dichtung unserer Tage, gab diese Antwort am Montag abend im überfüllten Rathaussaale in einem Vortrag, zu dem die großen Verbände der nationalen Kulturpolitik Leipzigs, Fichtehochschule, Fichtegesellschaft, Studentenschaft, kulturpolitische Abteilung der NSDAP und der Verein Deutsche Bühne eingeladen hatten.

Für Kolbenheyer ist die Dichtung mehr als eine beachtenswerte und anregende Begleiterscheinung des menschlichen Daseins. Abseits von einer rein im Ästhetischen wurzelnden Haltung betrachtet er die Dichtkunst unter den Gesichtspunkten einer von ihm schon vor Jahren ausgeprägten Philosophie, einer *Metaphysik auf biologischer Grundlage,* als eine gleichfalls biologisch zu wertende Macht, als einen für das Volk wesentlichen Lebenswert. Wenn er Volk und Dichtung so in engste Beziehung setzt, muß, da von einem Wert immer etwas irgendwie Wirksames ausstrahlt, auch von dem schöpferischen Gestalten des Dichters auf das Volk als die einzige noch erlebbare überindividuelle Ganzheit eine Wirkung, eine biologische, aufbauende Wirkung ausgehen. Kolbenheyer sieht deshalb in der Dichtung nicht nur eine Volksoffenbarung, sondern auch eine für das Volk lebensbildnerische Kraft, für die das Gefühlserlebnis Wurzel, Stütze und Zweck ist. In der Sprache, dem ureigensten und artgetreusten Volksgut, besitzt die Dichtkunst die Möglichkeit, schöpferisch zu wirken, in dem Empfangenden Erlebnisformen zu zeugen und fortwirkende Erlebnisrichtungen zu wecken. Diese bildnerische Kraft und der *geistig-biologische Lebenswert* der Dichtung sind für Kolbenheyer auch bestimmend für die Lösung des praktischen Problems der *Freiheit der Dichtkunst.* Frei sind nach Kolbenheyer nur die Schaffens-Bedingungen, die schöpferische Handlung selbst, während das Dichtwerk als das Geschaffene dem Überindividuellen, dem Volk angehört. Da die Leistung des Künstlers, der nicht um der Kunst, sondern um der Wirkung seines Werkes willen gestaltet, durch diese Wirkung Werteigenschaft erhält, so sieht er sich vor die Entscheidung gestellt, ob er dem Lebens-

Aufbau oder der Lebens-Zerrüttung dienen will. Und Kolbenheyer spricht dem Volk das Recht zu, diese Zerrüttung seines inneren Lebens durch die Kunst zu unterbinden, denn: »*Dichtkunst ist Lebensmacht.* Wir haben ihr zu dienen und ihren Heilswert zu pflegen«.

NLZ 9. Mai 1933, S. 5

10. MAI 1933 (MITTWOCH)

In Berlin verfügt der Generalstaatsanwalt die Beschlagnahmung des gesamten Vermögens der SPD und des Reichsbanners; davon sind auch alle Zeitungen betroffen. – Reichswehrminister Blomberg gibt eine Weisung zur Bildung des Luftfahrtministeriums heraus; es ist dies die »Geburtsurkunde« der deutschen Luftwaffe. – Hitler erklärt sich zum Schirmherrn der Arbeiterschaft und des Bauerntums. Er gibt die Gründung der Deutschen Arbeitsfront (DAF) bekannt. Robert Ley, Stabsleiter der politischen Abteilung der NSDAP, wird zu ihrem Führer ernannt. Am selben Tag findet in Berlin der 1. Kongreß der Deutschen Arbeitsfront statt. – Auf dem Opernplatz in Berlin werden – wie in fast allen Universitätsstädten – mehr als 20 000 Bücher »des undeutschen Geistes« verbrannt; in Leipzig findet keine derartige Aktion statt.

Reform des Buchhandels. Programmatische Erklärungen des Börsenvereins

Der *Börsenverein der Deutschen Buchhändler zu Leipzig* hat in seiner hundertjährigen Geschichte wiederholt große Reformbewegungen des Buchhandels durchgeführt. Die Neuordnung unseres politischen und kulturellen Lebens greift wiederum tief in das Gefüge der Gesamtorganisation wie der einzelnen Glieder des Buchhandels ein. Wenn in diesen Tagen die Vertreter des deutschen Buchhandels zur Kantate-Kundgebung nach Leipzig kommen, dann werden sich auch sie mit den Programmpunkten und Forderungen beschäftigen, die der Börsenverein kürzlich in Übereinstimmung mit den kulturellen und wirtschaftlichen Richtlinien der Reichsregierung aufgestellt hat.

An erster Stelle wird die Forderung erhoben, daß der Börsenverein zur *Zwangsorganisation für alle Buchhändler* gemacht werden soll. Ferner tritt der Börsenverein für eine *staatliche Konzessionierung* der buchhändlerischen Gewerbebetriebe ein. Beide Forderungen können sich für den Buchhandel segensreich auswirken, denn die Zersplitterung und die Gefahr des Eindringens unlauterer Elemente in den Buchhandel ist von jeher groß gewesen.

Jede *buchhändlerische Betätigung* der öffentlichen Hand soll *aufhören*. Gewerkschaften, Vereinen, politischen Parteien ist der Verlag und Vertrieb von Büchern zu untersagen. Dieser Forderung kann man im Hinblick auf mancherlei Auswüchse der Nachkriegszeit ebenfalls zustimmen.

Weiterhin tritt der Börsenverein zur Erzielung einer übersichtlichen und einwandfreien Preisbildung des deutschen Buches für den *festen Ladenpreis* ein. Anreizpreise, Preisübersetzungen und unwirtschaftliche Preisdrückung sollen beseitigt werden. Im Rahmen dieser wirtschaftlichen Forderung liegen drei andere Programmpunkte: *Abbau der Buchgemeinschaften* aller Art und ihre Überführung auf den Verlag zur Herstellung, auf das Sortiment zum Vertrieb. Beseitigung des Bücherverlags und Vertriebes von *Warenhäusern* jeder Art, auch bei bestehenden Betrieben. Maßnahmen gegen die ungesunde und volksschädigende Ausbreitung der modernen *Leihbibliotheken*.

Ob die Reichsregierung diesen Forderungen restlos zustimmt, möchte man bezweifeln, denn ihr Ziel ist ja, die Wirtschaft von störenden Eingriffen freizuhalten.

Der Vorstand des Börsenvereins tritt zum Besten der Ausbildung eines leistungsfähigen Nachwuchses im Buchhandel für die Schaffung einer pflichtmäßigen staatlichen *Gehilfen-*

prüfung ein. Weiterhin fordert er die baldige *Wiederauffüllung der Kulturetats* in Reich, Ländern und Gemeinden. Diesen Forderungen kann man nur beistimmen; der neue Staat bedarf des geistigen Nährbodens des deutschen Buches.

NLZ 10. Mai 1933, S. 5

11. MAI 1933 (DONNERSTAG)

Gewaltige Massenkundgebung auf dem Augustusplatz. Die Arbeiter Träger und Gestalter des neuen Deutschlands. Hunderttausend geloben dem Kanzler Treue

Zu einem großen Aufmarsch auf dem Augustusplatz hatte am Donnerstag nachmittag die Nationalsozialistische Betriebszellen-Organisation, Kreis Leipzig, die Arbeitnehmerschaft aufgerufen. Hunderttausend Arbeiter und Angestellte aus allen Leipziger privaten und öffentlichen Betrieben vereinte diese Kundgebung, die zahlenmäßig den Aufmarsch auf dem Augustusplatz zur Maifeier noch übertraf.

Aufmarsch der Hunderttausend

Lange Zeit vor Beginn war der gesamte Fahrverkehr bereits eingestellt worden. Sämtliche Straßenbahnlinien hatte man umgeleitet. Umfangreiche Absperrungen der Polizei, die durch die dienstfreien Straßenbahner unterstützt wurde, hielten den Augustusplatz für die Aufmarschteilnehmer vom Publikum frei. Zwei große Lautsprecher an der Fassade des Neuen Theaters, dessen Front mit Transparenten geschmückt war, sorgten für eine einwandfreie Übertragung der Reden und der Marschweisen der vor dem Hauptportal konzertierenden SA-Kapelle.
Wie bei allen vorangegangenen Kundgebungen war auch diesmal die Teilnahme der übrigen Bevölkerung wieder sehr stark. In dichten Reihen säumten die Zuschauer die Absperrungsketten und die Ecken der Einmündungsstraßen. Auf den Balkonen der Kaffeehäuser drängten sich die Menschen Kopf an Kopf. Die Fenster der anliegenden Häuser, die zum großen Teil Flaggenschmuck zeigten, waren dicht besetzt. Von den großen Masten vor dem Theater wehten die Reichs- und Stadtfarben neben dem Hakenkreuzbanner.
Kurz nach ½ 17 Uhr begann der Aufmarsch der einzelnen Betriebe mit den NSBO-Fahnen. Nach einer kurzen Stockung des Aufmarsches, die ein heftiger Gewitterregen hervorrief, setzte der Zustrom verstärkt ein. Unaufhörlich rückten die Züge aus Nord und Süd, aus den östlichen und westlichen Stadtvierteln zum großen Teil mit Musikbegleitung und Gesang an. Nachdem die Fahnenabordnungen unter dem Balkon des Neuen Theaters Aufstellung genommen hatten, verkündete der Lautsprecher den Beginn der Kundgebung.
Auf dem Balkon des Neuen Theaters hatten sich die Führer der NSBO und Behördenvertreter eingefunden, darunter Kreishauptmann Dr. v. *Burgsdorff* und Polizeipräsident *Knofe*. Vom Balkon aus bot sich dem Beschauer ein überwältigendes Bild: Der riesige mit Menschen gefüllte Platz glich einem wogenden Meer, in das aber dann vollkommene Ruhe kam, als der Beauftragte der NSBO im Allgemeinen Deutschen Gewerkschaftsbund und im Afa-Bund, Kreisbetriebszellenleiter *Hellmut Peitsch,* ans Mikrofon trat. Er sprach schlicht und klar und gebrauchte die Sprache des einfachen Arbeiters.

Kreisleiter Peitsch spricht

In seiner Ansprache führte er folgendes aus:
Das deutsche Arbeitertum kämpft seit Jahrzehnten um die Erfüllung seiner *sozialen* Wünsche und Forderungen. Die Gewerkschaften sollten in diesem Kampfe Wortführer und Bahnbrecher sein. Gläubig haben die deutschen Arbeiter diesen Organisationen ungeheure Opfer an Gut und auch an Blut gebracht. Gewiß haben die gewerkschaftlichen Verbän-

de es erreicht, daß in den Jahren der Inflation die sozialpolitische Linie sich zugunsten des schaffenden Volkes nach oben bewegte. Die Gewerkschaften waren aber an jene Parteien gefesselt, die den Niedergang Deutschlands und das Elend verschuldet haben. Die Führer der Gewerkschaften waren in der roten, goldenen und schwarzen Internationale organisiert. Sie haben *Erfüllungspolitik* getrieben und für Tribute und Anleihen gestimmt. Diese Politik erfordert *Zinsendienst,* der stets vom schaffenden Volke und nicht von den Faulenzern geleistet wird. Die Gewerkschaften haben gesagt, die Besitzenden sollten die Zinsen aufbringen. Das ist niemals möglich, denn diejenigen, die nicht arbeiten, leben von der *Arbeit der anderen,* denen diese Summen am Lohn abgezogen werden müssen. Die Nationalsozialisten haben jahrelang gegen die verfehlte, zur Versklavung und Ausbeutung der Massen führende Tribut- und Anleihepolitik gekämpft. Man hat sie deshalb als sozialreaktionär bezeichnet. Man glaubte, das schaffende Volk dadurch vom Nationalsozialismus abhalten zu können. Das ist nicht gelungen, die Macht des Marxismus ist am Ende. Wir werden jetzt die gewerkschaftlichen Organisationen neu formen und sie zu den *gewaltigsten Berufsverbänden ausbauen,* die es jemals auf der Welt gegeben hat. Wir werden dafür sorgen, daß die Beiträge, die von den Arbeitern jahrelang an die Gewerkschaften gezahlt worden sind, nicht ganz verloren gehen. Wir werden dafür sorgen, daß diese Gelder nicht wieder verwirtschaftet werden können. Es ist unmöglich, daß an Gewerkschaftssekretäre Gehälter von 500 bis 1000 Mark gezahlt werden. Jeder, der als Gewerkschaftsführer für die Arbeitnehmerschaft kämpfen will, darf für sich nicht mehr verlangen, als ein qualifizierter Arbeiter seiner Berufsgruppe. Es gilt jetzt aufzuräumen mit der Korruptionswirtschaft in den Berufsverbänden, damit die Arbeiter Vertrauen haben können. Die Nationalsozialistischen Betriebszellen-Organisationen haben deshalb mit der Umformung der Gewerkschaften keinesfalls ihr Ende erreicht. Sie werden bestehen bleiben und die Schule sein für die Avantgarde des Arbeitertums. Die Berufsverbände müssen dafür sorgen, daß der deutsche Arbeiter nicht mehr nur ein Glied bleibt in der Volksgemeinschaft, sondern *Träger und Gestalter des neuen Deutschlands wird.* Wir werden auch dafür sorgen, daß diejenigen, die im neuen Staat die Ehre haben, Arbeitgeber und Wirtschaftsführer zu sein, in allen Arbeitnehmern ihre *Mitarbeiter* sehen und sie entsprechend behandeln. Diejenigen, die soziale Verschlechterung herbeiführen wollen, werden mit aller Schärfe in die Schranken zurückgewiesen werden, denn sie sind *Verbrecher am neuen Staat.* Ihr aber, deutsche Arbeiter, habt die Pflicht, den Volkskanzler Adolf Hitler zu unterstützen und in den Berufsverbänden und der NSBO mitzukämpfen, für euch und für eure soziale Freiheit. Die Freiheit ist aber nur dann möglich, wenn Sklavenketten der internationalen Hochfinanz zerrissen werden. Deutsche Arbeiter! Adolf Hitler hat euch zum Siege geführt. Seid bereit und reiht euch ein in die Front, damit ihr eines Tages sagen könnt: Damals, als das schaffende deutsche Volk geknechtet und ausgebeutet am Boden lag, kämpften wir mit für seine Befreiung.

Abg. Studentkowski

Als zweiter Redner sprach der Abgeordnete im Sächsischen Landtag Werner *Studentkowski*. Er stellte die Entwicklung der letzten 14 Jahre und den Sinn der nationalen Revolution in einen größeren, allgemeinpolitischen Rahmen. Er wies darauf hin, daß den Nationalsozialisten immer vorgeworfen worden sei, sie suchten die Massen nur mit Versprechungen zu gewinnen. Jetzt, wo der Nationalsozialismus an der Macht sei und seine Männer an die einflußreichen und verantwortlichen Stellen schicke, jetzt, wo er daran gehe, sein Programm in die Tat umzusetzen und sich bemühe, das nicht verfälschen zu lassen, was die Bedeutung und den Inhalt des jahrelangen Kampfes Adolf Hitlers und der nationalen Revolution darstelle, seien die Miesmacher mit ihrem heimlichen Kampf von unten am Werk. Sie sagten, daß der Nationalsozialismus nur Aufzüge, Kundgebungen und Märsche gebracht habe, aber nicht Arbeit und Brot. Sie wiesen weiter auf die außenpolitische Isolierung Deutschlands hin. Dem müsse entgegengehalten werden, daß wir ein armes Volk seien, und daß es unmöglich sei, über Nacht alles Elend und alle Not zu beseitigen. An dieser Not und an den schweren Kämpfen, die jetzt in Genf ausgefochten werden müßten, seien nicht die Nationalsozialisten schuld, sondern die Führer des bisherigen Systems. Es sei damit zu rechnen, daß als Folge der verhängnisvollen Vergangenheit noch *manches Jahr* die Zähne zusammengebissen werden müßten. Der deutsche Arbeiter aber wisse, daß der tiefste Stand hinter ihm liege, weil wieder Ehrlichkeit in die deutsche Wirtschaft und Reinheit in die deutsche Kultur eingezogen seien. Die nationale Revolution sei noch nicht abgeschlossen. Sie werde erst dann vollendet sein, wenn ihr Geist in Deutschland den letzten Winkel durchdrungen habe. Studentkowski schloß seine Ansprache mit einem dreifachen Heil auf die nationale Erhebung, auf Adolf Hitler und das neue Deutschland, in das die riesige Versammlung einstimmte.

Folgendes an Adolf Hitler gerichtete Telegramm wurde verlesen: »*100 000 in Leipzig aufmarschierte Arbeiter der Stirn und der Faust geloben dem deutschen Volkskanzler treue Gefolgschaft.*«

Mit dem Gesang des Deutschlandliedes wurde die Kundgebung geschlossen. In kürzester Zeit hatten die Teilnehmer in völliger Ruhe den Platz geräumt, so daß sich der Verkehr bald wieder einspielen konnte.

NLZ 12. Mai 1933, S. 3

Flugblattverteiler vor Gericht

In unserer Donnerstag-Ausgabe [11. Mai] wurde erst wieder von der Verhaftung dreier Flugblattverteiler in Leipzig berichtet. Zwei, die sich vor längerer Zeit ähnlich betätigt hatten, standen jetzt vor einem Einzelrichter des Leipziger Amtsgerichts.

Am 22. Februar war in der *Kirchstraße* der erste, ein 27jähriger Arbeiter, festgenommen worden. Er hatte dort in den Häusern unerlaubte kommunistische Flugblätter verteilt. Die Hetzblätter – 60 Stück will er gehabt haben – enthielten ungesetzliche Aufforderungen und waren natürlich mit keinerlei Angaben über den Verfasser oder die Druckerei versehen. Der bisher noch ungescholtene Angeklagte gab ehrlich zu, Mitte Januar in die KPD eingetreten zu sein, wollte aber sonst noch nicht für die Partei tätig gewesen sein. Auch den Inhalt der Blätter will er nicht näher gekannt haben. Das Gericht, das der Meinung war, daß derartige Vergehen jetzt viel schwerer bestraft werden müßten als früher, verurteilte den Zettelverteiler zu *drei Monaten Gefängnis*. Der zweite war ein Eisendreher, der am 30. April verhaftet worden war. Eine Anzahl kommunistische Handzettel, die zum gewaltsamen Kampf gegen die Staatsgewalt und zum Wegbleiben von der Maifeier aufforderten, waren in seiner unmittelbaren Nähe hinter einem Prellstein zerstreut aufgefunden worden. Er bestritt, die Zettel vorher gehabt oder gesehen zu haben, konnte aber durch Zeugenaussagen überführt werden. Da es sich nur um wenig Zettel handelte, betrachtete das Gericht die Sache als nicht besonders gefährlich und verurteilte den bisher noch unbestraften Angeklagten zu der Mindeststrafe von einem Monat Gefängnis.

NLZ 12. Mai 1933, S. 6

13. MAI 1933 (SONNTAG)

Treuhänder für sozialistische und kommunistische Wirtschaftsbetriebe

Vom *Polizeipräsidium* wird mitgeteilt, daß die Vermögen der hauptsächlichsten sozialistischen und kommunistischen Wirtschaftsbetriebe und Verbände beschlagnahmt sind. Mit der Durchführung der polizeilichen Zwangsverwaltung wurden *Treuhänder* beauftragt, und zwar für nachstehende Betriebe und Verbände: Leipziger Buchdruckerei-A.G., Tauchaer Straße 19/21 (Leipziger Volkszeitung); Neue Druckwerkstätten A.G. und Westsächsische Buch- und Zeitungsverlag GmbH, Czermaks Garten 2 (Sächsische Arbeiter-Zeitung); »Graphit« GmbH, Brandenburger Straße 16a; Arbeiter-Turnverlag A.G. und Arbeiter-Turn- und Sportbund, Fichtestraße 36, das Reichsbanner Schwarz-Rot-Gold und angeschlossene Organisationen.

NLZ 14. Mai 1933, S. 5

Der Buchhandel gegen Schädigung des deutschen Ansehens

Der Gesamtvorstand des Börsenvereins der Deutschen Buchhändler zu Leipzig veröffentlicht an der Spitze der Kantatenummer des »Börsenblatts für den deutschen Buchhandel« die folgende Mitteilung: »Der Vorstand des Börsenvereins der Deutschen Buchhändler ist sich mit der Reichsleitung des Kampfbundes für deutsche Kultur und der Zentralstelle für das deutsche Bibliothekswesen darin einig geworden, daß die zwölf Schriftsteller

Lion *Feuchtwanger*, Ernst *Glaeser*, Arthur *Holitscher*, Alfred *Kerr*, Egon Erwin *Kisch*, Emil *Ludwig*, Heinrich *Mann*, Ernst *Ottwalt*, Theodor *Plivier*, Erich Maria *Remarque*, Kurt *Tucholsky* (alias Theobald Tiger, Peter Panter, Ignaz Wrobel, Kaspar Hauser), Arnold *Zweig*

für das deutsche Ansehen als schädigend zu erachten sind. Der Vorstand erwartet, daß der Buchhandel die Werke dieser Schriftsteller nicht weiterverbreitet.«

NLZ 14. Mai 1933, S. 13

16. MAI 1933 (MITTWOCH)

Kommunistische Umtriebe unter Volksschülern. Eltern und Erzieher, warnt Eure Pflegebefohlenen!

Von der Polizei war in Erfahrung gebracht worden, daß in einer Klasse einer *Volksschule in Leipzig-Lindenau* von mehreren Schülern Abzeichen der *kommunistischen Arbeiterjugend* getragen wurden. Die Schüler wurden ermittelt. Einige erklärten, daß sie sich zu einem Verein zusammengeschlossen hätten, in dem ein 1. und 2. Vorsitzender und ein Kassierer fungiere. Es fanden auch Zusammenkünfte statt. Bei einer Durchsuchung wurden in der Wohnung des sogenannten ersten Vorsitzenden mehrere kommunistische Broschüren gefunden und beschlagnahmt. Das Polizeipräsidium ermahnt *Eltern und Erzieher, ihre Pflegebefohlenen* aufs schärfste zu *überwachen* und ihnen eine derartige Tätigkeit zu verbieten, da sich die polizeilichen *Maßnahmen auch gegen die Eltern* bzw. Erzieher als die verantwortlichen Personen richten.

NLZ 16. Mai 1933, S. 4

18. MAI 1933 (FREITAG)

100 000 Mark sichergestellt. Die Beschlagnahme des SPD-Vermögens in Leipzig

Vom Polizeipräsidium wird mitgeteilt:
»Nachdem die Beschlagnahme des SPD-Vermögens angeordnet worden war, sind auch vom Polizeipräsidium Leipzig sofort umfangreiche Maßnahmen zur Sicherstellung aller Vermögenswerte, die in engerem und weiterem Umfange als Vermögen der SPD angesprochen werden können, vorgenommen worden. Während ein Teil der in Frage kommenden Bank- und Postscheckkonten schon im März aus Anlaß der

Maßnahmen gegen die KPD und bei der Auflösung der Geschäftsstellen (z. B. des Reichsbanners, der Leipziger Volkszeitung usw.) gesperrt worden waren, wurden auch noch die restlichen in Frage kommenden Konten polizeilich mit Beschlag belegt. Auf diese Weise gelang es, zum Teil recht beachtenswerte Beträge, insgesamt rund *100 000 Mark,* sicherzustellen, und zwar
– für die Leipziger Buchdruckerei A.-G. (Volkszeitung) insgesamt rund 20 000 Mark,
– für die Volkshaus G.m.b.H. 8000 Mark und
– für den Arbeiter-Turn-Verlag etwa 65 000 Mark.
Bei dem letzten Unternehmen, das Eigentum der Arbeiter-Turn- und Sportschule in der Fichtestraße ist und 29 Geschäfts- und Verkaufsstellen im Deutschen Reich eingerichtet hat, war von der Leitung versucht worden, einen Teil der flüssigen Gelder noch schnell auf die Angestellten zu verteilen, dadurch, daß ihnen im *voraus auf sechs Monate das Gehalt* unter Erhöhung um *100 Mark monatlich ausgezahlt* worden ist. Es ist gelungen, auch diese zu Unrecht ausgezahlten Gelder sicherzustellen. Näheres über Art und Umfang dieses Unternehmens wird noch durch den Treuhänder mitgeteilt werden. Zu dem beschlagnahmten Vermögen gehören auch einige wertvolle Grundstücke.
Die sozialdemokratischen Wirtschaftsbetriebe sind ausschließlich als SPD-Vermögen anzusprechen; bei den kommunistischen Betrieben ist zum Teil ausländisches Kapital beteiligt bzw. sind ausländische Geldleute vorgeschoben.
Was die einzelnen *kommunistische und sozialistischen Turn- und Sportvereine* betrifft – es kommen in Leipzig etwa 25 in Frage –, so ist es auch hier dank der umfangreichen, schlagartig einsetzenden Aktion der Polizei gelungen, noch einen großen Teil der Geräte, die schon von den Turn- und Sportplätzen weggebracht worden waren, ausfindig zu machen und sicherzustellen. Soweit die Vereine sonst noch Vermögen (eigene Plätze, Heime, Kantinen usw.) haben, werden auch dafür in der nächsten Zeit besondere Treuhänder bestellt, die eine Liquidation des Vermögens vorbereiten sollen.

Die *Sportplätze* selbst sind, da verschiedentlich offenbar von früheren Anhängern nächtlicherweise versucht worden war, in die Gebäude einzudringen, einstweilen *Wehrverbänden* (SA, SS, Stahlhelm und Arbeitsdienstlager) *zur Bewachung* und vorläufigen Benutzung überlassen worden. Die endgültige Entschließung darüber, wie über diese Sportplätze verfügt werden soll und über die weitere sportliche Betätigung der Angehörigen der Vereine, bleibt den zuständigen Reichsstellen vorbehalten.«

NLZ 19. Mai 1933, S. 4

23. MAI 1933 (DIENSTAG)

Käfiggitter fallen. Der Zoo dehnt sich aus. Freilandgehege und Freiland-Terrarium. Eine Schöpfung des Freiwilligen Arbeitsdienstes

Eigentlich gehört es zur Tradition des Zoologischen Gartens, daß es zur Eröffnung aller seiner neuen Unternehmungen mit Sicherheit regnet. Wenn am Mittwoch morgen jedoch die himmlische Wettermacherei ein Einsehen bewies, wie bisher selten, so konnte man daraus schließen, daß sich etwas sehr Bedeutsames innerhalb der Mauern des Zoo ereignet haben mußte. Und in der Tat, was der rührige Direktor des Zoologischen Gartens, Dr. *Gebbing,* und seine rechte Hand, Assistent Dr. *Schneider,* im vergangenen Dreivierteljahr in aller Stille geschaffen haben und gestern der Öffentlichkeit übergaben, das war eine Überraschung. Abermals hat der Zoo für seine Zwecke ein Stück Neuland bekommen. Nicht etwa, daß das Gelände erst jetzt erstanden wäre, wohl aber in dem Sinne, daß aus einem großen Stück öden, einer rechten Bestimmung entbehrenden Landes in der Nähe des Planetariums und Kickerlingsberges eine Nutzfläche gewonnen wurde, auf die der Zoo *wie auf eine Neuerwerbung stolz* sein kann. Dadurch ist es möglich geworden, eine große Reihe von Tieren in bedeutend wirksamerer Weise als bisher unterzubringen. Um aber aller Kritik von vornherein den Boden zu entziehen, sei vorangesagt, daß alles, was hier geschaffen wurde, so gut wie keine Unkosten bereitet hat. Denn sämtliche Bauten, Anlagen und Bodenarbeiten wurden *im Wege des Freiwilligen Arbeitsdienstes* erstellt. Dreißig bis vierzig Mann waren im Dienste an der Allgemeinheit monatelang damit beschäftigt, zu mauern und planieren. Stadtbaurat a. D. *Bühring* stellte dazu seine Arbeit ehrenamtlich in den Dienst des Zoo und lieferte die Planungen und Entwürfe der neuen Anlagen.

Wer bereits am Dienstag nachmittag zufällig in den Zoo kam – und als Journalist muß man den Zufall zu seinem Bundesgenossen machen –, der konnte einen kleinen Einblick davon bekommen, was für *Nebenarbeiten* allein mit dem neuen Werke verbunden sind. Um diese Zeit fand nämlich der *Umzug der Giraffen in das neue Heim* statt. Wenn das nun so einfach wäre, daß man die Tiere gleich mit Zügel und Leine an ihren Bestimmungsort führen könnte, wäre die Geschichte bald erledigt gewesen. Aber die Tiere sind so scheu, daß sie beim leisesten Erschrecken ausbrechen, blindlings irgendwo hinrasen und sich dabei die Knochen brechen. Also blieb nichts anderes übrig als der Transport jedes einzelnen Tieres im hölzernen Gefängnis. Dazu mußte aber erst ein riesiger Verschlag gebaut werden, der auf eine Eidechse gesetzt wurde. Endlich kam der Zug mit Hüh und Hott neben dem Dickhäuterhaus an, wo man ein doppeltgeschossiges Haus – allerdings ohne Zwischendecke – als Heim der Giraffen errichtet hatte, das bestehen soll, bis es möglich ist, am Elefantenhaus einmal auch noch den seitlichen, schon längst geplanten Flügel auszubauen. Reizende gärtnerische Anlagen, geschickt angelegt, verleihen dem ganzen Gelände landschaftliche Reize, die ihre Krönung in einer *Terrakotta-Plastik* finden, die auf einem durchbrochenen Klinkerpfeiler inmitten eines Beetes in der Wegachse liegt. Diese Plastik ist eine Leihgabe des Leipziger Bildhauers Prof. *Thiele*. Die Schaffung des Durchblickes aber war erst dadurch möglich, daß man die alte Brücke über der Parthe verlegte. Beiderseits der Brücke aber *entstanden zwei kleine Bärenburgen*. In deren einer, die durch einen blaugestrichenen Kletterturm geschmückt ist, sind einige Kleinbären, wie Wasch-, Nasen- und Rüsselbären, untergebracht, während in der anderen eine Malaienbärin mit ihren Jungen wohnt. Eine weitere Sensation aber zeichnet diese Burg aus. Denn von ihr aus spannt sich unter einer prachtvollen Trauerweide eine *Kletterbrücke* für die Bären über die Parthe.

Nicht weniger wichtig ist die Neuschöpfung auf der anderen Seite des Dickhäuterhauses. Kommt man hier am Taubenhaus vorüber, so öffnet sich unerwartet ein weiterer Blick auf einen weiteren Raum, der von Bäumen und Hecken umrahmt ist und am Ende durch die Südfront des Planetariums seinen Abschluß findet. Hier sind eine Reihe von Freigehegen und ein Freiland-Terrarium entstanden, die sich seitlich hinziehen. Ein etwas tiefer gelegter Weg am Rande gibt dem Ganzen einen intimeren Charakter. In den Gehegen, die durch geschickte Kanalisation sämtlich mit frischem, fließendem Wasser versorgt werden, haben sich ein Waschschwein und ein Zwergflußpferd bereits soweit eingewöhnt, daß sie in ihren Wasserbecken ein lustiges Bad nehmen. In drei anderen Freigehegen flitzen einige perlmutterfarben schillernde Goldhasen umher. Drüben haben die Lauftiere einen vorbildlich langen Auslauf bekommen, in dem nun die Straußen einander jagen oder die Emus ihre seltsamen Kapriolensprünge vollführen können. Das Zugstück des Ganzen ist das Freilandterrarium. Wenn hier eine Schulklasse hergerät, dann sind die Jungens gar nicht wieder wegzubringen. Was hier auf den Steinen, der Erde, im Moose oder im Wasser umherwimmelt an Fröschen, Molchen, Eidechsen, Unken, die abends ihren glockentonartigen Ruf erschallen lassen, muß das Herz eines echten Jungen ebenso begeistern wie den Erwachsenen.

Diese Neuschöpfung wird dem Zoo viele neue Freunde erwerben und bei der Verkehrswerbung von nicht zu unterschätzender Bedeutung sein.

Dr. H. Z., NLZ 25. Mai 1933, S. 3

28. MAI 1933 (SONNTAG)

Das Vermögen der KPD wird durch ein Reichsgesetz beschlagnahmt; als Begründung wird Hochverrat angegeben.

30. MAI 1933 (DIENSTAG)

In allen Ländern ist die Gleichschaltung der Landesregierungen mit der Reichsregierung abgeschlossen. Unter jeweiligen Reichsstatthaltern (NSDAP) figurieren ausschließlich nationalsozialistische und vereinzelte deutschnationale Mitarbeiter.

31. MAI 1933 (MITTWOCH)

Schweres Straßenbahn-Unglück in Leipzig. Sechs Verletzte, ein Todesopfer

Am Mittwoch früh gegen ½ 11 Uhr *stießen* in Leipzig an der Kreuzung Grimmaischer Steinweg und Augustusplatz *zwei Straßenbahnzüge zusammen.* Der Anhänger eines stadtauswärts fahrenden Zuges wurde umgeworfen und schwer beschädigt. Von den Insassen wurden sechs schwer verletzt. Außerdem wurde der 28 Jahre alte Korrespondent Eugen *Dreikorn,* der unter den umstürzenden Wagen geriet, *getötet.* Von den sechs Verletzten konnten vier nach poliklinischer Behandlung wieder aus dem Krankenhaus entlassen werden.
Über den Hergang des Unglücks erfahren wir folgendes:
An der *Weiche* am Eingang des Grimmaischen Steinwegs wurden am Mittwoch vormittag von der Straßenbahn *Reparaturarbeiten* ausgeführt. Die damit beschäftigten Arbeiter hatten zu diesem Zweck die Weiche so gestellt, daß der Verbindungs-Schienenstrang zwischen Grimmaischem Steinweg und Augustusplatz in Richtung *nach dem Museum zu, also in der Linkskurve, befahrbar* war. Der von dem Johannisplatz kommende Niederflur-Wagenzug der Linie 4 fuhr, da grünes Licht am Verkehrsturm ihm die Fahrt auf den Augustusplatz frei machte, schnell über die Weiche, deren Umstellung anscheinend von dem Fahrer nicht bemerkt wurde, hinweg. Die mit den Reparaturarbeiten beschäftigten Arbeiter mußten zur Seite springen, um nicht überfahren zu werden. In dem Augenblick, als der Niederflur-Motorwagen die Weiche überfuhr, überquerte *vom Augustusplatz kommend ein Zug der Linie 3* die Kreuzung. Durch die Umstellung der Weiche erfaßte der Motorwagen der Linie 4 einen Anhänger der Linie 3. Der Anhängerwagen wurde in der Mitte getroffen, *aus den Schienen gehoben und umgeworfen.* Die Fahrgäste im Wagen, der am Fahrgestell erheblich beschädigt ist, wurden durcheinandergeworfen und erlitten durch den Fall und die splitternden Fensterscheiben zum Teil schwere Verletzungen. Beim Umschlagen wurde *ein Passant,* den der Wagen niederschlug, *tödlich* verletzt.

NLZ 1. Juni 1933, S. 1

Mit erhobenem rechten Arm

Bei vielen vaterländischen Feiern werden das Deutschlandlied und das Horst-Wessel-Lied gesungen. Es ist üblich, daß jeder Deutsche beim offiziellen Spielen oder beim Gesang der Nationalhymne sich vom Platze erhebt und den Hut abnimmt. Dasselbe gilt heute auch vom Horst-Wessel-Lied.
Anders wurde es bisher beim Gruß gehandhabt. Das Erheben des rechten Armes mit ausgestreckter Hand ist ein Gruß, den sich Nationalsozialisten gegenseitig entbieten. Dabei wird es gewiß auch bleiben. In letzter Zeit ist es aber wiederholt zu unliebsamen Zwischenfällen gekommen, wenn Leute, die nicht Nationalsozialisten waren, beim Horst-Wessel-Lied den Arm nicht erhoben. Das war bisher nicht allgemein üblich, wurde auch von niemand verlangt. Das Erheben des

Armes war ein Bekenntnis zur Nationalsozialistischen Partei. Vor einem süddeutschen Gericht wurde aber kürzlich ein Mann zu zwei Tagen Haft verurteilt, weil er beim Gesang des Horst-Wessel-Liedes den Arm nicht erhoben hatte. Um diesem für viele unsicheren Zustande ein Ende zu bereiten, teilt der NS-Pressedienst, Gau Sachsen, mit, daß von jedem deutschen Volksgenossen erwartet wird, daß er sich künftig diese Sitte zu eigen macht und beim Horst-Wessel-Lied während des ersten und vierten Verses den rechten Arm erhebt.

NLZ 31. Mai 1933, S. 4

Hauptbahnhof, links im Hintergrund die Reformierte Kirche.

Johannisplatz mit Johanniskirche und Lutherdenkmal, dahinter das Grassi-Museum.

Das Hotel Sachsenhof am Johannisplatz.

Die Markuskirche an der Dresdner Straße in Reudnitz.

Gerberstraße, rechts das Gasthaus »Weißer Schwan«.

Blick in die Friedrichstraße.

Die Katholische Probsteikirche St. Trinitatis zwischen Hindenburgstraße (Friedrich-Ebert-Straße)
und Rudolphstraße, im Hintergrund die Lutherkirche am Johannapark.

Blick in die Münzgasse.

Blick in die Seeburgstraße.

Roßplatz mit Hotel Hauffe, Blick Richtung Neues Rathaus.

Blick von der Karl-Tauchnitz-Brücke über den Pleißemühlgraben zum Reichsgericht.

Fleischerplatz mit Reformierter Kirche, Altem Theater und Kaufhaus Brühl (vorn), Matthäikirche (links) und Ranstädter Steinweg (rechts).

Eingang zum Ranstädter Steinweg.

Naundörfchen, Blick zum Ranstädter Steinweg.

Der Pleißemühlgraben am Naundörfchen.

Waldstraße 47, Neubau von 1933/34.

Konsumzentrale in der Jahnstraße in Plagwitz, nach der Gleichschaltung 1933 kündigen Mitglieder ihre Mitgliedschaft.

Die Großmarkthalle an der Zwickauer Straße.

Leipzig im Juni 1933

1. JUNI 1933 (DONNERSTAG)

Das »Gesetz zur Verminderung der Arbeitslosigkeit« tritt in Kraft. Durch das Gesetz werden für 1 Milliarde RM Arbeitsschatzanweisungen für »volkswirtschaftlich wertvolle Arbeit« (u.a. Wohnungsbau, Tiefbau, vorstädtische Kleinsiedlung) ausgegeben. Im Mittelpunkt steht die Einführung von Arbeitsbeschaffungsmaßnahmen.

2. JUNI 1933 (FREITAG)

Der SPD-Parteivorstand teilt mit, daß er angesichts der politischen Entwicklung seinen Sitz nach Prag verlegt.

Gegen Gerüchtemacher!

Die Kreispressestelle Leipzig der NSDAP schreibt uns:
»In letzter Zeit mehren sich die Versuche der Gegner der nationalen Erhebung, durch Ausstreuung wilder und unkontrollierbarer Gerüchte Verwirrung in unsere festgefügte Front zu tragen. Obgleich deren Unsinnigkeit in fast allen Fällen auf der Hand liegt, finden sich dennoch Leute, die sie weitertragen. Auch in unseren eigenen Reihen sind derartige Flaumacher anzutreffen. Das parteischädigende Verhalten derer, die sich zur Verbreitung offensichtlich unwahrer Meldungen hergeben, macht es den Wohlgesinnten zur Pflicht, unnachsichtlich einzuschreiten und Meldung zu erstatten, wo ihnen solche Erscheinungen begegnen. Alle Dienststellen der Partei, insbesondere die Ortsgruppenleiter, Zellenleiter und Blockwarte, in dringlichen Fällen auch die Kreisleitung unmittelbar, nehmen solche Mitteilungen entgegen, die außer dem genauen Tatbestand Zeit und Ort, eventuelle Zeugen, Namen und Anschrift des festgestellten Verbreiters, die eidesstattliche Erklärung über die Richtigkeit der gemachten Angaben seitens des Anzeigenerstatters und dessen vollständige Adresse enthalten müssen. Die Kreisleitung wird dafür sorgen, daß diesem Treiben ein für allemal ein Ende gemacht wird, und nicht davor zurückschrecken, durch die zuständigen Behörden ein Exempel statuieren zu lassen. Jeder, dem daran liegt, für seine Person nicht in schwere Ungelegenheiten zu kommen, mache es sich zur Pflicht, grundsätzlich nur das zu glauben, was die Presse bringt, die auf Grund einwandfreien Informationsmaterials lediglich der Wahrheit dient.«

NLZ 3. Juni 1933, S. 4

4. JUNI 1933 (PFINGSTSONNTAG)

Sonniges Pfingstfest

Die alte Erfahrung, daß das Wetter Sonntags genau so wird, wie es am Freitag war, sollte diesmal recht behalten. Dem

Tage der Herrenpartien, Himmelfahrt, folgten diesmal zwei herrliche Tage für den *Familienausflug*. Schon in den frühesten Morgenstunden blinkten in der Sonne die Kochgeschirre, die die wanderlustigen Leipziger auf den Rucksack geschnallt trugen. Die *Straßenbahnen* waren *dicht gefüllt* mit Menschen, vor und auf dem Hauptbahnhofe, und besonders auch auf den Vorortbahnhöfen, herrschte ein pfingstliches Gewimmel, das sich mit keinem gewöhnlichen Sonntag vergleichen ließ. Die stärksten Anforderungen wurden im Straßenbahn- und Eisenbahnbetrieb an Personal und Material gestellt, und für die Verkehrsbeamten bedeuteten die Pfingstfeiertage zwei Tage angestrengtester Tätigkeit. Viele *Vor- und Nachzüge* mußte die Reichsbahn einschieben, um alle nach den Ausflugsorten befördern zu können. Und wer im Eisenbahnwagen glücklich einen Fensterplatz erwischt hatte, der konnte von ihm aus auf den Landstraßen eine so lange Kette von Autos, Radlern und Motorradfahrern beobachten, daß er glauben mußte, in Leipzig sei überhaupt niemand mehr zu Hause geblieben. Womit er allerdings nicht ganz recht hatte.

Zwar lagen die Straßen, in denen viele Häuser im Schmucke der grünen Maien standen, oft recht still. Aber wo besondere Veranstaltungen, wie Platzmusik und Konzerte, stattfanden, war eine große, feiertäglich gekleidete Menge anzutreffen. Schon am zeitigen Nachmittag fluteten Menschenströme in den *Zoo,* der mit den erneuerten Anlagen ein besonderes Zugstück bildete. Auch der in Blütenpracht stehende *Palmengarten* hatte seinen großen Tag. Wem die Hohburger Berge zu weit waren, der begnügte sich mit einem Ausflug nach dem Scherbelberg und fand auch in den Parks und heimischen Wäldern pfingstliches Grün und blühende Natur im Festgewand. Und wer sich eine lange Flußfahrt im Paddelboot nicht leisten konnte, kam mit dem Grönländer oder dem Stechkahn auf der Pleiße auch auf seine Kosten. Ein jeder aber strebte aus dem engen Zimmer hinaus ins Freie.

Die Gesamtzahl der Pfingstbesucher des Zoo läßt sich noch nicht übersehen, kann aber 70 000 erreichen. Interessant ist, daß der Zuzug *aus der weiteren Umgebung Leipzigs* stammte. Es standen bisweilen bis zu 250 Automobile vor dem Zoologischen Garten. Aber auch die *Freifahrten* der Elektrischen Straßenbahn wurden reichlich benutzt. Die Straßenbahn allein hat ungefähr 10 000 Menschen gebracht.

NLZ 6. Juni 1933, S. 3

Theosophen tagen in Leipzig

Die Theosophische Gesellschaft (T. V.) Deutschland (Hauptquartier Leipzig) hielt ihre *Pfingsttagung* diesmal in Leipzig ab. Die Veranstaltungen wurden durch einen Begrüßungsakt im festlich geschmückten Saale des *kaufmännischen Vereinshauses* eröffnet. Der Bundesvorsitzende M. *Schmerler*-Dresden begrüßte die Teilnehmer. Prof. L. *Ruge*-Berlin und *Kurt Herrmann* gaben dem stimmungsvollen Abend die künstlerische Weihe. Am Pfingstsonntag versammelten sich die Mitglieder im Saale der Gesellschaft zu einer Andacht. Abends hielt *Hermann Rudolph* (Leipzig) den ersten öffentlichen Vortrag über: »*Nationalsozialismus und Theosophie*«. Er führte aus, die gegenwärtige Menschheit stehe an der Wende zweier Zeitalter. Die einflußreichsten Mächte in der zukünftigen Entwicklung seien der Nationalsozialismus und die Theosophie. Der Führer der nationalen Freiheitsbewegung bezeichnet Nationalsozialismus als die Liebe zum Volke. Er sei daher Gesinnung oder auf das Wohl der Volksgemeinschaft gerichteter Wille. Die Grundlage des Volkstums sei das Menschentum, die allen Menschen gemeinsame höhere Natur. Der Nationalsozialismus sei in seinem tiefsten Grunde Religion, das ist die Liebe zum Wahren und Guten im Menschen. Theosophie sei die Selbsterkenntnis der Wahrheit; ihr Wesen sei reine, alle Geschöpfe umfassende Liebe. Zwischen Nationalsozialismus und Theosophie bestehe kein Wesensunterschied, beide seien eines, nur dem Grade nach verschieden. Der Nationalsozialismus bezwecke in den sechs Lebensgesetzen – Selbstbestimmungsrecht, Treue und Wahrhaftigkeit, Brüderlichkeit, Duldsamkeit, Hilfsbereitschaft und Verantwortungsbewußtsein – die sittliche Erneuerung des Menschen, die Theosophie sei dessen geistige Wiedergeburt. Die nationale Einigung sei die gigantische Tat Adolf Hitlers, das deutsche Volk stehe am Beginn eines gewaltigen Aufstieges. Weitere Vorträge wurden gehalten von E. *Bäzner*-Dresden über: »Die okkulte Wirkung der Gedankenkräfte« (mit Lichtbildern) und von Prof. L. *Ruge*-Berlin über: »Kunstwerk und Künstlertum im Lichte der Theosophie«. Die Beteiligung an allen Vorträgen war sehr zahlreich. Die Hauptversammlung beschloß einstimmig folgende Kundgebung:

»Die Theosophische Gesellschaft Deutschland (Sitz Leipzig) ist eine *brüderliche Geistesgemeinschaft* auf theosophischer Grundlage, d. i. auf Grund der ewigen Prinzipien der Einheit, Wahrheit und Selbstbestimmung. Sie erstrebt die *geistige Verbrüderung und religiöse Einigung des deutschen Volkes* und der *gesamten Menschheit* auf Grund des bewußten Volkstums und die Höherentwicklung zum reinen, von Selbstsucht, Lüge und Haß freien Menschentum, da nur in der reinen Seele des sittlichen Menschen das *Gottesbewußtsein (die Theosophie)* geboren werden und sich im selbstlosen Dienste am Volke auswirken kann. Die theosophische Verbrüderung *versöhnt* von der Warte der höheren Einheit aus alle Gegensätze. Der Glaube an den Gott im Menschen und die Liebe zum Wahren und Guten sind allein imstande, die Menschen zu einem *religiösen* Bunde zu vereinigen.

Die Theosophische Gesellschaft in Deutschland begrüßt die nationale Einigung des deutschen Volkes als die notwendige Vorstufe und Voraussetzung für die theosophische Verbrüderung. Sie erkennt die Liebe zum Volke als eine Auswirkung der theosophischen Gesinnung an und erklärt, auch in Zukunft in Übereinstimmung mit der nationalsozialistischen Regierung für die theosophische Aufklärung und Erziehung des deutschen Volkes zu wirken.«

Mit drei weiteren Vorträgen wird am Dienstag die Pfingsttagung der Theosophischen Gesellschaft Deutschlands beendet. *NLZ 6. Juni 1933, S. 3*

12. JUNI 1933 (MONTAG)

Im Endspiel um die deutsche Fußballmeisterschaft besiegt Fortuna Düsseldorf Schalke 04 mit 3:0 Toren.

Die Geliebte niedergeschossen. Eifersuchtsdrama auf der Straße. Der Täter verübt Selbstmord

Ein aufsehenerregender Vorgang spielte sich am Montag kurz nach 6 Uhr in Leipzig-Plagwitz ab. Der 22 Jahre alte Kuhmelker Georg *Scharry* aus Markranstädt gab an der Ecke der Gießer- und Naumburger Straße aus einer Browning-Pistole *mehrere Schüsse auf seine Geliebte,* die 18 Jahre alte Arbeiterin Ella *Unger* aus Großlehna bei Markranstädt, ab. Das junge Mädchen *brach blutüberströmt zusammen.* Wenige Augenblicke später brachte sich der Täter einen Kopfschuß bei. Beide Verletzte fanden Aufnahme im Diakonissenhaus. Dort ist Scharry, ohne das Bewußtsein wiedererlangt zu haben, kurz nach der Einlieferung *gestorben.* Die Verletzungen des jungen Mädchens dürften, sofern nicht Komplikationen eintreten, *nicht lebensgefährlich* sein.

Ella *Unger,* die bei ihren Eltern in Großlehna wohnt, ist als Arbeiterin bei der Kammgarnspinnerei Stöhr & Co. A.-G. beschäftigt. Georg *Scharry* stand bei dem Gutsbesitzer Thieme in Markranstädt als Melker in Arbeit. Seit August vergangenen Jahres bestand zwischen den jungen Leuten ein Liebesverhältnis, das von den Eltern des Mädchens nicht gebilligt wurde. Ella Unger hatte sich entschlossen, *das Verhältnis zu lösen,* und ihre Absicht Georg Scharry mitgeteilt. Der junge Mann wollte die Geliebte jedoch nicht freigeben und hatte in letzter Zeit, auf seine Eifersucht anspielend, wiederholt *Drohungen* ausgestoßen.

Als Ella Unger am Montag mit dem Frühzug aus Markranstädt in Leipzig-Plagwitz eintraf, um nach ihrer Arbeitsstätte zu gehen, hatte Georg Scharry in der Nähe des Bahnhofes gewartet. Er folgte dem jungen Mädchen und stellte es an der Ecke Gießer- und Naumburger Straße. Als Ella Unger ihm erklärte, sie wolle nichts mehr mit ihm zu tun haben, und er solle sie in Ruhe lassen, *packte der Melker die Geliebte plötzlich am Arm, riß sie an sich und gab aus seinem Browning etwa vier Schüsse ab,* von denen mindestens drei trafen. Mit Verletzungen am Kopf und an beiden Unterarmen brach das junge Mädchen zusammen. Scharry lief um die Ecke, ein paar Schritte in die Naumburger Straße hinein, und *schoß sich eine Kugel durch den Kopf.* Er stürzte sofort bewußtlos zu Boden.

Von einem *Augenzeugen* wird uns mitgeteilt: Die Anwohner und Passanten der Gießer- und Naumburger Straße wurden kurz nach 6 Uhr auf *Schüsse* aufmerksam, die kurz aufeinander fielen. Sie hörten *lautes Schreien* und *Hilferufe*. Wenige Schritte von der Naumburger Straße entfernt fanden sie in der Gießerstraße das junge Mädchen, das auf dem Bürgersteig zusammengesunken war. Um die Ecke herum, in der Naumburger Straße, lag der junge Mann auf dem Pflaster. Er war infolge eines Kopfdurchschusses bewußtlos, während sein Opfer, trotz starken Blutverlustes, bei vollem Bewußtsein war. Der Pförtner einer nahegelegenen Maschinenfabrik rief telephonisch sofort das Rettungsautomobil und Beamte der nächsten Polizeiwache herbei. Die Verletzten wurden sofort dem Diakonissenhaus zugeführt, doch kam für Scharry *jede Hilfe zu spät.* Ella Unger wurde sofort in operative Behandlung genommen und eine Kugel, die im Arm steckengeblieben war, entfernt.

Wie wir weiter erfahren, hatte Scharry nach den Schüssen auf die Geliebte *die Flucht ergriffen.* Als er sah, daß ihm mehrere Männer entgegenkamen, schwenkte der Täter in die Naumburger Straße ein und legte Hand an sich.

NLZ 13. Juni 1933, S. 4

Rassenkundliche Erhebungen an Leipziger Hitler-Jungen

Von der *Hitler-Jugend* wird uns geschrieben: Das ethnologisch-anthropologische Institut der Universität (Direktor Prof. Dr. Otto Reche), Leipzig C 1, Neues Grassi-Museum, Eingang Täubchenweg 2, führt zur Zeit rassenkundliche Untersuchungen an Mitgliedern der Hitler-Jugend Leipzig durch. Je 300 Angehörige der 48. SS-Standarte und der SA-Standarten 106 und 107 wurden bereits im vergangenen Jahre untersucht. Die Erhebungen dienen wissenschaftlichen Zwecken; insbesondere sollen Fragen der konstitutionellen und rassischen Auslese untersucht werden. Auch familienbiologische Daten werden durch einen Fragebogen erhoben. Die Untersuchungen liegen in den Händen des Pg. cand. phil. Werner Brückner. Die Eltern und Erziehungsberechtigten werden gebeten, ihre Kinder zur Verfügung zu stellen. Ein entsprechendes Formular, um dessen Ausfüllung gebeten wird, geht den Eltern in den nächsten Tagen zu. Der Bannführer Nordwestsachsen der HJ Alfred Frank macht die Teilnahme der Hitler-Jugend an den rassenkundlichen Erhebungen zur Pflicht.

NLZ 13. Juni 1933, S. 4

16. JUNI 1933 (FREITAG)

Die heutige Volkszählung ergibt für das Deutsche Reich (ohne Saargebiet) 65,3 Millionen Einwohner. 31,7 Millionen Einwohner sind männlich, 33,6 Millionen weiblich (Zunahme seit Juni 1925 um 2,7 Millionen = 4,4%). Es gibt 41 080 024 Personen evangelischer Religionszugehörigkeit, 21 760 065 römisch-katholischen Glaubens, 13 086 orthodoxe Christen, 22 049 Altkatholiken, 502 799 Glaubensjuden, 153 297 Mitglieder von Weltanschauungsgemeinschaften, 2 441 714 Gemeinschaftslose und 56 414 Personen, die keine näheren Angaben machen.

715 000 Einwohner. Vorläufiges Ergebnis der Volkszählung in Leipzig

Nach der vom Statistischen Amt vorgenommenen vorläufigen Auszählung betrug die Zahl der *ortsanwesenden* Personen am 16. Juni 1933 *702 050,* davon 331 135 männliche und 370 915 weibliche Personen. Die Zahl der Ortsanwesenden betrug bei der Volkszählung am 16. Juni 1925 663 548, und zwar 314 070 männliche und 349 478 weibliche Personen. Während der letzten 8 Jahre ist also die Bevölkerung Leipzigs um rund 38 500 Personen *gewachsen,* und zwar die männliche Bevölkerung um 17 065, die weibliche um 21 437 Personen.

Die Zahl der *Wohnbevölkerung,* deren Feststellung durch das Statistische Landesamt in Dresden erfolgt und erst in einigen Wochen zu erwarten sein wird, dürfte um etwa 12-14 000 Personen höher sein, so daß mit einer *Wohnbevölkerung von etwa 715 000* zu rechnen sein wird, was mit dem Ergebnis der *Fortschreibung* fast genau übereinstimmen würde.

NLZ 29. Juni 1933, S. 3

17. JUNI 1933 (SONNABEND)

Hitler beruft den Reichsjugendführer der NSDAP, Baldur von Schirach, zum Jugendführer des Deutschen Reiches. Seine Dienststelle erhält die Aufsicht über die gesamte Jugendarbeit in Deutschland.

Durchsuchung von Wohnungen

Vom *Polizeipräsidium* wird mitgeteilt:
Auf Grund von nicht nur auf Vermutung beruhenden Anzeigen national gesinnter Einwohner wurden durch die politische Abteilung des Polizeipräsidiums Leipzig auch in der ersten Hälfte des Monats Juni in zahlreichen Fällen erfolgreiche *Durchsuchungen* von Wohnungen und Gartengrundstücken marxistisch und kommunistisch eingestellter Personen vorgenommen. Es wurden u. a. viele Hieb- und Schußwaffen mit Munition sowie in großem Umfange marxistische und kommunistische Propagandaschriften und eine Anzahl Vervielfältigungsapparate vorgefunden und beschlagnahmt. Zahlreiche Personen wurden deshalb in *Schutzhaft* genommen; die Besitzer der Schußwaffen haben sich wegen Nichtablieferung von Waffen noch vor Gericht zu verantworten. Einen guten Fang machte man mit der Festnahme von zwei Kurieren, die für die kommunistische Partei arbeiteten und offenbar mit dem Ausland in Verbindung standen. Unter ihren Papieren befanden sich auch Aufzeichnungen darüber, wo und wie sie und ihre Helfer unbehindert und ohne Paß die Grenze überschreiten und ins Ausland flüchten konnten. Ferner sind noch einige kulturpolitische Vereinigungen, die dem Zusammenschluß von Personen mit marxistischen und kommunistischen Zielen dienten, aufgelöst und die Vermögen beschlagnahmt worden. Im ganzen sind in der letzten Woche etwa *150 Personen* wegen staatsfeindlicher Tätigkeit in Schutzhaft genommen und teilweise auch der Staatsanwaltschaft zugeführt worden.

NLZ 18. Juni 1933, S. 4

18. JUNI 1933 (SONNTAG)

Appell der NSBO in Leipzig. Für Sauberkeit in den Betrieben

Mehr als 25 000 Mitglieder der NSBO sind am Sonntag vormittag zu einem *großen Mitgliederappell* aufmarschiert. Schon in den frühen Morgenstunden hatten sich die verschiedenen Fach- und Betriebsgruppen auf ihren Stellplätzen eingefunden. Sie reihten sich dann in den großen Zug ein, der einen *Werbemarsch* durch den Leipziger Westen durchführte. Zwischen 10 und 11 Uhr marschierte der Zug in das große Oval der Radrennbahn am Sportplatz Lindenau ein.

Der große Innenraum und die Zuschauertribünen füllten sich rasch, und bald stand die fast unübersehbare Menge der NSBO-Mitglieder in dichten Reihen bereit zum Appell, den u. a. auch der Leipziger Polizeipräsident Knofe abnahm.

Es war ein buntes Bild, das sich dem Auge bot: die Straßenbahner in ihrer dunkelgrauen Uniform waren mit ihrer eigenen Kapelle aufmarschiert, weiß leuchteten über den ganzen Platz die hohen Mützen und Kittel der Bäcker und Konditoren, den Arbeitsdienst sah man in seiner feldgrauen Uniform, die Jugendgruppen waren zum Teil in ihren blauen Arbeitsanzügen und die Stenotypistinnen in ihren schwarzen Büromänteln gekommen. Einen starken Eindruck hinterließ der Einmarsch *der Fahnenkompanie,* die schließlich mit ihren mehr als 70 Fahnen vor der langen Front der in ihrer braunen Uniform erschienenen Parteimitglieder, Amtswalter und Obmänner Aufstellung nahm.

Kreisbetriebszellenleiter *Peitsch* begrüßte die Mitglieder und besonders die, die in den letzten Wochen den Weg zur NSBO und damit zu Adolf Hitler gefunden haben.

Darauf hielt der Leiter der Betriebszellenorganisation *Engel-*Berlin eine große Ansprache. Er wies auf die Schlagkraft hin, die der NSBO innewohnt und die durch diesen Appell aufs Neue demonstriert werde. Gewiß seien noch nicht alle vollgültige Nationalsozialisten. Es gebe viele »Konjunkturritter und Speckjäger«. Gerade deshalb müsse der Kampf noch weitergeführt werden. Die NSBO müsse eine Schicksalsgemeinschaft auf Leben und Tod werden. Wer in Zukunft zur nationalsozialistischen Bewegung komme, müsse erst durch die Tat beweisen, daß er Nationalsozialist ist.

In seinen weiteren Ausführungen unterstrich Engel besonders das *sozialistische* der Revolution von 1933. Wenn diese Revolution *nur* national sei, wäre sie ebenso verderblich wie die marxistische. Diese Revolution müsse unbedingt *national-sozialistisch* sein. Man werde deshalb nicht nur von der eroberten politischen Macht *leben,* sondern diese politische Macht auch *gebrauchen.* Ohne die Pionierarbeit der NSBO, die auch in Zukunft die Elitetruppe des Nationalsozialismus sein solle, wäre diese Machtergreifung nicht möglich gewesen. Größere Aufgaben aber stünden noch bevor. Aus den 17 Millionen, die sich hinter Adolf Hitler gestellt haben, müßten 27 Millionen und schließlich 37 Millionen werden. Die *Gewinnung der Seelen,* das sei die eine große Aufgabe der NSBO. Diese Gewinnung könne nicht durch Rundschreiben verordnet werden, sie müsse überall individuell erfolgen. Das Ziel dürfe durch kommunistische Zersetzungsarbeit nicht gefährdet werden, deshalb sei stets äußerstes Mißtrauen am Platze. Trotzdem brauche man nicht in jedem, der ein politischer Gegner war, ohne weiteres einen politischen Schweinehund erblicken.

Die andere große Aufgabe der NSBO sei, auf *Sauberkeit in den Betrieben* zu achten. Es gebe in der Industrie genug Leute, die geglaubt hätten, das Volk nur zur Herauswirtschaftung von Dividenden mißbrauchen zu können. Wenn irgendwo Belegschaften abgebaut würden, dann werde man mit starker Hand eingreifen und einen Abbau nur dann gestatten, wenn *zuerst die Direktoren* abgebaut worden seien. Engel mahnte zur Disziplin – auch dann, wenn die getroffenen Maßnahmen in ihrer Zielsetzung nicht immer gleich zu erkennen seien. Alles, was angeordnet werde, sei auf weite Sicht durchdacht. Rausschmeißen wäre sehr leicht, aber es habe nur dann einen Sinn, wenn der Stellvertreter Besseres leisten könne.

Engel sprach dann über die neueingesetzten *Treuhänder der Arbeit.* Diese Treuhänder seien nicht nur die Treuhänder der Wirtschaft, sondern *Treuhänder für alle.* Darum seien sie auch unmittelbar allein dem Reichskanzler und nicht etwa dem Wirtschaftsministerium unterstellt. Sie sollten dafür sorgen, daß auf allen Gebieten, wo für das Volk gekämpft werde, Höchstleistungen erzielt werden. Für die Zukunft müsse alles daran gesetzt werden, daß *Arbeit geschaffen* wird. Wenn das erreicht werde, dann könne man zwar nicht jeden Arbeiter zum Villenbesitzer machen, aber man könne seinen Lebensabend sichern. Jeder einzelne müsse seine *Pflicht* tun, denn erst komme die Pflicht und dann erst das *Recht.* Wenn

das Werk geglückt sei, dann werde sich zeigen, daß die Welt doch am *deutschen Wesen genesen* könne.
Gaubetriebszellenleiter *Stiehler* erklärte, es sei jetzt vorbei mit dem bloßen Revolutionmachen. Jetzt werde gearbeitet. Er entwickelte dann nochmals den Aufbau der Arbeitsfront und sagte, daß es jetzt mit dem dividendensüchtigen Unternehmertum, den Massenentlassungen und den Streikhetzern vorbei sei. Wenn jetzt in den Betrieben verschiedene *Selbsthilfe-Organisationen* versuchten, den Arbeiter für sich zu gewinnen, so werde man brutal gegen diese neuen Lebensgebilde vorgehen. Wer noch vor dem 5. März gesagt habe, daß er den Sozialismus in jeder Form *ablehne,* habe kein Recht, an den Arbeiter heranzutreten. Wenn aber ein Unternehmer einen Arbeiter *unter Tarif* bezahlen wolle, so möge er es in Honolulu tun – in Deutschland sei kein Boden für solche Leute. Aber auch für den Arbeiter gelte das Gesetz der Pflichterfüllung. Lohn ohne Leistung gebe es nicht.
Zum Schluß sprach der Kreis-Betriebszellenleiter *Peitsch* das Gelöbnis aus, daß die Elitetruppe der nationalsozialistischen Bewegung, die NSBO, neben der SA getreu ihre Pflicht erfüllen werde. Mit dem Horst-Wessel-Lied wurde die imposante Kundgebung abgeschlossen. Die weitere Arbeit der NSBO wird nun in den Appellen der Fachgruppen festgesetzt werden. *NLZ 19. Juni 1933, S. 2*

20. JUNI 1933 (DIENSTAG)

Bekanntmachung

Die Nationalsozialistische Deutsche Arbeiterpartei, Kreisleitung Leipzig, erläßt folgende Bekanntmachung:
»Da trotz wiederholt ergangener Warnung immer wieder festgestellt werden muß, daß Geschäftsleute die Hakenkreuzfahne zu geschäftlichen Zwecken aufziehen, weisen wir noch einmal ganz nachdrücklich darauf hin, daß das Hissen der Hakenkreuzflagge nur an den Tagen gestattet ist, für die entweder durch die Behörden oder durch die Kreisleitung der NSDAP dazu aufgefordert wird. – Eine Ausnahme hiervon machen nur die parteiamtlich anerkannten Verkehrslokale der NSDAP. Keine andere Stelle hat das Recht, zur Beflaggung mit der Hakenkreuzfahne aufzufordern. Wir werden nunmehr jegliche Übertretung dieser Anordnung verfolgen und ahnden.« *NLZ 21. Juni 1933, S. 4*

Durchsuchung kommunistischer Wohnungen

Im Laufe der ununterbrochen fortgesetzten Maßnahmen gegen die KPD wurden am gestrigen Tage [20. Juni] eine größere Anzahl Wohnungen von Kommunisten in Leipzig-Reudnitz durchsucht. Hierbei wurden Uniformstücke verbotener Organisationen, illegale Schriften und Musikinstrumente vorgefunden und beschlagnahmt. *3 Personen* wurden wegen Verdachts kommunistischer Betätigung in *Schutzhaft* genommen. *NLZ 21. Juni 1933, S. 4*

21. JUNI 1933 (MITTWOCH)

> Beginn der »Köpenicker Blutwoche«. SA und SS dringen in die Wohnungen von Funktionären und Mitgliedern der SPD, der Gewerkschaften und der KPD ein, verschleppen und mißhandeln mehrere hundert Personen; zahlreiche von ihnen werden ermordet.

Sommeranfang!

Nach dem Kalender fängt heute, am 21. Juni, der Sommer an. Wissenschaftlich betrachtet, beginnt an diesem Tage der sogenannte astronomische Sommer, der die Zeit zwischen dem längsten Tag und der darauffolgenden Nachtgleiche (23. September) umfaßt. Doch treffen die Daten nur für unsere nördliche Halbkugel zu, die »Südländer« haben ihren Sommer zwischen 21. Dezember und 21. März.

Was nützen uns aber die schönsten verheißungsvollen Angaben im Kalender, wenn die Wirklichkeit ganz anders aussieht. Ist die eine undichte Regenwolke gerade über unseren nassen Häuptern hinweggeschwebt, taucht die nächste sicher schon wieder am Horizont auf. Ein Ausgehen ohne den unbequemen Regenmantel oder -schirm ist in den letzten Tagen undenkbar geworden. Und erst die Temperatur! Ich frage Sie: Kann man sich mit den geringen Wärmegraden der letzten Tage einverstanden erklären? Und dabei sind die Wetteraussichten für die ersten »Sommer«-Tage auch noch nicht viel besser. Wieder heißt es: Vorläufig schwach bewölktes Wetter mit höchstens geringen Niederschlägen, zum Donnerstag hin Wetterverschlechterung wahrscheinlich. Auch das noch! Aber alles Schimpfen hilft leider nichts. So können wir uns nur in Geduld fassen und in der Erwartung schließen: Hoffentlich wird es bald richtig Sommer, nicht nur wissenschaftlich –. *vox., NLZ 21. Juni 1933, S. 4*

Leipzigs neues Paketzustellamt im Bau.
Schwierige Erdarbeiten

Auf dem riesigen Gelände der Reichspost an der *Rohrteichstraße* herrscht seit zwei Monaten reger Betrieb. Die Arbeiten zu Leipzigs neuem Paketzustellamt sind hier in vollem Gange. Ein langer Zaun, durch dessen Spalten Neugierige der Arbeit zuschauen, säumt den Platz. Baubüro und Baubuden sind aus der Erde gewachsen. Loren fahren hin und her. Sie bringen die gewaltigen Erdmassen fort, die die Bagger aus dem Grunde heben. Ein mächtiges viereckiges Loch mit einer Grundfläche von rund 1000 Quadratmeter ist ausgeworfen worden. Und immer von neuem wird Erde emporgefördert, bis die tragende Kiesschicht erreicht ist. Schwarz ist das Erdreich und wenig fest. Denn auf altem Moorboden muß gebaut werden, wo einst der zugeschüttete Rohrteich sich befand. Manch versunkener Baumstamm wurde dabei gefunden. Der Baugrund stellt darum die Architekten vor *schwierige Aufgaben*. Besonders das *Grundwasser*, das hier sehr hoch steht und bis dicht an die tragende Schicht heranreicht, macht viel zu schaffen. Dauernd muß es ausgepumpt und dem Lauf der Parthe zugeleitet werden. Deshalb werden später alle unterkellerten Teile des Baues in Form einer riesigen Betonwanne eingesetzt, die mit einer Isolierschicht versehen wird, so daß ihr das Grundwasser nichts mehr anhaben kann. Kellerräume, Heizungskeller, Transformatorenstation, Brausebäder u. a. sollen in ihr untergebracht werden. In der Nähe der Grube ist bereits eine große Ramme in voller Tätigkeit. Schwer und dumpf dröhnend wuchtet ihr Stampfer nieder und stampft die Betonmassen in einem bis zur Kiesschicht hinabgetriebenen Stahlrohr dicht zusammen. Auf diesen Betonpfeilern sollen einst, wenn das Stahlrohr wieder herausgezogen ist, die nicht unterkellerten Hallenbauten ruhen. Sie werden also einem modernen *Betonpfahlbau* gleichen. Eine Betonmasse von ganz bestimmter Körnergröße und besonderem Mischungsverhältnis ist dazu nötig, um die Pfeiler ebenfalls widerstandsfähig gegen das Grundwasser zu machen.

Zwei Jahre dürfte voraussichtlich die Errichtung des Baues in Anspruch nehmen, der sich als viergeschossiger Bau mit zwei 100 Meter langen und 82 Meter breiten Packkammern darstellen wird. Mit seiner Vollendung wird einem schon seit sechs Jahren vorhandenen Notstand abgeholfen. Denn das neue Paketzustellamt, das eine Fläche von 11 300 Quadratmeter bedecken wird und über dessen Planung wir unsere Leser schon mehrfach unterrichtet haben, wird die *geplante Paketzustellung* in Leipzig vereinheitlichen und beschleunigen. An Stelle des zeitraubenden Umwegs, den die auf dem gegenüberliegenden Paketpostamt 18 in der Rohrteichstraße eintreffenden Pakete erst zum Postamt 10 in der Hospitalstraße nehmen mußten, werden sie nun durch eine *direkte mechanische Beförderungsanlage auf einer Brücke* quer über die Straße nach dem Neubau gebracht werden können. Zudem können durch die Verkürzung des Weges bis zum Zustellamt in Zukunft viel mehr der Züge, die kurz vor dem Abgang der einzelnen Sendungen nach dem Stadtgebiet eintreffen, berücksichtigt werden als bisher. Doch wird dieser Millionenbau der Reichspost nicht nur der Leipziger Bevölkerung hinsichtlich der Paketzustellung große Vorteile bringen, sondern er ist auch von großer wirtschaftlicher Bedeutung. Denn er gibt vielen fleißigen Händen Gelegenheit, wieder nutzbringende Arbeit zu leisten, und entlastet damit zugleich den Arbeitsmarkt.

NLZ 21. Juni 1933, S. 4

Vorübergehend in Schutzhaft

Der Direktor der Deutschen Bücherei, Dr. Heinrich *Uhlendahl*, wurde am vergangenen Sonnabend [17. Juni] aus politischen Gründen in Schutzhaft genommen. Die Maßnahme war nur eine vorübergehende. Wie uns amtlich mitgeteilt wird, befindet sich Dr. Uhlendahl wieder auf freiem Fuß.

NLZ 21. Juni 1933, S. 4

Kampf gegen illegale Flugblätter

Vom *Polizeipräsidium* wird mitgeteilt:
Immer wieder versuchen Staatsfeinde durch Verbreitung von *Flugblättern* und Schriften, die in verborgen gehaltenen Druckereien hergestellt werden, *Beunruhigung* in die Bevölkerung zu bringen und die Aufbauarbeit der Reichsregierung zu hemmen. Die Flugblätter werden meist nachts, oft durch Radfahrer und Motorradfahrer, ausgestreut oder an Stellen oder in Hausbriefkästen gelegt, wo sie leicht gefunden werden können.
Das Polizeipräsidium fordert die Bevölkerung auf, tätig an der Feststellung solcher *geheimen Druckereien* und an der Festnahme der *Flugblattverteiler* mitzuwirken. Alle Beobachtungen, die auf *Zusammenkünfte* staatsfeindlicher Elemente und auf Vorhandensein einer geheimen Druckerei schließen lassen, sind umgehend dem nächsten Polizeibeamten oder der nächsten Polizeiwache mitzuteilen. Flugblattverteiler sind zu *stellen* und der Polizei zu übergeben, oder, wenn dies nicht möglich ist, bis zum Eintreffen eines Polizeibeamten zu beobachten und dann diesem anzuzeigen. Flugblätter müssen so schnell wie möglich abgeliefert werden.

NLZ 22. Juni 1933, S. 7

22. JUNI 1933 (DONNERSTAG)

Reichsinnenminister Frick erklärt die SPD »als eine staats- und volksfeindliche Partei«. Er fordert die Landesregierungen auf, auf Grund der Verordnung des Reichspräsidenten zum Schutz für Volk und Staat vom 28. Februar 1933 die notwendigen Maßnahmen gegen die SPD zu treffen. Sämtliche Mitglieder der SPD, die noch den Volksvertretungen und Gemeindevertretungen angehören, sollen von der weiteren Ausübung ihrer Mandate sofort ausgeschlossen werden. Versammlungen der SPD sowie ihrer Hilfs- und Ersatzorganisationen sollen nicht mehr erlaubt, sozialdemokratische Zeitungen und Zeitschriften dürfen nicht mehr herausgegeben werden. Das Vermögen der Sozialdemokratischen Partei und ihrer Hilfs- und Ersatzorganisationen wird beschlagnahmt.

24. JUNI 1933 (SONNABEND)

Die Reichsregierung beschließt die Gründung des Unternehmens »Reichsautobahn«; es ist der Reichsbahngesellschaft angegliedert. Zwei bis drei Autobahnen sollen in Ost-West-Richtung, zwei in Nord-Süd und eine diagonal gebaut werden. Es werden 300 000 RM als Baukosten für einen Autobahnkilometer errechnet; geplant sind 6500 Kilometer. – Der Gesamtverband der Christlichen Gewerkschaften wird durch die NSBO übernommen. Die Übernahme erfolgte in allen Geschäftsstellen im Reich Punkt 9 Uhr.

Jugend bekennt sich zu Deutschland. Nächtliche Sonnwendfeier auf dem Sportplatz

Stunde um Stunde hat es in den letzten Tagen geregnet. Die Jugend aber hat gehofft. Sie wollte *ihren Tag* feiern, sich *geschlossen* im ganzen Reiche zu Deutschland und seinen Führern bekennen. Sie wollte der älteren Generation zeigen, daß sie bereit ist, für Volk und Vaterland zu kämpfen. Und davon konnte sie sich nicht abhalten lassen, auch nicht von herbstlichem Sturm und strömenden Regengüssen.

Als die jüngsten heute früh nach ihren Schulen gingen, um im Wettkampfe mit Klassenbrüdern und Schulkameraden um den Eichenkranz zu ringen, da schüttete es noch aus grauen Wolken. Aber als die älteren Jungens und Mädel im braunen, weißen, blauen oder grauen Hemd von ihren Stellplätzen abmarschierten zum gemeinsamen Zuge nach der Radrennbahn, da war zwar nicht blauer Himmel und strahlende Sonne, aber doch so, daß es der Jugend Freude machte.

Es war ein gewaltiger Eindruck, den die Kundgebung auf dem Sportplatz in Lindenau hinterließ. Tausende und Tausende Jugendlicher marschierten Reihe um Reihe auf dem Innenplatz der Radrennbahn ein. Ein Wald von Fahnen! Dichtgeschlossen steht Säule neben Säule, lauter jugendfrische Gesichter. Begeisterung und Freude leuchtet aus ihren Augen. Welch ein Glück, noch jung zu sein, noch ein Leben vor sich zu haben, eine Welt mit gestalten zu können! Jugend, wie bist du so schön!

Und allmählich senkt sich Abenddunkel über den weiten Raum. Grauer Himmel wölbt sich über uns. Schnell jagen die Wolken dahin. Lichter leuchten auf. Gewaltig klingt der Männerchor in die stille Nacht: »Ich wußte ja nicht, daß die Welt so reich an Freuden war.« Der Beauftragte des Reichssportkommissars *Otto* legt für Leipzigs Jugend ein *Bekenntnis zu Deutschland* ab. Die künstlichen Lichter verlöschen. Ein brennender Holzstoß erleuchtet stimmungsvoll das Dunkel. Flammen lodern hell empor. Zehntausende stehen gebannt von diesem Anblick. Alle Augen sind auf die reinigende Flamme gerichtet. Zehntausende Hände erheben sich wie zum *Schwur* und in gewaltigen Klängen ertönt das Horst-Wessel-Lied zum Himmel. Gewaltig, eindrucksvoll begeisternd diese Minuten, in denen Leipzigs Jugend ganz eins ist, eins im gemeinsamen Bekennen zu Deutschland, nur Deutschland!

An den Stellplätzen

Gegen 5 Uhr [nachmittags] beginnt es, an den Stellplätzen lebendig zu werden. Von allen Seiten treffen die ersten Zugteilnehmer ein, klein an Zahl im Anfang noch und in lockeren Gruppen. Doch in kurzer Zeit sammeln sie sich zu immer größerer Menge an, die Turnverbände und Sportvereine, die Jugend der Wehrverbände, die Abordnungen der höheren Schulen, die Bündische und Konföderierte Jugend, im Osten, Süden, Norden und Westen der Stadt, wo in den Nebenstraßen der Hauptverkehrswege die einzelnen Abteilungen sich einfinden, um sich an die großen Hauptzüge anzuschließen. Überall geht es lebhaft zu. Auch auf dem *Roßplatz,* wo sich Hitlerjugend, BdM und Jungvolk stellen, herrscht in der siebten Stunde reges Leben. Überall verteilt stehen die Gruppen der Jugend, der Jungen und Mädchen, in ihren braunen Uniformen. Neue Züge stoßen hinzu, andere ziehen singend vorbei, laut widerhallt der feste Tritt nagelbeschlagener Schuhe an den Häuserfronten. Neugierige säumen die Ringstraße und den Platz, Polizeibeamte geben Anweisungen. Dazwischen sieht man Samariter in Uniformen und Händler, die Erfrischungen aller Art verkaufen. Bunt ist anfangs noch der Anblick. Doch langsam kommt Ordnung in das Ganze. Kommandorufe ertönen. Die Jugend formiert sich, aus den Viererreihen bilden sich Sechserreihen, die auf das Zeichen zum Abmarsch harren.

Im *Universitätshof* haben sich inzwischen bereits die Fahnenabordnungen der Verbindungen eingefunden und warten auf den Beginn des Zuges. Auf dem *Augustusplatz* sammeln sich an der Theaterseite die Abordnungen der Fahnen des zweiten Zuges. Hier nimmt die Zahl der Zuschauer, die den Beginn des Aufmarsches erleben wollen, immer mehr zu. Große Menschenmengen säumen bald die Fußwege, so daß der Verkehr immer mehr erschwert wird. Polizeibeamte zu Fuß und zu Pferd sorgen für Ordnung. Weiter hinein in die Grimmaische Straße zieht sich die Menschenmauer, bis zum Marktplatz, wo sie noch stärker wird. Vor allem um das *Untergrundmeßhaus,* vor dem der Aufmarsch abgenommen werden soll, haben sich die Zuschauer eingefunden, viele von ihnen haben sich auf die steinerne Einfassung hinaufgeschwungen, um einen besseren Ausblick zu erlangen. Von den Türmen der Kirchen dringt der Glockenschlag in die Geräusche der Großstadt herab. 7 Uhr! Vom Bläserbalkon des alten Rathauses tönen Posaunenklänge, das Turmblasen der Leipziger Posaunenmission. Da plötzlich heißt es: »Sie kommen!« Schmetternd setzt die Marschmusik des Musikzuges Standarte 107 ein, die vor dem Untergrundmeßhaus Aufstellung genommen hat, und übertönt die Klänge aus der Höhe.

Jugend marschiert

»Sie kommen!« Jugend marschiert. Voran die Fahnen mit dem Symbol des neuen Reiches, dem Hakenkreuz. Dann Sechserreihen! Hitlerjugend. Ein endlos langer brauner Zug. In festem Schritt, in gleichem Tritt, straff in der Haltung, ziehen sie vorbei. Stolz spricht aus ihren Zügen, daß auch die Jugend ihren Ehrentag erhalten hat im neuen Reiche. Begeisterung und Entschlossenheit leuchtet aus ihren Augen. Sie ziehen zu *ihrem* Fest, zum Fest der Jugend, zur Feier der Sonnenwende. Hier wollen sie sich im Scheine des Sonnenwendfeuers geloben, mitzuarbeiten an einer glücklichen Zukunft ihres Vaterlandes. Immer neue Reihen marschieren vorbei. Dann ein prächtiges, buntes Bild: Die Fahnenabordnungen der Studenten, die Chargierten in vollem Wichs mit gezogenem Schläger. Bunt leuchtet die Farbenpracht der Fahnen und Pekeschen im Straßenbild. Inkorporierte SA-Männer und Stahlhelmer mit den bunten Couleurbändern über den braunen und grauen Uniformen folgen, die akademische Jugend mit ihren farbenfrohen Mützen marschiert im gleichen Tritt mit den Turnern. Sie alle grüßen mit Handheben hinüber zum Platz vor dem Untergrundmeßhaus.

Hier hat sich die *Festleitung* eingefunden. Sie nimmt den Vorbeimarsch der Jugend ab. Das einheitliche Kleid der Kolonnen erhöht die geschlossene Wirkung und ist symbolischer Ausdruck des einheitlichen Wollens, das die schicksalsverbundene deutsche Jugend beseelt. Eine Mädchengruppe, Wimpel tragend, zieht vorüber. Sommerblumen-Kränze haben viele ums Haupt geschlungen, und auf die Spitzen ihrer Wimpel haben sie Blumensträuße gebunden. Dann rückt der Arbeitsdienst an in seinen kleidsamen braunen Uniformen, in strammem Schritt. Die meisten Gesichter leuchten in gesundem Braun, Zeichen der Tätigkeit in Sonne und Luft.

In mannigfacher Abwechslung bewegt sich das Ganze vorüber. Turner mit riesigen Fahnen, christliche Jugendverbände mit Wimpeln, Abordnungen der höheren Lehranstalten, ihre alten Schulfahnen stolz tragend, Pfadfinder mit eigenen Spielmannszügen, ein Kanuklub, die Ruder präsentierend, Vertreter eines Fechtklubs, in schneeweißer Fechtkleidung, die Schläger senkend zum Gruß.

Unermüdlich spielt die SA-Kapelle, ab und zu nur abgelöst durch eine Turnerkapelle, bis auch die letzten am Markt vorbeigezogen sind. Eine anerkennenswerte Leistung!

Über den Thomaskirchhof bewegt sich der gewaltige Zug, durch Gottsched-, Thomasius- und Lessingstraße, biegt dann in die Frankfurter Straße und den Cottaweg ein, wo er in den Sportplatz einmündet. Lange schon ist die Spitze auf dem Sportplatz eingetroffen, während unaufhörlich vom Augustusplatz her neue Reihen andringen. Und die Dunkelheit senkt sich immer mehr nieder, in die das Johannisfeuer nun leuchten soll.

Einzug in den Sportplatz

Zug um Zug, Kolonne um Kolonne, Gruppe um Gruppe zieht ein in das Rasenoval. Langsam bricht die Dämmerung herein, und immer neue Fahnen und neue Uniformen marschieren auf. Eintausend, zwei-, drei-, vier-, fünf- ... zwanzigtausend Jugendliche. Ein malerisches Bild, wie auf der einen Seite des weiten Platzes die braune und graue Menge der Hitlerjugend, des Arbeitsdienstes und des Jungstahlhelms wogt, hell leuchten aus ihrer Mitte die weißen Hemden der buntbemützten Korporationsstudenten hervor. Auf der entgegengesetzten Seite nehmen die Sportler, Turner und Schwimmer Aufstellung, flankiert von dem Wald der unzähligen Fahnen, Fähnchen und Wimpel. In feierlichem Zuge bewegen sich die Fahnengruppen beim Einmarsch der Kolonnen zu ihrem Standplatz. Jede wird von den zahlreichen Ehrengästen, unter denen sich neben den Vertretern der Stadt, Oberbürgermeister Dr. *Goerdeler* und Bürgermeister Dr. *Löser,* und dem Landtagspräsidenten *Dönicke,* der Leipziger Standortälteste Oberst *Friderici* mit vielen Herren seines Offizierskorps, Polizeipräsident *Knofe* mit den leitenden Beamten des Polizeipräsidiums, der Stadtverordnetenvorsteher *Wolf,* die Vertreter der Kreisleitung der NSDAP, die Führer der SA, SS, Hitlerjugend, des Stahlhelms und der Schwarzen Brigade befinden, und den vielen Tausenden Zuschauern durch Hitlergruß und Ehrenbezeigung gegrüßt.

Fast *einundeinhalb Stunden* dauert der Einzug unter den Klängen der Reichswehrmusik. Festliche Stimmung liegt über dem Platz. Als gegen Ende des Einmarsches die Bataillonsmusik das *Deutschlandlied* intoniert, fällt die Menge begeistert ein. »Leipzigs Jugend ist angetreten an der Stätte der körperlichen Ertüchtigung, um ein Bekenntnis abzulegen für den völkischen Geist, der fortan uns befreien soll«, so eröffnet der Führer des Deutschen Turnerbundes die größte Jugendkundgebung, die Leipzig je sah. Nach der Verlesung des Absagetelegramms des Vertreters des Reichs-Sportkommissars, des Pressereferenten *Breitmeyer,* begrüßt Rudolf Dietrich die zu der Kundgebung versammelte Jugend. Gleichzeitig entbietet er den Gruß der Leipziger Jugend denen, die jenseits der deutschen Grenzen deutsches Volkstum tragen und erhalten und den Führern auf dem Wege zur Einheit und Freiheit des deutschen Volkes, dem Reichspräsidenten *von Hindenburg* und dem Reichskanzler *Adolf Hitler* folgen wollen. Wie das dreifache Siegheil verklungen ist, liegt Totenstille über dem weiten, von weißem Lampenlicht hellbestrahlten Rund.

Flammen lodern in die Nacht

Die hellen Fanfarenklänge des *Königsgebets* aus *Lohengrin* leiten das Fest der Freude, zu dem sich die Leipziger Jugend hier zusammengefunden hat, ein. Dann singt der Turngausängerbund *Neßlers* »Zieh mit« und *Beethovens* »Hymne an die Nacht«. Darauf spricht der Beauftragte des Reichssportkommissars für die Kreishauptmannschaft Leipzig, F. *Otto.* Seine Ansprache für die Jugend und als Vertreter der Jugend ist Bekenntnis und Gelöbnis zugleich. Er hält Rückschau auf die vergangenen Jahre, die Zeit, in der das deutsche Volk im Glauben an eine Völkerversöhnung in tiefe Knechtschaft geriet, bis schließlich die Stunde des Erwachens kam, eine Stunde, die das Ergebnis eines zähen Ringens um die Seele des deutschen Volkes war. Unter der Führung Adolf Hitlers ist die erste Etappe des Kampfes beendet. Ein neuer Staat mit einem neuen Gesicht ist im Entstehen begriffen. »Alles was geschieht,« so führte Otto aus, »wird geschehen unter dem Gesichtspunkt des Wohl und Wehe des deutschen Volkes. Eine schwere Aufgabe haben wir Jungen zu vollbringen: den Aufbau *eines* Reichs, *eines* Volkes aller Deutschen.

Zum ersten Mal steht in ganz Deutschland die Jugend zusammen, um ein Fest zu feiern, das sich aufbaut auf altem Brauch und alter Sitte. Jetzt in der Hochzeit des Jahres soll sich zeigen, ob das, was in den Frühlingsstürmen der nationalen Revolution gesät wurde, gut ist. Das heutige Fest ist ein Beweis, daß Deutschlands Jugend zusammensteht und einig ist in dem einen Ziel: *Deutschland*. Zu diesem Bekenntnis gesellt sich das Gelöbnis der unbedingten Gefolgschaft zu dem Mann, der unserem Leben wieder einen Sinn gegeben hat. Immer ist es die Jugend gewesen, die der Masse Leben und Bewegung verlieh. Der heutigen deutschen Jugend dürfe man nicht den Vorwurf machen, daß ihr Erfahrung fehle. Wir waren nicht zu jung, um Deutschland vom Bolschewismus zu befreien und vom roten Terror zu retten, darum sind wir auch niemals zu jung, um einen neuen Staat aufzubauen. Riesengroß ist die Aufgabe.

Hoffen wir, daß die Feuer, die emporlodern, bald die Feuer der Freiheit werden. Die Flammen sollen Symbol sein für unser Fühlen, Denken und Handeln in aller Zukunft, und in ihrem Scheine wollen wir geloben nur ein Ziel, das heißt: *Deutschland, Deutschland und nur Deutschland*.«

Jäh verlöscht das Bogenlicht. In die dunkle Nacht hinein leuchtet das flammende Fanal des riesigen *Scheiterhaufens*. Gebannt starren die Tausende in die funkensprühende Glut. Die Arme fliegen in die Höhe. Machtvoll braust über den Platz das Kampflied des neuen Deutschlands, das Horst-Wessel-Lied. Die Feierstunde am Sonnenwendfeuer hat alle, die hier aufmarschiert sind, zusammengeschweißt zu einer Einheit, die ein Gelöbnis ablegt zum einigen deutschen Volk. *Zeise-Gött* spricht anschließend Mahnworte von Dietrich *Eckart*, der Musikzug spielt: »Die Himmel rühmen …« Wieder zwei Chöre des Turngausängerbundes. Jetzt gilt das Gedenken den Toten, die für Deutschlands Ehre und Freiheit starben. Langemark, Schlageter und Horst Wessel.

Während auf dem Scheiterhaufen der Totenkranz aus deutscher Eiche verbrennt, ertönt das Kommando »Stillgestanden!« Die Fahnen senken sich, das Lied vom Guten Kameraden erklingt.

Nach den Gedenkworten zeichnet der Beauftragte des Reichssportkommissars für die Kreishauptmannschaft Leipzig, *Otto,* den Werdegang des neuen Sports. Keine Rekorde, keine Romantik, Arbeit für die Zukunft des deutschen Volkes, das ist das neue Ziel.

Inzwischen ist die Grenzlandstaffel des Volksbundes für das Deutschtum im Ausland (BDA) eingetroffen und erhält zu ihrem heutigen Weiterlauf die Grüße der Leipziger Jugend für die *Auslandsdeutschen*. Angesichts der Nachricht von dem Erscheinen fremder Flugzeuge über der Reichshauptstadt senden die bei der Kundgebung Versammelten dem Reichsminister für Luftfahrt, *Göring,* ein Telegramm, in dem sie um Schutz bitten und sich zu einem starken Deutschland bekennen.

Mit dem *Großen Zapfenstreich* klingt die Kundgebung aus. Die Züge formieren sich, Musik ertönt, der Abmarsch beginnt.

NLZ 25. Juni 1933, S. 3

Maßnahmen gegen die SPD und KPD

Im Zusammenhang mit dem Verbot der SPD sind eine *Anzahl Funktionäre festgenommen* worden, die sich als Landtags- oder Stadtverordnete betätigt haben oder Führerstellen in der Partei bekleideten.

Bei einer am Sonnabend erfolgten Durchsuchung des Gartens eines Kommunisten im Kanalgelände durch SA-Leute wurden diese von dem Garteninhaber *tätlich angegriffen*. Einer der SA-Leute machte bei der Abwehr von seiner Schußwaffe Gebrauch und verletzte den Angreifer durch einen Schuß ins Gesäß. Er wurde ins Krankenhaus gebracht, konnte aber nach klinischer Behandlung von dort wieder entlassen werden. Er wurde in *Schutzhaft* genommen.

Dank der Aufmerksamkeit und der tatkräftigen Verfolgung durch einen SS-Mann ist es am Sonnabend gelungen, einen Kommunisten, der einen großen Karton mit kommunistischen Flugblättern bei sich führte, festzunehmen. Dem SS-Mann wird das Polizeipräsidium in Anerkennung seiner Verdienste bei der Ermittlung des Flugblattverteilers eine Belohnung zu kommen lassen.

NLZ 27. Juni 1933, S. 4

27. JUNI 1933 (DIENSTAG)

Die Deutschnationale Volkspatrtei (DNVP) löst sich durch Beschluß selbst auf. Auch die Deutsche Staatspartei beschließt ihre Selbstauflösung.

Flaggen halbmast!

Vom Rate wird mitgeteilt:
Am Mittwoch, dem 28. Juni, werden zum Zeichen der Ablehnung des vor 14 Jahren beschlossenen Diktats von Versailles und zum Ausdruck der Trauer, daß das deutsche Volk noch immer unter dem harten Druck dieses Diktats steht, die städtischen Dienstgebäude und die Schulen sowie die Fahnenmasten vor dem Rathause und auf dem Augustusplatz *halbmast* geflaggt werden.

Wir fordern unsere Mitbürger auf, sich an dieser Kundgebung durch *Halbmastflaggen* der Wohnungen und Häuser geschlossen zu beteiligen. Wir wollen einen gerechte, Freiheit und Wohlfahrt verbürgenden Frieden!

NLZ 27. Juni 1933, S. 4

Leipzig im Juli 1933

1. JULI 1933 (SONNABEND)

Flugblattverteiler festgenommen

Vom Polizeipräsidium wird mitgeteilt: In der Zeit vom 16. bis 30. Juni sind etwa 80 Personen wegen Verdachts des Verteilens sozialistischer und kommunistischer Flugblätter festgenommen worden. Der beliebte Einwand der Betroffenen, die Flugblätter von Unbekannten erhalten zu haben, wird nicht beachtet. Sie werden vielmehr der *Staatsanwaltschaft* zur Einleitung des Strafverfahrens nach der Verordnung des Reichspräsidenten vom 28. Februar 1933 zugeführt oder in Schutzhaft behalten. Auch wer Flugblätter, die angeblich in die Briefkästen eingelegt worden sind, nicht unverzüglich auf der nächsten Polizeiwache abgibt, sondern bei sich behält, macht sich strafbar.

Es wird erneut das *Publikum* aufgefordert, an der Ermittlung der Flugblattverteiler eifrig *mitzuarbeiten* und alle Verdachtsmomente der Polizei zu melden. Bei Empfang eines Flugblattes lasse man den Verteiler sofort festnehmen.

NLZ 1. Juli 1933, S. 4

3. JULI 1933 (MONTAG)

Wohnungsdurchsuchungen

Im Zusammenhang mit dem Verbot der sozialistischen und kommunistischen Organisationen wurden am 3. Juli 1933 unter Einsatz eines Kommandos der Bereitschaftspolizei von der politischen Polizei 20 Durchsuchungen von Wohnungen ehemaliger Kommunisten und Sozialisten vorgenommen. Dabei wurden gefunden und beschlagnahmt: zwei Dolche, ein Gummischläger, verbotene Kleidungsstücke, Flugblätter, Abzeichen, Koppelriemen usw. In Schutzhaft genommen wurden zwei Personen.

Am 1. Juli 1933 wurden Durchsuchungen der Geschäftsstellen des *Windhorst-Bundes* des Volksvereins für das katholische Deutschland, des katholischen Gesellenvereins, des katholischen Jungmänner-Verbandes und des Volksvereins-Verlags G.m.b.H. vorgenommen. Das hierbei aufgefundene Schriftenmaterial sowie Mitgliederlisten und eine Anzahl Druckschriften wurden beschlagnahmt und die Heime geschlossen.

NLZ 5. Juli 1933, S. 4

4. JULI 1933 (DIENSTAG)

Erklärung

Die Kreisleitung Leipzig der NSDAP ersucht uns um Abdruck folgender Erklärung:
»In dem Kampf um die echt deutsche Verwaltung unseres Kulturgutes hat sich die NSDAP genötigt gesehen, der Tätigkeit des Direktors der Deutschen Bücherei, Dr. Heinrich *Uhlendahls,* ihre Aufmerksamkeit zu widmen. Wenn sich auch die gegen ihn vorgebrachten Anschuldigungen nicht in vollem Umfange bewahrheiteten, so hat anderseits der Verlauf der Untersuchung für die NSDAP nicht die geringste Veranlassung gegeben, Dr. Uhlendahl irgendwelches Vertrauen entgegenzubringen. Wir lehnen ihn nach wie vor als im Sinne der nationalsozialistischen Revolution unzuverlässig ab und werden unentwegt darauf hinarbeiten, den in der Deutschen Bücherei niedergelegten Kulturschatz des deutschen Volkes einwandfrei ihrer alleinigen Obhut zu unterstellen.
Kreisleitung Leipzig der NSDAP.«
NLZ 4. Juli 1933, S. 4

5. JULI 1933 (MITTWOCH)

Das Zentrum beschließt seine Selbstauflösung, ebenso die Bayerische Volkspartei (BVP) und die Deutsche Volkspartei. Damit ist die NSDAP einzige Partei in Deutschland.

6. JULI 1933 (DONNERSTAG)

Achtung, verbotene Organisationen!

Das Polizeipräsidium teilt mit: Ehemalige Mitglieder jetzt verbotener Organisationen versuchen auf die verschiedenste Weise Verbindung zu halten. Sie treffen sich zum Beispiel als Spaziergänger oder bilden neue, dem Namen nach harmlose Vereine.
Am 6. Juli, gegen 21 Uhr, konnte im Saale der Gastwirtschaft »Sächsisches Haus« in Leipzig-Connewitz die *Versammlung* eines solchen Vereins, der sich »Leipziger Volkstanzgemeinschaft« nannte, überrascht und *aufgelöst* werden. Es wurde festgestellt, daß von den anwesenden 54 Personen nicht weniger als 43 ehemalige Mitglieder verbotener Organisationen waren. Bei der körperlichen Durchsuchung fand man bei einigen kommunistische Flugblätter. Weiter wurde ein im Saale versteckter Zettel gefunden, auf dem u. a. angegeben war, daß bei Ausflügen keine verbotenen Kleidungs- und Ausrüstungsstücke, wohl aber Hakenkreuz- oder schwarz-weiß-rote Wimpel mitzuführen seien.
Die Bevölkerung wird gebeten, auf das *Auftreten* solcher neuen Vereine zu achten und der *Polizei hiervon Mitteilung* zu geben.
NLZ 12. Juli 1933, S. 4

8. JULI 1933 (SONNABEND)

Das Reichskonkordat zwischen dem Vatikan und dem deutschen Reich wird paraphiert. Die Unterzeichnung nehmen Franz von Papen und der Nuntius Eugenio Pacelli (der spätere Papst Pius XII.) am 20. Juni vor. Hitler sieht darin einen »unbeschreiblichen Erfolg« und außenpolitischen Gewinn. Er habe es nicht für möglich gehalten, daß die Kirche bereit sein würde, die Bischöfe auf diesen Staat zu verpflichten. Das sei eine »rückhaltlose Anerkennung des derzeitigen Regimes«. Daß die Kirche die christlichen Gewerkschaften habe fallen lassen, sei ebenso unfaßbar gewesen.

Ein Leipziger Löwe
für den Ministerpräsidenten Göring

Dr. Gebbing, Direktor unseres *Zoologischen Gartens*, übergab am Sonnabend, zugleich im Auftrag des *Stahlhelms* – in Gegenwart des Bundesführers Reichsminister Seldte, des Bundesbevollmächtigten von Morozowicz und des Reichspressechefs des Stahlhelms Freiherr von Wedem – dem *Ministerpräsident Göring einen jungen Löwen*. Der kleine Wüstenprinz ist acht Wochen alt. Er stammt aus der Nachzucht des besten Zuchtpaares vom Leipziger Zoologischen Garten, der bekanntlich den Ruf der größten Raubtierzucht der Welt genießt. Die Eltern dieses Löwchens haben noch Berberblut in sich. Die Berberlöwen sind die schönsten und prächtigsten Löwen aus Nordafrika, die fast ausgestorben sind, im Leipziger Zoologischen Garten aber mit dem besten Erfolg gezüchtet wurden.
Ministerpräsident Göring ist als großer Tierfreund bekannt und hat sich über das eigenartige schöne Geschenk sehr gefreut. *NLZ 9. Juli 1933, S. 7*

9. JULI 1933 (SONNTAG)

Leipzigs Mittelstand in einer Front.
30 000 Teilnehmer marschieren
auf dem Augustusplatz auf

Wieder hat die Stadt Flaggenschmuck angelegt, als der Sonntag, der Tag des *Mittelstandes,* in strahlender Helle beginnt. Im leichten Morgenwinde flattern die Wimpel, blähen sich die riesigen Fahnentücher, die mehrere Stockwerke tief herunterhängen, bewegen sich die kleinen Fähnchenreihen auf den Fenstersimsen. Von allen Seiten beginnen in der zehnten Stunde die Menschen herbeizuströmen, um sich zu ordnen zu den Zügen der *Innungen,* der *Einzelhandelsorganisationen,* des *Kampfbundes.* Sie sammeln sich in den Nachbarstraßen, um dann zum *Meßplatz* zu ziehen. Hier herrscht tausendfältiges Leben. Alles ist gut vorbereitet.

Der Mittelstand marschiert in eine neue Zukunft

Der Aufmarsch beginnt unter den Augen tausender und abertausender Zuschauer. Ein Bild von gewaltiger Größe. Der aus dem Mittelstand gebildete feste Block hat sich in Bewegung gesetzt und offenbart nun seine neugewonnene Stoßkraft. In Viererreihen wird marschiert. Voraus mit klingendem Spiel ein Musikzug der Standarte 106. Dann kommen die Mitglieder der Gewerbekammer und der Industrie- und Handelskammer. Und nun, machtvoll das Handwerk vertretend, die Innung der Bäcker, Hunderte von Meistern, ihnen voran die farbenprächtigen Fahnen und vor allem die gewaltige berühmte Schwedenfahne der Bäcker. Die Kürschnerinnung mit 500jähriger Geschichte folgt ihnen; den üblichen Ledergurt des Fahnenträgers ersetzt ein Gurt aus Leopardenfell. Dann der lange Zug der Schlossermeister und ihrer Gesellen, zum Teil in Arbeitstracht. Ein Autozylinder krönt das Schild der Fachgruppe Autoreparatur. Hinter den Messerschmieden und Schleifern die Innung der Juweliere, Gold- und Silberschmiede, geführt von einem Goldschmiedemeister mit seinen Gesellen in reicher und bunter altdeutscher Tracht. Zwei riesige Trauringe schmücken das Innungsschild, ein zierlicher kleiner Amor mit Köcher und Bogen trippelt hinterher, falls unterwegs für sie Verwendung sein sollte. Und wieder Reihe für Reihe, nicht endend, die Herrenschneider, geführt von einem Kollegen im braunen Biedermeierfrack, voraus die Schere als ihr Symbol; ihre Schilder werben für deutsche Maßarbeit.
Mann für Mann marschiert vorbei, immer von neuem staunen die Zuschauer über die Zahl. Der ganze Zug ist ein glänzendes Zeugnis für die Bedeutung des gewerblichen Mittelstandes, dessen einzelne Gewerbe, ein jedes auf seine Weise, mit Symbolen und Handwerkszeichen den Festzug verschönern helfen. Lehrlinge und Gesellen in Arbeitskleidung zie-

hen den Schuhmachermeistern voraus, deren Innung das ehrwürdige Alter von 600 Jahren besitzt. In schwerem Tritt rücken die Schmiedemeister und Jungschmiede an; schurzbekleidete Gesellen, zur Feier des Tages in weißen Hemden, tragen die mächtigen Schmiedehämmer. Und nun die Sattlerinnung, gerade im 475. Jubiläumsjahr stehend; schwer tragen die grünbeschürzten Lehrlinge an der schön geschnitzten Innungslade.

Schon ist es 12 Uhr, die angesetzte Zeit des Kundgebungsbeginns, und noch stehen auf dem Meßplatz Buchdrucker, Tapezierer, Polsterer, Dekoratöre, Maler in langen Reihen, Töpfer und Ofensetzer, Elektro-Installatöre, ihre blaugekleideten Gesellen dicke Kabelröhren schulternd, Stellmacher, Wagner und Karosseriebauer, Fotografen. Und nun die holde Weiblichkeit, der lustige bunte Zug der Putzmacherinnen, die ersten mit stattlichen Hutschachteln, alle ausgestattet mit den zierlichen Erzeugnissen ihrer Kunst. Ernst und Humor wechseln in bunter Folge ab. Die Hutmacher kommen, alle »behütet«, ihrem Anführer rutscht der Riesenhut fast über die Ohren. Die »höchste« Innung, die Schornsteinfeger, hat schwarze »Uniform« angelegt, nur Gesicht und Hände sind feierlich weiß. Dann kommen die, die für den Winter die Hitze liefern, die Kohlenhändler, nach ihnen die Bauarbeitgeber und Baumeister, Wasserwaage und Winkelmaß ihre Handwerkszeichen, die Kammerjäger, die Bildhauer, die Gaststättenpächter, Gastwirte und weißbemützten Köche in endlosen Reihen. Die Glaser, gefolgt von den Bildereinrahmern und Kunsthändlern, verkünden einen frommen Wunsch: »Der Herr beschütze Korn und Wein, der Hagel schlag' nur Scheiben ein!« Drei dickleibige Wecker rollen an, die Uhrmacher hinter ihnen. Hochrad und Veloziped melden die Fahrradmechaniker, dann Klempner und Korbmacher. Und zwischendurch die *Kampfbünde* aus Leipzig und seiner Umgebung. Eine dicke Zigarre schwebt wie ein Luftschiff daher, Kennzeichen der Zigarrenhändler, gefolgt von den Fleischern mit gewaltigen Beilen. Auch die Tischler haben ihr Handwerkszeug mitgebracht. Die Frisöre erweisen ihre Kunst im Frisieren und Schminken gleich an einer schönen Gruppe von Rokoko- und Biedermeiergestalten, dann der Gestalt Tells, Fausts, Gretchens und Mephistos. Weiter geht es, Böttcher, Müller, Kupferschmiede, Kraftdroschkenbesitzer, Glasreiniger, Blumengeschäftsinhaber, der *Leipziger Verband des Einzelhandels,* heimische und auswärtige Innungen, Verbände und Fachgruppen aller Art. Wer kennt die Völker, nennt die Namen ... ein ganzes Lexikon wäre nötig, sie alle aufzuzählen.

Endlich nahen die letzten, Fuhrgewerbe, Versteigerer, Schaufensterdekoratöre, Versicherungsvertreter und Fischhändler. Eine Gruppe Ordner beschließt den Zug, dessen Spitze schon längst auf dem Augustusplatz wartend steht, während das Ende sich 12.20 Uhr erst noch durch Auen-, König-Johann- und Lessingstraße bewegt.

Wirtschaftsführer sprechen

Noch immer marschierten die Kolonnen in unabsehbarem Zuge von der Goethestraße nach dem Augustusplatz an, wo auf dem nach dem Bildermuseum zugelegenen Teil die Amtswalter der NSDAP Aufstellung genommen hatten, als der Kreisleiter der NSDAP, Landtagspräsident *Dönicke,* die Kundgebung vom Balkon des Neuen Theaters aus gegen 13 Uhr mit einem kurzen Grußwort eröffnete. Darauf trat der sächsische Wirtschaftsminister *Lenk* ans Mikrofon. Er überbrachte zunächst die Grüße der Sächsischen Staatsregierung. Der Minister führte in seiner Ansprache aus, daß die riesige Kundgebung der Leipziger Mittelständler ein neuer Beweis für die unter der Führung Adolf Hitlers nach jahrelangem Kampfe entstandene *Volksgemeinschaft aller Deutschen* sei. Dieser Kampf sei aufgenommen worden, um dem 65-Millionen-Volk im Zentrum Europas wieder das Recht zurückzuerobern, das ihm zukomme. Er würdigte das Opfer der zwei Millionen Toten des Weltkrieges und der Kriegsverletzten, die durch die Zurückstellung ihrer eigenen Interessen gezeigt hatten, daß die unverbrüchliche Treue zum Vaterlande über allen Forderungen und Werten des Lebens zu stehen habe. Die Parteien hätten sich in der Vergangenheit nur gegeneinander ausgespielt. Im Gegensatz zur politischen Haltung des Liberalismus konnte der Minister ein Bild von der ungeheuren Wandlung zeichnen, die sich nach dem 30. Januar im Verlaufe der Revolution ergeben habe mit ihrer immer stärkeren Hinwendung zur *nationalsozialistischen Weltanschauung* und *Wirtschaftsgestaltung*. Noch sei das Ziel nicht erreicht, noch müsse die begonnene Phase der Revolution erst zu Ende geführt werden.

Der Führer des Handwerks spricht

Sodann hielt der Vizepräsident des *Reichsverbands des deutschen Handwerks Karl Zeleny* eine längere Ansprache. Er war für den ursprünglich angesagten Präsidenten des Reichsstandes des Handels und Handwerks, Reichskampfbundführer Dr. von *Renteln,* eingesprungen. Zeleny machte zunächst auf den Unterschied zwischen den früheren mittelständischen Kundgebungen und dem Leipziger Aufmarsch aufmerksam: Früher Interessenpolitik der Einzelverbände, die sich immer aneinander rieben, und Protestentschließungen der einzelnen Gruppen. Heute ein Aufmarsch des gesamten Mittelstandes, bei dem das Gegeneinander ausgeschaltet ist und der die von der nationalsozialistischen Weltanschauung vorbereitete Wendung zu einheitlicher Haltung deutlich werden lasse. Allein darin zeige sich schon der große geistige Umbruch der Revolution, während die frühere Zersplitterung mit zu dem übermäßigen Anwachsen der großkapitalistischen Betriebe beigetragen habe. Der Redner rechtfertigte dann die bisherigen wirtschaftlichen Maßnahmen und zeigte die Linie, die in die Zukunft führt. Zeleny warnte eindringlich vor *unberechtigten Forderungen* und übereilten Erwartungen. Er bezeichnete alle diejenigen als extreme Liberalisten, die die Volkswirtschaft *schädigende gewaltsame Eingriffe* verlangten. Das wirtschaftliche Interesse des Einzelnen habe hinter den Interessen des gesamten Volkes zurückzustehen. Durch Gesetz könne nicht das von heute auf morgen aus der Welt geschafft werden, was sich organisch entwickelt habe. Es gehe nicht an, daß man der Volkswirtschaft den Rücken zukehre und den Blick der einzelnen Gruppe zuwende. Der Blick müsse stets auf das ganze Volk gerichtet sein. Von diesem Gesichtspunkt aus nahm Zeleny zur Frage der *Warenhäuser,* der *Konsumvereine,* der *Regiebetriebe* und der *Bauhütten* Stellung. Er bemerkte, daß die Warenhäuser bei der Reichsbank mit 120 Millionen Mark verschuldet seien und außerdem noch eine große Last von Auslandsschulden zu tragen hätten. Weiter könnten die Angestellten und Arbeiter der Warenhäuser und der ihnen angeschlossenen Produktionsbetriebe nicht sofort vom Mittelstand übernommen werden. Es gehe aber nicht an, durch irgendwelche Maßnahmen *Arbeitslose* zu schaffen. Der Redner versicherte jedoch, daß man bis zur Mitte des nächsten Jahres mit der *Umstellung dieser Großbetriebe* schon einen entscheidenden Schritt werde weiter gekommen sein. In absehbarer Zeit werde die Schließung der Lebensmittelabteilungen und Erfrischungsräume folgen. Das gleiche gelte von den Konsumvereinen, in denen die Spargroschen der Arbeiter, die unbedingt gesichert werden müßten, zu Millionen investiert seien. Es sei beabsichtigt, die Genossenschaften, die sich als krank und untragbar erwiesen hätten, aufzulösen und Absatzstellen und Filialen, die von der KPD und SPD als Machtstützpunkte in Kleinstädte gelegt worden seien, zu schließen. Im übrigen sei geplant, bestimmte Zweige der Konsumvereine durch den Mittelstand übernehmen zu lassen, der in seinen Genossenschaften und anderen Einrichtungen ausreichende Möglichkeiten hierfür besitze. Desgleichen stehe fest, daß die Regiebetriebe der Wirtschaft nicht förderlich seien. Bei den Bauhütten sei es bereits zur Schließung von Nebenbetrieben und zur Zusammenarbeit mit dem Handwerk gekommen. Auch auf dem Gebiete der *Preispolitik* sei die Entwicklung noch nicht bis zu einer angemessenen Preisgestaltung gediehen, weil dazu die Not des Volkes viel zu groß sei.
Vor dem allgemeinen Gesang des Horst-Wessel-Liedes schloß Kreiskampfbundführer *Klopf* die Kundgebung mit dem Dank

an die erschienenen Behördenvertreter und mit der Aufforderung, allezeit kameradschaftlich zusammenzustehen.

Fahnenweihe im Zoo

Der Tag des großen Aufmarsches auf dem Augustusplatz war für den Kampfbund des gewerblichen Mittelstandes noch ein besonderer Ehrentag. Am Abend wurde im Festsaale des Zoologischen Gartens die Fahne des Kreises Leipzig der nationalsozialistischen Mittelstandsorganisation geweiht. Die Weiherede hielt Bürgermeister *Haake,* der daran erinnerte, daß alle Unterorganisationen der NSDAP das Hakenkreuzbanner vorantragen wollten, als Symbol der Idee des Nationalsozialismus, für die sie bereit sein müßten zu kämpfen. An dieser Idee, die dazu beigetragen habe, daß wieder Glaube und Hoffnung in Deutschland eingezogen sei, dürfe nicht kleinlich Kritik geübt werden. Sie müsse über allem stehen und das Ziel verkörpern, dem man zuzustreben habe. Dieses Ziel aber stehe unverbrüchlich fest, das Tempo aber, in dem es erreicht werde, bestimme allein der Führer. Bürgermeister Haake weihte die erste Fahne des Kampfbundes in Leipzig mit dem Wunsche, daß sie den Mittelstand immer zur Sammlung rufen und zur Treue gegenüber dem Nationalsozialismus gemahnen werde.

Nachdem Kreiskampfführer *Klopf* allen, die zum Gelingen der Kundgebung des Leipziger Mittelstandes beigetragen haben, den Dank abgestattet hatte, hielten noch der Präsident der Gewerbekammer *Heinzelmann,* der Vorsitzende des Einzelhandelsverbundes *Dorrhauer* und der Vorsitzende des Innungsausschusses *Wolle* kurze Ansprachen. Vaterländische Gedichte, gesprochen von Rudolf Friedrich, und Darbietungen der Leipziger Schützenkapelle unter Musikmeister *Landmann* gaben der Feier einen gelungenen künstlerischen Rahmen.

NLZ 10. Juli 1933, S. 3

Oh, diese Hitze!

Lange genug haben wir auf den Sommer gewartet. Gestöhnt und gejammert haben wir über die ewige Maikühle und die Regengüsse. Unter dem fortwährenden Klagen sind wir unmerklich in den Juli hineingerutscht, mitten in den Hochsommer, der sich in den letzten Tagen, besonders aber am gestrigen Sonntag, von seiner – *besten* Seite zeigte.

Man sollte annehmen, daß wir uns nun endlich freuen und zufrieden sind. Weit gefehlt!

Jetzt, da es auch ohne jegliche Betätigung heiß von der Stirn rinnt, der Asphalt klebt, die Häuserfronten riesigen Backöfen gleichen, wird erst recht gestöhnt und gejammert:

»Oh, diese Hitze!« »Über dreißig Grad im Schatten!« »Das ist zu viel, das halte ich nicht aus.«

Aber wir haben alle den Sonntag überstanden. Der eine in der durch herabgelassene Jalousien und Wassereimer gekühlten Wohnung, der andere im Freibad zwecks Verwandlung in eine Braun- und Rothaut, der dritte auf einem Ausflug im schattigen Wald. Selbst die den Tag in Leipzigs heißen Mauern verbringen mußten, sind nicht vor Hitze gestorben. Über die Hitze gezetert haben wir alle, aber im Innern – wenn wir mal ganz ehrlich sein wollen – haben wir uns doch über den herrlichen Sommertag gefreut, denn sehr viele solcher Tage gibt es erfahrungsgemäß nicht.

Trotz der erheblichen Hitzegrade hielten am Sonntag die Sammler für den Deutschen Luftfahrtverband wacker durch. An allen verkehrsreichen Ecken der Stadt hatten sie wieder Posten gefaßt, ebenso wie am Sonnabend. Nur waren eben die Zehntausende, die sonst die Straßen bevölkern, ausgeflogen. Aber die wenigen, die durch die Stadt pilgerten, lockerten doch gern ihre 10 oder 20 Pfennige. Vor allem den Kindern war es ein Hauptspaß, wenn ihre Eltern für sie ein Abzeichen erstanden hatten. So sammelte sich doch auch am Sonntag wieder das Geld in den Büchsen, und allmählich klang das ermunternde Klappern voller.

NLZ 10. Juli 1933, S. 4

10. JULI 1933 (MONTAG)

Oswald Spengler
soll an die Universität Leipzig berufen werden

Zur Neubesetzung des durch die Emeritierung von Geheimrat *Goetz* freiwerdenden Lehrstuhls ist das Sächsische Ministerium für Volksbildung auf Vorschlag der Philosophischen Fakultät mit Dr. Oswald *Spengler*, München, dem Verfasser des berühmten Werks »Untergang des Abendlandes«, in Verbindung getreten. Wahrscheinlich besteht aber, wie wir hören, keine Aussicht, Oswald Spengler für Leipzig zu gewinnen.

NLZ 10. Juli 1933, S. 2

Verbreitung von Flugblättern

Vom Polizeipräsidium wird gemeldet:
Immer wieder versuchen staatsfeindliche Elemente durch Verbreitung von Flugblättern Unruhe in die Bevölkerung zu tragen und gegen die Staatsregierung aufzuwiegeln. Diesem Treiben ist nur dadurch wirksam entgegenzutreten, daß jedermann zur Ergreifung solcher Flugblattverteiler beiträgt. Das Polizeipräsidium bittet nochmals um regste Unterstützung durch die Bevölkerung.
Dem Amtswalter G., dem SS-Mann B. und dem SA-Mann G., die durch aufmerksame Beobachtungen Flugblattverteiler ermittelt und der Polizei übergeben haben, konnte in den letzten Tagen vom Polizeipräsidium eine Geldbelohnung zugesprochen werden.
Gestern abend [am 10. Juli] wurden in den *Tauchaer Straße* durch einen SA-Mann zwei Flugblattverteiler festgestellt und der Polizei übergeben. Bei Durchsuchung ihrer Wohnungen fanden sich Flugblätter und Zeitschriften kommunistischen Inhalts. Die Täter wurden dem Polizeipräsidium zugeführt.
Das Polizeipräsidium warnt nochmals vor Annahme von gegen die Regierung und ihre Maßnahmen gerichteter Flugblätter, da sich auch diejenigen strafbar machen, in deren Besitz solche Flugblätter gefunden werden.
Im Interesse der Bekämpfung der kommunistischen Bewegung wurden in den letzten Tagen über *200 Durchsuchungen* von Wohnungen und Gärten vorgenommen. Dabei wurden zahlreiche Druckschriften, Flugblätter, Bekleidungsstücke verbotener Organisationen und eine Anzahl Waffen vorgefunden und beschlagnahmt. Im Zusammenhange damit wurde eine Anzahl Personen festgenommen. Sie sehen ihrer Bestrafung entgegen.

NLZ 11. Juli 1933, S. 4

Auftakt der Saison-Schlußverkäufe

In Scharen lockte der Montag die Leipziger Hausfrauen in die Stadt. In den großen und kleinen Geschäften fanden sie sich ein, um in der Fülle des Angebotenen Ausschau zu halten und ihre Wahl zu treffen. Und die Geschäftsleute halfen ihnen bei der Wahl, indem sie nicht eine unübersichtliche Überfülle ausbreiteten, sondern durch geschickte Zusammenstellung der Qualitäten, der Arten und Besonderheiten das Suchen erleichterten. Welche Freude empfand manche Hausfrau beim Anblick der schönen Dinge, die für den Saison-Schlußverkauf zugelassen sind. Damenkleider aller Art, Wäschestücke mit und ohne Spitzengarnierungen lenkten sehnsuchtsvolle Blick auf sich. Strümpfe, Stoffe, billige Seiden, aus denen sich die entzückendsten Modelle würden herstellen lassen, Textilwaren und andere Dinge des täglichen Bedarfs, die schon längst Bedarf im wahren Sinne des Wortes geworden sind, deren Anschaffung aber immer wieder verschoben wurde. Nun aber war die richtige Zeit gekommen, diesen Bedarf zu decken und damit manchen lange schon heimlich gehegten Wunsch zu erfüllen. Und sie nutzen sie alle aus, diese *Tage der Gelegenheiten*, damit es nicht Tage der verpaßten Gelegenheiten würden. Die Fieberkurven stiegen wie die Luftballons. Und manche Kämpfe wurden ausgefochten, kleine Einzelgefechte vor den Fahrstühlen, vor den Tischen, die von herrlichen Mustern überflutet waren, vor den Kästen, in denen die schönsten Dinge lagen. Kleine Einzelszenen konnte man beobachten, wie sie sich nur in Schlußverkaufstagen abzuspielen pflegen.

Gut kaufen ist nicht leicht, aber auch die Verkäuferinnen und Verkäufer habens schwer. Und sie sollte das Publikum auch nicht ganz vergessen während der Hochtage der Saison-Schlußverkäufe …

NLZ 11. Juli 1933, S. 4

11. JULI 1933 (DIENSTAG)

Reichsinnenminister Frick erklärt in einem Brief an alle Reichsstatthalter und Länderregierungen die deutsche Revolution für abgeschlossen; nun käme die Zeit der ruhigen Evolution.

Die Leha soll gebaut werden. Die südliche Linie wird bevorzugt

Es weht ein frischer Wind auf dem Gelände der Leha. Die *Autostraße von Leipzig nach Halle,* die seit sieben Jahren immer und immer wieder ohne praktisches Ergebnis erörtert worden war, fügt sich jetzt gut in das gigantische Autobahnen-Netz des Reichskanzlers ein. Besonders seit der Leipziger Polizeipräsident, Major Knofe, die günstige *Linienführung durch die Aue* vorgeschlagen hat. Wie jetzt die Dinge um den ganzen Plan stehen, darüber unterrichtete sich am Dienstag nachmittag der von Hitler ernannte Generalinspekteur des deutschen Straßenbaues, Dr. *Todt,* bei einer Besprechung auf dem *Schkeuditzer Flugplatz*. Zu dieser Unterredung hatten sich die sachkundigsten Persönlichkeiten aus Leipzig und Halle, von der Leipziger Kreishauptmannschaft, der Regierung in Dresden und Merseburg und der Reichsbahn eingefunden.

Das erfreulichste Ergebnis der Besprechung war die Feststellung, daß nun eine *Einigung über die Vorzüge* einer Führung der Leha vom *Rosental* aus durch die Aue, nördlich hinauf nach Schkeuditz und weiter nach Halle erzielt worden ist. Auf dieser Linie kommt man unmittelbar an den Leipziger Stadtkern heran. Vor allem aber lassen sich dann die 150 000 Kubikmeter Boden, die bei den Regulierungsarbeiten im Elstergebiet ausgehoben werden müssen, sogleich wieder beim Bau der Leha verwenden. Nach Fertigstellung der Regulierungsarbeiten wird auch die Nebelgefahr für die Autobahn behoben sein. Ein weiterer Vorzug der Auto-Linie ist es, daß Enteignungen weit weniger Schwierigkeiten bereiten dürften, als auf dem Gelände weiter nördlich, und daß ferner der Verkehr nach Merseburg leichter auf die Autobahn herübergezogen werden kann. Alle diese Vorzüge hat der frühere Plan, der die Einmündung der Leha nach Leipzig weit draußen bei Lindenthal vorsah, nicht. Ähnliche Erkenntnisse hatte zuvor auch die Mitgliederversammlung der Leha in Halle gebracht.

Ein strittiger Punkt in den Schkeuditzer Erörterungen war die *Frage,* ob die im Reichsnetz vorgesehene *Autobahn von Berlin über Leipzig nach München* sich mit der Leha kreuzen solle, und wo eine Kreuzung am besten zu planen wäre.

Dazu betonten die Vertreter aus Halle und Merseburg ihre Wünsche, die auf eine möglichst sehr weit nach Westen gelegte Kreuzung hinausliefen, entweder direkt bei Schkeuditz oder sogar noch westlich davon in Richtung Halle und Leuna. Die Leipziger Vertreter sprachen sich zum überwiegenden Teil für die direkte und schnellste Einführung der Autobahn aus der Reichshauptstadt in die Großstadt Leipzig aus. Um so wichtiger wird demgegenüber die Verbindung des Autobahn-Schnittpunktes Leipzig mit dem Schkeuditzer Flughafen durch den Bau der Leha und dann die Fortsetzung von Halle über Braunschweig nach Bremen.

Der Generalinspekteur Dr. *Todt* selbst betonte angesichts der Meinungsverschiedenheiten, daß er sich sein Urteil vorbehalte. Wenn er feststellt: »Ich habe den Eindruck, daß die Interessen noch sehr gegeneinanderwogen. Die Entscheidung steht neutral bei mir«, so darf man das wohl als eine Mahnung ansehen, möglichst rasch einen einheitlichen Vorschlag für Mitteldeutschland zu unterbreiten. Im übrigen versicherte Dr. Todt erneut, daß, wer Hitler persönlich kenne, keinerlei Zweifel über die systematische Durchführung des großen Autobahnnetzes haben könne. Während der Bauzeit würden die übrigen Straßen nicht vernachlässigt werden. Das Ziel bleibe jedoch eine Neugestaltung des Straßenverkehrs und eine Eingliederung des bisherigen Straßennetzes in das *Rückgrat der Autobahnen.* Um dies zu erreichen, werde man organisatorische Arbeiten sehr schnell erledigen und dort, wo baureife Pläne vorlägen, mit der praktischen Arbeit beginnen. *Apitzsch, NLZ 12. Juli 1933, S. 3*

13. JULI 1933 (DONNERSTAG)

Durch Rundschreiben an alle Reichsbehörden und Landesregierungen ordnet Frick für den dienstlichen Bereich die Einführung des deutschen Grußes an. Er besteht »im Erheben des rechten Armes«; es ist freigestellt, dabei die Worte »Heil Hitler« oder »Heil« oder gar nichts zu sagen. »Andere Worte sind aber gleichzeitig mit dem deutschen Gruß nicht zu sagen.«

250 000 in einer Front.
Der Führer der deutschen Arbeitsfront Dr. Ley spricht zu den Leipziger Arbeitern

Die Kundgebung der Deutschen Arbeitsfront am Donnerstag abend machte den Meßplatz an der Frankfurter Straße wieder einmal zum Schauplatz eines Riesenaufmarsches. Eine unabsehbare Masse stand schon Mann an Mann auf dem Platze, als immer noch Züge der Teilnehmer aus allen Richtungen herbeiströmten. Ein eindrucksvolles, nach einer Seite zu offenes Karree von rund 50 Fahnen mit der geschmückten Tribüne für Redner, Ehrengäste und Presse bildete den äußeren Rahmen, über den weit hinaus nach allen Seiten des Platzes sich die Masse ausbreitete. Eine Betriebsgruppe neben der anderen, Schilder um Schilder, Fahnen und Wimpel, Musikkapellen dazwischen, die sich von Zeit zu Zeit ablösten, wenn nicht die Standartenkapelle 106 unter Leitung von Musikzugführer Humke durch den Lautsprecher das ganze weite Gelände beherrschte. *250 000 Menschen* hatten sich zu der Kundgebung eingefunden.

Bald nach 18 Uhr traf der Führer der Deutschen Arbeitsfront, Dr. *Ley,* auf dem Platze ein. Er hatte mit einem Flugzeugstart in München um 16.05 Uhr und einer Landung in Leipzig-Mockau um 18 Uhr einen Rekordflug hinter sich, um rechtzeitig nach Leipzig zu kommen. Auf dem Flugplatz war er von Landtagspräsident *Dönicke* begrüßt worden, und auf dem Meßplatz wurde ihm von Stadtrat Dr. *Leiske* im Namen des Rates und des in Berlin weilenden Oberbürgermeisters ein herzliches Willkommen entboten. In Begleitung Dr. Leys kam der deutsche Vertreter beim Internationalen Arbeitsamt in Genf, *Reichhold.* Außerdem konnte der Gauführer der NSBO für Sachsen, *Stieler*-Chemnitz, begrüßt werden.

Mit sichtbarer Freude über den gewaltigen Aufmarsch eröffnete Kreisleiter *Peitsch* die Kundgebung. Neben den Genannten konnte er noch eine große Zahl von Vertretern der Wirtschaft, Behörden und des Staates als Gäste nennen. Noch schwang der Willkommensgruß an die 250 000 in jedem nach, da betrat der Reichsführer der Arbeitsfront das Rednerpult. Kurz zuvor waren rechts und links vor der Tribüne in zwei Gruppen die Träger von 100 neuen NSBO-Fahnen aufmarschiert. So vereinten sich die wehenden Fahnen an den Masten des Platzes und das Grün der geschmückten Tribüne mit den Dreierreihen der Bannerträger davor zu einem machtvollen frontalen Bild, als Dr. Ley zu sprechen begann.

Dr. Ley wandte sich nach seiner Rede an die Träger der 100 neuen Fahnen. Er führte aus, daß Hitler selbst das neue Symbol des Hakenkreuzes gegeben habe. Das leuchtende *Rot* des Blutes mit dem *Weiß* der Freiheit und der Ehre und dem

Hakenkreuz der Rasse und des deutschen Sozialismus, das habe der Führer dem deutschen Volke geschenkt. Es sei eine revolutionäre Fahne, und der Kampf sei noch nicht zu Ende. Die Revolution schreite weiter, jetzt mit den Mitteln der Erziehung und der Schulung. Erst wenn jeder Deutsche bewußt sein Deutschtum bejahe, sei die Revolution siegreich. Dr. Ley schloß: »Und so weihe ich denn diese Fahnen in dem Geiste des Märtyrertums, das diese Bewegung gehabt hat, in dem Geiste all jener blutenden Menschen und Kameraden, die für diese Bewegung starben. Glaube, Opfer und Treue und den Segen all jener Märtyrer bitten wir auf diese Fahnen herab.« Unter den Klängen des Horst-Wessel-Liedes verpflichtete dann der Reichsführer der Arbeitsfront jeden einzelnen der Bannerträger. Mit einem Gelöbnis der Treue zu Volk und Führer des Volkes schloß gegen 20 Uhr Kreisleiter *Peitsch* die machtvolle Kundgebung. Allerdings währte es dann eine ganze Weile, bis Dr. Ley sich der ihn stürmisch bedrängenden Masse entziehen konnte. Durch die fahnengeschmückten Straßen zogen die Hunderttausende schließlich ab.
Einen besseren Auftakt konnte es für die Tage, an denen in Leipzig das große Gautreffen der Partei stattfinden wird, nicht geben. *NLZ 14. Juli 1933, S. 1*

Freidenker-Geschäftsstelle geschlossen

Das Polizeipräsidium meldet:
Donnerstag früh wurden die Geschäftsstellen des »*Bundes sozialistischer Freidenker* Deutschlands e. V. mit Feuerbestattung«, jetzt »Neue Feuerbestattungskasse«, auf Grund der Verordnung des Reichspräsidenten vom 28. Februar 1933 *polizeilich geschlossen*. Der Bund ist verboten und das Vermögen vorläufig beschlagnahmt. Die verantwortlichen Leiter wurden in Schutzhaft genommen. Zur weiteren Durchführung der Geschäfte bis zur endgültigen Regelung ist ein Treuhänder bestellt worden. Beitragspflicht der bisherigen Mitglieder und Versicherungsleistung an sie bleiben weiterhin bestehen. *NLZ 14. Juli 1933, S. 4*

14. JULI 1933 (FREITAG)

Das »Gesetz zur Verhütung erbkranken Nachwuchses« wird verkündet.
In Leipzig findet vom 14. bis 16. Juli der Gauparteitag der sächsischen NSDAP (Sachsentreffen) statt. Am 16. Juli spricht Hitler vor dem Völkerschlachtdenkmal und nimmt anschließend auf dem Augustusplatz einen stundenlangen Vorbeimarsch ab.

Das Sachsentreffen in Leipzig eröffnet. Verheißungsvoller Begrüßungsabend im Zoo. Mahnworte des Reichsstatthalters Mutschmann

Die Heerschau des Gaues Sachsen der NSDAP hat begonnen. Im Großen Saale des Zoologischen Gartens entbot die Kreisleitung Leipzig am Freitag abend ein herzliches Willkommen. Mit großen Fahnenbändern war der Saal geschmückt, mit Lorbeerbäumen die Bühne. Die alten Angehörigen der Partei aus den Jahren 1923 und 1925, ferner Kreisleiter, Gaufachberater und Führer der SS, SA, der Hitlerjugend und Betriebszellenorganisationen und die anderen Anhänger der Bewegung füllten den Saal in Erwartung der sächsischen Führer bis auf den letzten Platz.
Es gab gleich anfangs ein Ereignis, das auf alle Anwesenden besonderen Eindruck macht. Als die Standartenkapelle 107 unter Leitung von Musikführer *Schumann* Marschmusik intonierte, als eine Gruppe alter Kämpfer in den Saal einmarschierte, da erschien an der Spitze die *alte Sturmfahne* der *Ortsgruppe Zwickau*, die 1923 schon von Hitler auf dem Marsfeld in München geweiht worden war. Es ist die einzige deutsche Sturmfahne der Hitlerbewegung, die es in jener vergangenen Kampfzeit vor zehn Jahren außerhalb Bayerns gab. Um sie hatten sich die alten Kämpfer geschart, denen damals dieses historische Banner vorangeweht hatte.
Bald darauf erschienen die Führer der NSDAP im Saal, unter ihnen Statthalter und Gauleiter *Mutschmann,* Finanzminister

Kamps, Innenminister Dr. *Fritsch,* Landtagspräsident *Dönicke,* Landtagsabgeordneter *Studentkowski,* Gruppenführer *von Detten,* Stabsleiter *Kob,* Brigadeführer *Bennecke,* Gauschatzmeister *Schneider,* SS-Oberführer *Schlegel.* Von der Stadtverwaltung sah man Oberbürgermeister Dr. *Goerdeler* und Bürgermeister *Haake,* der knapp und wirksam erste Worte der Begrüßung sprach.

Bürgermeister Haake gedachte des besonders schweren Kampfes im Leipziger Gebiet. Die Leipziger seien oft hinausgegangen, um für die Bewegung zu arbeiten. Da sei es nun der sehnlichste Wunsch gewesen, auch einmal ein großes Ereignis der Partei in Leipzig zu sehen. Jetzt endlich könne man es durchführen, weil die sächsische Gauleitung des Landes größte Stadt als Tagungsort gewählt habe. Keine andere Stadt sei in solcher Weise ein Hauptsitz des Marxismus gewesen wie Leipzig. Trotzdem hätten die Leipziger getan, was sie nur tun konnten. Man habe es vor allem fertiggebracht, eine großartige Organisation aufzuziehen, ein besonderes Verdienst des Kreisleiters Landtagspräsidenten Dönicke und des Gauschatzmeisters Schneider. So habe man mit beitragen können, daß der endgültige Sieg dem Nationalsozialismus gehöre. Wenn Leipzig bisher ein harter Boden gewesen sei, dann werde man jetzt und in kommender Zeit um so eifriger arbeiten, daß aus der Stadt eine Festung der Treue zur Führerschaft und dem obersten Führer werde.

Nach der Begrüßungsrede wechselte die Stimmung zu temperamentvoller Unterhaltung. Rezitator *Blaukarts* und Gerdi *Dellwiek* mit Liedern zur Laute boten erheiternde und ernste Zwischenvorträge.

Danach trat Statthalter *Mutschmann,* mit lautem Beifall empfangen, auf die Bühne. Er gab noch einmal einen Abriß der bisherigen Entwicklung, indem er u.a. ausführte:

»Es kann keine größere Genugtuung geben, als in der Geburtsstadt des Marxismus den Gauparteitag abzuhalten. Von hier aus sind wir ins Land gegangen, wie einst Dr. Goebbels von Berlin aus. Wir hatten uns noch auf viele Jahre Kampf eingestellt. Aber einmal mußte der Sieg kommen. Nur durch den genialen Geist Hitlers konnten wir unseren festen Glauben an den Führer haben. Mit der Bestellung Hitlers ging ein Aufbruch des Volkes vor sich. Schon an die alte Zeit anzuknüpfen, war ein großes und starkes Unternehmen. Nach dem 21. März waren dann die Männer, die bis dahin die Außenpolitik gemacht hatten, nicht mehr dazu in der Lage, die Außenpolitik so zu führen, wie das Volk sie wünschte. Da mußte Hitler zeigen, wie man eine gute Außenpolitik betreibt. Und dann kam der 1. Mai. Noch nie in der Welt sind solche Massen zusammen gewesen. Es kann doch nicht von ungefähr kommen, daß sich in einer so kurzen Zeit das ganze Volk zu unserem Gedankengut drängt, nur weil es auf einmal hellsehend geworden ist. Ich betrachte das so, daß Millionen von Menschen unter einem großen Terror standen.

Nun haben wir die absolute Macht. Wir werden sie gebrauchen. Heute existiert keine mehr von den einst großen Parteien, für die wir früher alle nur Lausbuben waren. Hitler ist mit den primitivsten Mitteln an die Gewinnung der Volksseele herangegangen. So primitiv müssen auch die Mittel sein, um den Staat neu zu formen. Unser gesunder Menschenverstand muß den Volksgedanken zum Durchbruch bringen. Ich glaube nicht, daß einer, der sich Jahrzehnte auf den Beruf des Staatsmannes vorbereitet hat, so schnell die richtigen Erfolge machen kann wie jetzt der Führer.

Manch einer ist auf einen Posten berufen worden, weil er vom Führer als fähig dazu erkannt worden ist. Wenn nun seine Fähigkeiten nicht ausreichen, einen solchen Posten zu führen, dann wird der Führer ihn ebenso schnell wieder abberufen. Niemand wird auf Lebenszeit eingestellt.

Es ist nun nach der Gleichschaltung der vielen Verbände nötig, auch endlich den Geist einzuschalten und die richtige Zielrichtung einzuhalten. Wir wissen genau, daß uns im Staat noch große Schwierigkeiten gemacht werden, aber wir wollen alles daran setzen, um diese zu beseitigen. Wir wollen so lange unseren Mann stehen, bis eine absolute Sauberkeit im Staat wiederhergestellt ist. Wir wollen wieder eine deutsche Moral und eine deutsche Ehre.

Der Führer hat in den wenigen Monaten nun erst einmal Gesetz um Gesetz gestaltet. Er formt langsam und sicher das Volk neu durch seine Unterführer. Langsam werden auch diejenigen gleichgeschaltet, die erst später zu uns gekommen sind, die wir aber ebenso freudig aufgenommen haben wie die Alten, weil wir uns nicht anmaßen wollen, die Geschicke Deutschlands allein zu meistern, und weil wir sie brauchen. Wir werden jedoch den neuen Parteigenossen sagen, daß sie erst einmal Pflichten übernehmen müssen, die die anderen schon viele Jahre getragen haben. Wenn wir an diesem Sonntag unsere alten Kämpfer damit ehren, daß wir ihnen ein besonderes Abzeichen zur Verfügung stellen, so tun wir das nur, weil sie durch ihre Ausdauer mit dazu beigetragen haben, daß unsere Bewegung, unsere Partei über alle anderen siegreich geblieben ist. Hätten sie in den schwersten Zeiten nicht durchgehalten, dann wäre es mit uns gegangen wie mit den anderen Parteien auch. Im weiteren Kampf hat jeder größte Verpflichtungen. Wir müssen uns im Volk das Vertrauen verschaffen. Das können wir uns nur erringen, wenn wir *jedem deutschen Arbeiter sein Brot* geben. Das ist die Sorge unseres Führers. Ich bitte Sie, dem Führer diese Sorgen etwas mit abzunehmen. Jeder einzelne muß dafür einstehen, daß der Rückgang der Arbeitslosigkeit in dem begonnenen Tempo weitergeht. Wenn aber im Herbst die Arbeitsmöglichkeiten wieder etwas heruntergehen sollten, dann ist der große Straßenbau eingesetzt. Der Führer muß sich auch jetzt auf seine Gefolgschaft verlassen können. Er muß wissen, daß Sie alle mit ihm die Sorge tragen, daß endlich wieder einmal jeder in Brot und Arbeit kommt. In diesem Vertrauen wird Deutschland wieder an die Spitze der Welt treten.«

Mit einem begeisterten Gruß auf Hitler wurde diese Eröffnungsrede des Statthalters zum großen Gautreffen Sachsen geschlossen. Sie war ein besonnenes und zielbewußtes Mahnwort für die Riesenarbeit und die großen Ereignisse der kommenden Tage, der verantwortungsbewußte Aufruf eines erprobten Kämpfers.

NLZ 15. Juli 1933, S. 1-2

15. JULI 1933 (SONNABEND)

Leipzig im Zeichen des Sachsentreffens.
199 Sonderzüge liefen in den Bahnhöfen ein

Flaggenparade!

So grüßt Leipzig in diesen Tagen den ankommenden Fremden: *Willkommen in Leipzig.* Auf straffgespannten Transparenten, gegenüber dem Hauptbahnhofe, dem Eingangstor zur weltberühmten Messestadt, stehen einfach und schlicht und doch in einer überaus ansprechenden Form diese Worte. Unzählige Fahnen des neuen Deutschlands flattern an schlanken, weißen Masten daneben. Weit blähen sie sich auf, wenn der kühle Wind durch ihr wetterfestes Gewebe fährt, gleichsam als wollten sie ihr immer knisterndes Tuch dem ankommenden Gast entgegenstrecken. Das tiefe Grün des dahinterliegenden Schmuckplatzes vermischt sich mit dem dunklen Rot des Fahnentuches und wirksam hebt sich das Weiß des großen Kreises und das Schwarz des auf die Spitze gestellten Hakenkreuzes dagegen ab. Symbol in diesen Tagen für viele Hunderttausende! Mächtige Girlanden, geschmückt mit den schwarz-weiß-roten Farben, ranken sich an soliden Bürgerhäusern in die Höhe, zieren einladende Gaststätten, verdecken die nüchternen Baustile moderner Geschäftshäuser und hängen über verkehrsdurchpulsten Straßen. Und unter ihnen – in auffallender Festschrift – wieder ein einladender Gruß! Die ganze Stadt ist in Festestaumel versetzt. Jeder eintreffende auswärtige Wagen wird gemustert. Jede ankommende Gruppe bestaunt. Interessante Autonummern notiert. Dicht besetzt rollt Straßenbahn auf Straßenbahn heran. Trägt an ihren Scherenstromabnehmern zierliche Wimpel. Ratternde Lastkraftwagen und summende Privatautos lassen auf ihren Kühlerfiguren oder ihren Führersitzen die nur zu bekannten Farben wehen. Selbst an den Drähten der elektrischen Straßenbahn flattern mächtige Hakenkreuzfahnen lustig im Winde. Mit einem Male hat die Straße ein verändertes Gesicht bekommen. Sie scheint viel kürzer, viel voller und weitaus lebendiger. Von den Dächern der Häuser und der bekannten öffentlichen Gebäude grüßen die Fahnen herunter. Immer noch zieht man neue auf. Bald grüßen auch ihre Farben die unübersehbaren Ankömmlinge. Versichern durch ihr lebhaftes Flattern genau den gleichen Gruß, den auch das straffgespannte Transparent verkündet: »*Willkommen in Leipzig!*«

199 Sonderzüge an einem Tage!

Eine Verkehrsleistung, wie sie noch niemals vorher – auch nicht zu den bestbesuchten Messen – erreicht worden ist. Der Leipziger Hauptbahnhof nahm sie mühelos auf, reibungslos wickelte sich der gewaltige Verkehr ab. Stündlich strömten Tausende von Braunhemden und Besuchern des Gauparteitages aus den Hallen; in langen Marschkolonnen ergossen sie sich in die Straßen. In der Innenstadt herrschte bereits am frühen Nachmittag ein Trubel, der sich durchaus mit dem bunten Bild der Frühjahrsmessen vergleichen läßt, nur daß es farbiger war und eindrucksvoller. Überall gab das braune Hemd den Grundton an. Im Brennpunkt des allgemeinen Interesses der Fremden standen der Augustusplatz und das Ausstellungsgelände. Wohl kaum ein Besucher des Gauparteitages hat es sich nehmen lassen, am Sonnabend die Stätten der großen Ereignisse des Sonntags zu besichtigen. Hier hatte sich denn auch ein ganzes Rudel von Abzeichen- und Programmverkäufern, Eis-, Würstchen- und Postkartenhändlern eingefunden. Sie hatten wirklich kein schlechtes Geschäft, denn von Stunde zu Stunde wuchs der Menschenstrom in den Straßen.

Platzmusik

Den ganzen Sonnabend hindurch steht Leipzig bereits überall im Zeichen des Festes. Doch ist es noch ein allgemeineres frohes Treiben, noch fehlt allem ein festerer Zusammenhang für die breitere Öffentlichkeit. Dieser stellt sich erst ein, als am Nachmittag, Schlag 15 Uhr, auf verschiedenen großen Plätzen der Stadt die *Platzmusiken* einsetzen. Sofort sind nun Konzentrationspunkte geschaffen, wohin alles strömt, wo man sich trifft und neue Gäste kennenlernt. Auf dem *Horst-Wessel-Platz*, auf dem *Lindenauer Markt*, dem *Eckardtplatz* erschallen die Klänge und übertönen weithin den Straßenlärm. Scharen von Zuhörern finden sich ein. Auch auf dem *Blücherplatz* ist Platzmusik angesetzt im Angesicht des Hauptbahnhofs, der reichen Festschmuck angelegt hat, grüne Girlanden und riesige Lichthakenkreuze über seinen Portalen. Auf dem Treppenplatz des Börsenpostamtes hat die Kapelle hier Aufstellung genommen, während jenseits der Straße eine große Menschenschar den schneidigen Klängen lauscht. Auch auf dem *Fleischerplatz* hat sich ein zahlreiches Publikum eingefunden und umsteht gerade vor dem Gebäude der Feuerwehr den fleißig aufspielenden Musikzug. Die Kinder machen sichs bequem und haben sich auf den sonnenwarmen Boden niedergelassen. Auch an den Fenstern in der Höhe stellen sich viele Zuhörer ein. Der *Königsplatz* mit seiner saalartigen Geschlossenheit auf drei Seiten erweist aufs neue seine Eignung für solche Konzerte. Besser als auf den anderen Plätzen vernimmt man hier die Musik der Kapelle, die zu Füßen des marmornen Kurfürsten aufspielt.

Den Hauptanziehungspunkt aber bildet der *Augustusplatz*. Nicht wie sonst üblich, ist der Standort der Kapelle diesmal vor dem Museum gewählt, da der Platz hier für die Aufbauarbeiten der Tribüne, die nunmehr ihrer Vollendung entgegengeht, noch gesperrt ist. Vielmehr steht die Kapelle gerade vor der Oper neben den drei Fahnenmasten. Deren Sockel sind mit jugendlichen Zuhörern dicht besetzt. SA-Leute sperren ringsum ab. Sie haben einen weiten Kreis um die Musiker gebildet, damit das allzusehr andrängende Publikum sie nicht beim Spielen behindere. Eine dicke Menschenmauer hat sich ringsum angesammelt. Alle lauschen begeistert dem Spiel, den mit musterhaftem Schneid gebotenen *Märschen*, mitreißenden *Kampf-* und *Vaterlandsliedern*, und danken mit rauschendem Beifall den braunen Musikern. Ringsum aber bro-

163

delt ein bunter, tausendfältiger Verkehr. Publikum aller Art, untermischt mit SA-Leuten, promeniert unter den Klängen auf und ab. Arbeitsdienst- und Kraftwagen sausen vorbei. Geradezu beängstigende Formen nimmt der Verkehr an der Kreuzung der Grimmaischen Straße an. Hier ist die gewohnte Signalampel verschwunden, um den Aufmarsch des Sonntags nicht zu behindern. Ein Verkehrsschutzmann regelt an ihrer Stelle den Verkehr. Aber alles geht glatt; denn trotz des bunten Lebens wahrt das Publikum Disziplin und fügt sich allen Anweisungen. Und über den Geräuschen des Verkehrs, die von den Klängen der Kapelle und den dröhnenden Paukenschlägen übertönt werden, und dem bunten Treiben auf Platz und Straße leuchten hoch in den Lüften als zukunftsweisende Symbole im Sonnenschein die roten Farben der Fahnen des neuen Reichs.

Die alte Garde wird geehrt

Jede große Bewegung wird in ihren Anfängen getragen von wenigen Menschen. Sie spüren früher als die Masse das kommende Werden und die Forderungen einer neuen Zeit. Sie werden zu den Verkündern eines Gedankens, der, zunächst nur allgemein gefaßt, schließlich seine weltgeschichtliche Bedeutung erweist. Aber je mehr sich die Idee ausprägt und Gestalt gewinnt, um so größer wird auch die Zahl der Anhänger.

Die alten Kämpfer aber, die von den Anfängen an treu zur Fahne gestanden haben, sind der Sauerteig der Bewegung. Ihr Kampf war schwer und hart in den Jahren der Bedrängnis. Zehn Jahre, über die Zeit des Verbots hinweg haben sie tapfer aushalten müssen, bis sie in der nationalen Revolution mit den Sieg erringen konnten. In den Veteranen hat sich der Kampf- und Opfergeist am besten bewährt. Das gewaltige Anwachsen der Bewegung ist in erster Linie ihr Verdienst. Und die *Schrittmacher der Revolution* sind auch die Garanten des neuen Reichs. Sie haben noch längst nicht ausgedient. Sie bleiben auch für die Zukunft die bewegende Kraft. Denn die »alte Garde« ist innerlich jung. Zumeist sogar jung an Jahren. Alt, und das heißt bewährt, ist ihre Treue zur Partei. Mancher der Veteranen hat für diese Treue auch äußere Anerkennung gefunden, hat Amt und verantwortliche Führerstellung in der Bewegung und im neuen Staat erhalten. Mancher ist auch der einfache SA-Mann und Amtswalter geblieben, ohne sich deshalb zurückgesetzt zu fühlen.

Es war eine Ehrenpflicht der nationalsozialistischen Bewegung, der alten Parteigenossen zum Sachsentreffen besonders zu gedenken. Jedem ist ein Ehrenzeichen überreicht worden, das auf dem Hakenkreuz die Jahreszahl des Eintritts in die Bewegung trägt. Auch eine besondere Feier am Sonnabend nachmittag, zu der die alte Garde in Stärke von 1500 Mann geschlossen aufmarschierte, gab dem Dank der Partei an ihre erprobtesten Kämpfer einen würdigen und überzeugenden Ausdruck.

Die alten Parteigenossen stellten sich in der 18. Stunde auf dem *Meßplatz*. Von hier aus ging es in geschlossenem Zuge unter Vorantritt einer Standartenkapelle nach dem Sportplatz. Schon auf dem Marschwege war für die Tausende, die die Frankfurter Straße säumten, die Bedeutung dieses Aufzugs klar zu erkennen. Die alte Garde sang die alten Kampflieder aus der Anfangszeit der Bewegung. Und über den braunen Kolonnen wehten die ältesten nationalsozialistischen Wahrzeichen Sachsens, die von Hitler schon 1923 auf dem Marsfelde als einziges nicht bayrisches Banner geweihte *Zwickauer* Sturmfahne und die Fahne von *Markneukirchen*.

NLZ 16. Juli 1933, S. 4

16. JULI 1933 (SONNTAG)

**Sachsenparade vor Hitler.
Freiheitskundgebung vor dem Völkerschlachtdenkmal. Adolf Hitler spricht zur SA**

An der historischen Stätte des *Völkerschlachtdenkmals* war für 9.30 Uhr eine *Freiheitskundgebung* angesetzt. Am zeitigen Morgen schon begann dafür der Absperrdienst in allen zum Denkmal selbst führenden und den angrenzenden Straßen. Das ganze Viertel war Aufmarschgebiet für die SA, SS und die Hitlerjugend, die sich vorher im Süden der Stadt gesammelt hatten. Niemand durfte mehr durchgelassen werden, denn sonst wären nicht einmal alle Uniformierten herangekommen. Das Publikum hatte dafür auch Verständnis, war ihm doch an zahlreichen anderen Straßen und vor allem auf dem Augustusplatz Gelegenheit geboten, den *Reichskanzler* und die übrigen Führer der Bewegung zu sehen.

Stunden vor dem angesetzten Zeitpunkt zogen bereits die ersten der uniformierten Abteilungen in die weite Anlage um das Denkmal ein. Ein Block Menschen reihte sich an den anderen. Die Dämme um den Denkmalsteich wurden braun. Die riesige Breite der Durchfahrt war mit Abteilungen besetzt, ebenso die Straßenkreuzung vor dem Denkmalseingang und die Zugänge der Ludolf-Colditz-Straße und An der Tabaksmühle. Sie brauchten alle keine Sorge zu haben, daß sie etwa die Ansprache Hitlers nicht hören würden, denn über das ganze Gelände war ein Netz von Lautsprecherverbindungen gelegt, das später auch ausgezeichnet funktionierte.

Ein unvergeßliches Bild bot sich an der Freitreppe, die vom Denkmalsteich hinaufführt zu der Plattform vor dem in Stein gehauenen Freiheitssymbol des Erzengels Michael. Dort flankierten die Rednertribüne zwei Fronten mit *Hunderten von Fahnenträgern*. In der Mitte hatten sich die Träger der *sächsischen Standarten* aufgestellt. Die steinernen Treppen dahinter waren wieder mit unübersehbaren Braunhemden besetzt. Und über allen wuchs, gleich einem großartigen Werk der Natur, das Steingebirge des Freiheitsdenkmals empor, oben geschmückt mit den Fahnen des alten und neuen Reichs in übergroßem Format. Es war ein Anblick von unübertrefflicher Wucht.

Die Spannung wuchs, als sich allmählich die Ehrengäste vor dem Michael sammelten, zuerst zahlreiche Persönlichkeiten der Reichswehr, später eine große Zahl von Vertretern maßgebender Stellen.

Pünktlich zur festgesetzten Zeit erscholl von weither, vom Meßgelände aus, ein zunehmendes Brausen der Stimmen. Man konnte von der Plattform aus eine Welle der Begeisterung aufwallen sehen und hören. Im Nu pflanzte sie sich fort, durch die Kolonnen auf den Dämmen, über die Musikkapellen an den Treppenaufgängen hinweg, an den Ehrengästen vorbei, die steilen Riesentreppen bis hoch oben auf das Denkmal hinauf.

Am Eingang der Denkmalsanlagen sah man nun Wagen. Dann eine größere Gruppe von Führern. Sie kamen näher. An der Spitze *Reichskanzler Adolf Hitler* selbst, und mit ihm Dr. *Göbbels*, Stabschef *Röhm*, Reichsführer der SS *Himmler*, Sachsens Statthalter *Mutschmann*, Ministerpräsident *von Killinger*, Obergruppenführer *von Detten*, Kreisleiter *Dönicke*, Polizeipräsident Major *Knofe* und viele, viele andere, Minister, Parteiführer aus Berlin, Sachsen und dem Reich, die an der Gestaltung der Geschicke des Volkes jetzt teilhaben.

Es war ein erhebendes Bild, als nun beim Einzug Hitlers die braunen Massen ringsum zum feierlichen Gruß die Rechte entgegenstreckten, und es war ein Tosen, als dann eine einzige ungeheure Woge leidenschaftlichster Begeisterung aufbrauste! Minutenlang brachen immer wieder mit verstärkter Wucht Heilrufe auf den Führer der Bewegung aus, der sich am Denkmal in ernster Begrüßung an die Träger der *alten Fahnen* wandte, die sich hinter dem Rednerpult aufgestellt hatten, die alte *Zwickauer* Fahne, die schon 1923 Hitler auf dem Marsfeld bei München geweiht hatte, und die Fahne von *Markneukirchen*. Stabschef *Röhm* trat dann ans Rednerpult und brachte eine Huldigung auf den Führer aus. Eine neue Begeisterungswoge war auch da wieder Antwort.

Hitler spricht

Hitler trat vor und sprach zu seinen sächsischen Parteigenossen. Begeisternd und mahnend, als Kanzler eines Millionenreichs und als Kamerad. Er sprach zu Füßen des Freiheitsdenkmals der siegreichen Völkerschlacht, umgeben, soweit der Blick reichte, von zukunftsfrohen, kämpferischen Menschen. Es wird nicht so schnell in Deutschland wieder einen so vollen Zusammenhang von steinerner Geschichte und lebendiger Zukunft geben, wie in dieser Stunde an des Reiches ehrwürdigstem Denkmal in Leipzigs Mauern.
Unter atemloser Spannung aller sprach der Kanzler:
»Ich grüße euch angesichts dieses Denkmals in der Erinnerung an einen großen Freiheitskampf der deutschen Nation, und ich grüße hier 1500 unserer *alten Garde,* die seit über zehn Jahren in unverbrüchlicher Treue in Glückstagen und in den Tagen des Leides zu unserer Fahne gestanden sind. In einer Revolution hat das nationalsozialistische junge Deutschland die Männer und Soldaten der Novemberschande endgültig aus Deutschland hingeweht. Wenn diese Revolution in einem so großartigen Schwunge durchgeführt werden konnte, und wenn vom ersten Augenblick an der Erfolg sicher war, dann verdanken wir dies der einzigartigen Tatsache, daß uns das Schicksal die Möglichkeit gegeben hat, in vierzehn Jahren die Kräfte dieser Erhebung *planmäßig zu schulen und zu organisieren.* Ihr Männer, die ihr hier steht, ihr seid mit die Träger dieser Revolution gewesen. Ihr müßt nun aber dafür sorgen, daß sie endgültig gelingt, das heißt, daß dem deutschen Volke die innere Kraft wiedergegeben wird, ohne die kein Volk auf dieser Erde leben kann. Zwei Phasen hat diese Bewegung bis jetzt durchgemacht:
Wir haben den Kampf für unsere Weltanschauung in Deutschland gekämpft und geführt gegen den Terror unserer Feinde. Niemals wäre unsere Idee in Deutschland siegreich geworden, wenn nicht zuerst Tausende, Zehn- und dann Hunderttausende unserer braunen Mitkämpfer freiwillig unter Einsatz ihres Lebens für dieses große Ideal eingetreten wären. Der Geist der Revolution ist durch euch geschützt worden. Dann kam die zweite Phase des Kampfes: Ihr habt endlich mit einem einzigen revolutionären Schwung den Kampf um die Macht bestanden. Und nun steht vor uns allen die dritte und *für die Zukunft entscheidende Phase* unseres Ringens. In dem Kampf der vergangenen Jahre ist deutlich geworden, daß bereits Millionen von der Idee des Nationalsozialismus ergriffen worden sind. Heute führen wir nicht mehr dreizehn oder siebzehn Millionen, sondern *das ganze deutsche Volk,* und deshalb erwächst uns die Aufgabe, die Millionen Menschen, die innerlich noch nicht zu uns gehören, *zu erziehen.* Denn man ist nicht Nationalsozialist, wenn man ein Lippenbekenntnis ablegt, sondern erst dann, wenn man bereit ist, aufzugehen im Dienste dieser Bewegung, im *Dienste des Volkes.* Nur dadurch, daß sich Hunderttausende zur Revolution bekannten, ist es uns gelungen, ihr zum Durchbruch zu verhelfen. Wir wissen, daß wir Gewaltiges hinter uns haben, aber wir wissen auch, *daß wir Gewaltiges für die Zukunft noch leisten müssen.* Die Form des alten Staates ist zerschlagen. Die neue Form ist vorhanden, für sie müssen die Menschen nun erzogen werden. Diese Form gilt jetzt und soll in Zukunft bis in die fernsten Zeiten hinein Geltung haben, damit Deutschland der Welt nicht noch einmal das schamlose Beispiel der Erniedrigung und der Selbstzerfleischung wie im November 1918 biete.
Die gewaltigen Aufgaben der Zukunft, das wissen wir, werden nicht gelöst äußerlich durch Bekenntnisse, sondern sie werden nur gelöst werden durch *Dienst und Pflichterfüllung,* und damit geht die große Kampfbewegung des deutschen Volkes in ein neues Stadium ein. Denn wir wissen, dieses dritte Reich kann nur ein Reich sein der *Überwindung von Klassen.* Wir sind Kameraden. Alle müssen lernen, *in dem Volksgenossen den Kameraden und Bruder zu sehen, und aus sich herausreißen die Überlieferung der Vergangenheit, die uns*

auseinander brachte. Wir wollen hier am Boden dieses Denkmals das feierliche Bekenntnis ablegen, daß keine Macht der Welt uns trennt. Das ist das Land, das uns alle umfaßt, der Geist, der uns alle beseelt und den wir nennen: Deutschland!«
Am Schluß dieser Rede flammte wieder ein Begeisterungssturm auf.

NLZ 17. Juli 1933, S. 3

Auf dem Augustusplatz. In Erwartung des Kanzlers

Schon in den Morgenstunden fand sich die Vorhut der gewaltigen Publikumsmassen ein, die dort einige Stunden später das Eintreffen der Führung und den Vorbeimarsch der einzelnen Parteigliederungen erwarteten. Männer trugen hohe Leitern und Bretter, um sich im Schutz der Häuser kleine Privattribünen zu errichten. Die Gratis-Vorzugsplätze auf Fahnen- und Lichtmasten, Fenstersimsen und Treppen waren rasch vergriffen. Mehrere Stunden vor dem Beginn des Aufmarsches erfolgte auch schon die Absperrung der Aufmarschstraßen des Platzes. Bis in jede Einzelheit war man dabei bedacht gewesen, den *reibungslosen Verlauf der Kundgebung* zu gewährleisten. Doppelte Postenketten schufen Gassen zu der riesigen Tribüne auf der Museumsseite; vor dem Neuen Theater wurde nur etwa die halbe Platzbreite für das Publikum freigegeben. Weit um die weißgrün ausgeschlagene Führertribüne bleib das Feld frei. Hier sollte später die *alte Garde der Partei* ihren Ehrenplatz vorfinden.

Der Platz selbst war ganz dazu angetan, die erwartungsvolle Stimmung der Zuschauermassen, die gegen 11 Uhr schon in tiefgliederigen Reihen standen, noch zu steigern. Je mehr sich der Platz füllte, um so gewaltiger erschien die große *Tribüne.* Noch niemals waren die Häuserfronten ringsum so reich geschmückt wie diesmal. Da gab es neben bunten Fahnenwäldern auf einzelnen Dächern richtige grüne Nadelwälder, die sich silhouettenartig gegen den grauen Himmel abhoben. Dieser wenig verheißungsvolle Himmel war zunächst das allgemeine Gesprächsthema. Würde es sich halten? Nun, es hielt sich zunächst einmal nicht. Gegen ½ 11 Uhr goß es sogar in Strömen. Die langen Spaliergruppen wandelten sich eilends in Regenschirmgirlanden. Aber der Guß ging so schnell vorüber, wie er gekommen war.

Nun trafen auch die ersten Tribünengäste ein. Man hatte es ihnen leicht gemacht. Riesige Buchstaben zeigten die Aufgänge an, SA-Männer fungierten als liebenswürdige Platzanweiser. Sie hatten es nicht so schwer wie ihre Kameraden vom SS-Sturm 48, deren Sturmketten dem vorwärtsdrängenden Publikum immer wieder kleine Gefechte liefern mußten, um die Freifläche zu behaupten. Mit großer Zuvorkommenheit wurde Kriegsbeschädigten und Kindern die Aussicht auf die Marschstraße ermöglicht. Um 12 Uhr mittags hatte sich auch die große Publikumstribüne gefüllt. Nur ein paar von den mehr als 5000 Sitzplätzen waren noch frei.

Die Spannung der Massen wächst

Eine *Reichswehrkompanie,* die dem Publikum auf der mittleren Marschbahn einen Parademarsch bot, hat inzwischen rechts von der Führertribüne Aufstellung genommen, zur Linken hatte man Krankenstühle für die invaliden Parteiveteranen aufgestellt. Auf der Fahrbahn vor der Publikumstribüne waren bereits die beiden SA-Musikzüge ausgerichtet, die dann zum Vorbeimarsch aufspielen sollten. Die Spannung der Massen stieg nun von Minute zu Minute, zumal als kurz nach ¼ 13 Uhr Hornsignale ertönten. Der Zuschauer waren inzwischen so viel geworden, daß noch einige Meter Platzbreite für sie freigemacht werden mußten. Eine doppelte Sperrkette hielt den Ansturm der dicht gedrängten Schar auf.

Hitler kommt

5 Minuten vor ½ 13 Uhr folgten wieder Hornsignale. Dann pflanzte sich die Welle der Heilrufe aus dem Grimmaischen

Steinweg her zum Augustusplatz fort. Die Regierungswagen kamen in Sicht. Unter brausendem Jubel begaben sich *Reichskanzler Hitler,* Reichspropagandaminister *Goebbels,* Stabschef *Röhm,* Reichsstatthalter *Mutschmann,* Ministerpräsident von *Killinger* und Polizei-Oberpräsident von *Detten* in Begleitung der SA- und SS-Führer zu der Tribüne in der Mitte des Platzes.

Im Hintergrund der lorbeerumgrünten Plattform hatte man einen großen Teppich mit dem Wappen der Stadt Leipzig aufgehängt. Reichskanzler Hitler blieb, umgeben von den Herren der *Reichsregierung* und der *sächsischen Regierung,* auf der Treppe der Tribüne stehen und hob, während die zehntausendköpfige Menge auf dem Platz in abermalige Heilrufe ausbrach, die Hand zum deutschen Gruß. Als der Kanzler dann aus der Hand eines kleinen Hitlerjungen einen Blumenstrauß in Empfang nahm, erscholl lauter Beifall.

Hunderttausende marschieren vor dem Führer

Der strenge rhythmische Schlag der Trommeln kündete das Nahen der ersten Marschformation an. Es waren die *alten* Parteigenossen, die am Vorabend durch den Reichsstatthalter besonders geehrt worden waren und nun – eine erneute öffentliche Ehrung – die Spitze der Marschteilnehmer bilden durften. In Viererreihen zogen sie grüßend an ihrem Führer vorüber.

Einen bestechenden Parademarsch zeigte die *Leibgarde des Kanzlers* in ihren tiefschwarzen Uniformen und schwarzen Stahlhelmen. Und nun folgte Sturm auf Sturm; Sachsens SA marschierte in Zwölferreihen, den Blick zum Führer gewandt, die Hand erhoben. Ein prächtiges Bild, die blendend ausgerichteten, braunen Kolonnen mit festem Paradeschritt über den Platz marschieren zu sehen. Wie sie ihren Führer leuchtenden Auges grüßten, so entbot auch Hitler ihnen allen mit erhobener Hand den Gruß und den Dank für ihre Treue, die er zuvor am Völkerschlachtdenkmal in Worte gekleidet hatte.

Den Zuschauern merkte man es an, daß sie ebenso begeistert waren wie die Marschierenden. Wenn die Fahnen über den Platz getragen wurden, hoben sich *Zehntausende von Händen zum Gruß,* immer erneut wie eine gewaltige Woge, die vom Grimmaischen Steinweg zur Grimmaischen Straße hinüberbrandete. Als ob sie dem imponierenden Aufmarsch einen festlichen Rahmen geben wollte, brach die Sonne durch die Wolkenwand, das festliche Treiben zu beleuchten. Über zwei Stunden marschierten die braunen Sturmabteilungen aus dem Sachsenlande vorbei; aus allen Städten waren sie gekommen, gemeinsamem Fühlen durch diese großartige Kundgebung sichtbaren Ausdruck zu geben. Die Leipziger Formationen, die Stürme 107, 106 und 139, bildeten, durch besonderen Beifall der Zuschauer ausgezeichnet, den Schluß der SA. In ihren Verbänden sah man neben den Braunhemden auch Gruppen der Schwarzen Brigade.

Kurz nach 14.30 Uhr tauchten die Wimpel der ersten *Motorstürme* auf. Auch sie im Braunhemd, die Brille über der Kappe. Die Männer der schweren Motorstürme in Sturzhelm und Lederjacke nahmen sich besonders malerisch aus.

Der Arbeitsdienst in Reih und Glied

Als eine Demonstration, die besonders starken Eindruck machte, ist der anschließende Marsch der Arbeitsdienstler anzusehen. Zum erstenmal konnte man sich davon überzeugen, wie groß die Zahl der Jugendlichen ist, die in Arbeitsdienstverbänden zusammengeschlossen sind. Die braunen, grauen und graugrünen Trupps füllten in Sechserreihen eine volle Viertelstunde Marschzeit aus. Ihre Kleidung, Mütze, Rock und Hose aus gleichem Material und von gleicher Farbe, war sichtbares Zeichen dafür, daß im Arbeitsdienst die Praxis entscheidet. Die Fahnen mit dem Symbol der Arbeitsgemeinschaft, die man diesen Gruppen vorantrug, wurden gegen 15 Uhr abgelöst von den Hakenkreuzbannern und den bunten, vielgestaltigen Wimpeln der *Jugendabteilungen.* Die Hitlerjugend zog vorüber, und man merkte es den trotz der Marschleistung frischen Jungen an, daß sie gerne dabei waren. Begeistert stapften sie ihren kurzen Stechschritt und konnten sich gar nicht entschließen, die Augen wieder geradeaus zu nehmen, wenn sie an ihrem Führer vorbeigezogen waren. Ein kleiner Trompeter brach sogar regelrecht aus dem Zuge aus und versuchte, mit seinem Fotoapparat an den Kanzler heranzukommen. Beinahe hätte man ihn geschnappt und zurückgeschickt; aber als ihm darob fast die Tränen kamen, hatten die wachhabenden SS-Leute ein Einsehen. Sie ließen ihn passieren. Und da ging er, ob der glücklichen Wendung seines Abenteuers erfreut, gleich bis auf ein paar Meter an Adolf Hitler heran und knipste, bis der Filmstreifen alle war, zur Erheiterung des Publikums und wohl auch des Kanzlers, der ja immer bewiesen hat, daß er Sinn für jugendliche Begeisterung hat.

SS und Stahlhelm

Wieder Zwölferreihen: die SS, zum Teil im schmucken schwarzen Rock, überwiegend aber im Braunhemd, zieht vorüber. Ihnen folgt in Grau mit den alten Reichskriegsfahnen der *Stahlhelm,* von der Menge nicht minder freudig begrüßt wie die anderen Formationen. Und dann gibt es eine Sensation. Die Sturmkapellen, die bis dahin unermüdlich ihre Märsche getrommelt und gespielt haben, schweigen ... Eine *Reichswehrkapelle* tritt an und schwenkt neben der Marschbahn ein. Ihr folgen die sächsischen *Schutzpolizeitruppen* in blauen Uniformen, schwarze Hakenkreuze auf den Stahlhelmen. Sie marschieren, von Zehntausenden aufrichtig bewundert und besonders herzlich begrüßt, mit aufgepflanzten Bajonetten in Viererreihen.
Als um 15.45 Uhr die Reichswehrkapelle wieder einschwenkt, fliegen die Arme empor und nach langer Pause geben laute Heilrufe der bewundernden Anerkennung für die Paradeleistung der Polizei und die exakte Marschmusik der Reichswehr Ausdruck. Vielleicht war der Beifall, den man gerade diesen Marschteilnehmern zollte, auch ein erneuter Ausdruck der Volkstümlichkeit, die Reichswehr und Polizei in Deutschland genießen.

Amtswalter

Den Abschluß der ganzen Veranstaltung bildete der Vorbeimarsch der *Amtswalter.* Hinter wahren Fahnenwäldern tauchten neue breite Kolonnen trittfester Braunhemden auf und grüßten hinüber zur Führertribüne, wo der Kanzler noch immer, nun schon die vierte Stunde, die Hand zum Gruße hob. Ein buntes Schlußbild: Die Abordnung der *Freiberger Bergleute* in ihren prächtigen schwarz-gelben Uniformen.
Eine der großartigsten Kundgebungen, die Leipzig je erlebt hat, war vorüber. Die Kraftwagen der Reichsregierung hielten bereits wieder vor der Führung, als die Menge zusammenströmte, um den Kanzler jubelnd aus der Nähe zu grüßen. Nun hielten keine Sperrketten mehr; jeder suchte so nach wie möglich heranzukommen, um dem in schneller Fahrt zum Roßplatz gelenkten Auto des Reichskanzlers noch einen Blick nachzuwerfen.

NLZ 17. Juli 1933, S. 3-4

Begeisterte Massen vor Hotel Hauffe

Wie der Aufmarsch bald beendet scheint, beginnen SA-Mannschaften die östliche Seite des Augustusplatzes abzusperren. Das wird sofort bemerkt. Und alsbald sammeln sich Tausende an der nach dem *Roßplatz* führenden Fahrbahn. Denn es hat sich sofort herumgesprochen wie ein Lauffeuer: nachher wird hier der *Führer* durchkommen. Man wartet. Und man täuscht sich nicht. Die Geduld der Tausende wird belohnt. Kurze Zeit nach Beendigung des Aufmarsches kommt er wirklich. Brausende Heilrufe begrüßen ihn, ale er, aufrecht im offenen Wagen stehend, mit zum Gruß erhobener Hand an der Menschenmasse vorüberfährt. Kaum ist der Wagen vorbei, da läßt sich die Menge nicht mehr halten. Die

Sperrketten werden durchbrochen, und alles stürmt den Wagen nach, hin zum Hotel *Hauffe,* wo der Führer abgestiegen ist. Tausende sammeln sich vor dem Gebäude und warten, daß er sich noch einmal zeige. Ihre Hoffnung wird erfüllt. Oben auf dem schmalen Balkon des Hotels erscheint der Volkskanzler und grüßt hinab zur Menge. Er ist freudig erregt, nichts merkt man ihm an von der Anstrengung der letzten Stunden. Begeisterte Ovationen werden ihm dargebracht, unermüdlich. Als er sich endlich zurückzieht, gibt sich die Menge nicht zufrieden, wieder und wieder muß er mit seinem Stabe erscheinen. Neben ihm steht der Reichsminister Dr. *Goebbels* und Hauptmann *Röhm*. Auch ihnen gelten die begeisterten Heilrufe. Spontan stimmen alle das Horst-Wessel-Lied an. Als der Balkon wieder leer ist, versucht man es mit rhythmischen Rufen: »*Wir wollen unseren Führer sehen!*«

Aus Tausenden von Kehlen ertönt der Ruf. Der Menschenblock auf dem Roßplatz wird immer größer. Und immer dichter schließt er sich zusammen. Fahrräder, Stühle, Kinderwagen, die zu Anfang mit hineingeraten sind, finden keinen Platz mehr, man stürzt darüber. Es bleibt ihren Besitzern nichts übrig, als sie hochzuheben und bis zum Schluß so zu halten. Noch einige Male läßt sich der Führer sehen, auch von dem zweiten Balkon grüßt er herab in Richtung nach dem Königsplatz.

Die Begeisterung kennt keine Grenzen. Ein liebliches Bild bietet sich einmal, als statt des Führers über der Balustrade ein kleines goldblondes Lockenköpfchen erscheint und neugierig fragend über das Geländer blickt.

Noch einmal setzt der Ansturm ein, als der Führer nach kurzer Rast das Hotel verläßt und im Kraftwagen Platz nimmt. Mit größter Mühe werden die Menschen zurückgehalten. Und brausende Heilrufe begleiten den Führer, als der Wagen sich in Bewegung setzt. Noch lange harren viele aus. Erst als die Streifenwagen der Polizei abfahren und sich die SS-Stürme sammeln, sehen sie ein, daß ein längeres Warten zwecklos ist. Sie beginnen sich langsam zu zerstreuen.

Und bald beleben sich auch alle übrigen bisher menschenleeren Straßen, der Straßenbahnverkehr setzt wieder ein. Viele kehren nun heim, um ein großes Erlebnis bereichert, das lange in ihrem Gedächtnis haften bleiben wird.

NLZ 17. Juli 1933, S. 5

20. JULI 1933 (DONNERSTAG)

In Rom wird das Reichskonkordat unterzeichnet. Artikel 1 anerkennt die Freiheit der katholischen Religion, Artikel 16 den Treueid des Bischofs vor dem Reichsstatthalter; der päpstliche Nuntius ist Doyen des diplomatischen Korps in Deutschland.

23. JULI 1933 (SONNTAG)

Der Kampf gegen den Marxismus geht weiter

Das Polizeipräsidium teilt mit: In der Woche vom 17. bis 21. Juli wurden im Stadtgebiet zur Bekämpfung des Marxismus gegen *300 Wohnungen* mit Unterstützung der SA und SS durch die Revierpolizei durchsucht. Eine große Menge Druckschriften, Flugblätter, Vervielfältigungsapparate, Bekleidungs- und Ausrüstungsstücke verbotener Organisationen, sowie Hieb-, Stich- und Schußwaffen und Munition aller Art wurden hierbei gefunden und beschlagnahmt. Unter Einsatz der Bereitschaftspolizei sind etwa *600 Gärten durchsucht* worden. Auch hier wurde für die Gartenbesitzer belastendes Material sichergestellt. Bei den Durchsuchungen sind annähernd *100 Personen festgenommen* worden. Die Bevölkerung wird ersucht, auch weiterhin durch besondere Aufmerksamkeit *zur Verfolgung staatsfeindlicher Elemente beizutragen* und verdächtige Wahrnehmungen sofort der nächsten Polizeistelle zu melden.

NLZ 23. Juli 1933, S. 5

Razzia an den Lübschützer Teichen.
45 Großkraftwagen auf nächtlicher Streife.
Die Zeltstadt bei Machern aufgelöst

In den frühen Morgenstunden des Sonntag führte die Leipziger Schutzpolizei die *größte Razzia* durch, die bisher in der Umgebung Leipzigs vorgenommen wurde. Zur Unterstützung der Polizeistreifen – rund 300 Mann unter Führung des Majors von *Hartmann* – waren etwa 300 SS-Männer der Standarte 48 unter Standartenführer *Friedrich* herangezogen worden. 75 Kriminalbeamte nahmen Durchsuchungen vor. Die Kommandos umschwärmten die weitverzweigte Zeltstadt an den *Teichen*. Die Ausweispapiere der Insassen wurden geprüft. Schließlich mußten *alle Zelte abgetragen* werden. Nur mit ein paar Familien und Ehepaaren wurden Ausnahmen gemacht.

Für die scharfen Maßnahmen der Leipziger Polizei lagen zwei *Gründe* vor. Die Unübersichtlichkeit und die mangelhafte Überwachung der Zeltstadt ermöglichen verbotene politische Zusammenkünfte. Die Umgebung des Kernlagers war mit der Zeit zum Tummelplatz sittlich verwahrloster Jugendlicher geworden, die zum Wochenende zu Hunderten an den Teichen zusammenkamen, um im Freien zu nächtigen. Die Anordnung, sämtliche nicht von Verheirateten bewohnten Zelte abzubauen, ist ergangen, um dem demoralisierenden Einfluß des Lagerlebens entgegenzuwirken, wie es sich *in den letzten Monaten* an den Lübschützer Teichen entwickelt hatte.

Eine Razzia muß gut vorbereitet sein, zumal ein Unternehmen von solchem Ausmaße wie die *Umzingelung der Lübschützer Teiche*. Einige Tage vorher schon hatten die leitenden Polizeioffiziere die Zeltstadt besucht. An Hand von Generalstabskarten wurde das Gelände erforscht. Es stellte sich bald heraus, daß die Kräfte der Polizei nicht ausreichen würden, die Razzia erfolgreich durchzuführen. Von der Leipziger SS-Standarte wurden deshalb Hilfsbereitschaften angefordert. Die Kriminalpolizei mußte nicht weniger als 75 Beamte mitschicken. Als sich die Polizei- und SS-Bereitschaften am Sonntag gegen 1 Uhr in der Landespolizeikaserne in *Mökkern* einfanden, wußten nicht einmal die Bereitschaftsführer, was bevorstand. Geheimhaltung bis zum letzten Augenblick ist der halbe Erfolg. Leicht kann ein unbedachtes Wort den Erfolg der ganzen Razzia gefährden. Erst kurz vor der Ausfahrt der 45 Wagen, die für die Teilnehmer an der großen Razzia bereitstanden, rief Polizeimajor von Hartmann, dem die oberste Leitung übertragen war, die Bereitschaftsführer zusammen und gab ihnen kurze Anweisungen. Die Zeltstadt an den Lübschützer Teichen sollte umzingelt und gründlich durchsucht werden.

Die Lübschützer Teiche mit ihrer wundervollen Uferlandschaft sind seit Jahren ein *beliebtes Ausflugsziel*. Viele Leipziger radeln Sonntag für Sonntag hinaus, dort zu baden. Im Laufe der Jahre ist eine richtige Zeltstadt entstanden, die in ihrem Kern den Wochenendkolonien anderer deutscher Großstädte gleicht. Auf dem Berg, von dem die Zeltsiedlung ihren Ausgang nahm, hat man »*Straßen*« benannt und zur besseren Orientierung »*Hausnummern*« angebracht. Große, zum Teil recht gut eingerichtete Zelte stehen hier. Die Sommergäste werden von dem Pächter der kleinen Gaststätte am Teichufer in besonderen Listen geführt. Mit der Zeit sind aber die Urlauber, die sich hier in der Natur einen kleinen, gesunden Hausstand gegründet haben, zurückgedrängt worden durch Schwärme junger Burschen und Mädchen, die hier ein freies Leben führen wollten. Außer diesen Herumtreibern, die zum großen Teil unangemeldet in kleinen Zelten oder notdürftigen Unterständen nächtigen, galt die Streife politischen Flüchtlingen, die man an den Teichen vermutete. Neben der Zeltrazzia her gingen Haussuchungen in Machern, über deren Ergebnis die Leipziger Polizei in den nächsten Tagen berichten wird.

Gegen ½ 2 Uhr nahmen die Bereitschaften in den Streifenwagen der Polizei und vielen privaten Personen- und Lastkraftwagen Platz. Vor der Kaserne hatten sich ein paar Neugierige angesammelt. Die riesigen Scheinwerfer der Polizeiautomobile tauchten die Straßen, durch die sich die lange Kolonne nach Paunsdorf bewegte, in grelles, grüngelbes Licht. Auf der Landstraße wurde im 20-Kilometer-Tempo gefahren. Schneller soll sich eine so große Kolonne auf kurvenreicher Chaussee nicht vorwärtsbewegen, da sie sonst leicht zerrissen werden würde. Der Stolz des Wagenführers ist es nämlich, den befohlenen Abstand genau einzuhalten. Dem nachfolgenden Wagen werden fortlaufend Zeichen gegeben, damit er sich der Geschwindigkeit des Vorläufers anpassen kann. Ein Bild, wie es kein Abenteuerfilm großartiger bringen könnte, bot die große Kolonne, wie sie im leichten Morgennebel langsam durch die Kurven zog. An der Wegabzweigung zur Zeltstadt wurde gestoppt. Nur der Wagen des Führers fuhr bis auf wenige Meter heran. Die Sicht ist hier durch ein paar hölzerne Lauben versperrt, hinter denen die Entwicklung der Sperrlinie erfolgte. Ein Kommando Schutzpolizei war bereits früher eingetroffen, um den Wald zu sperren. Um 3 Uhr war die Einkreisung beendet, ohne daß sie von den Zeltinsassen bemerkt worden wäre. Diese wurden einzeln geweckt und in Gruppen auf ein Wiesengelände in der Nähe der Bergsiedlung gebracht. Im allgemeinen ging die Räumung der Zelte ohne Zwischenfälle vor sich. Für Notfälle – mehrere Frauen verfielen in der Erregung über die Räumung in Krämpfe – waren Sanitäter und Ärzte zur Stelle. Die Kinder wurden in den Zelten belassen. Eine halbe Stunde später hatten sich alle Zeltbewohner gesammelt. *Es waren über 1200 Personen;* eine Zahl, an die man nicht entfernt gedacht hatte, denn die *Meldebücher* weisen nur *rund 500 Personen* aus, von denen viele am Sonntag nicht an den Teichen weilten.

Die Kriminalbeamten wurden dann zur Durchsuchung auf die Zeltgruppen verteilt. Die Papiere der Insassen wurden kurz überprüft; waren sie in Ordnung und hatte die Zeltdurchsuchung nichts Verdächtiges zutage gefördert, konnten sich die Leute zu ihren Lagern zurückbegeben.

Die Räumung und Durchsuchung der Zelte lieferte so eindeutige Beweise für die sittliche Verwahrlosung einiger Insassen, daß nach kurzer Beratung der Abbau des gesamten Lagers, mit Ausnahme der von Verheirateten bewohnten Zelte, verfügt wurde. Die Zeltbewohner kamen diesem Befehl ohne weiteres nach, und bald konnte man auf der Straße nach Leipzig eine wahre *Völkerwanderung auf schwer bepackten Fahrrädern* sehen. Unverheirateten, die größere Einrichtungsgegenstände herbeigeschafft hatten, wurde gestattet, *Handwagen aus Leipzig* zu holen.

Ob der Abbau der Zelte das Ende der Sommer- und Urlaubssiedlung an den Lübschützer Teichen bedeutet, steht noch nicht fest. Daß das Zelten in der bisherigen Weise wieder gestattet werden wird, erscheint ausgeschlossen, da es offensichtlich zu schweren Mißständen geführt hat. Ein Teil der Schuld an dem üblen Ausgang des Wochenend-Siedlungsversuches vor den Toren Leipzigs trifft den Besitzer des Landes, der das Land verpachtet hat, ohne sich darum zu kümmern, was darauf getrieben wurde. Auch die Aufsichtsbehörde hat der Überwachung der Teichsiedlung kaum die nötige Sorgfalt gewidmet. In Zukunft wird man den Aufenthalt an den Lübschützer Teichen jedenfalls nur nach ordnungsgemäßer Anmeldung gestatten und das Zeltleben so überwachen, daß der *ideale Zweck* des Wochenend-Siedelns, wie es anderwärts mit gutem Erfolg durchgeführt worden ist, auch *wirklich erreicht* wird.

NLZ 24. Juli 1933, S. 3

25. JULI 1933 (DIENSTAG)

Göring erläßt den ersten Grundsatzbefehl für den getarnten Aufbau der deutschen Luftwaffe. – Der preußische Justizminister erläßt aus Anlaß der Beendigung der nationalsozialistischen Revolution eine Amnestie für SS-und SA-Angehörige, die bei der Verfolgung von Gegnern straffällig geworden sind.

Leipzig wird Hafenstadt.
Baubeginn am Elster-Saale-Kanal.
Viele Tausende erhalten Arbeit

Mit dem heutigen Tage sind die jahrzehntelangen Kämpfe um den Bau des *Elster-Saale-Kanals von Leipzig nach Kreypau bei Merseburg* von dem entscheidenden Erfolg gekrönt. Die *Bauarbeiten beginnen.* Zwischen *Rückmarsdorf* und *Dölzig* wird das erste Stück dieses sogenannten Südflügels des Mittelland-Kanals in Angriff genommen. Die Ausschreibung der Arbeiten für dieses Stück ist erfolgt. Die Ausführung wird in kürzester Zeit zunächst 2000 Arbeitslosen Beschäftigung geben. Diese Zahl wird sich rasch steigern. Man nimmt an, daß nach dem Baubeginn von Leipzig aus bis zur sächsischen Grenze auch auf dem Kanalstück, das durch preußisches Gebiet führt, alsbald die praktische Arbeit folgt. Damit wird ein Plan verwirklicht, der augenblicklich für die *Arbeitsbeschaffung* von ungeheurer Bedeutung ist, später aber durch die Verbilligung der Frachten und die verbesserte Wettbewerbsmöglichkeit der mitteldeutschen Braunkohle für immer von unabschätzbarer Wichtigkeit bleiben wird. Neben der sächsischen Regierung und den Kanalbauämtern waren es in letzter Zeit vor allem Leipzigs Oberbürgermeister Dr. *Goerdeler* und der Verkehrsdezernent Stadtrat Dr. *Leiske,* die sich für die Verwirklichung dieses großartigen Unternehmens eingesetzt haben.

Der siegreiche Kampf

Der Tag der Arbeitsausschreibung weist in die Zukunft. Zugleich aber ist es notwendig, bei dieser Gelegenheit die ungeheuren Mühen und außerordentlich heftigen Kämpfe um den Kanal ins Gedächtnis zurückzubringen, um ganz deutlich werden zu lassen, was nun geschaffen ist. Gehört doch der Plan, aus Leipzig eine Hafenstadt zu machen und ihr Anschluß an die natürlichen Ströme zu geben, zu den *ältesten Projekten,* die es überhaupt auf diesem Gebiet in Deutschland gibt.

Pionier Karl Heine

Es wäre allerdings müßig, an die Pläne des *Kurfürsten Friedrich August III. von Sachsen* zu erinnern, der schon einmal Leipzig mit der Saale und sogar direkt mit der Elbe bei Torgau verbinden wollte. Diese Pläne tauchten rasch auf und zerrannen ebenso schnell zu nichts. Denkwürdig aber erscheint heute den alten Leipzigern wieder die Gestalt jenes Leipziger Bürgers, der mit einem einst als sensationell empfundenen Aufbauwillen den Elster-Saale-Kanal verfocht. Das ist *Karl Heine.* Er baute, von manchem bejubelt, von vielen aber auch verschrieen, auf eigene Faust mit eigenem Geld in Leipzig-Plagwitz einen Kanal, den er bis zur Saale vorwärtszubringen gedachte.

Schon 1856 ging den Leipziger Stadtverordneten die Eingabe Karl Heines für den Kanal zu. Aber die Jahre, als Heine den Kanal selbst ausführen ließ, schlossen dann doch mit einem Fehlschlag. Das Geld ging aus und Heine war froh, als ihm der Staat einige Anlagen abkaufte. Es war ein hoffnungsvoller Vorstoß gewesen, aber mehr nicht.

Danach begann eine Entwicklung, die von einem Vertrag zum anderen führte, von einer Konferenz zur nächsten, von Protesten zu Kundgebungen, von Anträgen zu Beschlüssen, von Eingaben zu Versprechungen und von *Zusagen zu Enttäuschungen.* Es gab Zeiten, da stand jeder der Beteiligten gegen den anderen, Sachsen gegen Preußen, Leipzig gegen Halle, die Elbeschiffahrt gegen den Saaleverkehr, die Reichsbahn gegen die Kanäle, die Transportunternehmer gegen die Industrie und was sonst alles an einzelnen Interessengruppen seine Ansprüche verteidigte. Es kam bei allen nichts anderes heraus, als daß die Zusagen, die gemacht waren, mit einem Achselzucken nach den leeren Kassen gebrochen wurden.

Feierliche Staatsverträge

Erst als die Ziffern der Arbeitslosen in die Höhe schnellten, als Menschen zu Hunderten, zu Tausenden und schließlich zu

Millionen aus der Wirtschaft hinausgeworfen waren, besann man sich. Damals wurden jene *feierlichen Staatsverträge* unterzeichnet, die immer wieder den Baubeginn in Aussicht stellen und auf Grund deren die weiteren Kämpfe geführt wurden. Es waren die Vereinbarungen vom 16. November 1920, vom 28. März 1921 und schließlich der alles zusammenfassende Staatsvertrag vom 24. Juli 1926 zwischen dem Deutschen Reich und Preußen, Sachsen, Braunschweig und Anhalt. Hierin wurde eindeutig festgelegt, daß der *Südflügel als »untrennbarer« Bestandteil* des gesamten Mittellandkanal-Unternehmens *gleichzeitig* mit der Durchführung der Kanalstrecken zwischen Braunschweig und Magdeburg in Angriff genommen werden solle. Aber immer wieder zerschellten Jahr für Jahr alle Hoffnungen. Die Erfüllung der Verträge wurde verschoben. Im Jahre 1927 wurde von den 40 Millionen, die für den Mittellandkanal im Reichshaushaltsplan im ganzen eingestellt waren, die Hälfte gestrichen, im Jahre 1928 wurden die 24,5 Millionen auf 20 Millionen reduziert. Damals gab es einen ganz großen Rückschlag, denn man wollte vor der Beendigung des Mittellandkanals erst die Kanalisierung der Oder und einen Kanal vom Rhein nach Aachen fertig haben.

Leerlauf der Konferenzen

Damals gab es *zu viele Konferenzen.* Der Ausgang einer Unterhandlung im Jahre 1928 ist bezeichnend. Es hatten sich die maßgebenden Führer Mitteldeutschlands durch Vermittlung der sächsischen Gesandtschaft beim Reichsverkehrsminister von Guerard und dem damaligen Reichsfinanzminister Dr. Hilferding angesagt! Aber noch als man auf eine Zusammenkunft rechnete, trat der Verkehrsminister zurück und der Reichsfinanzminister hatte es abgelehnt, die Vertreter Mitteldeutschlands zu hören, weil es – wie eine amtliche Verlautbarung damals wörtlich sagte – »wegen wichtiger Kabinettssitzungen unmöglich gewesen wäre, die Abordnung zu empfangen«. Es war wegen der Verschachtelung der Befugnisse seinerzeit nicht möglich, überhaupt mit den maßgebenden Ministern auf lange Zeit zusammenzuarbeiten. Hatte sich einmal eine führende Persönlichkeit in den Regierungen in die Kanalpläne, vor allem in den Elster-Saale-Kanal eingearbeitet, so folgte ein Kabinettswechsel, und Leipzig mußte *von vorn anfangen.*

Alles verloren?

Immerhin leisteten die *Kanalbauämter* in Magdeburg, Halle und Leipzig inzwischen die entscheidenden Bauarbeiten. In den Jahren 1920 bis 1924 gab es schon einmal ein Kanalbauamt in Leipzig. Es wurde dann wieder zugemacht. Im Jahre 1927 begann es abermals seine Tätigkeit bis zum Jahre 1930. Das war das Jahr einer neuen großen Krise. Als eine ganz unerwartete Schreckensnachricht wirkte es, als damals Preußen die Zuschüsse nicht mehr zahlen wollte und die Arbeiten an dem Riesenprojekt *überhaupt gescheitert schienen.* Aber auch damals raffte man sich in Mitteldeutschland zu neuen Aktionen auf. Neue Kundgebungen folgten. Die Besuche in Berlin wiederholten sich. Obwohl jedoch 1929 eine ansehnliche Gruppe von Reichstagsabgeordneten das gesamte Gebiet des Mittellandkanals mehrere Tage lang bereiste, blieben alle Bemühungen Leipzigs auch in den nächsten Jahren noch ergebnislos. Die sächsische Regierung unternahm kräftigere Vorstöße. Weil jedoch der Reichsrat dagegen war, erzielte man keinen Erfolg.

Durchbruch zur Tat

So wogte der Kampf um das Kanalprojekt hin und her. Der Wirtschaft ging es immer schlechter. In Westsachsen und besonders in Leipzig, Merseburg und den Leunawerken, Halle und den Braunkohlengruben wurde es immer stiller, und die Zahl der Arbeitslosen wuchs und wuchs. Nun fanden sich die *Spitzen Leipzigs* und *Halles endlich zusammen!* Es bildete sich eine feste Einheitsfront aller beteiligten mitteldeutschen

Kreise. Es war ein Signal der Not und dringender Hilfsbedürftigkeit, als Leipzigs Oberbürgermeister Dr. *Goerdeler* und Halles damaliger Oberbürgermeister Dr. *Rive* im Februar 1933 gemeinsam beim Reichsverkehrsminister Eltz von Rübenach vorstießen. Sie fanden Verständnis, aber kein Geld.

Der Generalangriff

Erst das Reichsgesetz zur *Verminderung der Arbeitslosigkeit* vom 1. Juni in Verbindung mit der Durchführungsverordnung vom 28. Juni zeigte wieder einen Weg. Die *neue Führung des Deutschen Reiches* begann mit dem *Generalangriff* auf die Arbeitslosigkeit. Unter Mitwirkung von Oberbürgermeister Dr. Goerdeler wurden in dieses Gesetz auch Bestimmungen aufgenommen, die Kanalbauarbeiten, wie den Elster-Saale-Kanal, in die zulässigen Arbeitsbeschaffungen einbezogen. Das war die Zeit der letzten Vorbereitungen.
Jetzt machte *Leipzig wieder alles mobil*. Ende Juni kam es zu einer großen Verhandlung im Reichsverkehrsministerium. Sämtliche Reichsressorts, Vertreter von Preußen und Sachsen und Leipziger Ratsvertreter waren zusammengekommen. Die große Beratung endete in erfreulicher Einstimmigkeit. Alle Anwesenden stellten sich auf den Standpunkt, daß mit dem *Beginn der Bauarbeiten am Elster-Saale-Kanal begonnen werden solle.*
Da schlug die große Stunde der *sächsischen Regierung*. Sie hatte noch einige Beiträge zu zahlen, die sie als Beihilfe zum Bau der Saaletalsperre zugesagt hatte. Durch diese Rückstände sollte Sachsens Interesse an dem Bau des Kanals erneut betont werden. Nachdem aber die entscheidenden Zusagen für den Baubeginn gegeben worden waren, erkannte die sächsische Regierung ihre Verpflichtungen für die Saaletalsperre sofort an. In wenigen Tagen werden die erforderlichen Enteignungsvollmachten eintreffen. Nichts also steht dem Bau mehr im Wege. Das Pionierwerk Karl Heines wird, allerdings auf einer anderen Linie, großartige Wirklichkeit.

1000-Tonnen-Kähne

Die riesige Bedeutung des Kanalbaus zeigen einige Zahlen: Die *Gesamtbaukosten* sollen rund 31 Millionen betragen. Die Bewegung an *Bodenmassen* beläuft sich auf 4 Millionen. Bei dem Orte Wüsteneutzsch werden *zwei Schleusen* gebaut, die einen Höhenunterschied von elf Meter überwinden. Ferner werden im ganzen *dreizehn Brücken* für die Kreuzungen von Eisenbahn und Straßen notwendig und neun Dükker. Mit diesen Bauwerken wird es ermöglicht, Kähne von 1000 *Tonnen* Fassungsvermögen in den Leipziger Hafen zu bringen. Allerdings werden die erste Zeit zunächst nur Kähne bis zu 400 Tonnen fahren können, weil die Beförderung von 1000-Tonnen-Kähnen erst noch umfangreiche Vertiefungsarbeiten in der Saale bedingt.
Im Vordergrund des Interesses steht heute die Arbeitsbeschaffung. Sie richtet sich nach den Vorschriften der Reichsgesetze vom Juni. Die 2000 Arbeitslosen, die zunächst eingestellt werden dürften, erhalten die *Unterstützung,* die sie bei Fortdauer ihrer Arbeitslosigkeit bekommen würden, weitergezahlt. Darüber hinaus erhalten sie für je vier volle Arbeitswochen 25 Mark *Vergütung* in Form eines Bedarfsdeckungsscheines, der vom Reich als Zuschuß zur Verfügung gestellt wird. Im übrigen bekommen die Arbeiter noch eine warme *Mahlzeit* für jeden Arbeitstag. Sie werden zunächst eingesetzt auf einem Kanalstück, das von *Rückmarsdorf* bis in die Gegend von *Dölzig* führt. Bei Dölzig werden sich besonders umfangreiche Bauarbeiten nötig machen. Dort ist auf einer Strecke von rund 2,5 Kilometern eine etwa 10 Meter hohe Dammschüttung vorgesehen. Dabei soll vor allem Handarbeit geleistet werden, denn eine übermäßige Verwendung von Maschinen würde den Zweck der Arbeitsbeschaffung nicht erfüllen.
In diesen Tagen wird nun zum drittenmal, und damit endgültig, das *Kanalbauamt Leipzig seine Arbeit am Rathausring* (Rathausring 7) *beginnen*. Es soll von Regierungsbaurat *Gerstenberger* geleitet werden, der bereits im früheren Leipziger

Bauamt den Kanal selbst bearbeitet hat. Von dort aus wird der Gesamtplan des Kanals, soweit er auf sächsischem Gebiet liegt, geleitet. Mit Genugtuung werden die Vorkämpfer des Kanals, nicht nur die Stadtverwaltung, sondern auch die leitenden Persönlichkeiten des Elster-Saale-Kanal-Vereins, Baurat *Götz* und Dr. *Uhlig* von der Handelskammer, und viele andere unermüdliche Mitkämpfer ihre jahrelangen Mühen gekrönt sehen.

Starke Führung

Allerdings ist dieser Aufbruch zu einer neuen Verkehrsepoche, die jetzt für Leipzig, Merseburg und Halle einsetzt, bei aller Einschätzung der viele Jahre lang erprobten Kampfesfreude mitteldeutscher Persönlichkeiten zuletzt doch ein wunderbarer Erfolg der neuen staatlichen Führung. Wenn je eine Stadt den Leerlauf der Verwaltungsbürokratie schmerzhaft empfand, so ist es Leipzig in seinem Kampf um seinen Kanal. Um so begeisterteren Widerhall wird deshalb heute die Entschlossenheit und die Tatkraft der jetzigen Führer des Volks hervorrufen. Nicht nur in anderen gigantischen Plänen, sondern auch in diesem unablässigen Ringen um den Kanal sieht sich Mitteldeutschlands größte Stadt bei den riesigen Arbeitsbeschaffungsplänen Hitlers berücksichtigt. Das ist für Leipzig Anlaß zu vertrauender Hoffnung und Verpflichtung zur Treue.

Dr. Apitzsch, NLZ 26. Juli 1933, S. 1-2

27. JULI 1933 (DONNERSTAG)

O diese Hitze!

Es ist wirklich schlimm. Man weiß nicht, was man tun und lassen soll in diesen Tagen. Öffnet man das Fenster, so kommt eine solche Hitze ins Zimmer, daß man zu vergehen meint. Läßt man's geschlossen, dann wird binnen kurzem die Luft so schwül, daß man's kaum noch aushalten zu können glaubt. Trinkt man Wasser, so schwitzt man nach kurzer Zeit wie ein Braten, trinkt man keins, so hängt einem bald die Zunge zum Halse heraus. Nicht völlig zufrieden ist auch die Leipziger Schuljugend mit dieser Wärme. »Wie schade, daß wir gerade Ferien und keine Schule haben!«, wird sie gestern gedacht haben. Denn sonst hätte es unweigerlich hitzefrei gegeben bei solchen Temperaturen; so aber stellt sie nur resigniert fest, daß sie eben wieder mal um einen schulfreien Tag gekommen sei.

Der Donnerstag brachte den *Höhepunkt aller bisherigen Temperaturen* dieser Woche. Ununterbrochen stieg seit Sonntag die Silbersäule des Thermometers. Zuerst etwas vorsichtig von 21,4 Grad am Sonntag auf 21,5 am Montag. Dann schnellte sie in die Höhe: 26,2 Grad am Dienstag, mit einem abermaligen Ruck ging's auf 28,2 Grad am Mittwoch, um am Donnerstag nach einem morgendlichen Beginn von 23,5 Grad mittags auf *31 Grad im Schatten* zu steigen. Wieviel die Temperatur in der Sonne betrug, wagte man gar nicht erst nachzusehen. Auch ließ sich die Hitze auf andere Weise deutlich genug feststellen: Überall in den Wohnungen hörte man häufiger und länger als sonst die Wasserleitungen rauschen: gar vielfältig wurde das Wasser zum Kampf gegen die Hitze verwendet, zum Trinken, die Hände zu kühlen oder ganz in der Badewanne unterzutauchen. Die Folgen hatten denn auch die Wasserwerke bald zu spüren. Beträgt ihre tägliche Abgabe in normalen Zeiten rund 75 000 Kubikmeter und war sie bereits am Mittwoch auf mehr als 90 000 Kubikmeter gestiegen, so betrug schließlich am Donnerstag der

Verbrauch *mehr als 100 000 Kubikmeter* Wasser. Fürwahr eine Höchstleistung! Wer aber nicht beruflich gezwungen war, Schlips und Kragen umzubehalten, der verzichtete auf diese Kulturstücke und verfügte sich zu den Badeanstalten, um hier in den Fluten *Kühlung* zu suchen. Eine Hoffnung, die sich allerdings nur in beschränktem Maße erfüllte. Denn die Wassertemperaturen waren natürlich auch mit geklettert und betrugen am Mittag zwischen 23 und 24 Grad. Immerhin aber: 24 Grad im Wasser sind noch immer besser als 31 Grad in der Luft. So bevölkerten denn viele Tausende am Donnerstag die Leipziger Bäder, beschlagnahmten sämtliche Garderobehaken und Zellen und wichen nicht eher, als bis die Dunkelheit und die Glocke des Bademeisters sie zwangen, wieder heimwärts zu ziehen.

NLZ 28. Juli 1933, S. 4

29. JULI 1933 (SONNABEND)

Hitlergruß in Leipzig

Vom Rat der Stadt Leipzig wird mitgeteilt: Entsprechend den ergangenen Anweisungen grüßen sämtliche *Beamte*, *Angestellte* und *Arbeiter* im Dienst und innerhalb der dienstlichen Gebäude und Anlagen durch Erheben des rechten Armes. Beamte in Uniform grüßen in militärischer Form. Wenn sie keine Kopfbedeckung tragen, grüßen sie durch Erheben des rechten Armes. Es wird von den Beamten erwartet, daß sie auch außerhalb des Dienstes in gleicher Weise grüßen. Aber auch die *übrige Leipziger Einwohnerschaft*, die sich zum Staat bekennt, wird in der durch den Hitlergruß zum Ausdruck kommenden Verbundenheit des deutschen Volkes nicht zurückstehen hinter anderen Berufen oder anderen Städten. Also in Leipzig der Hitlergruß!

NLZ 29. Juli 1933, S. 4

30. JULI 1933 (SONNTAG)

Im gesamten Reich befinden sich 26 789 Personen in Schutzhaft, darunter in Sachsen 4500, das damit an zweiter Stelle nach Preußen steht.

Hochverräterische Umtriebe in Leipzig und Umgebung. Bisher 100 Personen festgenommen

Durch die politische Abteilung des Polizeipräsidiums war festgestellt worden, daß in der Nähe Leipzigs die verbotene KPD unter getarntem Namen fortbesteht. Es wurde daraufhin die Durchsuchung eines Landortes durchgeführt, wobei die Kartei, Mitgliedsmarken und Mitgliedsbücher der KPD, die erst in der letzten Zeit neu ausgestellt worden waren, gefunden wurden. Ebenso konnten Parteigelder beschlagnahmt werden. 20 Personen, unter denen sich Kuriere der KPD befanden, wurden festgenommen und dem Polizeipräsidium zugeführt. Daß diese Mitglieder im Besitz von Waffen gewesen waren, wurde festgestellt, die Waffen bei der Durchsuchung jedoch nicht gefunden. Die Erörterungen ergaben, daß sie nach anderen Orten gebracht worden waren, wo sie auch, in Schornsteine eingemauert, gefunden worden sind. Daraufhin konnten im Stadtgebiet 50 Personen, meist *Funktionäre der neuen Organisation der KPD*, festgenommen werden.

Weiter befinden sich zwölf Personen in Haft, die Mitglieder einer der KPD unterstehenden staatsfeindlichen Organisation sind. Alle festgenommenen Personen haben restlos gestanden, daß sie sich bis zu ihrer Festnahme am Neuaufbau der KPD beteiligt haben. Sie haben sich somit des *Hochverrats* schuldig gemacht und werden dem *Reichsanwalt* zur Aburteilung zugeführt werden.

Am 27.7.1933, 20.30 Uhr, wurden im Stadtgebiet 2 *Kuriere* der KPD festgenommen, die Beitragsmarken und Flugschriften bei sich hatten. Auf Grund der Vernehmung ergab sich, daß sie ihren Dienst von einem in der Nähe Leipzigs liegenden Orte aus durchführten. Durch rasches Zugreifen der politischen Abteilung war es möglich, in dieser Sache 6 Männer und 1 Frau festzunehmen, die neue KPD-Marken bei sich hatten. Außerdem wurde bei den Wohnungsdurchsuchungen noch wichtiges Material gefunden.

Der Polizei ist es gelungen, am 29. Juli 1933 den Hersteller eines Flugblattes festzunehmen, der nach seinen eigenen Angaben 60 000 Stück dieses Blattes hergestellt hat. Er wird der Staatsanwaltschaft zur Aburteilung zugeführt werden. Am 22.7.33, 11.50 Uhr vormittags, sollte der Eilbote L. bei einem kommunistischen Funktionär eine Kiste Seifenflocken abgeben. Der Funktionär erklärte dem Eilboten, keine Seifenflocken bestellt zu haben, worauf dieser Verdacht schöpfte und die Polizei hiervon in Kenntnis setzte. Die Kiste wurde geöffnet und kommunistische Flugblätter festgestellt. Der Empfänger wurde verhaftet, seine Wohnung durchsucht, wobei noch mehr belastendes Material gefunden wurde. Dem Eilboten L. wurde für sein geschicktes und entschlossenes Handeln vom Polizeipräsidium eine Geldbelohnung bewilligt.

NLZ 30. Juli 1933, S. 4

Sachsentreffen 14. bis 16. Juli 1933. In Erwartung des »Führers«.

Sachsentreffen 14. bis 16. Juli 1933. SA-Kämpfer nehmen Aufstellung.

Sachsentreffen 14. bis 16. Juli 1933. Hitler auf dem Weg zum Völkerschlachtdenkmal.

Sachsentreffen 14. bis 16. Juli 1933. SS-Kommandeure begrüßen Hitler auf dem Weg zum Völkerschlachtdenkmal.

Sachsentreffen 14. bis 16. Juli 1933. Hitler am Völkerschlachtdenkmal.

Sachsentreffen 14. bis 16. Juli 1933. Hitler am Völkerschlachtdenkmal.

Sachsentreffen 14. bis 16. Juli 1933. Hitlers Rede am Völkerschlachtdenkmal.

Sachsentreffen 14. bis 16. Juli 1933. Hitlers Rede am Völkerschlachtdenkmal.

Sachsentreffen 14. bis 16. Juli 1933. Goebbels nach der Hitler-Rede.

Sachsentreffen 14. bis 16. Juli 1933. Abmarsch nach der Rede am Völkerschlachtdenkmal.

Sachsentreffen 14. bis 16. Juli 1933. Fahnenweihe am Völkerschlachtdenkmal.

Sachsentreffen 14. bis 16. Juli 1933. Hitler auf dem Weg zum Augustusplatz, im Hintergrund das Völkerschlachtdenkmal.

Sachsentreffen 14. bis 16. Juli 1933. Hitler nimmt auf dem Augustusplatz den stundenlangen Vorbeimarsch von SA, Arbeitsdienst, SS, Stahlhelm und Amtswaltern ab, im Hintergrund das Neue Theater.

Sachsentreffen 14. bis 16. Juli 1933. Vorbeimarsch auf dem Augustusplatz, im Hintergrund das Europahaus.

Sachsentreffen 14. bis 16. Juli 1933. Die SS marschiert durch Leipzigs Straßen.

Sachsentreffen 14. bis 16. Juli 1933. Hitler nimmt den Vorbeimarsch auf dem Augustusplatz ab, im Hintergrund das Café Felsche und der Eingang der Grimmaischen Straße.

Leipzig im August 1933

1. AUGUST 1933 (DIENSTAG)

Die Zahl der Arbeitslosen ist merklich auf 4 468 500 gesunken. Die Gründe liegen in der starken Förderung öffentlicher Arbeit (Autobahnbau Frankfurt-Heidelberg, Eisenbahndamm nach Rügen, U-Bahn in Berlin Süd-Nord, Durchstich der kurischen Nehrung und Eiderabdämmung).

Weiter sinkende Arbeitslosenzahlen am Leipziger Arbeitsmarkt. Anfang August 1933

Vom *Arbeitsamt Leipzig* wird uns geschrieben:
Wie in den verschiedenen Bezirken des Reiches und Sachsens geht auch im Leipziger Wirtschaftsgebiet die *Arbeitslosigkeit* seit dem Antritt der nationalen Regierung und der von ihr in die Wege geleiteten großzügigen Bekämpfung *stetig zurück*. So sanken beispielsweise im Reiche seit dem diesjährigen Höchststand der Arbeitslosigkeit die Zahlen der Arbeitslosen um rund 1 500 000 ab. In dieser Abnahme sind allerdings auch etwa 150 000 Arbeitsdienstwillige enthalten, die nach dem Umbau des Arbeitsdienstes Ende Juli erstmalig in der Summe der Arbeitslosen nicht mehr erscheinen. Anderseits sind aus dem Kreis der sogenannten unsichtbaren Arbeitslosigkeit besonders zufolge der Sonderaktion für Angehörige der nationalen Wehrverbände zahlreiche Arbeitslose zu den Arbeitsämtern zurückgekehrt, um sich wegen der gestiegenen Vermittlungsaussichten vormerken zu lassen, wodurch naturgemäß das zahlenmäßige Angebot an Arbeitskräften nach dieser Seite hin wieder erhöht worden ist. Alles in allem erscheint es nicht zu hoch gegriffen, die Zahl der inzwischen wieder in Arbeit Gelangten mit 2 000 000 zu veranschlagen, wie ja auch aus den Berichten des Instituts für Konjunkturforschung hervorgeht. Im Leipziger Bezirk sind etwa in der gleichen Zeit die Arbeitslosenzahlen um über 13 000 (einschließlich rund 2000 Arbeitsdienstwillige) abgesunken.
Die Zahlen der Arbeitslosen stellten sich Anfang August im Reich, Sachsen und Leipzig auf:

Tag	Deutsches Reich	Freistaat Sachsen	Arbeitsamt Leipzig
31.7.1933	4 668 500	556 702	114 447

Das bedeutet: auf je 1000 Einwohner entfallen im Reiche zur Zeit 71,6 (Jahreshöchststand 96,3), in Sachsen 111,0 (Jahreshöchststand 143,2), im Bezirk Leipzig 128,8 (Jahreshöchststand 144,6) Arbeitslose. In den einzelnen Berufsgruppen des Leipziger Bezirkes gestaltete sich die Arbeitsmarktlage etwa folgendermaßen: Regen Bedarf hatte u. a. die *Landwirtschaft* während der Erntezeit, die auch Kräfte aus anderen Berufen vorübergehend aufnahm. Nicht ganz so günstig lag der Arbeitsmarkt des Baugewerbes, wo erst die neueren Baupläne der Stadt wieder zu einer größeren Belebung führen werden. Innerhalb der Konjunkturgruppen ist erfreulicheres insbesondere von der Metallverarbeitung zu berichten, wo allein in Leipzig die Zahlen der Erwerbslosen um über 1000 absanken. Auch das graphische Gewerbe brachte uns sinkende Arbeitslosenzahlen, ebenso das Verkehrsgewerbe. Von den Gebrauchsgüterindustrien meldete die Gruppe Textilindustrie eine Entlastung des Arbeitsmarktes, während das Bekleidungsgewerbe bei ruhigerem Geschäftsgang der Maßschneiderei steigende Zahlen erbrachte. Der Arbeitsmarkt des Kürschnergewerbes verzeichnete fallende Zahlen. Bemerkenswert war auch ein Absinken der Zahlen innerhalb der Angestelltenberufe, besonders auf den erhöhten Bedarf an Technikern vor allem für den Tiefbau zurückzuführen. – Auf die Bemühungen des Arbeitsamtes hin wurden verschiedentlich *Doppelverdiener* entlassen und dafür bedürftigere Bewerber von den Betrieben aufgenommen. – Das große *Arbeitsbeschaffungsprogramm* der Reichsregierung brachte dem Leipziger Bezirk Mehrarbeitsgelegenheiten u. a. im Straßenbau. – Auch die Notstandsarbeiten wurden gefördert. Der sächsischen Landwirtschaft wurden die benötigten Helfer für die *Landhilfe* zugeführt. – Im freiwilligen Arbeitsdienst waren zuletzt 1900 Arbeitsdienstwillige beschäftigt. – Die Frage der Herabminderung oder gar Beseitigung der Arbeitslosigkeit, der die nationale Regierung ihre ganzen Kräfte widmet, kann nur durch planvolle Arbeitsvermittlung gelöst werden. Auch der Leipziger Wirtschaftsbezirk darf hierbei nicht zurückstehen. Deshalb richten wir auch hierdurch an alle Arbeitgeber die dringende Bitte: Helft alle, stellt alle verfügbaren Arbeitsplätze für erwerbsbedürftige Angestellte und Fach- und Hilfskräfte bereit!

NLZ 12. August 1933, S. 4

5. AUGUST 1933 (SONNABEND)

KPD bezieht Flugblätter aus der Schweiz

Das Polizeipräsidium teilt mit:
Im Verlauf der vergangenen Woche sind in *Leipzig* und dessen näherer Umgebung *8 kommunistische Funktionäre*, unter denen sich auch wieder eine *Frau* befindet, auf frischer Tat festgenommen worden. Sie verteilten Flugblätter, in denen in der gemeinsten Weise gegen die Reichsregierung gehetzt wird, und kassierten Gelder für die KPD. Bei den sofort durchgeführten Wohnungsdurchsuchungen wurde eine Unmenge marxistischer Schriften vorgefunden und beschlagnahmt. Die weiteren Erörterungen ergaben, daß die in Leipzig festgenommenen Personen mit einer in Lörrach/Baden wohnenden Person in Verbindung stehen mußten und von dort aus die Flugblätter zugesandt erhielten. Zwei Beamten der politischen Abteilung des Leipziger Polizeipräsidiums gelang es schließlich, zwei Frauen in Lörrach zu ermitteln und festzunehmen. Beide sind geständig, die Flugblätter aus der Schweiz eingeschmuggelt und an die in Leipzig und dessen näherer Umgebung wohnenden KPD-Funktionäre gesandt zu haben. Die beiden Frauen, in deren Besitz ein größerer Geldbetrag in ausländischen Devisen, den sie in ihrer Wohnung hinter einem Wandbild untergebracht hatten, gefunden worden ist, wurden von den Leipziger Beamten hierher übergeführt und werden in Kürze der Staatsanwaltschaft zugeführt werden.
Die festgenommenen Funktionäre konnten weiter überführt werden, Offertenbriefe an hiesige Einwohner, die in Tageszeitungen eine Anzeige unter Chiffre aufgegeben hatten, gesandt zu haben. Diese Briefe haben Flugblätter kommunistischen Inhalts enthalten. Auch in diesen Fällen sind sämtliche Festgenommenen geständig. Der Umstand, daß sich unter den 10 Festgenommenen *4 tschechische Staatsangehörige* befinden, beweist, daß die KPD vom Auslande her unterstützt wird.

NLZ 6. August 1933, S. 8

6. AUGUST 1933 (MITTWOCH)

Die Reichsregierung erhält eine neue Geschäftsordnung. Da Reichsgesetze im allgemeinen vom Reichskabinett beschlossen werden, werden diese eingeleitet: »Die Reichsregierung hat das folgende Gesetz beschlossen ...«; ohne Vorlage an den Reichstag vollzieht der Reichskanzler auch Verträge mit ausländischen Staaten.

10. AUGUST 1933 (DONNERSTAG)

Professor Neubeck †

Das Leipziger Polizeipräsidium teilt mit:
»Das in Untersuchungshaft befindliche frühere Vorstandsmitglied der Mitteldeutschen Rundfunk GmbH Leipzig (Mirag), Professor Dr. *Neubeck*, wurde in der vergangenen Nacht [10. August] in seiner Gefängniszelle erhängt aufgefunden. Sofort angestellte Wiederbelebungsversuche blieben erfolglos.«
Professor *Neubeck* war, wie wir gestern berichtet haben, am Donnerstag vormittag zusammen mit Dr. *Kohl* in Haft genommen worden.

NLZ 12. August 1933, S. 2

13. AUGUST 1933 (SONNTAG)

300 Wohnungen durchsucht.
Wieder Verhaftungen

In der vergangenen Woche sind zur Bekämpfung der kommunistischen Bewegung wiederum über 300 Wohnungen und Gartenanlagen durch Beamte der Schutzpolizei, zum Teil mit Unterstützung von SA und SS, durchsucht worden. Es wurden dabei Druckschriften, insbesondere Bücher marxistischen und kommunistischen Inhalts, Bekleidungs- und Ausrüstungsstücke verbotener Organisationen, Flugblätter, Fahnen, Vervielfältigungsapparate usw. und in neun Fällen auch Waffen und Munition vorgefunden und beschlagnahmt. Im Zusammenhang damit wurde eine Anzahl Personen festgenommen, von denen mehrere bereits der hiesigen Staatsanwaltschaft zur gerichtlichen Bestrafung zugeführt worden sind. Das Polizeipräsidium wird auch weiterhin mit aller Schärfe den Kampf gegen staatsfeindliche Elemente durchführen und richtet an die ordnungsliebende Bevölkerung erneut die Bitte, es in diesem Kampfe tatkräftig zu unterstützen. Verdächtige Wahrnehmungen sind sofort der nächsten Polizeidienststelle mitzuteilen.

NLZ 13. August 1933, S. 4

16. AUGUST 1933 (MITTWOCH)

Bomben auf Markt und Augustusplatz.
Der Reichsluftschutzbund wirbt

Fast täglich lesen wir in den Zeitungen, daß die ehemaligen Feindbundmächte neue Riesenflugzeuge bauen und als Luftwaffe in den Dienst stellen. Mit immer stärkeren Mitteln schützen sie ihre Grenzen zu Wasser, zu Luft und zu Lande. Die Wochenschauen der Kinos, die Abbildungen der illustrierten Zeitschriften zeigen uns in ihren Manöverbildern das ganze riesige Angebot, mit dem das Ausland arbeitet. Deutschland sind alle schweren Waffen durch den Versailler Vertrag verboten. Die ihm aufgezwungene Wehrlosigkeit wirkt sich besonders kraß auf dem Gebiete des Luftschutzes aus. Während an den Grenzen des Reiches immer neue und schwerere Angriffswaffen aufmarschieren, haben wir nicht einmal die einfachste Flugzeugabwehrkanone. Da man uns aktiven Luftschutz verboten hat, ist es unsere Pflicht, wenigstens passiv für die Sicherung unseres Landes und unserer Bevölkerung gegen Luftangriffe zu sorgen.

Am vergangenen Sonntag erst zeigte eine Luft- und Gasschutzübung der Leipziger Technischen Nothilfe, welche Mittel zur Verfügung stehen, um hier erfolgreich zu wirken. Die Ortsgruppe des Reichsluftschutzbundes macht nun auf eine andere Art die Leipziger auf die Gefahren eines Luftkriegs aufmerksam. Von heute ab stehen auf dem Markt und Augustusplatz Attrappen von Fliegerbomben. Die beiden Gruppen zeigen die wesentlichsten Bombenarten in naturgetreuer Größe. Eine 2000 Kilogramm schwere Minenbombe von 3,20 Meter Höhe, die vier bis sechs Meter starke Betondekken glatt durchschlagen kann, wird neben einer Brisanz-Bombe von 500 Kilogramm Gewicht gezeigt. Dieses Geschoß genügt zur Zerstörung ganzer Häuserblocks. Kleinere Minen-, Brisanz- und Brandbomben, von denen ein Flugzeug bis zu 2000 Stück tragen kann, und die Hitzegrade bis zu 3000 Grad zu erzeugen vermögen, ergänzen die Gruppen.

Zur Leipziger Herbstmesse wird eine vom Luftschutzbund veranstaltete *Ausstellung* in Halle 19 weiteres aufklärendes Material zeigen. Eine Abteilung ist der Luftrüstung gewidmet. Sie wird die Entwicklung der Kriegsflugzeuge, die Heeresstärke der uns umgebenden Staaten und die Wehrlosigkeit Deutschlands gegen feindliche Angriffe an vielen Beispielen deutlich machen. Über den Aufbau und die Organisation des zivilen Luftschutzes und seiner Hilfsmittel wird die zweite Abteilung Aufklärung bringen.

Um aber der Leipziger Einwohnerschaft einmal einen Eindruck von der ungeheuren Wirkung eines Luftangriffs zu geben, wird am 9. September auf dem Leipziger Flughafen in Mockau eine große *vierstündige Nachtübung* stattfinden. Die Göringsche Flugzeugstaffel wird neben zahlreichen anderen Fliegern einen Luftangriff auf eine Attrappenstadt vorführen.

Der Reichsluftschutzbund will mit seinen Veranstaltungen nicht nur für den Luftschutzgedanken werben, sondern auch die weitesten Bevölkerungskreise mit den mannigfaltigen Abwehrmitteln vertraut machen. Die besten Schutzmaßnahmen nützen nichts, wenn der einzelne sie im Ernstfall nicht richtig anwendet. Deshalb muß jeder Deutsche sich ständig über den Gas- und Luftschutz unterrichten.

NLZ 16. August 1933, S. 4

18. AUGUST 1933 (FREITAG)

Goebbels eröffnet in Berlin die 10. Deutsche Funkausstellung. Dabei erklärt er: »Was die Presse für das 19., das wird der Rundfunk für das 20. Jahrhundert sein.« Die Funkausstellung steht unter dem Motto: »Der Rundfunk dem Volke!« Dieses Motto findet seinen sichtbaren Ausdruck in dem im Auftrag des Propagandaministeriums von den 28 deutschen Rundfunkapparatefabriken gemeinschaftlich entwickelten und hergestellten Volksempfänger.

20. AUGUST 1933 (SONNTAG)

1. NS-Großflugtag in Leipzig-Mockau

Aufruf!
An die Bevölkerung von Leipzig
und Mitteldeutschland!

Heute ist der erste nationalsozialistische *Großflugtag* im Flughafen Leipzig-Mockau. In den Hallen warten Motormaschinen und Hochleistungs-Segelflugzeuge darauf, in den Nachmittagsstunden von unseren Meisterfliegern in die Lüfte geführt zu werden, und unsere bewährten Flieger werden freudig beweisen, daß Deutschland im fliegerischen Können nicht zurücksteht, sondern mit allen Nationen der Welt in gleicher Front liegt.

Die beste Sicherheit für die fliegerische Zukunft Deutschlands ist die *Begeisterung der Bevölkerung*.
Hunderttausende werden heute auf dem Flugplatz Mockau ein Großflugprogramm sich abwickeln sehen: *Luftkämpfe*, Geschwaderflüge, *Kunstsegelflüge*, Ballonaufstiege, Ballonverfolgung und *Fallschirmabsprünge*. Die neuesten deutschen Flugzeuge werden unsere Blick auf sich lenken. Ein Bombengeschwader wird eine künstliche Stadt angreifen und die Gefahren eines *Luftangriffs* vor Augen führen.
Das Schicksal dieser Stadt soll beweisen, daß eine starke Luftflotte für jedes Land *Lebensnotwendigkeit* ist.
Die Ortsgruppe Leipzig des Deutschen Luftsportverbandes hat alle Vorbereitungen zu Ihrem Besuche getroffen. Wir haben unsere Pflicht erfüllt. Tun Sie die Ihrige und *kommen Sie zu uns!* Ich bin überzeugt, daß Sie gern und freudig unserem Rufe Folge leisten werden. Sie unterstützen hierdurch nicht den einzelnen Flieger, nicht einen Verein, Sie fördern die *deutsche Luftfahrt* und damit Deutschlands Ziele, *Deutschlands Zukunft*.

Knofe, Polizeipräsident
NLZ 20. August 1933, S. 1

22. AUGUST 1933 (DIENSTAG)

Prof. Goldschmidt Lehrbefugnis entzogen

Dem nicht planmäßigen außerordentlichen Professor der Augenheilkunde, Professor Dr. Max Goldschmidt, ist auf Grund des Gesetzes zur Wiederherstellung des Berufsbeamtentums die Lehrbefugnis an der Universität Leipzig von dem Herrn Reichsstatthalter in Sachsen entzogen worden. Durch Verfügung des Herrn Reichsstatthalters in Sachsen ist dem Privatdozenten für römisches Recht und altorientalische Rechtsgeschichte bei der juristischen Fakultät der Leipziger Universität, Dr. jur. Martin David, die Lehrbefugnis an der Universität Leipzig entzogen worden. *NLZ 22. August 1933, S. 5*

23. AUGUST 1933 (MITTWOCH)

Die »erste Ausbürgerungsliste« der NS-Regierung enthält 32 Namen, u.a. die der Politiker Rudolf Breitscheid, Wilhelm Hansmann, Wilhelm Münzenberg, Eugen Eppstein, Wilhelm Pieck, Philipp Scheidemann, Friedrich Stampfer, Otto Wels und die der Schriftsteller Lion Feuchtwanger, Friedrich Wilhelm Foerster, Helmut von Gerlach, Kurt Grossmann, Emil Gumbel, Alfred Kerr, Heinrich Mann, Ernst Toller, Kurt Tucholsky. Ihr Vermögen wird beschlagnahmt.

27. AUGUST 1933 (SONNTAG)

Auftakt zur Herbstmesse 1933.
Messe der Arbeitsbeschaffung. Deutschlands Gesamtwirtschaft ist in Leipzig vertreten

Die Leipziger Herbstmesse 1933 wird heute eröffnet. Sie steht im Zeichen der *Arbeitsbeschaffung*, und schon aus diesem Grunde umfaßt sie mehr Gruppen der deutschen Wirtschaft als die letzten Herbstmessen. Neben den üblichen Ausstellern finden wir diesmal auf der neugeschaffenen Braunen Großmesse das deutsche *Handwerk* und zahlreiche *Kleinindustrien*, die bisher auf der Leipziger Messe noch nicht vertreten waren. Außerdem wird erstmalig eine »*Sachsenschau*« veranstaltet, die eine Gesamtübersicht über die sächsische Wertarbeit bieten soll. Schließlich tritt zum erstenmal die *Landwirtschaft* mit einer besonderen Milchschau auf.
Entsprechend ihrer alle Wirtschaftszweige umfassenden arbeitspolitischen Bedeutung wird die Herbstmesse von Reichsstatthalter *Mutschmann* besonders feierlich eröffnet werden. Er kommt am Sonntag früh 9 Uhr in Leipzig an und begibt sich nach einer Besichtigung des Alten Rathauses auf die Braune Messe.

Mit der Messe verbunden sind verschiedene Kollektivveranstaltungen. So wird ein besonderer *Festzug* mit Ausstellungswagen für Erzeugnisse des deutschen Handwerks und der deutschen Industrie werben. Erstmalig wird auch das Deutsche *Modeamt* Vorführungen einer von Deutschen entworfenen und aus deutschen Stoffen hergestellten Mode veranstalten. Im Rahmen der Messe findet ferner am Montag eine *Gemeinschaftskundgebung des deutschen Handels* und am Dienstag ein *Generalappell des deutschen Handwerks* statt. Die Beschickung der Messe selbst ist sehr gut. Nach meßamtlichen Feststellungen sind die Zahlen der *Einkäufer aus dem Ausland* gegen die Ziffern der letzten Herbstmesse fast durchweg *gestiegen*; und zwar für Norwegen um 125 %, für Schweden um 90 %, Finnland um 100 %, Dänemark um 57 %, Spanien um 60 %, Estland um 30 %, Schweiz um 25 %; England, Schottland und Irland sowie Frankreich, Italien und Luxemburg haben ihre Ziffern behalten. Zurückgegangen sind nur die Ziffern der Besucher aus *Österreich* und der *Tschechoslowakei*.

Die *Zahl der Aussteller* wird mit 5633 angegeben, das sind ungefähr 300 mehr als zur Herbstmesse 1932. Unter den Ausstellern sind 318 Ausländer (Sammelausstellungen und Einzelaussteller).

Dieses Mal sind 88 000 Quadratmeter *Ausstellungsgelände* gegen 91 000 Quadratmeter im Vorjahre vergeben. Der Rückgang erklärt sich durch den Umstand, daß die Möbelmesse nur noch im Frühjahr stattfindet als »Deutsche Möbelmesse«. Dafür hat die Braune Großmesse rund 7000 Quadratmeter belegt. Die Besetzung in der inneren Stadt ist z. T. sehr gut; verschiedene große Meßhäuser sind voll belegt.

NLZ 27. August 1933, S. 1

29. AUGUST 1933 (DIENSTAG)

Großer Tag des deutschen Handwerks. Über 20 000 Teilnehmer beim ersten Generalappell anläßlich der »Braunen Großmesse«

Noch nie ist die Bedeutung des deutschen Handwerks so deutlich geworden wie zu dieser Leipziger Herbstmesse, zu der erstmalig die deutschen *Handwerksmeister* in einer großen umfassenden Schau ihre Leistungen zeigen und gemeinsam für sie werben.

Noch nie hat sich das Handwerk so zusammengefunden, ist es so geschlossen aufgetreten, hat es so einheitlich seinen Willen zur Mitarbeit im Staate bekundet, wie am Dienstag nachmittag, als weit *über 20 000 Meister* und *Gesellen* aus ganz Deutschland zusammenkamen zum ersten Generalappell des deutschen Handwerks.

Ernste Feierlichkeit lag über dem Riesenraum der Halle 7 auf dem Ausstellungsgelände, der fast bis auf den letzten Platz gefüllt war. Hunderte von *Sturmfahnen* und *Innungsbannern* aus Nord und Süd, aus Ost und West des Reiches schmückten den Treppenpodest an der Stirnseite der Halle, an der die hohe Rednerkanzel aufgerichtet war. Alle maßgeblichen Stellen, die Reichsregierung, die Regierungen der Länder, die Reichswehr, die italienische Handelskammer und die NSDAP hatten Vertreter entsandt.

Nach Eröffnung des *Generalappells* durch den Vorsitzenden des Reichsverbandes des Deutschen Handwerks, *Schmidt-Wiesbaden*, sprach Sachsens Wirtschaftsminister *Lenk*. Er rief auf zu zäher Arbeit im Sinne des Kanzlers Adolf Hitler, der das beste Beispiel zu opferfreudiger Arbeit zum Wohle des Volksganzen gegeben habe. Lenk ermahnte zur Pflichterfüllung im Geiste derer, die im und nach dem Kriege ihr Leben ließen, damit das deutsche Volk leben kann. Die Regierung habe das Zutrauen zur Schaffenskraft des Volkes, um die schweren Aufgaben des Wiederaufbaus zu meistern.

Dann hielt der Vizepräsident des Reichsstands des Deutschen

Handwerks, Karl *Zeleny,* eine tiefgründige Rede, in der er eine Brücke schlug vom Geiste und Wollen der nationalsozialistischen Idee zu der erd- und blutverbundenen Tradition der deutschen *Zünfte.* Die deutsche Wirtschaft ruhe auf der Herstellung guter und gediegener Arbeit. Die *Arbeitsleistung* sei der einzige Schatz, den wir besitzen.

Als der brausende Beifall der vielen Tausende verrauscht war, wies der Geschäftsführer des Reichsausschusses für das Ausstellungs- und Messewesen, *Theilig,* noch einmal hin auf die Gleichzeitigkeit des Generalappells mit der in fester Überlieferung wurzelnden *Leipziger Messe,* die stets die Qualitätsarbeit zur Geltung gebracht habe.

Dem Dank an alle, die durch ihre Mitarbeit die »Braune Großmesse« ermöglichten, schließt er die Mahnung an zum *Festhalten an dem Gedanken zur Messe,* die stets die handwerkliche Arbeit in den Vordergrund stelle und zeigen wolle, daß das deutsche Handwerk seinen Platz behauptet.

Nach einem Gedenken an die Führer des Deutschen Reiches, den Reichspräsidenten von *Hindenburg* und den Reichskanzler *Hitler,* und alle die, die ihr Leben einsetzten für Volk und Vaterland, klang die Riesenkundgebung mit dem Deutschland- und Horst-Wessel-Lied aus.

NLZ 30. August 1933, S. 1

30. AUGUST 1933 (MITTWOCH)

In Nürnberg beginnt der 5. Reichsparteitag der NSDAP, der »Reichsparteitag des Sieges« (bis 3. September). Hitler erklärt bei der Eröffnung, »daß unsere Parteitage jetzt und für immer in dieser Stadt stattfinden«. – Der jüdische Philosoph Theodor Lessing, der vor den Nationalsozialisten wegen Todesandrohung im März nach Prag geflüchtet war, wird in Marienbad von NS-Agenten ermordet.

Leipzig im September 1933

2. SEPTEMBER 1933 (SONNABEND)

Auf dem Reichsparteitagsgelände in Nürnberg macht Hitler die angetretenen 160 000 Amtswalter der NSDAP für die Erziehung der deutschen Menschen zu einem »Volk mit einer Idee und einer Willensäußerung« verantwortlich. In einer Ansprache an Ehrengäste des diplomatischen Korps erklärt Hitler: »NS-Deutschland ist nicht Zwang, sondern Ausdruck der Volksstimme.« Er bittet darum, auf seinen Fahrten durch Deutschland keine Blumen mehr in seinen Wagen zu werfen, da er von diesen Blumenmengen nicht einmal einen Bruchteil in sein Zimmer stellen könne. Hinter der Bitte steht die Furcht vor einem Attentat.

Leipzig hört Nürnberg.
Großlautsprecher auf dem Königsplatz

Um allen deutschen Volksgenossen Gelegenheit zu geben, die größte nationale Veranstaltung mitzuerleben, werden am Sonnabend, dem 2., und am Sonntag, dem 3. September, die Übertragungen des Mitteldeutschen Rundfunks von dem *Reichsparteitag in Nürnberg* durch die Kreisrundfunkstelle und den Reichsverbund Deutscher Rundfunksender mit einer großen Lautsprecheranlage vom alten Grassi-Museum auf den *Königsplatz* übertragen.

NLZ 2. September 1933, S. 1

3. SEPTEMBER 1933 (SONNTAG)

Auf zur Kleinmesse!

»*Jeder einmal auf der Kleinen Messe!*« das ist ein alter Grundsatz der *Leipziger*, der auch in diesem Jahre getreulich befolgt wird. Auf dem weiten Platz hinter dem Frankfurter Tor hat sich die Zeltstadt wieder aufgetan mit ihren vielen bunten Genüssen für Auge und Ohr, für Herz und Magen. Die Ausrufer schreien und locken, Kindertrompeten quietschen, die Drehorgeln der Reitschulen liegen in heftiger Konkurenz, und schließlich siegt doch »*Grün ist die Heide* ...«
Der Nachmittag gehört den *Kindern*. Welche Lust, auf der Verkehrsreitschule im Überfallwagen zu fahren, oder auf der Riesenschaukel, oder auf der Reitschule, wo man rückwärts fährt, oder ... oder ... Und anschließend dann die unvermeidliche Eistüte – mit Sahne –, während Mutter noch schnell etwas Praktisches für den Haushalt kauft, zu kleinen Messepreisen!
Am Abend flammen die Bogenlampen auf, und dann beginnt in allen Buden die »Elite-Gala-Vorstellung mit dem fabelhaften Riesengroßstadtprogramm! Eintritt und Entree auf allen Plätzen – 10 Pfennig!« Das ist überhaupt dieses Jahr der Einheitspreis. Man ist billig – die Menge soll es bringen. Und die Menschen drängeln sich, und mancher Kinderwagen droht im Gewühl steckenzubleiben. Man braucht ja nicht immer gleich hineinzugehen – auch *vor* den Buden gibt's zu

gucken – und zu lachen! Da kann man jetzt auf richtigen Motorbooten in richtigem Wasser seine Steuerkünste zeigen, man kann auf der »Löping the Loop« den Weg zu Kraft und Schönheit finden oder auf der »Wip« die genossene »Warme« und Fischel mit Semmel richtig durcheinanderschütteln lassen. Schießbuden gibt's aller Art, mit Bären, Bonbonnieren und sogar mit lebenden Gänsen. Im Tanzpalast lockt die »Dorfmusik«, im Hippodrom ein »schneidigärr Ritt!« Und Sensationsbegeisterte finden reiche Auswahl, von der »Todesfahrt« bis zum »Mensch in Hypnose«. Dann läßt man sich noch schnell die Zukunft weissagen oder mit dem gewonnenen Teddy fotografieren, und dann geht's auf die Heimreise, die noch eine ganze Weile vom Lärm und Trubel der Kleinmesse begleitet wird. Weithin zieht der Geruch von Rostbratwürsten, frischgebrannten Kamerunern und Kartoffelpuffern ...

NLZ 3. September 1933, S. 4

7. SEPTEMBER 1933 (DONNERSTAG)

Belebter Wohnungsmarkt. Kleine Wohnungen stark gesucht

Wieder naht der 1. Oktober als Umzugstermin. Das Umzugsgewerbe steht vor einer großen Aufgabe, denn der Wohnungsmarkt wird von Vierteljahr zu Vierteljahr belebter. Die Zeiten sind vorüber, in denen es kaum möglich war, eine freie Wohnung zu kriegen, wo ein fahrender Möbelwagen zu einer Seltenheit gehörte. In allen Stadtvierteln hängen an den Häuserfronten Schilder, auf denen Wohnungen angeboten werden; meist Vier-, Fünf- oder Sechszimmerwohnungen. Selten dagegen sind Dreizimmerwohnungen, ganz vereinzelt nur Kleinstwohnungen zu haben. Große Wohnungen stehen teilweise schon mehrere Monate leer.

Die Einkommensverhältnisse, die sich im Laufe der letzten Jahre dauernd verschlechtert haben, zwingen heute viele Menschen, auf den Komfort, den sie einst für unentbehrlich hielten, zu verzichten. Sie sind gezwungen, *ihre größere Wohnung mit einer kleineren zu vertauschen.* Die Mieten sind aber im allgemeinen zu hoch. Wenn schon in Zweizimmer-Neubauwohnungen mit Heizung 100 Mark an Miete monatlich aufgebracht werden müssen, so geht das über das Maß hinaus, das im Rahmen der gegenwärtigen Einkommen erträglich ist. Wenn Familien ein *Drittel* oder gar die *Hälfte* ihres Einkommens für Miete aufwenden müssen, so muß darunter die übrige Lebenshaltung außerordentlich leiden. Das wirkt wiederum auf die Wirtschaft zurück, deren Umsatz dadurch stark vermindert wird.

Die Schuld an den hohen Mieten für Neubauwohnungen trifft nicht den Hausbesitz. Die Häuser sind meist in den Jahren gebaut, in denen die Baukosten *stark überhöht* waren, als der Kubikmeter umbauter Raum fast 40 Mark kostete. Die Tilgung und Amortisation der aufgenommenen Hypotheken hält die Mieten auf viele Jahre hoch, so daß heute von einer Anpassung an die veränderte allgemeine Lebenshaltung noch nichts zu verspüren ist. Man kann erleben, daß für zwei ganz gleichwertige Wohnungen in derselben Wohngegend verschieden hohe Mieten gefordert werden, je nach dem Baujahre, in dem die Wohnung erstellt worden ist.

Es ist gewiß nicht leicht, die Frage des *Mietpreises für Neubauwohnungen* zu lösen, ohne dabei den privaten oder städtischen Hausbesitz zu schädigen. Ein im Interesse der Mieter liegender Ausgleich kann nur gefunden werden, wenn in der *Tilgung und Amortisation* der aufgenommenen Hypotheken und der Hauszinssteuerhypotheken Erleichterungen eintreten. Der preußische Minister für Wirtschaft und Arbeit hat die Gemeinden bereits ermächtigt, die Tilgung der Hauszinssteuerhypotheken bei Neubauten aus den Jahren 1927 bis 1930 um weitere zwei Jahre auszusetzen.

Während große Wohnungen leerstehen, ist an kleinen und Kleinstwohnungen zu angemessenen Mietpreisen auch heute noch sehr starker Bedarf. Bis 50 Parteien treten als Bewerber um solche Wohnungen auf. Diese Nachfrage hält auch den Preis für kleine Wohnungen stabil. So steht der Wohnungsmarkt, im allgemeinen belebter, unter folgenden Gesichtspunkten: Großer Andrang nach kleinen und Kleinstwohnungen, mittlere Wohnungen zum Teil gesucht, große Wohnungen aber kaum zu vermieten.

NLZ 7. September 1933, S. 4

9. SEPTEMBER 1933 (SONNABEND)

Entlassungen an der Universität

Der Herr Reichsstatthalter hat auf den Vorschlag des Ministeriums für Volksbildung auf Grund des Gesetzes zur Wiederherstellung des Berufsbeamtentums vom 7.4.1933 den ordentlichen Professor der Nationalökonomie Dr. *Kessler* und den planmäßigen außerordentlichen Professor der Radiophysik Dr. *Marx* an der Universität Leipzig in den Ruhestand versetzt. Den nicht planmäßigen Professoren an der philosophischen Fakultät der Universität Dr. *Erkes* und Dr. *Drucker*, sowie den Privatdozenten an der Medizinischen Fakultät Dr. *Friedheim* und Dr. *Temkin* ist die Lehrbefugnis an der Universität entzogen worden. Zum Falle der Beurlaubung des Universitätsprofessors Dr. *Everth* erfahren wir, daß die Ermittlungen nichts ergeben haben, was zu einem Verfahren auf Grund des § 4 des Gesetzes zur Wiederherstellung des Berufsbeamtentums (mangelnde nationale Zuverlässigkeit) führen müßte. Die Beurlaubung ist inzwischen dadurch gegenstandslos geworden, daß Professor Everth sich genötigt gesehen hat, aus gesundheitlichen Gründen seine Emeritierung zu beantragen.

NLZ 9. September 1933, S. 5

10. SEPTEMBER 1933 (SONNTAG)

Im Vatikan werden die Ratifikationsurkunden des zwischen dem Deutschen Reich und dem Heiligen Stuhl abgeschlossenen Konkordats ausgetauscht, das damit in Kraft tritt.

Beisetzung von Theodor Fritsch

Von der Kreisleitung der NSDAP wird geschrieben: Die Beisetzung von *Theodor Fritsch* findet am Dienstag, 12. September, 15 Uhr, statt. Mit Theodor Fritsch wird ein Mann zu Grabe getragen, der sein ganzes Leben gekämpft hat um das Ziel, das wir heute erreicht haben. Leipzig darf stolz sein, daß dieser Mann in einem seiner Vororte wohnte und wirkte. Die Kreisleitung Leipzig der NSDAP fordert daher die gesamte Bevölkerung Leipzigs auf, am kommenden Dienstag ihre Verbundenheit mit dem dahingeschiedenen Kämpfer dadurch zum Ausdruck zu bringen, daß sie ihre *Fahnen auf Halbmast* setzt. Ein Leben lang wurde dieser Mann verleumdet, verfolgt und mißachtet. Das deutsche Volk hat viel an ihm gutzumachen, denn er liebte sein Volk über alles. Ehre dem toten Kämpfer!
Reichskanzler *Adolf Hitler* hat an Frau Paula Fritsch geborene Zilling in Gautzsch bei Leipzig folgendes Telegramm gerichtet: »Die Nachricht von dem Heimgang Ihres Gatten hat mich tief bewegt. Nehmen Sie so auch diese meine herzlichste Anteilnahme zu dem schweren Verlust entgegen. Möge Ihnen die Gewißheit Trost spenden, daß der Verstorbene in weiten Kreisen unserer Volksgenossen unvergessen sein wird.«
Reichsminister Dr. *Goebbels* hat an die Familie des verstorbenen Theodor Fritsch folgendes Telegramm gesandt: »Tief ergriffen vom Ableben des hochverdienten Vorkämpfers unserer völkischen Wiedergeburt übermittle ich Ihnen meine herzliche Anteilnahme. Theodor Fritsch wird unvergessen bleiben im Kreise derer, die Deutschland neu aufgerichtet haben.«

NLZ 10. September 1933, S. 5

13. SEPTEMBER 1933 (MITTWOCH)

Hitler eröffnet im Reichsministerium für Volksaufklärung und Propaganda mit der Parole »Kampf gegen Hunger und Kälte« das erste »Winterhilfswerk«. Er stellt es unter das Motto: »Die internationale Solidarität des Proletariats haben wir zerbrochen, dafür wollen wir aufbauen die nationale Solidarität des deutschen Volkes.«

16. SEPTEMBER 1933 (SONNABEND)

Der ehemalige Rotfront-Kämpferbund arbeitet wieder. Illegale Wehrorganisation der KPD ausgehoben und 18 Personen der Oberreichsanwaltschaft zugeführt

In den Abendstunden des 12. August 1933 wurden *sieben Kommunisten* durch das rasche Zugreifen der Polizei festgenommen. Sie hatten in Leipzig an Häusern und Planken Flugzettel hochverräterischen Inhalts angeklebt und auf die Straßen geworfen. In ihnen wurde gegen den stattfindenden Reichstagsprozeß und gegen die Reichsregierung gehetzt.
Die Untersuchung ergab, daß die sieben Kommunisten *einer Zelle der illegalen Wehrorganisation,* die sich aus ehemaligen Mitgliedern des *Rot-Front-Kämpferbundes* zusammensetzte, angehörten. Sie hatten die Flugzettel im Auftrage ihres Abteilungsleiters auf einem Druckapparat angefertigt. Die Vorbereitungen hierzu waren in Versammlungen, die in einer Gartenlaube und im Walde, in der Nähe Leipzigs, stattfanden, und an denen sich die Angehörigen der Wehrorganisation beteiligt hatten, besprochen worden.
Es wurde weiter festgestellt, daß die KPD versuchte, die neue Wehrorganisation auch in *Leipzig* aufzustellen. Nach der Festnahme der einzelnen Stadtteil- und Abteilungsführer versuchte der Stadtteil-Chef nach dem Auslande zu fliehen, er konnte aber in *Wolfach (Baden)* festgenommen und durch zwei Beamte der Politischen Abteilung nach Leipzig überführt werden.
Der Druckapparat, mit dem das illegale Material angefertigt worden war, war nach dem bekannten System der KPD von Hand zu Hand gewandert. Auf Grund sorgfältigster Ermittlungen konnte er aber schließlich in einem Keller aufgefunden werden.
Bemerkenswert ist, daß die meisten der in Haft Genommenen sich schon einmal in Schutzhaft befunden haben.
NLZ 16. September 1933, S. 4

Hitlerjunge Quex. Erstaufführung im »Astoria«

»Quex« oder Heini, wie er im Film heißt, oder Jürgen, wie er in Wirklichkeit heißt, das ist das große Erlebnis dieses Films. Dieser Junge ist wunderbar. Wo er auftritt, sprengt er den Rahmen des Bildes, es ist, als käme er auf uns zu, wir möchten ihm über den blonden Kopf streichen. Was er auch spielt, es bleibt nicht Spiel, es bleibt nicht Film, denn dieser Junge bleibt ohne Befangenheit ein Junge und fest in sich selbst. Er stammt irgendwoher aus der Potsdamer Gegend. Aber er ist ganz das, was man sich gefühlsmäßig unter einem deutschen Jungen vorstellt. Er ist herb in seinem Wesen, und von dieser starken inneren Sauberkeit, er ist scheu und unaufdringlich, aber ein Kamerad von männlicher Haltung, so jung er ist. Aber das schönste an ihm ist dieser anmutvolle Ernst und diese leicht schwermütige Besinnlichkeit, die unsere Nachkriegsjugend trotz aller Heiterkeit kennzeichnet. Und niemals wird das Spiel und die Geste leer, weil seine Jungenhaftigkeit ihn erfüllt. Wenn er das wunderbare sechsteilige Messer sieht, den Wunschtraum seines kleinen Lebens, wenn er von Zelten hört und einer Nacht im Wald, dann erlebt das nicht ein Schauspieler, sondern ein Junge, dem ein Messer und ein Zelt Lebensinhalte bedeuten. Und eben beim Kampieren, da sah er die andere Welt. Frische und saubere Jungen, Kameraden, schöne Zelte, und auch innen so sauber, das fühlt man als Junge …

Denn immerhin: Der Vater ist Kommunist, verbittert, arbeitslos (Heinrich *George*), außerdem kriegsverletzt (ergreifend, wie George die Bitternis seines Lebens in wenigen Worten seinem Heini erzählt, in dem Augenblick, da er ihn der Partei übergibt, und wie der Junge nun den »brutalen« Vater in seiner wirren Not sieht). Die Mutter grämt sich als demütiges Arbeitstier durchs Leben (Bertha *Drews* ist ergreifend in dieser Rolle). In diesem Leben gibt es als Hoffnung nur die »Partei«. Und da ist Stoppel Obmann (Speelmans). Das ist ein Kerl mit einem guten Herzen, ein Bursche, der auch etwas von der männlichen Sehnsucht in sich hat. Aber er findet nicht mehr heraus. Und nun füllt ihn das Abenteuer »Partei« aus. Aber für Heini kauft er das schöne Messer.

Denn Heini ist aus seiner jungenhaften Sehnsucht nach sauberer und klarer Kameradschaft zu den Nazis übergegangen. Er konnte nicht anders. Seine Jugend in ihm schützte sich selbst vor den frühen Begierden. Aber es war ein schwerer Weg. Sie glaubten ihm nicht. Obwohl er weiß, was darauf steht, verrät er einen Kommunistenplan, weil er die Kameraden, denen er vom Blut her nahe ist, retten will. Und dann stirbt die Mutter am Gas, weil sie keinen Ausweg mehr sieht. Aber Heini kommt durch, weil er es will, weil er weiter will. Dann kommen die neuen Kameraden und lieben ihn und bringen die neue Uniform. Das neue Leben beginnt in ihrer Mitte. »Quex« ist voll Eifer, es drängt ihn, sich zu bewähren. Überall will er dabei sein. Und er spielt sich so gut, daß es alles ergreifender Ernst wird. Aber die andern haben ihn auf dem Strich.

Dann ist er allein in seinem Eifer grad auszuruhen, sich zu bewähren, aber da jagen sie ihn, jagen ihn, bis ihn ein Messerwurf niederwirft auf dem Rummelplatz, das sechsteilige, schöne Messer!

Quex ist tot. Mit dem schönen, sauberen Anzug und den hellen Strümpfen liegt er im Schmutz zwischen Schießbuden und Karussells.

Da hat der Regissör Hans *Steinhoff* jede Sentimentalität vermieden. Der Quex ist tot. Im Dunkel bleibt das Schicksal Stoppels und des Vaters. Auch sie haben einer Idee gedient, dumpf und unklar; es war ein Drang nach Freiheit in ihnen. Aber über allem steht doch nur der helle, herbe Junge »Quex«, er nimmt die Zweifel weg, die aus den anderen Gestalten aufstehen.

In Nebenrollen waren besonders eindrucksvoll: Rotraut *Richter*, das Hitlermädchen *Ulla* und Carl *Meixner*.

Die Begleitmusik und das zündende, aufreißende Lied von der Fahne hat Otto *Bergmann* geschaffen.

Der Film wurde mit großem Beifall aufgenommen. Die Erstaufführung gestaltete sich als festlicher Eingang besonders eindrucksvoll.

Das Haus war mit Fahnen und Blumen geschmückt. Die Oberbannkapelle und eine Singschar der Hitlerjugend leiteten den Film mit Märschen und Liedern ein.

Aber der schönste Schmuck des Hauses waren doch die Spaliere der Jungens selbst, Jungens, von denen man jedem einzelnen hätte die Hand drücken können. Sie hatten ihren großen Tag, denn dieser »Quex« ist ja einer aus ihrer Mitte.

Felix Lützkendorf, NLZ 17. September 1933, S. 16

18. SEPTEMBER 1933 (MONTAG)

Leipzigs größter Prozeß.
Vorbereitungen für die Verhandlung gegen die Reichstagsbrandstifter abgeschlossen.
Beginn des Prozesses am Donnerstag um 9 Uhr

Am kommenden Donnerstag [21. September] um 9 Uhr beginnt vor dem Vierten Strafsenat des Reichsgerichts der größte Prozeß, der je vor dem Reichsgericht geführt wurde: der *Reichstagsbrandstifter-Prozeß*, der aktenmäßig gegen »*van der Lubbe und Genossen*« geführt wird. Das deutsche Volk blickt an diesem Tage mit Spannung auf sein höchstes

Gericht. Die Welt nimmt Anteil an dem Ereignis in Leipzig. Trotz dieser ungeheuren Wirkung und der großen politischen Bedeutung ist dieser Prozeß wie jeder andere eine Sache richterlicher Arbeit und Entscheidung, nichts anderes. Die Anklage lautet auf *Hochverrat, Brandstiftung* und weitere schwere Straftaten. Der Vierte Strafsenat, der dafür zuständig ist, wird den Tatbestand mit der bei ihm selbstverständlichen Genauigkeit untersuchen. Er hat über unsachliche, politische Machenschaften schon große Siege davongetragen.

Der Tatbestand dieses Prozesses ist das schwerste Verbrechen, das Deutschland jemals erlebte. Wer erinnert sich nicht mit Schrecken an jenen Montag abend, den *27. Februar,* an dem der Mittelbau des Reichstages an vielen Stellen zugleich in Flammen stand? In jener Unglücksnacht stürzte die leuchtend goldene Kuppel des Hauses des deutschen Volkes brennend zusammen. Die Glasdecke und die Eisenkonstruktionen brachen in die Tiefe. Der Plenarsaal war vernichtet. Ein Verbrechen war begangen, das das ganze Volk mit Entsetzen erfüllte.

Es dauerte Monate, bis der Untersuchungsrichter des Reichsgerichts seine Arbeit auch nur annähernd bewältigen konnte. Als er am 1. Juni die Ergebnisse der Reichsanwaltschaft übergeben hatte, waren rund 500 Personen vernommen worden. Die Anklageschrift wuchs auf 35 Bände. Rund 120 Personen wurden als Zeugen in Aussicht genommen. Ihre Zahl wird sich noch erhöhen.

Fünf Personen wurden unter *Anklage* gestellt:

    Marinus *van der Lubbe,* 24 Jahre alt, Maurer, Holländer;
    Ernst *Torgler,* 40 Jahre alt, kaufmännischer Angestellter, Fraktionsführer der KPD im deutschen Reichstag;
    Georg *Dimitroff,* 51 Jahre alt, Schriftsteller, Bulgare;
    Blagoi *Popoff,* 31 Jahre alt, Student, Bulgare;
    Wassil *Taneff,* 26 Jahre alt, Schuhmacher, Bulgare.

Sie werden nun am Donnerstag morgen auf der Anklagebank im großen Verhandlungssaal des Reichsgerichts sitzen und sich vor Gericht und Reichsanwaltschaft zu verantworten haben.

Rund *110 Pressevertreter,* davon ungefähr die Hälfte aus dem Ausland, werden den Kampf dieses Prozesses verfolgen. Zum ersten Male in der Geschichte des Reichsgerichts werden Teile der Verhandlung durch *Rundfunk* dem ganzen Volk vermittelt. Viele ausländische Juristen, konsularische Vertretungen ausländischer Staaten, die um Zulassung zu der Verhandlung gebeten haben, sind bei der Platzeinteilung berücksichtigt worden.

Um den großen äußeren Anforderungen dieses Prozesses gerecht zu werden, sind im Reichsgerichtsgebäude selbst in den letzten Tagen umfangreiche *Maßnahmen* getroffen worden. Sie sind jetzt *abgeschlossen.*

Die erste auffällige Veränderung nimmt der Besucher beim Eintritt in die große Kuppelhalle wahr. Dort sind im rechten Seitengang 30 einheitlich gelb angestrichene *Fernsprechzellen* untergebracht worden, die dem Presseverkehr dienen. Zwischen ihnen stehen zwei Tische der *Posthilfsstelle,* flankiert von je einem *Brief-* und *Luftpostbriefkasten.* Eine reibungslose Abwicklung des umfangreichen Fernsprechbetriebes erscheint vor allem durch die Anbringung einer *Lautsprecheranlage* gewährleistet. Durch diesen Lautsprecher werden die Pressevertreter unter gleichzeitiger Angabe der ihnen zur Verfügung stehenden Zelle ausgerufen, wenn von der Vermittlung die von ihnen angemeldete Verbindung hergestellt worden ist.

Entgegen dem früheren Brauch, daß die einmal ausgegebenen Besucherkarten für das Publikum während der ganzen Dauer der Verhandlung galten, hat Senatspräsident Dr. *Bünger* nun eine Regelung getroffen, die es einem größeren Kreis von Volksgenossen ermöglicht, persönlich einmal der Verhandlung beizuwohnen. Die Publikumskarten gelten diesmal nämlich nur für den einen Tag, dessen Datum sie tragen. Im Interesse der Sicherheit aller Besucher versteht es sich von selbst, daß sich jeder von ihnen am Eingang einer genauen Durchsuchung auf Waffen unterziehen muß.

Weiter sei darauf hingewiesen, daß das Mitbringen von *Photoapparaten* nicht gestattet ist. Die Polizei wird streng darüber wachen, daß das seit jeher bestehende Verbot für Privatpersonen, im Gebäude des Reichsgerichts zu photographieren, beachtet wird. Damit die Öffentlichkeit nicht zu kurz kommt, ist es einigen *Presse- und Berufsphotographen* vom Vorsitzenden im Einvernehmen mit dem Propagandaministerium gestattet worden, die erforderlichen Aufnahmen zu machen.

Das Photographieren ist, wie heute auch amtlich bekanntgegeben wird, nicht nur im Gerichtsgebäude selbst, sondern ebenso in der Umgebung, auf dem Reichsgerichtsplatz und den angrenzenden Straßen nicht gestattet.

Wie üblich bei Prozessen von *längerer Dauer* wird der Senat wieder mit einem *Ersatzrichter* in die Verhandlung eintreten, über deren mutmaßliche Dauer sich noch nichts Endgültiges sagen läßt. Immerhin wird man wohl damit rechnen können, daß der erste Verhandlungsabschnitt in Leipzig in der Zeit zwischen dem 5. und 9. Oktober beendigt ist und die Verhandlung dann in Berlin im Reichstagsgebäude fortgesetzt wird.

Um die Verhandlung nach Möglichkeit zu beschleunigen, hat sich, wie wir hören, Präsident Dr. Bünger entschlossen, bei einigen nicht zu umfangreichen Sachzusammenhängen gegebenenfalls schon in Leipzig zur Vernehmung der erforderlichen Zeugen überzugehen.

Den Angeklagten wird selbstverständlich jede Gelegenheit zu einer ausreichenden *Verteidigung* gegeben. So stehen ihnen u. a. während der ganzen Dauer der Verhandlung ein holländischer und bulgarischer *Dolmetscher* zur Verfügung.

Für die Stadt Leipzig sind übrigens zwei Verordnungen von besonderer Wichtigkeit. Für die Zeit vom 17. September bis 7. November ist das Stadtgebiet als *Luftsperrgebiet* erklärt worden.

Die sonst möglichen Besichtigungen und Führungen durch das Gericht sind jetzt eingestellt. Außerdem ist im Gebäude, das seit Tagen bereits genau bewacht wird, Vorsorge für die Aufnahme von Polizei getroffen worden.

NLZ 19. September 1933, S. 1-2

21. SEPTEMBER (DONNERSTAG)

Vor den IV. Strafsenat des Reichsgerichtes in Leipzig beginnt der Reichstagsbrandprozeß gegen den Holländer van der Lubbe, den Vorsitzenden der KPD-Reichstagsfraktion Ernst Torgler und drei Bulgaren, von denen Georgi Dimitroff, der Leiter des westeuropäischen Sekretariats der Komintern, wegen seiner kompromißlosen Verteidigung berühmt wird.

22. SEPTEMBER 1933 (FREITAG)

Die Reichsregierung verabschiedet das Reichskulturkammergesetz; es bedeutet ein kulturpolitisches Ermächtigungsgesetz für den Propagandaminister Goebbels, der dadurch Rechtsverordnungen und Verwaltungsvorschriften zur Durchführung des Gesetzes erlassen kann.

Juden und der Deutsche Gruß

Von der Kreisleitung der NSDAP wird uns geschrieben:
»Es ist wiederholt die Frage aufgeworfen worden, ob Juden auch den Deutschen Gruß zu leisten haben. Um alle Mißverständnisse in Zukunft zu unterbinden, geben wir hiermit bekannt, daß der Deutsche Gruß ein Gruß der Deutschen ist, der von Juden nicht nur nicht verlangt wird, sondern der von ihnen nicht einmal erwünscht ist.

Die Bevölkerung wird daher ersucht, *Juden,* die den Deutschen Gruß nicht anwenden, *unbehelligt zu lassen.*«

NLZ 22. September 1933, S. 4

24. SEPTEMBER 1933 (SONNTAG)

Vor 30 000 Mann, 25 000 Führern und 5000 Fahnen wird in Hannover der Stahlhelmtag begangen. In Anwesenheit Hitlers, Röhms, des Bundesführers Franz Seldte, des preußischen Kronprinzen Wilhelm und der preußischen Prinzen Oskar und Eitel-Friedrich wird der Eintritt des Stahlhelms in die SA vollendet.

27. SEPTEMBER 1933 (MITTWOCH)

Der Prozeß

Wer jetzt von irgendwoher in die Stadt kommt, könnte erwarten, daß ein Prozeß, in dem Europa vor den Schranken sitzt, seinen Schatten über die Straßen der Stadt werfe. Aber man spürt nirgends die Unruhe und Spannung der verzögerten Entscheidungen. Der Platz vor dem Gericht bleibt leer und zeigt sein alltägliches Gesicht. Nur Polizeipatrouillen wandern an den Flanken des riesigen Gebäudes auf und ab. Es gibt nichts zu sehen. Und die Massen, die sonst bei den großen Prozessen den Platz säumten, fühlen richtig, daß dies kein Prozeß für die Augen ist. Hier erschöpft sich die Spannung nicht im Vorfahren der Wagen, die die Gefangenen bringen. Hier gibt es nichts zu demonstrieren, denn in diesem Prozeß demonstrieren sich die Verwirrungen und Dunkelheiten selbst, in denen Deutschland und Europa lagen. Hier begreifen wir erst, wie wenig wir wußten von den Dingen, die um uns geschahen.

Wir wußten nichts von dem vulkanischen Fanatismus, in dem ein van der Lubbe brannte. Wir wußten nichts von der Gefährlichkeit, Zielsicherheit, Bewußtheit und Erbarmungslosigkeit der Dimitroffs, die unter uns weilten, die mit uns lebten und doch ausgerüstet waren mit einem Herzen von Dynamit. Wir kannten die Gegner nicht, und jetzt sehen wir sie. Und daher kommt der große Atem des Prozesses. Es ist der Atem des fiebernden Europas, der verhalten in der Gemessenheit dieses Saales und vor dem rotrobigen Ernst des Richters sich preßt.

Ja, wir sehen die Gegner! – Immer wird sich der Staat des lodernden Fanatismus eines van der Lubbe erwehren können. Solche Menschen brennen selbst schon, ehe die Gebäude brennen, die sie in Flammen aufgehen lassen wollen. Sie verbergen sich und ihre Pläne nicht. Sie wollen den Trumpf der Vernichtung bis zur Neige kosten, und es schreckt sie nicht, wenn sie selbst untergehen dabei. Sie sind bewußt ohne Vorsicht, denn der Sinn ihrer Tat ist nichts weiter, als das Zeichen zum Aufbruch zu geben, über sie hin mag dann das Heer der Aufgerufenen zum Siege stürmen. Sie sind Feinde des Staates, ohne ihm im letzten gefährlich zu sein. »Nein, sie sind Feinde der Arbeiterklasse, weil ihre Tat Wahnsinn ist«, so sagt der Revolutionär Dimitroff. Und das allein ist der Gegner. Dimitroff ist der Offizier der Revolution. Beweglich, klug, mit Augen, die die Schwächen des Feindes blitzschnell sehen, zu Angriff und Parade immer bereit, bei aller Leidenschaftlichkeit kühl und verhalten, denn alles in ihm dient dem einen Ziel: der Weltrevolution. Dimitroff allein ist der Gegner, nicht in der Haltung, denn kämpfen können wir so wie er. Aber das Ziel macht uns zu Gegnern, darum müssen wir ihn klar sehen. Diese Dimitroffs waren überall zu Haus. Sie rissen die Mauern der Staaten auf. Sie schleuderten das Dynamit der Unruhe und der Unzufriedenheit um sich. Und sie werden es immer tun.

Zeitungen aus allen Teilen der Welt haben in diesem Saale ihre Vertreter sitzen. Es sind kluge Köpfe dabei, aufmerksame Augen. Und dennoch, werden sie diesen Prozeß bis ins letzte begreifen? Wird ihnen nicht gerade eine Erörterung langweilig sein, der wir mit fast gelähmten Herzen lauschen, weil wir dem Abgrund nahe waren, der ihnen fern scheint.

In den Pausen telephonieren sie. Jeder ein wenig anders. Jeder ein wenig unterschiedlich in seiner Sympathie und Abneigung. Ihre Hände unterstreichen anders. Ihre Federn sind verschieden schnell. Und die Worte ihrer Sprache meinen in den kleinsten Nuancen vielleicht doch etwas anderes als die Worte, die in diesem Saale gesagt werden. Und der Redaktör, der in den großen, fernen Staaten die Schlagzeilen macht, verschärft diese Nuancen noch etwas mehr. Und daraus bilden sich dann die Meinungen, bilden sich aus den gleichen Worten die großen Gegensätze. Freilich, das ist der Reiz der Journalistik. Aber ist es nicht hier mehr eine Gefahr? Hier, wo der eine Angeklagte in beklemmender Verstockung schweigt und allen Fragen unzugänglich bleibt, wo zwischen dem leichten Anheben seines Kopfes und dem helleren oder dunkleren Klang seiner Stimme die Wahrheit geahnt werden muß. Hier, wo der andere ständig kämpft und jedes Wort wie eine Fanfare ausstößt und jede Frage wie ein Messer zückt, hier ist der objektive Bericht notwendiger als je. Aber wenn er überhaupt möglich wäre, wäre nicht die Objektivität erst recht die größte *Entstellung* der Wahrheit?

Am Eingang untersuchen Kriminalbeamte jeden Eintretenden auf Waffen. Man begreift das. Es muß sein. Aber wäre es nicht notwendiger, in diesem Prozeß die Herzen zu untersuchen? Denn hier vollendet sich ein Zweikampf von europäischem Ausmaß. In diesem Saale ist ein laues Herz so unmöglich wie ein lüsternes Herz. Hier gilt nur die Bemühung, die großen Gefahren klar sehen zu wollen, und der Ernst, mit dem man bereit ist, zu lernen.

Dreifach verschieden ist die Zahl der Interessen, von denen die Zuhörer in diesem Saale zusammengeführt werden.

Da ist die kleine, dunkle Frau Torgler. Eine Bürgersfrau, obwohl sie die Frau des Kommunistenführers ist. Sie sieht nicht Europa und nicht das Reich. Sie sieht ihren Mann, einzig diesen Mann, der hier der Angeklagte Torgler heißt, ohne daß sie die Trennung begriffe, die dieses Wort zwischen ihm und ihr schafft. Da ist die Schwester des Dimitroff. Ein Mädchen, dunkel, schmal, bescheiden gekleidet. Sie könnte uns jeden Tag aus einem Fabriktor oder aus einem Bürohaus entgegenkommen. Jetzt reist sie in die großen Hauptstädte Europas, sucht Anwälte. Tut alles, um den großen Bruder zu retten, den sie sicher bewundert. Aber Dimitroff braucht sie im Grunde nicht. Da ist die zweite Gruppe derer, die kommen, weil sie die Sensation, das »Dabeisein« wollen. Würdige Bürger sind darunter, alte Frauen, sehr viele sogar. Sie sind angenehm erschrocken, wenn man sie nach Waffen durchsucht. Sie hören mit leichtem Gruseln, wie nahe ihnen der Brand und die Gefahr waren. Und dann ist die Gruppe derer, die die Größe des Staates ahnen, wenn sie in die Halle eintreten. Junge Studenten, SA-Leute, junge Arbeiter. Sie ahnen die Macht und erleben die leisen Schauer, die ausgehen von der Inkarnation des Rechtes, das in diesem Gebäude und den Menschen, die ihm feierlich dienen, geschah.

Überall in Europa warten die Menschen wie auf den Zeitungsroman auf die Fortsetzungen der Verhandlungsberichte. Und so wie sie in diesem Saale selbst ausgeschrieben werden, so liest man sie anderswo. Mit Mitleid, mit Empörung, mit Freude an der Sensation, so liest die Überzahl. Aber wenige denken daran, daß der Kampf noch nicht zu Ende ist, und daß diesem Prozeß für uns kein anderer Sinn innewohnt, als die Gegner klar zu sehen, die noch nicht überwunden sind.

Felix Lützkendorf, NLZ 27. September 1933, S. 2

Staatsfeindliche Mieter in städtischen Wohnungen

Vom Rat wird bekanntgegeben, daß Mieter, die sich in staatsfeindlichem Sinne betätigen, in Zukunft in städtischen Häusern nicht mehr geduldet werden. Mieter in diesen Grundstücken, die verbotene Abzeichen oder Uniformen tragen, die an Veranstaltungen verbotener Organisationen teilnehmen oder gar in ihrer Wohnung derartige Zusammenkünfte veranstalten, die verbotene Flugblätter drucken oder verbreiten helfen, haben daher in Zukunft wegen dieser Vergehen mit der Kündigung zu rechnen.

NLZ 27. September 1933, S. 5

Neues Rathaus und Stadthaus im Fahnenschmuck.

Hakenkreuzfahnen in der Burgstraße, Blick Richtung Thomaskirche.

Die Grimmaische Straße auf der Höhe Zentralmeßpalast und Handelshof während der Herbstmesse.

Die Grimmaische Straße zur Herbstmesse, links das Hansa-Haus
mit der Nahrungs- und Genußmittel-Messe, im Hintergrund die Hauptpost.

Messestände der Firmen Bleichert, ABG Baumaschinenfabrik, ATG Gurtförderer, Losenahusenwerk u.a. auf dem Freigelände der Technischen Messe.

Kundgebung des Deutschen Juristentags und des Deutschen Richtertags in der Messehalle 7 am 3. Oktober 1933.

Hitler im Gespräch mit Richtern und Rechtsanwälten auf dem Deutschen Juristentag am 3. Oktober 1933.

Reichstagsbrandprozeß, Vernehmung des Hauptangeklagten Marinus van der Lubbe (am Richtertisch rechts stehend), 21. September 1933.

Senatspräsident Wilhelm Bünger, der Vorsitzende Richter im Reichstagsbrandprozeß.

Vernehmung eines Zeugen im Reichstagsbrandprozeß.

Urteilsverkündung im Reichstagsbrandprozeß, rechts Georgi Dimitroff, daneben in gebeugter Haltung der zum Tode verurteilte Marinus van der Lubbe, 23. Dezember 1933.

Lucasstraße 6 am Horst-Wessel-Platz mit der am 8. November 1933 von Werner Rudolph und Werner Staake angebrachten Losung »Es lebe die KPD! Stimmt mit Nein!« (Foto von ca. 1955 mit rekonstruierter Inschrift).

Leipzig im Oktober 1933

1. OKTOBER 1933 (SONNTAG)

Der Bau der Reichsautobahn von München nach Salzburg (»Nibelungenstraße«) beginnt; die Kosten werden mit 42 Millionen RM veranschlagt, 12 000 Arbeiter werden eingesetzt. – Die Reichspost eröffnet die erste öffentliche Fernschreibverbindung der Welt; sie ist zwischen Hamburg und Berlin geschaltet. Der Fernschreiber ist von Siemens & Halske entwickelt worden.

Der Schwur am Reichsgericht. Die deutschen Juristen marschieren

Der 1. Oktober ist für die Geschichte der deutschen Rechtsprechung ein historischer Tag geworden. In einer gewaltigen Kundgebung am Reichsgericht legten die deutschen Juristen einen *feierlichen Schwur* auf ihre *Treue zum Führer* ab. Nie bisher war ein Ereignis vor der mächtigen Front des höchsten deutschen Gerichts so weihevoll und verpflichtend. Auch sonst brachte der Tag mit einer *Sondertagung der Dekane* und einem *Empfang im Reichsgericht* unvergeßliche Veranstaltungen. Überall offenbarte sich eine eindrucksvolle Einheit zwischen den Zehntausenden der Teilnehmer und ihren Führern. Es war eine symbolhafte Fügung, daß dieser Tag großartiger Erfolge zugleich der Geburtstag des Reichsgerichts war, der ins 55. Jahr führte.

15 000 Teilnehmer bei der Kundgebung

Der große Straßenumzug, den Leipzig am ersten Juristentag im neuen Staate erlebt hat, war ein überwältigendes Ereignis. Die gewaltige Demonstration ließ deutlich erkennen, daß auch im Rechtsleben ein einheitlicher Wille maßgebend geworden ist. Rund *15 000 deutsche Juristen* marschierten am Vormittag vom Augustusplatz nach dem Platz vor dem höchsten deutschen Gericht. Es gab innerhalb der Juristenschaft keine Unterschiede mehr. Der Richter ging neben dem Rechtsanwalt, dem Staatsanwalt, dem juristischen Beamten, dem Assessor. Und unmittelbar neben dem Justizwachtmeister in seiner Dienstuniform stand der Reichsgerichtsrat im schwarzen Zivilrock. Alle wollten nur das eine sein: *Arbeiter am Recht.* Was früher niemals möglich gewesen wäre: Aus den Gerichtssälen und Kanzleien waren die Juristen herausgekommen auf die Straße zum Volk, in dessen Augen sie lesen sollen, um ein lebendiges, dem Empfinden auch des einfachen Mannes entsprechendes Recht schöpfen und gestalten zu können. Und diese enge Gemeinschaft zwischen dem Volk und seinen Juristen, zwischen den ungezählten Tausenden, die am Rande der Straßen standen, und den Marschierenden, wurde greifbare Wirklichkeit. Da versank die Starrheit der Paragraphen! So zog nach dem Reichsgerichtsplatz die Mannschaft des neuen deutschen Rechts, das über dem neuen Deutschland leuchten soll, wie strahlende Sonne über diesem sommerlich warmen Sonntag.

Schon kurz nach 9 Uhr fanden sich die ersten Gruppen auf dem Augustusplatz ein. Bald reihte sich auf dem Stellplatz Säule neben Säule. Immer neue Abteilungen kamen aus den umliegenden Straßen von allen Gegenden der Stadt an. Jeder suchte seine Formation, seinen Gau, denn in der Gliederung nach den einzelnen deutschen Landschaften und Oberlandesgerichtsbezirken wurde der Umzug durchgeführt. Nach einer Stunde waren alle marschbereit. Ein Trompetensignal ertönte: Fertigmachen!

Wenige Minuten nach 10 Uhr verließ Reichsjustizkommissar, Minister Dr. *Frank* mit seinem Gefolge, dem sich die Dekane der juristischen und staatswissenschaftlichen Fakultäten der deutschen Hochschulen angeschlossen hatten, die Universität. Bevor der Minister den Kraftwagen bestieg, rief er den Versammelten ein »Heil Hitler« zu, das freudig beantwortet wurde.

Gegen 10.15 Uhr schwenkte die Spitzengruppe, geführt von einer Standartenkapelle und einem SA-Ehrensturm, nach der Schillerstraße zu ein. Nun folgte Gau auf Gau, u. a. Bayern, die Rheinlande, Schlesien, Westphalen, Brandenburg, Hamburg. Die Mitglieder der SA, der SS, des Stahlhelms und die Amtswalter hatten ihre Uniformen angelegt und sich zu besonderen Gruppen vereinigt. Die Juristen in Zivil trugen zumeist am linken Arm die Hakenkreuz-Armbinde. Dann kamen wieder SA-, NSBO- und Stahlhelm-Kapellen und Fahnengruppen. Die Mitglieder des Nationalsozialistischen Deutschen Juristenbundes aus dem Oberlandesgerichtsbezirk Naumburg brachten eine besondere Überraschung: Sie marschierten im weißen Oberhemd und wirkten dadurch besonders frisch und unkonventionell. Straff diszipliniert war der Gau Hamm. Berlin hatte eine nach vielen Hunderten zählende Abteilung gestellt. Beim Gau Sachsen sah man zahlreiche Mitglieder des Reichsgerichts und der Reichsanwaltschaft neben den Anwälten und den Juristen der übrigen Gerichte und der Verwaltungsbehörden. Zum Abschluß in vollem Wichs die Chargierten der studentischen Korporationen mit den Fahnen, die Angehörigen des Referendarlagers Jüterbog in ihren grauen Uniformen mit dem Tornister auf dem Rücken und ein Ehrensturm der SS mit Kapelle. Erst kurz vor 11.30 Uhr hatte die letzte Gruppe den Augustusplatz verlassen.

Der Sieg des deutschen Rechts

Die Kundgebung auf dem *Reichsgerichtsplatz* selbst wurde dann zu einer denkwürdigen Stunde. Schon seit Tagen leuchtete hoch vom Portal ein weißes Schriftband: »Durch Nationalsozialismus dem deutschen Volk das deutsche Recht!« Die Zugänge zum Gericht, die Säulen, die Front und selbst die Fenster waren mit Lorbeer festlich geschmückt. Im Rhythmus der Kapellen und von Marschliedern zogen von 10.30 Uhr an die Kolonnen der Juristen auf den Platz. Reihe neben Reihe, Gau neben Gau, Kopf an Kopf. Schon das war ein gewaltiges Bild. Auf der Freitreppe versammelten sich inzwischen die Vertreter der Behörden, unter ihnen Kreishauptmann *Dönikke,* Oberbürgermeister *Goerdeler,* Bürgermeister Dr. *Löser,* Polizeipräsident *Knofe,* Vertreter des Offizierskorps vom Infanterie-Regiment Nr. 11, Oberführer *Fichte,* und viele andere maßgebende Persönlichkeiten.

Der Ausgang des Reichsgerichts wurde flankiert von rund 45 Fahnen der juristischen Organisationen und 20 Fahnen studentischer Korporationen. Gegen 11.10 Uhr war der Aufmarsch beendet. Noch aber fehlte die Führung. Gleich darauf aber erschien Reichsjustizkommissar Minister Dr. *Frank* mit seinem Gefolge im Portal des Gerichts und hinter ihm das Präsidium des Reichsgerichts, Reichsanwaltschaft und Rechtsanwaltschaft in ihren feierlichen roten Roben und Baretts, darunter Präsident Dr. *Oegg,* der Vertreter des erkrankten Reichsgerichtspräsidenten, sowie Oberreichsanwalt Dr. *Werner,* Senatspräsident Dr. *Bünger,* Justizrat Dr. *Wildhagen.* Während sie alle sich auf der Freitreppe gruppierten, spürte jeder die hohe Bedeutung dieser Augenblicke.

Zum erstenmal überhaupt nahm der gesamte Senat des höchsten deutschen Gerichts an einer Massenkundgebung im traditionellen Ornat teil. Ein Bild von unvergeßlicher Pracht und Kraft: Das Karmesinrot der Reichsrichter, das Braun der Uniformen, das Blutrot der Hakenkreuzbanner, die Buntheit der Korporationsfahnen und das sich anpassende Schwarz der Vertreter weiterer Behörden! Davor die alle Blicke auf sich bannende Gestalt des Führers der Reichsfront, der Reichsjustizkommissar Dr. Frank. Voller Erwartung standen die Tausende unter dem herrlichen, sonnigen Himmel, um den Führer der Juristen zu hören. Er begann, durch Lautsprecher weit über den Platz vernehmbar, mit einem kraftvollen Appell an das Verantwortungsbewußtsein der deutschen Juristen.

»Wir schwören!«

Reichsjustizkommissar, Staatsminister Dr. *Frank,* führte aus: »Im Namen des Führers bringe ich euch die Grüße dessen, dem wir auch unsere heutige größte Juristenkundgebung, die bisher in Deutschland stattgefunden hat, durchführen. Es ist kein Zufall, daß an dem heutigen Tag sich auch die deutschen Bauern unter der weiten Wölbung des ewigen Himmels sammeln zu einer gewaltigen Manifestation des deutschen Wollens in Deutschland und der Welt gegenüber. Wir deutschen Juristen sind uns dessen bewußt, daß von der nationalsozialistischen Revolution an eine neue deutsche Reichsgeschichte zu beginnen hat und Ihr Mut, Ihr Opfersinn und der Geist, mit dem Sie hier vor dem höchsten deutschen Gericht sich versammeln, er ist es, den wir deutschen Juristen brauchen, um dem deutschen Volk wieder ein *volksverbundenes Recht,* das Vertrauen zu den deutschen Juristen und die Geschlossenheit unseres Rechtsstaates zu geben.

Im Namen des Führers danke ich euch, ihr lieben deutschen Arbeiter am Recht, daß ihr dem Rufe der Reichsleitung in so überwältigender Zahl Folge geleistet habt. Glaubt mir: Adolf Hitler ist deshalb unbesiegbar, weil seine Macht in dem Recht des deutschen Volkes wurzelt, weil seine Macht damit ein Ewiges in sich birgt und weil die Gewalten, die wir zertreten haben, starben und sterben mußten an ihrer Verlorenheit im Materialismus des Alltags. Wir stehen hier, um dieses feierliche Bekenntnis als deutsche Juristen zur heiligen ewigen Idee des Deutschtums auszudrücken. Deutsches Volk, glaube wieder an deine Juristen! Wir sind voll des heiligen Ernstes, die Rechtszustände zu schaffen und zu gewährleisten, die deine Zukunft sichern sollen.

Wir haben in all diesen letzten Monaten die Organisation des Juristenstandes unnachsichtlich zielbewußt und mit der *Härte* herbeigeführt, die dem *neuen Typ des deutschen Menschentums* entspricht, wir sind ein stolzes Volk, und wir sind ein Herrenvolk, und wir lehnen daher jede Ordnung ab, die etwa Deutschland und das deutsche Volk versklaven will. Weil wir das Recht in Deutschland in diesem stolzen Sinn der rassischen Volkbewußtheit der Sicherung der Urwerte der Nation in Blut, Boden, Ehre, Wehrhaftigkeit, Vaterland, Familie bei uns selbst sichern, verbitten wir uns, daß in der Welt Kritiker stehen wollen, dem Wollen Adolf Hitlers gegenüber, deren Rechtsbasis in keiner Weise vergleichbar ist mit der Legalität der Regierung unseres Führers. Wir haben niemanden in der Welt Unrecht getan, und wir wollen niemanden in der Welt ein Unrecht zufügen, aber wir verlangen, daß man uns, die wir den *Frieden durch das Recht wollen,* als deutsches Kulturvolk behandelt. Wir sind nicht gewillt, uns in unserer Stärke irgendwie dadurch irritieren zu lassen, daß andere weniger Starke in der Welt ohnmächtig diesem Aufstieg des deutschen Geistes zuschauen müssen. Wir wissen, ihr deutschen Juristen, daß die Arbeit, die vor uns liegt, unendlich schwer ist. Die Organisation des deutschen Juristenstandes ist abgeschlossen, die *Einheit* aller juristischen Berufe ist *hergestellt.* Es wird niemanden geben, der diese Einheit jemals wird antasten können; denn diese Einheit ist identisch mit der Einheit des Nationalsozialismus und durch sie gewährleistet.

Es liegt nur an uns, Kameraden, was die Welt von dem Verhalten des deutschen Juristen denkt. Es schenkt uns auch als Juristen keiner eine Ehre, die wir nicht uns selbst erkämpfen, und wir wollen auch als Juristenstand dem Volk dienen und wir wollen uns dieser Volksverbundenheit bis zum Schluß unseres Lebens bewußt bleiben und die Herzen emporflammen lassen zu der Idee, die aus der Wurzel des deutschen Rechtsgefühls eine Vereinigung von Volksseele und Rechtsinhalt zum Ziel und zum Ausdruck hat.

Wir schließen unseren Rechtsaufbau an an das Naturgesetz, nach dem das deutsche Volk lebt, und damit bauen wir die ewigen Quadern eines Rechtsgebäudes über Deutschland, daß man einmal soll sagen können: In den Truppen Adolf Hitlers war die Truppe seiner Juristen nicht die schlechteste! Wir geizen darum, daß das Ansehen des Juristenstandes, das durch irgendwelche Ereignisse – auf die ich nicht zu sprechen kommen will, die mit dem zweiten Reich und den vorhergegangenen Machtpositionen verloren und vergessen sind – einmal gelitten hatte, wieder in diesem Sinne hergestellt wird.

Wir grüßen in dieser Stunde den *Führer* dieses neu erweckten Reiches in Treue und Demut und in der Bereitwilligkeit, uns für ihn bis zum Letzten aufzuopfern. Wir grüßen in dieser Stunde das weite große deutsche *Volk,* das wir lieben und dem wir ein Recht schaffen wollen, das seine Existenz sichert. Wir grüßen in dieser Stunde alle gutwilligen *ehrlich schaffenden Völker der Welt* und vertrauen darauf, daß aus dem leidenschaftlichen Aufbruch eines neuen gewaltigen Rechtsempfindens der internationale Frieden durch das Recht für alle Zeiten gesichert bleiben möge.

Und so, ihr deutschen Juristen, möchte ich Sie hier bitten, überzeugt zu sein, daß jeder einzelne von ihnen heute berufen ist, an diesem Werk der Rechtsneuerung mitzuarbeiten. Behaltet diese Einheit des Juristenstandes! Vor allem du, deutsche *Juristenjugend,* sei dir dessen bewußt, daß es eine einmalige Gelegenheit war, die uns die Geschichte gab, diese Einheit des Rechtswollens wieder herzustellen. Sei dessen eingedenk, daß in den Reihen derer, die für die Bewegung gefallen sind, auch Juristen waren. Ich erinnere nur an Oberstlandesgerichtsrat von der Pfordten, meinen Freund, der im November 1923 an der Feldherrnhalle in München fiel, ich erinnere an Horst Wessel und andere. Sind wir so immer bereit, das Recht in den Dienst des Volkes zu stellen, dann wird sich auch das Volk in den Dienst des Rechtes stellen und aus dieser inneren Ausgeglichenheit wird die Stärke vor der Welt erwachsen. Wir sind mächtig, weil wir uns die richterliche Unabhängigkeit leisten können. Wenn die Welt jetzt aus Anlaß eines *Prozesses,* der in diesem Hause spielt, uns vorwerfen zu sollen glaubt, daß die deutsche Regierung politische Einflüsse mißbraucht, um diesen Prozeß in ihrem Sinn zu führen, so ist längst diese Lüge zerstört durch die Tatsache, daß dieser Prozeß in *richterlicher Objektivität* geführt wird. Aber der Ankläger ist auch eine Rechtsfunktion und wir wünschen vor der Welt für derartige Prozeßvorgänge Ankläger, aus denen der eherne Wille des deutschen Reiches spricht, mit den Verderbern aus dem Untermenschentum mit aller Härte abzurechnen.

Es soll niemand glauben, daß wir uns beugen! Wir beugen uns nur dem ewigen Gott, aber sonst niemand auf der Welt. Und da kann ich Ihnen, ihr deutschen Juristen, nur eines sagen: Wir wissen, daß der Kampf, der uns bevorsteht, nicht leicht ist, aber das deutsche Volk hat schon schwerere Kämpfe bestanden. Wir wissen, daß unser Führer unser Gottesstreiter ist. In diesem Gottesgericht, dem sich das deutsche Volk unterwirft in Demut vor dem Ewigen, ist er unser Streiter, und dieses Gottesgericht mag entscheiden, ob der Weg Adolf Hitlers der richtige war; wir wissen, daß es der einzige Weg in die Zukunft des deutschen Volkes ist, und darum beschreiten wir ihn –.«

Bis hierhin hatte der Führer der Rechtsfront unter wachsendem Beifall gesprochen. Oft brauste stürmische Zustimmung auf, wenn er mit geballter Energie in Stimme und Haltung die ewige Bedeutung des Rechts mit meisterhafter Sprache darstellte. Dann aber kam ein Augenblick, da standen die Tausende in ehrfürchtigem Schweigen, die Rechte erhoben zum feierlichen Eid. Der Führer der Rechtsfront rief:

»*Deutsche Juristen, ich fordere Sie auf, mit mir einzustimmen:*

"Wir schwören beim ewigen Herrgott,
wir schwören bei dem Geiste unserer Toten,
wir schwören bei all denen, die das Opfer einer volksfremden Justiz einmal geworden sind,
wir schwören bei der Seele des deutsches Volkes,
daß wir unserem Führer auf seinem Wege als deutsche Juristen folgen wollen bis zum Ende unserer Tage!«

Schweigend und ergriffen legten die deutschen Juristen diesen Eid ab, gebannt von der Wucht des Bekenntnisses. Der Reichsjustizkommissar schloß mit einem Dank an die Teilnehmer und einem dreifachen gewaltigen Sieg Heil auf den Führer, das deutsche Volk und das deutsche Recht.
Damit war diese einzigartige Stunde zu Ende. Symbolhaft wird sie in alle Zukunft in aller Bewußtsein bleiben.

NLZ 2. Oktober 1933, S. 5-6

3. OKTOBER 1933 (DIENSTAG)

Unter der Führung Franz von Papens gründen einige rechtsstehende Katholiken die Arbeitsgemeinschaft katholischer Deutscher, die sich eine Versöhnung zwischen Nationalsozialismus und katholischer Kirche zum Ziel gesetzt hat.

Leipzig grüßt den Reichskanzler.
Adolf Hitler spricht zu den deutschen Richtern.
Reichsjustizkommissar Dr. Frank und die deutschen Juristen schwören dem Kanzler die Treue

Der letzte Abend der großen Reichstagung der deutschen Juristen in Leipzig brachte eine gewaltige A*bschlußkundgebung* als Krönung der viertägigen Arbeit. Sie erhielt dadurch ihre einzigartige Weihe, daß der Reichskanzler Adolf *Hitler* selbst zu dieser Kundgebung erschienen war. Er traf 19.30 Uhr in einem dreimotorigen Verkehrsflugzeug auf dem Flugplatz in *Schkeuditz* ein, schon dort stürmisch begrüßt von SA, SS und einer großen Menge Publikum. Im Kraftwagen begab sich dann der Kanzler zusammen mit Reichsjustizkommissar, Minister Dr. *Frank,* nach der Halle 7 auf dem Gelände der Technischen Messe. Dort wurde er von 40 000 Menschen begeistert empfangen.
Der Rede des Kanzlers selbst schickte der Reichsjustizkommissar eine zusammenschließende Darstellung der *Ergebnisse* der Juristentagung voraus. Bald nach seiner Rede begab sich schließlich der Führer wieder nach *Schkeuditz,* wo er kurz vor 11 Uhr wieder nach Berlin startete. Der Aufenthalt des Kanzlers in Leipzig war erneut ein Beweis für die *Treue,* mit der die deutschen Juristen und die *Bevölkerung* Leipzigs zu ihm stehen.

40 000 in der Meßhalle

In der *Riesenhalle 7* selbst bot sich ein Anblick wie noch nie: *Zehntausende* drängten sich in den langen Reihen der Stühle unabsehbar. Im Mittelgang zwei Ketten SS, von unten bis oben, geradlinig wie mit dem Lineal ausgerichtet. In den Seitengängen die Ketten der SA. Im Schmuck von Lorbeer, Fichtengrün und Efeu die Plattfläche am Eingang, Hakenkreuzfahnen an den Seiten, im Süden des imponierenden Raumes die Riesenlettern: Durch Nationalsozialismus dem deutschen Volk das deutsche Recht! An der Nordwand der Halle meterhoch die Symbole der Juristen, Waage und Richtschwert, und quer über die Wand ein blutrotes Band der Hakenkreuzfahne.
Das allein aber waren noch nicht die Hauptelemente dieses Abends. Man hatte außerdem diesmal *zwölf riesige Scheinwerfer*, je sechs zusammen, auf hohen Gerüsten in die Halle gestellt. *Tonfilm!* Das bereitete auf Großes vor.
So strömte die Masse erwartungsvoll in die Halle. Als die Sitzreihen gefüllt waren über die ganze weite Fläche hin, stand man in Mauern, Kopf an Kopf, in jedem Winkel, an jeder Seite, in jeder Nische der Wände. Man sah das Spiel der pro-

benden Scheinwerfer, man hörte die Märsche der Reichswehrkapelle unter Musikdirektor Giltsch und der SA-Kapelle unter MZF Schuhmann. 40 000 Deutsche, darunter 12 000 Juristen, die Presse aus dem ganzen Reich und mit ihr die Vertreter von Zeitungen aus ganz Europa, und auch aus Übersee!

Adolf Hitler spricht

Es war inzwischen 20.45 Uhr geworden. Da erschollen begeisterte Heilrufe. Der Reichskanzler erschien, an seiner Seite der Reichsjustizkommissar Dr. *Frank* und mit ihnen das Gefolge der Führung. Ein einziger Jubel brauste durch die Halle, während der Kanzler zur Tribüne schritt. Dann folgte die *Abschlußrede des Reichsjustizkommissars,* ein *feierlicher Schwur* auf den Führer, und danach trat der Reichskanzler selbst vor das Mikrophon. Wieder spielten die Scheinwerfer, der *Tonfilm* surrte, begrüßende Heilrufe ertönten auf und dann herrschte *vollkommene Stille.* Der *Führer* sprach.

In seiner Ansprache erläuterte der Führer die *weltanschaulichen Grundlagen* des Rechts und zeigte den Wandel auf, dem in der Entwicklung der Völker auch die Rechtsauffassungen unterworfen sind. Er sprach insbesondere über die *rassische Bedingtheit* des Rechtsbegriffes, die zu Erkenntnissen führe, die für die Zukunft von entscheidender Bedeutung auch im *internationalen* Rechtsleben werden würden. Ein Staat, der seine rassische Mission begriffen habe, kenne *keine Unterdrückung* fremder Völker. Nur auf dem Boden dieser geistig ebenso umwälzenden wie politisch verpflichtenden Erkenntnis könne eine wirklich *organische Völkergemeinschaft* als mögliche Weltordnung entstehen. Aus dieser Einheit zwischen Volk und Staat ergebe sich klar und eindeutig die Aufgabe der Staatsführung: *Volkserhalt, Rassenschutz* und *Rassenpflege.*

Alle anderen Aufgaben seien dadurch in natürlicher Bedingtheit gegeben. Die Rechtsauffassung eines liberalen Staates ende im Verfall eines Volkes, das am Staat und seiner Justiz allmählich irre werde. Der totale Staat werde keinen Unterschied bilden zwischen Recht und Moral. Nur im Rahmen seiner gegebenen Weltanschauung könne und müsse eine Justiz unabhängig sein.

Der Führer schloß seine eindrucksvollen Ausführungen mit einem Appell an die deutschen Juristen, sich im Sinne der Einheit von Staatsauffassung und Rechtsauffassung dem Verpflichtungen gegenüber dem Volke bewußt zu sein.

NLZ 4. Oktober 1933, S. 1

5. OKTOBER 1933 (DONNERSTAG)

> Das »Schriftleitergesetz« tritt in Kraft; Schriftleiter bei Zeitungen und Zeitschriften kann danach nur werden, wer bei entsprechender fachlicher Ausbildung arischer Rasse ist und geistige und nationale Eigenschaften besitzt.

Ein Jahr Gefängnis für den Vertrieb einer Hetzschrift

Die Große Strafkammer des Landgerichtes Leipzig verurteilte den 64 Jahre alten Arbeiter Albin Ernst *Schneider* aus Mockau wegen Vergehens gegen die Verordnung des Reichspräsidenten vom 28. Februar 1933 *(Verrat am deutschen Volke)* und wegen *hochverräterischer Umtriebe* zu einem Jahr Gefängnis. Dem Angeklagten konnte nachgewiesen werden, daß er am 12. Juni in einem Geschäft in der Volbedingstraße eine kommunistische *Hetzschrift,* in der unter dem harmlosen Titel: »Kunst und Wissenschaft im neuen Deutschland« zu hochverräterischen Handlungen aufgefordert wurde, vertrieben hatte. Schneider leugnete, konnte jedoch überführt werden. Der Beschuldigte wurde zur Verhandlung aus dem *Konzentrationslager* »Sachsenburg« zugeführt, wo er seit dem 23. Juni interniert ist.

NLZ 6. Oktober 1933, S. 4

7. OKTOBER 1933 (SONNABEND)

Entlassungen aus dem Schuldienst

Der Reichsstatthalter hat auf Vorschlag des Ministeriums für Volksbildung wieder eine Reihe von Volksschullehrern auf Grund des Gesetzes zur Wiederherstellung des Berufsbeamtentums vom 7. April 1933 entlassen.
Auf Grund von § 2a wurden u. a. entlassen: Lindner, Johs., Leipzig; Preßl, Rudolf, Leipzig; Schwager, Johannes, Miltitz; Mroß, Hubert, Leipzig; Katt, Walter, Cröbern; Jäpel, Kurt, Leipzig.
Auf Grund von § 4 u. a.: Weigand, Georg, Oetzsch; Thiele, Otto, Rückmarsdorf; Zeiler, Walter, Leipzig; Weise, Hans, Leipzig; Steinkopf, Erich, Leipzig; Streller, Gerhard, Gärnitz; Dr. Zimmermann, Hugo, Oetzsch; Strobel, Hermann, Leipzig; Pflugk, Oskar, Leipzig; Lautenbach, Otto, Leipzig; Beckert, Johannes, Leipzig; Lang, Johannes, Leipzig; Hierse, Paul, Leipzig; Bartsch, Gustav, Gautzsch; Scharfe, Rita, Leipzig; Loose, Martin, Oetzsch; Boldt, Gustav, Leipzig; Frahnert, Walter, Gärnitz; Haenlein, Rudolf, Leipzig; Dietzscholdt, Richard, Leipzig; Hüper, Robert, Leipzig; Barth, Friedrich, Leipzig; Hanke, Rudolf, Leipzig; Lehmann, Reinhold, Leipzig.

Entlassungen aus dem höheren Schuldienste

Auf Grund von § 3: Studienrätin Eichelbaum an der Gaudigschule zu Leipzig; Oberstudienrätin Beyfuß an der Gaudigschule zu Leipzig.
Auf Grund von § 4 u. a.: Studienrat Beyer an der Leibnizschule zu Leipzig; Studienrat Dr. Reimann an der Leibnizschule zu Leipzig.

NLZ 7. Oktober 1933, S. 7

8. OKTOBER 1933 (SONNTAG)

Leipzig im Zeichen der Kulturwoche. Zehntausende nehmen Anteil an der Festkundgebung

Ganz Leipzig stand am heutigen Sonntag im Zeichen der *Kulturwoche.* Breiteste Kreise der Bevölkerung beteiligten sich an den zahlreichen Veranstaltungen des heutigen Tages, die auf mannigfaltigste Weise die Werte bodenständiger deutscher Kultur zum Ausdruck brachten.
Mit dem *Festgottesdienst* in der Nikolaikirche nahm der Tag seinen Anfang. Im Ringmeßhaus wurde die *Ausstellung* der Kulturpolitischen Abteilung der NSDAP feierlich eröffnet. Im Buchgewerbemuseum wurde die Ausstellung »Fraktur – die deutsche Schrift« der Öffentlichkeit zugänglich gemacht.
Den Haupteindruck gaben aber der große Trachtenumzug, die Weihe der Sängerfahnen auf dem Augustusplatz und die dort anschließende Darbietung alter deutscher Volkstänze am Nachmittag.
Auf mannigfaltige Weise gaben diese Darbietungen der Leipziger Bevölkerung einen Einblick in die Werte deutscher Kultur. Was im Laufe der Jahrhunderte in deutschem Land an Arteigenem und Wertvollem gewachsen war und sich zu schönem Volksbrauch in seinen einzelnen Landschaften entwickelt hatte, schließlich aber oft nur noch im kleinen Kreise gehütet und gepflegt wurde, wie die alten *Volkstrachten* und *Volkstänze,* sollte ins lebendige Leben der Gegenwart hineingeleitet werden. In Verbindung mit dem *deutschen Lied,* dessen Hüter die deutschen Sänger seit Jahren sind, sollte es anregen zum Schauen und Hören der auf deutschem Geistesboden gewachsenen Kultur.

Landsmannschaften zeigen ihre Trachten

Lebhaftes Treiben entwickelte sich um die Mittagszeit auf dem Königsplatz. Marschzüge und Fahnenabteilungen der

Sänger, Trachtengruppen, Schauwagen und Kapellen rückten von allen Seiten an. Ein vielfältig buntes Bild! Schließlich waren über 4500 Sänger und mehr als 300 Fahnen des Kreises Leipzig im Sächsischen Gausängerbund auf dem Königsplatz zu einem machtvollen Massenaufmarsch von eindringlicher Wucht versammelt, dazu etwa 420 Trachtler, ein Dutzend Schauwagen und zahlreiche Berittene. Um 14 Uhr setzte sich der lange Zug in Bewegung.

Die Führung übernahm Stadtrat *Hauptmann,* der das Werk der Kulturwoche aufgebaut hat. Ihm folgte der eindrucksvolle Festzug der Trachtler, die nicht nur im engeren Kreise ihrer Landsmannschaften und Vereine, sondern diesmal auch in der Öffentlichkeit durch das Tragen ihrer charakteristischen Kleidung die *Treue zu ihrer Heimat bekennen* wollten. Den Zuschauern, die sich zu vielen Tausenden an den Seiten der Marschstraßen aufgestellt hatten, bot sich ein fröhliches, farbenfreudiges Bild. An dem Interesse, mit dem sie jede einzelne Gruppe betrachteten, spürte man, daß sie den Wert einer *echten Trachtenschau* wohl zu schätzen wußten und auch ihren *tiefen Sinn* verstanden: daß auch in der Fremde Volkssitte und Volksbrauch, Heimattracht und Heimatsprache in der ursprünglichen Form lebendig bleiben kann.

Der Trachten-Umzug

Hinter der Kapelle zogen als erste die *Erzgebirgler,* vertreten durch das Dreigestirn Bergmann, Weihnachtsengel und Weihnachtsmann, vertreten auch durch die niedlichen Zinnsoldaten, die Gestalten des erzgebirgischen Waldes, sowie die Schauwagen mit Barbara Uttmann, der Wohltäterin Annabergs, und einer Klöppelstube. Der folgende Hochzeitszug, geführt vom Hochzeitsbitter mit dem buntbebänderten Schellenbaum, der Bräutigam, die Braut mit der Brautkrone und die anderen Hochzeiter zeigten, daß die malerische Tracht des *Thüringer Waldes* keiner anderen zu weichen braucht. Sangesfreudig zogen die *rheinischen Bauern* und rotbewesteten Winzer neben ihrem prächtigen Schauwagen daher.

Viel Beachtung fanden die *Schlesier,* die zum Teil in ihrer charakteristischen Bauerntracht gekleidet waren. Ungemein einprägsam war die symbolische Darstellung des in Ketten geschlagenen *Sudetendeutschtums*. Die *Ost- und Westpreußen,* von gepanzerten Ordensrittern geleitet, kamen in ihrer eigenartigen Bauerntracht, den farbenfroh gestreiften, weiten Linnenröcken, den gemusterten Strohhüten und Wollwesten. Die *Elsaß-Lothringer* erinnerten daran, daß ihre Heimat verlorenes Land ist. Während die Tracht ihrer Frauen freundliche Farben bevorzugt, ist die ihrer Männer auf einen ernsteren Ton gestimmt. Mancher Zuschauer mochte sich vielleicht noch der dunklen *Altenburger* Tracht erinnern, der kurzen, engen Röcke der Frauen, der feierlichen Bänderhauben der Frauen oder der seltsamen flachen Hütchen der Männer, wie man sie seither in Leipzig öfter sah. Mit historischen Trachten warteten die Landsleute der *Dübener Heide* auf, Gneisenauer Reiter aus Schildau, Sappeure mit mächtigem Beil und bärtige Holzfäller zogen einher, gefolgt von einer Tanzgruppe mit dem Maienbaum. An ihren blauen Kutten, den Otterfellmützen und den kleinen Krönchen auf dem Haar, den Pätzle, waren die *Hessen* sofort kenntlich. Zeigten die *Vogtländer* vor allem Trachten aus der Vergangenheit, so boten die *Egerländer* ein Bild aus der Gegenwart, das man in ihrer Heimat noch häufig sehen kann. Ernst schritten sie einher in ihren braungrünen Joppen, bedeckt mit dem würdigen Floderer als Hut, während die *Bayern* sich mit ihren unterschiedlichen Trachten, ihren Juhus und Jodlern weit lustiger zeigten. Die *Saarländer* und *Pfälzer* wiesen auf die Lage ihres Heimatlandes hin.

Dem Trachtenzug folgte dann im Abstand der *riesige Zug der Sänger,* wohlgeordnet nach den einzelnen Stimmen. Ein farbenprächtiges Bild von seltener Schönheit boten ihre *300 Fahnen*. Längst schon waren die Trachtler auf dem Augustusplatz eingetroffen, während die Sänger noch weit zurück auf den Durchzugsstraßen marschierten.

Hüter des deutschen Liedes

Dichte Menschenmassen standen längst rings um den Augustusplatz, als endlich der gesamte Festzug eingetroffen war und den ganzen südlichen Teil des Platzes besetzt hatte. In langer Reihe zogen die Fahnenträger nun an dem weiträumigen, vor dem Mendebrunnen errichteten *Podest* vorüber, um ihre Fahnen mit den Farben des neuen Deutschland schmücken zu lassen. Galt die folgende Handlung doch der *Neuweihe von 300 Sängerfahnen* des *Leipziger Kreises* im *Sächsischen Gausängerbund,* die Bürgermeister *Haake* nun feierlich durchführte. In seiner Ansprache kennzeichnete er das deutsche Lied und den deutschen Gesang als zum Wesen unseres Volkes gehörig und wies darauf hin, daß die neuen, den Fahnen angehefteten Zeichen nicht nur äußeres Symbol, sondern Ansporn zu neuer Tat sein sollten, damit bald das deutsche Lied wieder in ganz Deutschland herrsche. Nachdem er in diesem Sinne die Fahnen geweiht hatte, stimmten die Massenchöre unter Professor Gustav *Wohlgemuths* Leitung Beethovens Lied »Die Himmel rühmen des Ewigen Ehre« an. Machtvoll erklang der Gesang über den weiten Platz. Dann sprach der Gauführer des Gaues Sachsen, Reichsbahnrat Dr. *Hartwig* (Dresden). Die Tatsache, daß das sächsische Land seit 15 Jahren zum Grenzland geworden sei, erlege den deutschen Sängern, die sich schon immer als Träger des deutschen Liedes bekannt hätten, eine besondere Aufgabe auf, in verstärktem Maße das deutsche Lied zu pflegen. Er schloß mit dem Gelöbnis, den Bund im Sinne der unsterblichen Kultur des deutschen Landes und in unbedingter Gefolgschaft zu den Führern des Reiches zu leiten. Der Kreisführer von Leipzig, Rechtsanwalt A. Brecht, gedachte dann mit bewegten Worten der Gefallenen, zu deren Ehren sich die Fahnen senkten, während leise das Lied vom guten Kameraden erklang. Das Gedenken an die toten Brüder verpflichte die Lebenden, unermüdlich weiterzukämpfen für die Einheit und Freiheit des Vaterlandes. Mit einem Siegheil auf den Reichskanzler schloß er seine eindrucksvolle Ansprache. Als das gemeinsam gesungene Horst-Wessel-Lied verklungen war, beendete Franz Abts »Weihegang« die Fahnenweihe.

Volkstänze auf Augustusplatz

Nunmehr bot sich ein prächtiges Schauspiel. Vor dem mit zwei Bänderbäumen geschmückten Podest am Mendebrunnen sammelten sich einzelne Trachtengruppen, um der Öffentlichkeit die wertvollsten überlieferten Volkstänze ihrer Heimat zu zeigen und mit dieser Darbietung ein Bekenntnis zu den so selten gewordenen schönen Bräuchen abzulegen. Ein solches Bekenntnis bedeutet Mut, wie es Professor Dr. *Karg,* dem zusammen mit Peter *Stanchina* das Gelingen dieser Veranstaltungen zu danken ist, ausführte. Doch der Beifall, mit dem die Zuschauer die Darbietungen belohnten, zeigte, daß der Volkstanz auch heute noch durchaus lebensfähig ist.

Prächtig anzusehen war der *Bändertanz* aus der Dübener Heide, mit dem Erntekranz, dessen bunte Bänder kunstvoll geschlungen wurden, der flotte Dreher der Vogtländer, der froh gehüpfte Lauterbacher Tanz der Hessen oder der bewegte Dreher der Schwälmer, der dem Elsässer ähnlich ist. Besonders charakteristisch zeigte der Roier (Reigen) der Egerländer die bedachtsame, gemütvolle Art dieses Menschenschlages. Den Höhepunkt bildete ohne Zweifel der historische *Schäfflertanz,* bei dem die Teilnehmer in ihrer interessanten Tracht mit ihren buchsbaumgeschmückten Reifen drehend und hüpfend große Achter tanzten, allerlei Gänge und Lauben bildeten und sich am Ende der labyrinthischen Windungen immer wieder vereinigten, um schließlich die berühmte »Krone« zu bilden und den Faßklopfern und dem Reifenschwinger Raum zu geben. Den Beschluß bildete der immer wieder gern gesehene *Schuhplattler,* den die Bayern »treu dem alten Brauche« unter vielstimmigem Jodeln und unter reichem Beifall tanzten.

Bekenntnis der Grenzlanddeutschen

Wie Sänger, Trachtenvereine und Landsmannschaften durch festliche Darbietungen und Ansprachen Treue zum deutschen Vaterland gelobt hatten, so wollten auch die *Grenzlanddeutschen* nicht hinter ihnen zurückstehen. In ihrem Namen legte Dr. *Fischer* in markigen Worten das *Treuebekenntnis* aller Deutschen jenseits der Grenzen zum deutschen Heimatlande und seinem Führer ab, das in dem Gelöbnis ausklang: »So treu wie wir unsere Heimat lieben, so treu wollen wir dir sein, Adolf Hitler!«

In Professor Gustav *Wohlgemuths* Männerchor »Deutschland, pack an«, der in dieser Weihestunde seine Uraufführung erlebte – einer der Höhepunkte der Veranstaltung –, fand das Gelöbnis seinen machtvollen musikalischen Ausdruck.

Eine eindringliche Mahnung, des Saarlandes und der Pfalz nicht zu vergessen, und das Treuebekenntnis seiner Bewohner, überbracht von Ingeniör *Sester*, bildete das eindrucksvolle *Schlußbild*, das die Farben Preußens, Bayerns, des alten Reiches und des neuen Reiches im Vierklang vereinte und im Deutschlandlied ausklang.

NLZ 9. Oktober 1933, S. 1 und 3

14. OKTOBER 1933 (SONNABEND)

Hitler gibt den Beschluß der Reichsregierung bekannt, die Genfer Abrüstungskonferenz zu verlassen und aus dem Völkerbund auszutreten. Gleichzeitig kündigt er die Auflösung des Reichstages und Neuwahlen für den 12. November 1933 ab. In einem Aufruf an das deutsche Volk begründet er den Austritt aus dem Völkerbund mit der fehlenden internationalen Gleichberechtigung, legt aber gleichzeitig ein »Bekenntnis für eine Politik aufrichtigsten Friedenswillens und Verständigungsbereitschaft« ab. – Der Reichspräsident ordnet die Auflösung des Reichstages an und schreibt Reichstagswahlen für den 12. November aus. Die Wahlzettel werden nur die NSDAP aufweisen. Gleichzeitig werden alle Landtage aufgelöst, nicht jedoch Neuwahlen für diese ausgeschrieben.

Staatsrat Dr. Ley in Leipzig.
100 000 hören den Führer der Arbeitsfront

100 000 Arbeiter und Angestellte sind am Sonnabend in Leipzig aufmarschiert, um die Worte des Führers der Deutschen Arbeitsfront, Staatsrat Dr. *Ley*, zu hören.

Dr. Ley traf, nachdem er Colditz und Grimma einen Besuch abgestattet hatte, am Sonnabend, dem letzten Tage seiner Besichtigungsreise durch Sachsen, um 17.15 Uhr in Leipzig ein. Eine *Polizeibereitschaft* war Dr. Ley nach Grimma entgegengefahren und gab ihm das Geleit.

Zu der am Abend auf dem Ausstellungsgelände angesetzten Kundgebung sammelten sich die Teilnehmer 17.30 Uhr auf den vier Stellplätzen. Hier strömten von allen Seiten die Belegschaften der städtischen und privaten Betriebe zusammen. Und dann setzten sich unter dem Vorantritt von SA-Kapellen, Trommler- und Pfeiferzüge *endlose Marschkolonnen* in Bewegung. Gegen 18 Uhr trafen die Spitzengruppen der einzelnen Züge auf dem *Ausstellungsgelände* ein. Der Aufmarsch auf dem Ausstellungsgelände vollzog sich, wie immer, ohne jeden Zwischenfall.

Bei der Menge der Kundgebungsteilnehmer dauerte es fast zwei Stunden, bis der letzte Mann auf dem Gelände eingetroffen war. Besonders eindrucksvoll wirkte der Einmarsch der Fahnengruppe der NSBO, die von den Versammelten mit erhobenem Arm begrüßt wurde. Ein schönes Bild boten verschiedene Gruppen, die unter Fackelbeleuchtung ihren Einzug hielten. Und immer neue Massen marschierten in Reih und Glied durch die weitgeöffneten Tore. Zuletzt waren es rund 100 000 Menschen, Arbeiter der Stirn und der Faust, die sich hier zusammengefunden hatten, ihren Führer, Staatsrat Dr. Ley, zu grüßen.

»Keine Sieger und keine Besiegten«

Lange vor der angesetzten Zeit war die riesige Messehalle 7 bis auf den letzten Platz gefüllt. In dichten Reihen saßen Arbeiter, Angestellte und Unternehmer. Dicht gedrängt standen die Zuhörer in den Seitengängen: ein fast unübersehbares Feld von Menschen. Aber die Halle hätte, auch wenn sie doppelt so groß gewesen wäre, nicht ausgereicht, alle die Menschen aufzunehmen, die gekommen waren, Dr. Ley zu hören und zu sehen. So mußten Zehntausende auf dem Messegelände die durch Lautsprecher übertragenen Reden im Freien anhören.
Zu Beginn der Kundgebung begrüßte der Bezirksleiter der Arbeitsfront Sachsen, *Stiehler,* die Vertreter der Regierung, der Reichswehr, der Polizei, der Industrie, des Handels und des Gewerbes.
Dr. Ley nahm das vom Reichskanzler ausgesprochene Wort, daß es unter den Völkern keine Sieger und keine Besiegten mehr geben dürfte, auf und übertrug es auf die *innerdeutschen* Verhältnisse. Er wies darauf hin, daß der Nationalsozialismus zwölf Millionen organisierte Gegner in Deutschland hatte und daß es darauf ankam, die politische Macht zu erobern. Die deutsche Revolution habe aber nicht, wie die französische, Guillotinen errichtet. Dr. Ley erklärte, daß es sehr leicht gewesen sei, den Sieger zu spielen und sich an den früheren Gegnern zu rächen. Der Nationalsozialismus hätte auch Ursache dazu gehabt. Aber der Nationalsozialismus kenne keine niedrige Rache. »Wir reichen euch Arbeitern und Angestellten«, so sagte Dr. Ley, »die ihr früher bei unseren Gegnern gestanden seid, die Hand. Wir brauchen euch alle, die ihr anständig wart und anständig dachtet.«
An Stelle der klassenkämpferischen Gewerkschaften habe der Nationalsozialismus eine Organisation mit *neuen Zielen* und Aufgaben ersetzt. Der Begriff Sieger und Besiegte ist verschwunden. Es sei dafür das *deutsche Arbeitertum* geschlossen und geeint worden.
Deutschland müßte sich in der Welt ebenso durchringen, wie sich der Nationalsozialismus in Deutschland durchgerungen hat. Wenn der Führer heute zur Welt gesprochen habe, so habe er es getan, um ihr die *Verbundenheit* zwischen den deutschen Führern und dem Volke zu beweisen. »Wir im Innern«, so sagte Dr. Ley, »brauchen das nicht mehr zu beweisen. Wir gehen in das Volk, wir sind unter dem Volk«.
Mit einem Versprechen, treu hinter dem Führer zu stehen, schloß Dr. Ley seine Ansprache.
Dieses Versprechen steigerte Bezirksleiter Stiehler zu einem *Treueschwur* für den Reichskanzler, der von den Zehntausenden begeistert aufgenommen wurde.
Reibungslos wie der Anmarsch, vollzog sich auch der Abmarsch der 100 000.
Die Veranstaltung der Deutschen Arbeitsfront am Abend des 14. Oktober dürfte wohl eine der *imponierendsten* und *eindrucksvollsten* Kundgebungen gewesen sein, die Leipzig in letzter Zeit gesehen hat.

NLZ 15. Oktober 1933, S. 16

15. OKTOBER 1933 (SONNTAG)

Palucca im Schauspielhaus

Die erste Tanzaufführung der neuen Theaterspielzeit gab die *Palucca.* Ein sehr gut besetztes Haus zeigte, wie viel Interesse man ihr und dem Tanz entgegenbringt. Aber es läßt sich nicht verschweigen, daß die *Tanzkunst stagniert.* Der »abstrakte« Tanz ist tot und es weint ihm kaum jemand nach. Aber das war der letzte Tanz-*Stil.* Seitdem gibt es nur einzelne Tänzerinnen mit dieser oder jener persönlichen Note.
Das Eigenste der *Palucca* liegt in Kompositionen wie »Mit Schwung«, dem »Marcato« und dem »Capriccio«. Darin lebt ihr mehr kraftvolles als warmes Temperament, der starke Ausdruck großer und weiter Bewegungen, ihre Lebhaftigkeit und Frische. Zarteres, Innerlicheres, Gefühlvolleres füllt sie nicht aus: Weder das »Rondo« von Mozart, noch die »Ele-

gie« oder die »Serenata«. Warum nicht, ist schwer zu sagen. Es liegt keine Seele darin und keine Wärme. »Ausdruck« haben auch alle diese Tänze, viele schöne Bewegungen der Arme und Hände – und trotzdem sind sie nicht reich, nicht strömend, es tanzt nicht aus ihnen. Die Händel-Suite war dieses Mal erfüllter. Hier gibt die Klarheit und Schlichtheit der Musik Halt, und es ist leicht möglich, daß die Palucca durch Händel und Bach, den sie in früheren Jahren auch schon tanzte, noch neue Wege für ihre tänzerische Entwicklung finden würde.

Das Publikum spendete reichen Beifall, für den die Palucca mit Zugaben am Ende des ersten und zweiten Teiles dankte.

Felix Lützkendorf, NLZ 16. Oktober 1933, S. 10

16. OKTOBER 1933 (MONTAG)

Deutsche Seelenkunde.
Der erste Tag des Psychologen-Kongresses

Mit einer schlichten Feierlichkeit nahm am Montag früh der 13. Kongreß der Deutschen Gesellschaft für Psychologie in der Aula der Universität Leipzig seinen Anfang.

Nachdem unter Leitung des neuen Universitätskantors Friedrich *Rabenschlag* der Madrigalkreis Leipziger Studenten eine fünfstimmige Motette von J. H. Schein vorgetragen hatte, sprach der Rektor der Universität, Professor *Achelis,* Worte des Grußes und erinnerte an Leipzigs traditionelle Verbundenheit mit der psychologischen Wissenschaft. Für die sächsische Staatsregierung begrüßte Kultusminister Dr. *Hartnakke* die »erste Versammlung der deutschgewordenen Gesellschaft für Psychologie im neuen Deutschland«. In kurzen Worten skizzierte er die Aufgabe der Wissenschaft im totalen Staate. Forschung und Lehre seien genau wie Kunst und Religion Urbedürfnisse des menschlichen Seins, doch müssen sie auf Staat und Volk sich ausrichten. Ihre entscheidende Grundlage sei ein *gesundes Erbgut.* Daher gelte es, volksbiologisches Denken stärker zu pflanzen und der Gläubigkeit an die Umwelt ein Ende zu machen. *Solche Erkenntnis werde gemeinsam mit der Psychologie Dienerin und Führerin der neuen Volksbildung und damit der deutschen Zukunft sein.* Grüße des *Auslandes* überbrachten dann Professor *Kuruda* für die japanische Regierung, Professor *Aall*-Oslo für die norwegischen Psychologen, Professor von *Boda*-Budapest für das ungarische Volk und schließlich der führende amerikanische Psychologe, der als Begründer der modernen Richtung des »Behaviorismus« bekannte Professor *Watson.*

Mit dem Dank an die Vorredner verband der Vorsitzende der Gesellschaft, der Leipziger Psychologe Professor Felix *Krüger*, eine eingehende Betrachtung über das Werden, den gegenwärtigen Stand und die Aufgaben der psychologischen Forschung.

Mit einem Chor von Johann *Walther* rief der Madrigalkreis sein »Wach auf, du deutsches Land!« in den Saal, der mit dem gemeinsamen Gesang des Deutschland- und Horst-Wessel-Liedes die Eröffnungssitzung abschloß.

Nach kurzer Pause traten die Kongreßteilnehmer zur ersten Arbeitssitzung zusammen. Professor *Poppelreuter* (Bonn) sprach über »*Probleme der politischen Psychologie*«. An Hand von *Hitlers* »Mein Kampf«, das er als ein »*Lehrbuch der politischen Psychologie*« bezeichnete, entwickelte er die idealen Motive dieser Art der angewandten Psychologie. Der Erfolg der nationalsozialistischen Bewegung sei für den Wissenschaftler der Beweis für die Richtigkeit der Hitlerschen Voraussetzung, daß eben letzten Endes alles politische Geschehen *seelisch* bedingt ist. Darüber hinaus habe politische Psychologie noch dienend mitzuwirken an all den vielen *Einzelproblemen* der Staatsgestaltung, der politischen Propaganda, der Beeinflussung und Erziehung der Massen und Gruppen, der Rassenpsychologie, der Eugenik, der Menschenauslese für die Berufe, der Arbeitspädagogik usw., ganz besonders aber am *Führerproblem! Poppelreuter* schließt mit einem Appell an die jungen Psychologen, nicht daran zu verzweifeln, daß gegenwärtig die Fachpsychologie noch eine

schwer um Existenz und Anerkennung ringende Wissenschaft ist, sondern mutig den Zukunftskampf aufzunehmen. *Sicher werde spätere Geschichtsrückschau einmal erweisen, daß das oft vorausgesagte Jahrhundert der Psychologie, welches das Jahrhundert von Physik, Chemie und Technik abzulösen bestimmt ist, erst mit der Hitler-Bewegung so richtig angefangen habe!*
Anschließend sprach Professor *Jaensch*-Marburg über »*Der Gegentypus der deutschen völkischen Bewegung*«. Er führte aus, daß in großen Kulturbewegungen die Herrschaft einer Grundform menschlichen Seins als unzulänglich erkannt und durch die einer anderen ersetzt wird. Hierbei wird den Menschen früher klar, *wogegen*, als *wofür* sie sind. Die Frage des »*Gegentypus*« geht zeitlich voran. Die heutige deutsche Kulturbewegung sei nun im Kern eine *biologisch-psychologische*. Der ihr entgegengesetzte Auflösungs-Typus kann als »liberalistisch, egozentrisch, individualistisch« in seinem psychologischen Wesen erfaßt werden. Seine *Anpassungsfähigkeit*, die äußere und innere Haltlosigkeit wird durch den nationalen Verstand kompensiert. Zur deutschen Bewegung feindlich ist aber nicht der Intellekt überhaupt, sondern nur der abgelöste und frei schwebende Intellekt. Er wird, wenn diese menschliche Grundform unter Führung der deutschen Bewegung zurückgedrängt wird, ganz von selbst einer gesünderen, lebensnäheren Form des Intellekts Platz machen, der dann gerade das wirksamste und machtvollste Mittel zu dem Wiederaufstieg der entarteten Kulturmenschheit sein wird.
Nach der Mittagspause sprach Professor *Clauß*-Freiburg über »*Die germanische Seele*«. Er hat eine neue Arbeitsweise, die »*mimische Methode*«, ausgebildet, die durch Reihen von Ausdrucksbildern (mimische Reihen) die rassischen Züge im Erlebnisverlaufe eines Menschen schaubar macht. Clauß führte in seinem Vortrag den Stil germanischen Erlebens vor, soweit er eine Verflechtung zweier rassischer Stile darstellt: des nordischen mit dem falischen. Ausgewählte Erlebnisbereiche dienen als Beispiele. Zu dieser Frage brachte er als Lichtbilder einige Ausschnitte aus seinen »mimischen Reihen«, die er zum Teil während seines Mitlebens als Beduine unter Beduinen Nordarabiens mitten aus deren sonst sehr verborgenem Leben herausgegriffen hat.
Anschließend sprach Prinz von *Isenburg*-Bonn über »Erbbiologische und genealogische Beiträge zur Psychologie der *Rassenreinheit*«. Rassenreinheit und Inzucht seien eng miteinander verknüpft. Darin liege die Erkenntnis von der großen biologischen Bedeutung hochwertigen Erbgutes als Ergebnis einheitlicher Ahnenschaften. *Rassenreinheit sei die Vorbedingung für die Züchtung wahrer politischer Führer, während für die Züchtung des künstlerischen Talentes die Blutmischung Vorbedingung zu sein scheine.*
Die Degeneration mancher Familien und Stände finde ihre Ursache in dem Rassechaos. Aber auch die Überzüchtung einseitiger Rassenmerkmale könne zum Verfall führen.

Dr. O., NLZ 17. Oktober 1933, S. 5

19. OKTOBER 1933 (DONNERSTAG)

Volk und Kirche sind eins. Der Landesbischof in der Thomaskirche

Superintendent *Hilbert* eröffnete die *Volksmissionswoche in Leipzig*. Sie habe die Aufgabe, das deutsche Volk wieder zu seinem Gott zurückzuführen, denn Kirche und deutsches Volk gehörten zusammen. Nach dem Gesang des Lutherliedes sprach Landesbischof *Coch* über »*Die Kirche im Dritten Reich*«. Er führte in seiner temperamentvollen Rede etwa folgendes aus: Wir haben das Dritte Reich noch nicht. Wir haben aber darum gekämpft, daß es kommt, und wir werden weiterkämpfen. Die festen Grundlagen für das neue Reich sind gelegt. Als im deutschen Volk aller Glaube entschwand, da wirkte schon in aller Stille unser Führer Adolf Hitler. Heute hat er das Volk in seiner großen Mehrheit geeinigt. Heute sieht schon das Ausland mit Neid darauf, wie das deutsche

Volk sich wiedergefunden hat, und wie es dadurch stark geworden ist. Deutsche Christen, die Lage ist ernst. Es geht um Sein oder Nichtsein unseres Volkes, das immer noch wehrlos, aber nicht mehr ehrlos ist. Der Führer hat den entscheidenden Schritt getan, der getan werden mußte, um Klarheit zu schaffen. Wir haben die Zuversicht, daß dieser Mann, der schon Ungeheures geschaffen hat, die europäische und die Politik der Welt meistern wird. Wir sind überzeugt, daß Gottes Segen auf ihm ruht. Das ganze Volk muß in dem Glauben an den allmächtigen Gott, der es wieder segnen will, weil es endlich zur Selbstbesinnung gekommen ist, sich wieder zusammenfinden. Die Aufgabe, die Menschen zu Gott zu führen, ist *Sache der Kirche* im Dritten Reich. Es ist der Wille unseres Führers, daß die Kirche ungestört diese Aufgabe erfüllen kann. Sie bekennt sich zum Dritten Reich. Sie will mit dem Volke wieder zu einer Einheit kommen. Auch Politik und Kirche gehören zusammen, weil die Politik Sache des ganzen Volkes ist. Die Kirche wird sich nie in einem Gegensatz zum Staate und seiner Politik setzen. Die Deutschen Christen halten dabei fest am Bekenntnis Luthers und gründen sich auf Christus. Die Rassenfrage ist auch für die Kirche von ungeheurer Bedeutung. Darin liegt aber keine Geringschätzung der anderen Völker, denn *wer sein eigenes Volkstum hochschätzt, ehrt auch das der anderen*. Die Kirchen haben den Führergedanken übernommen und alles demokratisch-parlamentarisch Westliche überwunden. Das Kirchenvolk wird sich seinen Führern unterordnen, wie das ganze deutsche Volk seinem Führer Adolf Hitler.

NLZ 20. Oktober 1933, S. 4

21. OKTOBER 1933 (SONNABEND)

Gefängnis für Flugblattverteiler

Die Große Strafkammer des Landgerichts in Leipzig verurteilte den Installateur Wilhelm Kind aus Leipzig zu *acht Monaten* und den Schriftsetzer Willi Köhler aus Grimma zu *zehn Monaten Gefängnis*. Die Angeklagten hatten Flugblätter verteilt, die Schmähungen gegen die Reichsregierung enthielten, und sich damit des Vergehens gegen die Verordnung des Reichspräsidenten vom 28. Februar 1933 schuldig gemacht.

NLZ 21. Oktober 1933, S. 4

24. OKTOBER 1933 (DIENSTAG)

> In einer großangelegten Rede im Berliner Sportpalast beschwört Hitler die bolschewistische Weltgefahr. Er spricht sich für eine Abrüstung aus. Für Deutschland sieht er zwei Möglichkeiten: Abrüstung der anderen, Aufrüstung des eigenen Landes. Er fordert 300 000 Mann deutscher Wehrmacht mit einjähriger Dienstzeit, erklärt aber: »Wir wollen den Frieden, wir wollen die Verständigung, wir wollen aber auch unsere Ehre, unser gleiches Recht haben.«

29. OKTOBER 1933 (SONNTAG)

Werbemarsch durch Lindenau. Bürgermeister Haake spricht vor 15 000

Am Sonntag veranstaltete die Kreisleitung der NSDAP auf dem Lindenauer Markt eine große Werbekundgebung. Trotz anfangs ungünstigem Wetter wurde sie von Tausenden der zur Teilnahme aufgeforderten Organisationen besucht. Das Programm konnte in allen Teilen glatt durchgeführt werden.

Nicht weniger als 15 000 Teilnehmer kamen in der Mittagsstunde aus vier Richtungen auf dem Markt zusammen. Damit der Platz die Masse einigermaßen vollständig fassen konnte, waren im Straßenbahnverkehr einige Umleitungen erforderlich geworden. Reibungslos spielte sich dann nach einer wirksamen Rede von Bürgermeister *Haake* und dem Abmarsch der 15 000 der Verkehr wieder ein.

Blumen aus den Fenstern

Die angrenzenden Straßen und der Markt selbst standen in reichem Flaggenschmuck. Die Oberleitung des Aufmarsches hatten Kreisleiter, Kreishauptmann *Dönicke,* und der stellvertretende Kreisleiter *Kropp* in die Hand genommen. Schon lange vor 12 Uhr, dem angesetzten Beginn der Kundgebung, war der Platz dicht mit uniformierten Gruppen besetzt. In den Fenstern der Häuser drängten sich die Anwohner Kopf an Kopf, einige hatten sich sogar besonders günstige Plätze auf den Dächern gesichert. An vielen Häuserfronten waren Schilder und Bänder aufgehängt, in denen durch knappe Texte die Zustimmung zu der von Hitler mit dem Austritt aus dem Völkerbund eingeleiteten Politik ausgesprochen wurde. Das gleiche Bild bot sich später beim Umzug durch Lindenau in allen Straßen. Während der Wartezeit auf dem Markt entwickelte sich ein fröhliches Treiben, das die enge Verbundenheit der Anwohner mit den anmarschierenden Gruppen zeigte. Zuerst waren es nur Blumen und Blumensträuße, die aus den Fenstern den Versammlungsteilnehmern zuflogen, dann kamen Äpfel und Schokolade von oben. Ein vielstimmiger Freudenschrei war stets die Antwort. Als schließlich der Stahlhelm nach der SA, SS, Motorstaffel, der gesamten Amtswalterschaft und der Hitlerjugend noch auf den Platz kam, mußte mächtig zusammengerückt werden, um allen ein gutes Verständnis der folgenden Rede zu ermöglichen.

Das deutsche Nein

Der stellvertretende Kreisleiter Kropp eröffnete die Kundgebung. Gleich darauf begann Bürgermeister *Haake* seine Rede. Er sprach klar und durchdringend und packte die Teilnehmer von Minute zu Minute mehr, jedem der 15 000 und der Tausende, die den Markt auf den Fußwegen umstanden, durch den ausgezeichnet eingestellten Lautsprecher gut verständlich.

Bürgermeister Haake führte aus: »Es ist gerade ein Jahr her, da marschierte über diesen Platz ein kleines Häuflein von verbotenen Nationalsozialisten. Plötzlich kamen Rufe von allen Seiten. Bewaffnete Kommunisten fielen über das Häuflein her. Mit Mühe gelang es uns damals, mit dem Leben davonzukommen. Wir waren damals in der Minderzahl und wehrlos. Und wehrlos haben wir die bewaffneten Gegner überwunden. Wir hatten die ehrlichere, die wahrhaftigere Idee! So wie damals dem Nationalsozialismus der bewaffnete Gegner gegenüberstand, so steht heute *wieder dem wehrlosen Volk ein bewaffneter Gegner gegenüber.* Aber ich habe den unerschütterlichen Glauben, daß wir auch mit den Völkern um Deutschland fertig werden. Wir wollen nichts anderes, als die Hand zur Versöhnung reichen. Aber wir sind nicht gewillt, uns mit einem Gegner an einen Tisch zu setzen, der uns verleumdet. Wir wollen nicht mit Menschen in Konferenzen zusammen sein, die gegen uns nur Unwahrheiten vorbringen. Wir wollen uns nicht mit Völkern zusammensetzen, die uns nicht als gleichberechtigt anerkennen. Deshalb sind wir aus der Abrüstungskonferenz ausgetreten. Das war das *deutsche Nein,* das sagen soll, daß wir ein unfaires Spiel nicht mitmachen. Wir werden in diesem Kampf unseren Führer Adolf Hitler nicht im Stiche lassen.

Seit jenem Sonnabend, da der Austritt aus dem Völkerbund bekannt wurde, wissen wir, was wir zu tun haben. Wir müssen die kleinen Dinge überwinden. Wir werden es auch fertig bringen, daß in diesen Tagen die Gegensätze, die man in den letzten Jahren in Deutschland gekannt hat, noch mehr überbrückt werden! Wir sehen es hier auf dem Lindenauer Markt. Wo einst Blumentöpfe und Fenster herunter kamen, da kommen jetzt die Blumen. (Lauter Beifall.) Das ist eine Wandlung in unserem Volk.

Bekenntnis zur Einigkeit

Wir bekennen uns zu Deutschland. Deutschlands Freiheit ist unsere Freiheit, Deutschlands Größe unsere Größe. Dazu bekennen wir uns Mann für Mann. Wir sind eingetreten, um das Volk wachzurütteln. Mehr denn je gilt heute der alte Ruf: Deutschland erwache! Erwache zur Einigkeit, Geschlossenheit und zur unerschütterlichen Treue zu Adolf Hitler!«

Diesen letzen Worten folgte rings um den Platz ein langer Beifallssturm. Bürgermeister Haakes Rede beschloß gemeinsamer Gesang des Horst-Wessel-Liedes. Dann ging es zum Werbeumzug durch Lindenau, begleitet von einem Schwarm Publikum und überall begrüßt mit schwarz-weiß-roten Fahnen, Hakenkreuzbannern und Blumen, zuletzt hinauf nach der Karl-Heine-Straße und schließlich durch die Zschochersche und die Frankfurter Straße nach dem Meßplatz, wo sich der gewaltige Zug auflöste. Noch nach 14.30 Uhr marschierten die letzten Gruppen an. Einige Gruppen zogen geschlossen nach ihren Wohnvororten weiter.

Apitzsch, NLZ 30. Oktober 1933, S. 2

Leipzig im November 1933

3. NOVEMBER 1933 (FREITAG)

**Mobilmachung der Leipziger Wähler.
70 000 in 40 Wahlversammlungen.
Eindrucksvoller Auftakt zum Wahlkampf**

Der Sinn der Wahl am 12. November ist es, eine geschlossene Front zu bilden, aus dem 65-Millionen-Volk einen Block zu schmieden, in dem die Reichsregierung ihre Politik fest verankern kann.
Es kommt bei dieser Wahl nicht auf das Für und Wider, sondern nur darauf an, die Schlagkraft und die Zuverlässigkeit der Nation zu überprüfen. Die alten Gegensätze sind verschwunden und auch die Parteien selbst existieren nicht mehr. Man muß also die große Masse des Volkes gliedern und zu einer Einheit zusammenfassen.
Ganz auf diesem Gedanken ist die Propaganda für die Wahl am 12. November aufgebaut. Selbst die größten Säle reichen nicht mehr aus, um die Massen aufzunehmen. Wenn eine ganze Stadt für den Wahlkampf mobilisiert werden soll, dann müssen Dutzende von Sälen für die Versammlungen bereitgestellt werden. In 40 Sälen ist am Freitag abend in Leipzig der Wahlkampf, bei dem auch der letzte Volksgenosse erfaßt werden soll, eröffnet worden. Der Sinn dieser gigantischen Kundgebungen ist, auch den letzten wahlfaulen Volksgenossen zu erfassen und auf die Beine zu bringen. Es geht ja bei dieser Wahl um mehr als nur um die Abgabe von Stimmzetteln, es geht um die Ehre und die Zukunft der Nation, es geht um Freiheit und Brot!
Man brauchte schon ein schnelles Fahrzeug, um einen Überblick über die Mobilmachung der Wähler in diesen 40 Versammlungen zu bekommen. Überall fanden wir den gleichen Geist, die gleiche Bereitschaft, den gleichen Willen, sich in diesen schweren Tagen einmütig hinter die Führer zu stellen. Überall begegnete man der Verbundenheit zwischen den Rednern und denen, die ihren Ausführungen folgten, überall war das gleiche Vertrauen, daß man für die nächste Zukunft das eigene Schicksal des ganzen Volkes in den Händen der Führer sicher weiß.
In nächtlicher Fahrt rollte der Kraftwagen von Versammlungslokal zu Versammlungslokal. Von Norden nach Süden und von Westen nach Osten. Alle Versammlungslokale fast bis auf den letzten Platz gefüllt. Insgesamt werden etwa 70 000 Leipziger die Wahlreden gehört haben. In den Lokalen im Zentrum saß das Publikum ein wenig bedächtig an den weißgedeckten Tischen und hörte sich ruhig die Ansprachen an. Hier saß das Bürgertum, das schon zum großen Teil vom Nationalsozialismus überzeugt ist und es standen auch einige leere Stühle da als Symbol der Wahlfaulen.
Eine ganz andere Atmosphäre herrschte in den Lokalen am Rande des Stadtkerns und in den Vororten. Dort waren die Tische nur mit bunten Tischtüchern bedeckt und an vielen Stellen saß man um die blanken Tische. Die Zuhörer saßen aber dichtgedrängt, Kopf an Kopf. Es waren fast alles Arbei-

ter. Und alle diese Menschen umfing eine Atmosphäre des Vertrauens, der Bereitschaft, die Reden gläubig und doch nicht unkritisch aufzunehmen. Wenn man durch ein paar Dutzend solcher Versammlungslokale nur hindurchgegangen ist, dann weiß man, der große Erfolg, den Adolf Hitler zweifellos am 12. November haben wird, wird zum großen Teil von den Arbeitern kommen.

Der Erfolg der nationalsozialistischen Idee ist in der Hauptsache von ausgezeichneten *Versammlungsrednern* getragen worden. Das gesprochene Wort ist wieder lebendig geworden und hat seine große Beweiskraft erwiesen. Eine ganze Garnitur von Rednern konnte man bei dieser Fahrt durch den größten Teil der vierzig Versammlungen hören. Bürgermeister, Stadtverordnete, Arbeiter, General, Angestellte – sie alle standen in einer Front. Verschieden im Temperament und auch verschieden in der Wirkung. Bürgermeister *Haake,* der im Volkshaus sprach, zielbewußt, überzeugend und manchmal ein wenig sarkastisch. Draußen in Connewitz sprach ein Arbeiter, Martin *Döring,* der 12 Jahre lang bei den Kommunisten war, bis er die Irrlehre durchschaut hatte. Nicht allein durchschaut, sondern bei einem jahrelangen Aufenthalt in Rußland am eigenen Leibe erlebt. Davon sprach er und überzeugte. Auch im Osten, im Albertgarten, sprach ein Redner aus seiner Erlebniswelt zu den Arbeitern.

Durch »Ja« am 12. November zu Frieden und Freiheit

Ob im Osten, im Süden, im Westen – überall war in den Leipziger Wahlkundgebungen eine disziplinierte Menge, andächtig den Worten der Redner lauschend. Oft schon mitten im Satz wird ein Redner unterbrochen, von Beifall überschüttet. Charakteristisch ist eine Szene aus dem *Sanssouci:* Cuno *Meyer* referiert. Da tönt aus dem Hintergrund eine Stimme: »Lauter!« Und der Referent antwortet ruhig, ohne Aufregung, ganz als gewiegter Versammlungspraktiker: »Sie müssen nur etwas ruhiger sein. Ich habe in den letzten zehn Jahren in 1800 Versammlungen gesprochen, und jetzt spreche ich jeden Tag, da müssen Sie schon ein klein wenig Rücksicht nehmen.« Lautlose Stille ist die Folge.

Das ist *Versammlungsdisziplin* von heute. Daran mußte man auch denken, als uns unser Wagen von Süden nach dem Westen brachte. Erfreut mußte man sein, als man viele erleuchtete Fensterreihen in einigen Fabriken erblickte. Und doch soll das alles erst nur der Anfang sein.

Aber auch noch ein Gedanke drängte sich auf: Die *Ruhe und Disziplin überall,* im Gegensatz zu den Ausschreitungen, Krawallen und Schießereien bei den letzten Reichstagswahlen. Das ist der sinnfälligste Beweis der richtigen Organisationstechnik der NSDAP, das ist aber auch der erfreuliche Beweis, daß der deutsche Arbeiter sich völlig der obersten Führung anvertraut. Die Fahrt in die Nacht zeigte uns, daß die Schlacht am 12. November von Adolf Hitler in überwältigender Weise gewonnen werden wird. Wo so viel mustergültige Ordnung, solch gewaltige Massen aufmarschieren, da kann es keine andere Möglichkeit als die des Sieges geben.

Unter den 40 Versammlungen, mit denen in Leipzig der Wahlkampf eröffnet wurde, waren die beiden im Volkshaus und im Zoo besonders beachtenswert.

Bürgermeister Haake spricht im Volkshaus

Im Volkshaus sprach Bürgermeister Haake. Er führte u. a. aus: Es gibt Begriffe, die, einmal verloren, nie wieder zurückgewonnen werden können. Das sind Ehre, Treue und Glauben. Ehre verloren, bedeutet alles verloren. Das gilt im besonderen für ein Volk. Völker, die ihre Ehre preisgegeben haben, sind spurlos verschwunden. Deutsche Regierungen haben die Ehre des deutschen Volkes nicht immer reingehalten. Sie haben Schandverträge unterschrieben. Es gibt Leute, die glauben, es könne einmal mit der Macht des Nationalsozialismus zu Ende sein. Das ist unmöglich. Die Macht Adolf Hitlers steht fest. Deshalb muß jeder versuchen, den Nationalsozialismus zu verstehen. Der Kampf für Deutschlands Ehre wird für jeden einzelnen Volksgenossen geführt und er wird mit der Energie geführt werden, mit der die nationalsozialistische Regierung an alle Aufgaben herangegangen ist. Am 12. November wollen wir nicht nur ein außenpolitisches Bekenntnis ablegen, sondern Adolf Hitler den Dank aussprechen, den er verdient für alles, was er geleistet hat.

Für Frieden und Freiheit werden wir durch unser Ja kämpfen. Unser Bekenntnis lautet: Ich bin ein Deutscher, ich will wieder ein Deutscher sein! Wir wollen einig und treu zusammenstehen als Volk. Und komme nach dem 12. November was da mag, wir werden frei und aufrechte Menschen bleiben und für unser Recht kämpfen. Kämpfen mit der Kraft des Geistes und mit dem Idealismus der Überzeugung. Die Idee des Nationalsozialismus beherrscht heute Deutschland. Die Idee des Rechts, des Friedens und der Gleichberechtigung soll künftig Europa beherrschen. (Langanhaltender Beifall.)

Die Kundgebung im Zoo

Im Großen Saal des Zoologischen Gartens sah man ganz besonders deutlich, welchen starken Rückhalt Hitler und seine Helfer in Leipzigs Bevölkerung haben. Der Saal war voll besetzt. Die Kapelle der Standarte 107 unter der bewährten Leitung von Musikzugführer Schumann sorgte vor Beginn für gute musikalische Unterhaltung. Der Redner, Gauleiter *Bolek* aus Hitlers österreichischem Heimatgau, gedachte einleitend der Lügenhetze, mit der manche ausländische Kreise die Machtergreifung Hitlers beantwortet hätten. Dem Ausland werde gezeigt werden, daß das deutsche Volk in Liebe und Treue zu seiner Führung stehe. Es müsse erreicht werden, daß das ganze Volk bis zum letzten Mann sich einmütig hinter Hitler stelle. Wir verlangen von der Welt, daß sie uns endlich Ruhe gibt, damit wir arbeiten können und das Volk wieder sein Brot erhält! Ein Krieg, so erklärte der Redner weiter, würde nur die Vernichtung der besten Elemente der Völker bedeuten. Der 12. November werde die Entscheidung bringen, wer die Demütigungen früherer Jahre und wer die ehrenvolle Haltung des neuen Deutschlands wolle. Der Welt werde der Beweis gegeben werden, daß Führer und Volk eins geworden seien, gemeinsam kämpfen für Deutschlands Ehre und Freiheit. Der letzte Deutsche müsse zur Wahlurne gebracht werden, damit die Welt endlich erkenne, ein Volk, ein Staat, ein Reich und ein Führer sei in Deutschland.

Jugend greift in den Wahlkampf ein

Der *Bann 2'6* der Hitlerjugend hat als erster den Versuch gemacht, die Schulungsarbeit des Winters im Zeichen des Wahlkampfes vor der Gesamtheit der Bannjugend zu beginnen. Die eigentliche Schulungsarbeit, die still und unauffällig in Gefolgschaften und Kameradschaften geleistet wird, fand mit einem Eröffnungsabend in der Universität einen starken Auftakt.

Bannführer Alfred *Frank* sprach über den Anteil der Jugend an der erfolgreichen Durchführung der Volksabstimmung: Die Jugend ist die wahre Hüterin des revolutionären Willens zur Nation. Wo immer der Bazillus der Sättigung sich zeigt – und er greift schon jetzt von vielen Verstecken aus um sich –, muß sie ihre Unruhe und ihren kompromißfeindlichen Willen gegen ihn einsetzen. An Hand der deutschen Geschichte, die er als einen noch immer andauernden Kampf um die Volkwerdung kennzeichnete, zeigte er die Art der rassischen Hebung und die eine große Aufgabe, die noch vor der Jugend steht und von ihr erst gelöst werden kann: das geeinte deutsche Volk. Solange die Jugend nicht in den Kampf eingreifen kann, hat sie darüber zu wachen, daß Eltern und ältere Geschwister nicht müde werden, sondern ihre Pflicht tun. Ihre Begeisterung wird diese Müdigkeit auslöschen.

Der Redner hatte in den 500 prachtvollen Jungen eine aufmerksame und willige Gemeinde.

NLZ 4. November 1933, S. 1 und 10

4. NOVEMBER 1933 (SONNABEND)

Premiere in den »Drei Linden«.
Die große Trommel

Das Varieté ist eine Lieblingsstätte des Volkes. Die Leipziger begrüßen es deshalb, daß unter *Schlebes* Oberleitung die »Drei Linden« wieder diesem Zwecke zugeführt worden sind. Ein gutbesetztes Haus dankte für den Versuch, die »Drei Linden« wieder zur Stätte artistischer Kunst zu machen.
Der erste Versuch war zugleich ein *voller Erfolg.* »Die große Trommel«, eine artistische Revue in 22 Bildern, gefüllt mit Akrobatik, Tanz, Gesang und Humor, rollte unter der Regie von Walter *Elcot* über die Bretter. Vom ersten Trommelwirbel der Girls bis zu Walter Elcots Fahrt in der Todesschleife eine einzige fortlaufende Steigerung der Handlung und der Darstellung. Die Hauptdarstellerin Herta *Randow,* stimmlich und darstellerisch ausgezeichnet, gibt die Entwicklung vom kleinen, unscheinbaren, naiven Mädchen vom Rummelplatz bis zur gefeierten Künstlerin so echt, so natürlich, das jedem Auftreten neue Beifallsstürme folgen. Kurt *Seifert,* auch äußerlich ein Mann von Format, sorgt für guten *Humor.* Sein Duett mit Herta Randow ist so reizend, daß man nur wünscht, es würden noch mehr Verse angehängt. Die übrigen Spieler, auch der mitspielende junge Löwe, passen sich dem Ganzen gut ein.
Mit viel Geschmack sind die Kostüme der Girls ausgewählt. Jedes Auftreten der gewandten Tänzerinnen begeistert neu. Ganz hoch stehen die *artistischen Leistungen,* die geschickt in die Revue eingebaut sind. Wir wollen absichtlich nicht allzu viel verraten, denn die »große Trommel« muß man gesehen und gehört haben, wenn man sich nicht einen sehr genußreichen, unterhaltsamen Abend entgehen lassen will.
Stürmischer Beifall rief bereits vor der Pause Darsteller und Leiter *Schlebe* wiederholt vor den Vorhang. Es gab Blumen, gab Kränze. Am Schluß wollte der Beifall nicht enden. Immer wieder mußte der Vorhang gezogen werden, immer wieder rauschte der Applaus durch den Saal. Ein voller Erfolg! Es wird allabendlich ein Erfolg sein. Und Leipzigs Bevölkerung wird es gewiß durch starken Besuch dem Unternehmen danken, daß es, zumal bei niedrigen Eintrittspreisen, die Möglichkeit geschaffen hat, in vergnügten Stunden Kunst, Humor und Gesang zu genießen. Ein fröhliches Lachen wird im November an jedem Abend durch den Saal der »Drei Linden« schallen. Nur so weiter auf dem angefangenen Weg. Dann wird der Erfolg nicht ausbleiben!

h., NLZ 4. November 1933, S. 13

5. NOVEMBER 1933 (SONNTAG)

Rundfunkempfang der Reden des Führers

Die NSDAP, Kreis Leipzig, teilt mit: Damit jeder Volksgenosse in die Lage versetzt wird, die Reden des Führers über den Rundfunk anzuhören, ist es erwünscht, daß die Besitzer von Rundfunkgeräten diejenigen *Mitbewohner* ihres Hauses, die kein eigenes Gerät besitzen, *zum Anhören der Reden in ihre Wohnung bitten.* Wie der Kreisleitung bekanntgeworden ist, sind diesbezüglich gewisse Unklarheiten entstanden. Aus diesem Grunde wird folgendes bekanntgegeben: Wer ein eigenes Rundfunkgerät besitzt, wird die Reden im allgemeinen natürlich in seiner eigenen Wohnung empfangen und nicht jedes Mal zu einem anderen Hausbewohner gehen. Es kommt auch *keinesfalls* in Frage, daß irgendein *Zwang* zum Anhören der Reden ausgeübt wird.

NLZ 5. November 1933, S. 4

9. NOVEMBER 1933 (DONNERSTAG)

Hitler marschiert in München mit Anhängern noch einmal vom Bürgerbräuhaus zur Feldherrnhalle. Die Straßenzüge sind mit brennenden Pylonen geschmückt. Nach einer Gedenkrede an die »Männer der deutschen Revolution« wird ein bronzenes Erinnerungsmal enthüllt. Am Abend schwören 1000 Mann der »Leibstandarte Adolf Hitler«, 100 Mann der »Stabswache Göring« und 50 Mann der »Stabswache Röhm«, »jederzeit Blut und Leben« einzusetzen.

Der jüngste Leipziger Nobelpreisträger. Professor Heisenberg erhält die höchste Auszeichnung

Am Donnerstag sind von der Stockholmer Akademie drei Nobelpreise für Physik zuerkannt worden, und zwar der für 1932 an Professor *Heisenberg*-Leipzig, der erst vor kurzem die Planck-Medaille erhalten hat, und der für 1933 zur einen Hälfte an Professor *Schrödinger-B*erlin, zur anderen Hälfte an *Dirac*-Cambridge.
Als die »Neue Leipziger Zeitung« Professor *Heisenberg* am Donnerstag abend die erste Nachricht von der Zuteilung des Nobelpreises übermittelte, konnte Professor Heisenberg im ersten Augenblick nicht ganz daran glauben und wollte darum auch die Glückwünsche noch nicht entgegennehmen. Eine Rückfrage im Nachrichtendienst bestätigte aber bald die Meldung. Als ich kurze Zeit darauf Professor Heisenberg in seiner Wohnung gegenüber saß, stand das Telephon nicht mehr still. Schwedische, norwegische, dänische und Berliner Redaktionen riefen an und interviewten den Nobelpreisträger. Wir saßen im Musikzimmer. Auf dem offenen Flügel lag ein Band Beethoven-Sonaten, daneben stand ein Violinpult, an der Wand hing ein Dürerbild. Auch hier bestätigte es sich, daß gerade Männer, die sich theoretisch viel mit Mathematik und Physik befassen, viel innere Beziehungen zur Kunst und besonders zur Musik haben. Professor *Heisenberg* ist erst 32 Jahre alt. Dem Aussehen nach eher Sportsmann als Gelehrter. Auf dem gebräunten Gesicht strahlte noch die Freude über die große Auszeichnung, die größte, die ein Gelehrter in seiner Laufbahn erringen kann.
Professor Heisenberg erzählt von seiner *Laufbahn*. Er ist in *Würzburg* geboren und ist in *München* zur Schule gegangen. Schon auf dem Gymnasium hat er großes Interesse für Mathematik und Physik gehabt, und als er 1920 an die Universität München ging, stand es für ihn fest, daß er Mathematik studieren werde. Er arbeitete bei Professor *Sommerfeld,* der ihn dann bestimmte, die *theoretische Physik* zum Gegenstand seines Studiums zu machen. Heisenberg hat zwei Jahre in München studiert und ist dann für ein Wintersemester nach Göttingen gegangen, wo er in einer Vortragswoche mit Professor Niels *Bohr,* dem Kopenhagener Forscher für Quantentheorie, zusammentraf. Die Persönlichkeit Bohrs, den man, wie Professor Heisenberg sagte, einen *Philosophen der Physik* nennen könnte, hat auf Heisenberg den größten Eindruck gemacht und seinen Studien eine neue Richtung gegeben. 1923 hat Heisenberg in München bei Sommerfeld promoviert, ist dann als Assistent nach Göttingen gegangen, wo er sich 1924 habilitierte. Dann bekam er ein *Rockefeller-Stipendium* nach Kopenhagen, wo er, wie er erzählte, bei Bohr richtig Physik treiben gelernt hat.
Im Sommer 1925 ist er wieder nach Göttingen gegangen und hat dort seine Arbeit über *Quantenmechanik,* für die er jetzt in der Hauptsache den Nobelpreis bekommen hat, betrieben. 1926/27 war er Lektor in Kopenhagen und hat dort eine Arbeit über »*Unbestimmtheitsrelation*« geschrieben, die ebenfalls für die Verleihung des Nobelpreises maßgebend gewesen sein dürfte. 1927 ist er auf Veranlassung des Atomforschers Professor *Debeye* an die Universität Leipzig berufen worden. Leipzig ist damit, nachdem auch noch Professor Hund an das Institut von Professor Heisenberg berufen worden ist, zu einem Zentrum für Atomforschung geworden.

Die Verleihung des Nobelpreises an Professor Heisenberg ist damit gleichzeitig eine Ehrung der Universität Leipzig.
Professor Debeye ist *physikalischer* Atomforscher, während Professor Heisenberg *theoretischer* Atomforscher ist. Die praktische Atomforschung versucht durch Zertrümmerung den Aufbau des Atoms zu ergründen, während die theoretische Forschung durch *mathematische Formeln* dem Aufbau des Atoms näherzukommen versucht. So ist es dem englischen Atomforscher *Dirac* z. B. gelungen, durch mathematische Formeln die positiven Elektronen des Atoms vorauszusagen, ehe sie durch die praktische Atomforschung nachgewiesen waren.
Professor *Dirac* ist gleichzeitig mit Professor Heisenberg mit dem Nobelpreis ausgezeichnet worden. Auch Professor Dirac ist noch außerordentlich jung. Er ist noch nicht einmal 31 Jahre alt.
Was ist Quantentheorie? Die Frage ist nicht leicht für Laien zu beantworten. Diese Wissenschaft läßt sich nicht an Objekten, die jeder kennt, erklären. Prof. Heisenberg gab folgende Darstellung: Die Quantentheorie ist von Prof. *Planck,* dem Führer der deutschen Physik, begründet worden. Plancks Quantentheorie bildet den Schlüssel zu einem Verständnis der *Atomwelt* und faßt die physikalischen Gesetze zusammen, die den Aufbau der Materie im kleinsten regeln. Das atomare Geschehen ist zwar dem *Experiment* zugänglich, führt aber zu Bildern vom Atom, die untereinander unvereinbar sind. Infolge dieser Unvereinbarkeit war die Quanten-Theorie im Gegensatz zur klassischen Physik gezwungen, auf *Anschaulichkeit* weitgehend zu *verzichten*. Trotzdem erwies es sich als möglich, die atomaren Phänomene mathematisch formulierbaren Gesetzen zu unterwerfen. Sie bilden den eigentlichen Inhalt der sogenannten *Quanten-* und *Wellenmechanik*. Das mathematische Schema gibt uns für den Verzicht auf Anschaulichkeit, den man in Kauf nehmen müßte, eine außerordentliche Vereinheitlichung der exakten Naturwissenschaften: Chemie, Physik und Astrophysik haben in der modernen Atomtheorie ihre gemeinsame Basis gefunden. Beispiele für die Fruchtbarkeit der Quantentheorie sind die *Entdeckungen neuer chemischer Elemente* sowie neuerlich die des *positiven Elektrons*.
»Was werden Sie nun mit dem Nobelpreis tun?«, fragte ich Professor Heisenberg, denn meist werden langgehegte Pläne eines Forschers durch den Nobelpreis, der durchschnittlich etwa 50 000 Mark beträgt, verwirklicht. Professor Heisenberg sagte, daß er das noch nicht wisse, denn seine Forschungen sind von kostspieligen Versuchen und Instituten nicht abhängig. Sein Handwerkszeug sind Bücher und mathematische Formeln. Für den Laien wird die Tätigkeit der reinen Wissenschaft, die nur nach Erkenntnissen strebt und nicht nach der praktischen Verwertbarkeit fragt, immer ein wenig überflüssig erscheinen, aber alle großen Entdeckungen der letzten Jahrhunderte – u.a. auch das Radio – wären nicht möglich gewesen, wenn nicht die Wissenschaftler ihre »unnütze« Arbeit getan hätten.

Maximilian Spaeth, NLZ 10. November 1933, S. 3

Winterhilfe. Schaffende Hände für notleidende Volksgenossen

Überall in Leipzig regen sich fleißige Hände, den Volksgenossen zu helfen, die in Not sind. In wenigen Wochen ist eine wunderbare Organisation aufgebaut worden. 42 Hilfsstellen der NS-Volkswohlfahrt in allen Stadtteilen sammeln die Anträge der Hilfsbedürftigen. Den ganzen Tag über sind die Pfleger unterwegs, prüfen und berichten dem Geschäftsführer der Ortsgruppe, mit dem das Ausmaß der Hilfeleistung besprochen werden muß. Das alles geschieht mit größter Beschleunigung. *Wer Not leidet, kann nicht warten!* Ist die Bewilligung erfolgt, wird der Antragsteller durch Boten benachrichtigt. Die Verteilungsstellen halten für ihn bereit, was er braucht: Nahrungsmittel, Kohlen, Kleidungsstücke …
Die Hilfsstellen sollen dem Bedürftigen lange Wege ersparen. Sie sind ganz einfach eingerichtet. Zimmer, in denen ein paar

Tische, Stühle, Regale und Kästen mit Ware Platz haben, genügen. Ehrenamtliche Helfer erfüllen die Wünsche der Antragsteller, die nur noch über den Empfang quittieren müssen. In diesen Tagen hat ein besonders wichtiger Abschnitt des Hilfswerkes begonnen.

Das Land hilft der Stadt!

Kartoffeln werden ausgegeben. Täglich treffen neue Wagenladungen in Leipzig ein, aus der Kurmark, aus Niederschlesien und zum Teil auch aus der Leipziger Umgebung. 500 Waggons braucht Leipzig, um rund 100 000 Bedürftige zu befriedigen. Diese 500 Wagenladungen sollen in acht bis vierzehn Tagen verteilt sein. Die Amtswalter der Leipziger Ortsgruppen, der NS-Volkswohlfahrt und der Hilfsstellen müssen sich stündlich umtun, ob neue Lieferungen eingegangen sind. Jeder Bezirk hat ein Interesse daran, die Verteilung zu beschleunigen. Die Kreisstelle arbeitet in enger Gemeinschaft mit der Reichsbahn, die allen Wünschen gern und schnell entspricht.

Jeder Waggon, der ankommt, wird – nach einem bestimmten Schlüssel – einem der Leipziger *Güterbahnhöfe* zugeleitet, die ihre Abstellgleise zur Verfügung stellen. Kaum ist ein Waggon in Aussicht, werden die bereits vorbereiteten Abholkarten fertiggemacht. Die Amtswalter haben Radfahrerkolonnen an der Hand, und wenige Stunden nach dem Eintreffen des Waggons wissen die Bedürftigen schon, wann und wo sie Kartoffeln bekommen. Pro Kopf gibt es einen Zentner, auf die Kinder entfällt je ein halber Zentner. Der Kartoffelhandel ist nicht etwa ausgeschaltet. Er ist der NS-Volkswohlfahrt für die Qualität der Kartoffeln verantwortlich, wiegt sie aus und bekommt dafür 15 von den 20 Pfennig, die für einen Zentner erlöst werden. Die restlichen 5 Pfennig gehen dem Winterhilfswerk zu, damit es die Spesen decken kann.

In der Nähe der Kartoffel-Ausgabestellen, etwa am Eutritzscher Freiladebahnhof an der Delitzscher Straße oder draußen am Leutzscher Güterbahnhof, kann man jetzt täglich lange Kolonnen mit Handwagen und Karren beobachten, die mit prall gefüllten Säcken heimkehren. Oft haben sie hoch geladen. Schon haben sich ein paar Volksgenossen zusammengefunden. Der eine leiht den Wagen, der andere bringt ihm dafür die Kartoffeln mit.

Hin und wieder begegnet man an der Verteilungsstelle einer alten Frau oder einem alten Mann. In zitternden Händen halten sie die Karte; sie haben nicht die Kraft, einen ganzen Zentner Kartoffeln selbst zu holen. Ja, sie haben nicht einmal Bekannte, die ihnen einen Handwagen leihen könnten. Dann hilft der Amtswalter einen Volksgenossen suchen, der in der Nähe wohnt. Der lädt die Kartoffeln für die alten Leute mit auf, fährt sie ihnen zu. Das ist wahre Volksgemeinschaft, die dort zuerst zu finden ist, wo die Not Ansporn ist.

Nähstuben und Werkstätten im Dienste der Winterhilfe

Nicht nur vor dem Hunger sollen die 100 000 Volksgenossen geschützt werden, die in Leipzig einer Unterstützung bedürfen. Ebenso wichtig ist der große Kampf gegen die Kälte. Da gibt es *Kohlenbezugsscheine,* die von den Kohlenhändlern eingelöst werden. Daneben aber liegt warme Kleidung bereit. Sie zu beschaffen, ist schwierig. Zwar haben die Sammlungen große Mengen Kleidungsstücke eingebracht, aber vieles muß umgearbeitet werden. *Näh- und Flickstuben* sind eingerichtet worden. Schuhmacher richten altes Schuhwerk her; 3000 Reparatur-Aufträge sind aus dem Spendeneingang des letzten Monats zu vergeben.

Es ist erstaunlich, was in den paar Wochen seit dem 1. Oktober aufgebaut worden ist. Da surren beispielsweise im Lehrlingsheim in der Elisenstraße die Nähmaschinen. Unter geschickten Händen entstehen Nähte, Biesen, Knopflöcher, Languetten. In dieser großen, hellen Stube denkt man immer an die vielen Volksgenossen, die sich keine warmen Sachen kaufen können, hier dreht man Räder, so geschwind es nur geht. Im Nebenraum wird für den nächsten Tag zugeschnitten: Hauskleider, Schürzen, Kinderhosen, was das Material gerade hergibt. Es wird alles gebraucht. Die Plätterin hat sich gerade einen Stoß Hemden vorgenommen, um ihnen den letzten Schliff zu geben.

Ist das die einzige Nähstube? Nein, überall in den Leipziger Kirchengemeindehäusern, in den Heimen der Frauenvereine und in den Haushaltungen sitzen ehrenamtliche Helferinnen und schaffen. Eben ist von der NS-Volkswohlfahrt eine *neue große Nähstube* eingerichtet worden, in der getragene Sachen aus der Kleidersammlung vorgerichtet und umgearbeitet werden. Am Sonnabend erst fand man draußen an der *Kregelstraße* geeignete Räume, im ehemaligen Betriebsbüro der städtischen Baugesellschaft. In aller Eile wurden Öfen aufgestellt, Nähmaschinen herbeigeschafft. Montag früh konnten schon die ersten Frauen mit der Arbeit beginnen. Heute hat man den Eindruck, als sei in diesen gut geheizten Räumen nie etwas anderes gewesen als eine große Nähstube. Gibt es einen besseren Beweis für die Schlagkraft und den Arbeitswillen der NS-Volkswohlfahrt?

In der großen Maschinenhalle der Baugesellschaft liegen die *Reserven für die Nähstuben*. Ungeheure Berge von Mänteln, Anzügen, Kleidern, Blusen, Wollsachen, Hüten. Alles wird desinfiziert, ehe es in Lastwagen hier herauskommt. Die Leiterin hat bereits ein paar große Waschwannen beantragt, damit beschmutzte Stücke vor der Bearbeitung gereinigt werden können. Sind die Kleidungsstücke durch die Nähstube gegangen, erkennt man sie oft kaum wieder. Aus einem alten, stellenweise abgetragenen Wintermantel ist eine fesche Kletterweste geworden. Ein großer Stofflappen zum Ausbessern hängt daran. Nichts geht verloren. Alles ist sauber, frisch gebügelt und tragfähig, wenn es an die zentrale Verteilungsstelle in der Nonnenmühlgasse abgeliefert wird.

Eine *Flickstube für getragenes Schuhwerk* befindet sich in der Markgrafenstraße im Stadthaus. Ein kleiner, hoher Raum zu ebener Erde. Man sollte es gar nicht glauben, daß hier Tausende von Schuhen Platz haben. Selbstverständlich können sie hier nicht alle repariert werden. Es sind nur zwei Arbeitsplätze vorhanden. Aber wie bei der Kartoffelverteilung der Handel eingeschaltet worden ist, so denkt man hier an das *Handwerk*. Die Schuhe werden sortiert; das Material für die Reparaturen wird vorbereitet. Dann gehen die Aufträge hinaus an die Leipziger Schuhmachermeister. Täglich werden die fertigen Paare an die Verteilungsstelle abgeliefert. Es bleibt Arbeit genug für Wochen und Monate. »Wenn nur genug Leder zum Flicken und Besohlen hereinkommt«, meint der Leiter der Werkstätte. Dann sollen alle Hilfsbedürftigen festes Schuhwerk für den Winter haben.

Das Warenhaus der Bedürftigen

Nonnenmühlgasse 8. Im ersten und zweiten Stock ist die *Verteilungsstelle für Kleidung und Schuhwerk* untergebracht. Sie hat schon früher bestanden. Aber die langen Regale im zweiten Stock reichen nicht aus für das gewaltige Hilfswerk dieses Winters. Ein weiteres Stockwerk mußte hinzugenommen werden. Noch mehr Regale, noch mehr Kleiderbügel, 400 Herrenmäntel in einer Reihe, Schuhe, nach Art und Größe sortiert. Alles ist da. Doch halt – Filzschuhe werden dringend gebraucht! Nichts wird so häufig verlangt wie warmes Hausschuhwerk. Wer springt ein, wer spendet?

Es hat seinen Grund, daß die Kleiderverteilung – im Gegensatz zu allen anderen Hilfsstellen – zentralisiert ist. *Kleider passen nicht jedem,* Schuhe erst recht nicht. Aber die Bedürftigen sollen, wenn irgend möglich, passende Kleidungsstücke bekommen. Wollte man alle Hilfsstellen mit einer Auswahl beliefern, die der Nachfrage entspricht, so wäre der Bestand bald verstreut, ohne daß man ihn richtig ausnutzen könnte. Die Anzüge für Dicke lägen in der einen Hilfsstelle, während die andere ihrer bedarf. Das muß vermieden werden, und deshalb müssen alle Anweisungen auf Winterkleidung in der Nonnenmühlgasse vorgelegt werden. Da wird solange probiert, bis etwas paßt. Bei einigem guten Willen läßt sich für jeden etwas finden. Sogar die Schuhgröße 55, die kürzlich verlangt wurde, ist vertreten!

In diesem großen Warenhaus der Bedürftigen sind alle gleich. Jeder wird, genau wie in den Lebensmittel-Verteilungsstellen, liebenswürdig bedient. Der einzige Ausweis, den man verlangt, ist die Bescheinigung der Notlage. Ob Hand- oder Kopfarbeiter, SA-Mann, Parteimitglied oder nicht, das hat hier nichts zu sagen. Alle sind eingeschlossen in die große deutsche Notgemeinschaft, alle sollen teilhaben an der Hilfsbereitschaft derer, die genug haben, um das Wort des Kanzlers zu erfüllen: Kein deutscher Volksgenosse soll in diesem Winter unter Hunger und Kälte leiden!

Walter Richter, NLZ 9. November 1933, S. 3

Sechs Jahre Zuchthaus für Schneller

Am Donnerstag mittag ist der seit Ende voriger Woche vor dem 5. Strafsenat des Reichsgerichts laufende Prozeß gegen den ehemaligen Reichstagsabgeordneten und Leiter der Nachrichten- und Propagandazentrale der KPD Ernst *Schneller* abgeschlossen worden. Der Angeklagte wurde wegen Aufforderung zum Hochverrat zu *sechs Jahren Zuchthaus* und fünf Jahren Ehrenrechtsverlust verurteilt. Vier Monate Untersuchungshaft kommen auf die Freiheitsstrafe in Anrechnung.

NLZ 10. November 1933, S. 10

10. NOVEMBER 1933 (FREITAG)

> In seiner letzten Wahlrede streicht Hitler vor den Arbeitern der Siemens-Werke in Berlin seine bisherigen Wirtschaftserfolge heraus: »Als ich kam, hatte Deutschland 6,2 Mill Erwerbslose und jetzt sind es 3,71 Mill. Es ist das für 9 Monate eine Leistung, die sich sehen lassen kann.«

»Alle Räder stehen still …«
Leipzig hört Adolf Hitler

Der Führer hat es gewollt, daß am Freitag um Punkt 13 Uhr in Deutschland aller Verkehr auf die Dauer von einer Minute stillzustehen hat. – Und er stand still. – Automatisch, – ruckartig, – wie ein Film, der plötzlich nicht weiterrollt. Was eben noch rasselnd und lärmend, beweglich und lebendig durcheinanderflutete, erstarrte Punkt 13 Uhr, bei Einsetzen der Dampfsirenen, zu eiserner Unbeweglichkeit. – Ein Wille – ein Volk!

Auf dem *Augustusplatz* hatten sich Tausende eingefunden, um der Rede des Reichskanzlers, dem letzte, großen Appell vor der Abstimmung am 12. November, zu lauschen. Als kurz vor 13 Uhr die Lautsprecher auf dem »Neuen Theater« die Sinfonie der Werkarbeit über den weiten Platz erklingen ließen, da flutete der Verkehr genau wie immer. Straßenbahnen rollten, Automobile jagten in dieser und jener Richtung, die Pferde der Lastgeschirre stampften mit schweren Tritten dahin, Motorräder knatterten und Radfahrer suchten ihren Weg zwischen den Passanten, die die Fahrbahnen kreuzten. Dann hoben die Glockenmänner auf dem Hochhaus ihre schweren Hämmer. Viermal ließ der eine ihn auf die Vorschlagglocke fallen. Dann dröhnte der zweite Hammer einmal hernieder, – 13 Uhr. Plötzlich war die Luft von Sirenengeheul erfüllt. Aufgeregt flatterten die Tauben, die bisher eifrig Körner gepickt hatten, in die Höhe und begannen zu kreisen über einer Welt im Kleinen, die plötzlich, wie unter der Berührung eines Zauberstabes zu Stein erstarrt schien. Eine Minute lang rührte sich kein Fuß, drehte sich kein Rad. Die Lichter der Verkehrsampeln wechselten nicht mehr, die Straßenbahnwagen, die Autos, die Fuhrwerke, Motorräder, Radfahrer und Passanten standen an der Stelle still, auf der sie sich im Augenblick befanden. Hüte wurden von den Köpfen genommen, die Arme flogen zum deutschen Gruß empor, – Leipzigs Einwohnerschaft wurde sich der Bedeutung des Augenblicks, als Symbol der Einigkeit untereinander und der

Einheit mit dem Führer bewußt. – Eine Minute lang heulten die Sirenen, eine Minute lang kreisten die Tauben, aufgeregt von den nie gehörten Klängen, in den Lüften, dann setzte der Verkehr ebenso schlagartig wie er aufgehört hatte, wieder ein.

In den Straßen aber herrschte eine Stunde lang sonntägliche Stille. Die Geschäfte waren geschlossen. Das Personal saß mit dem Chef zusammen um den Lautsprecher und lauschte den Worten Adolf Hitlers, der als einer der ihren zu ihnen redete. Die Gastwirtschaften und Lichtspielhäuser hatten ihre Räume unentgeltlich jedem geöffnet, der nicht daheim oder im Betrieb den Appell des Führers hören konnte. Lautsprecher kündeten die Botschaft auf allen Plätzen, aus den Fenstern der Wohnungen, in Kaufhäusern und Automaten-Restaurants. Der Kanzler sprach zu seinem Volk und wurde von allen gehört. Einmütig, wie es seinen Worten gelauscht hat, wird es auch am 12. November mit einem freudigen »ja« hinter dem Führer und der Regierung stehen.

NLZ 11. November 1933, S. 4

Gegen Gerüchtemacher und Denunzianten

Immer wieder muß die Sächsische Staatsregierung trotz mehrfach erfolgter Warnungen feststellen, daß nach wie vor Verleumdungen und Angebereien durch gewissenlose und staatsfeindliche Elemente erfolgen. Angesichts der ungeheuren Anstrengungen unseres Volkes, sich seiner Not nach innen und außen zu wehren und gleichzeitig seine Ehre gegenüber dem Auslande zu verteidigen, ist dieses Verhalten besonders verächtlich. Es bedarf keines Wortes darüber, daß sich zum Verbrecher am eigenen Volke macht, wer dieses und seine Führer in ihrem Aufbauwillen und in der damit verbundenen harten Arbeit durch Nörgeleien, Spott und Gerüchtemacherei herabzusetzen und zu verkleinern sucht. Jeder Deutsche sollte sich aber auch dessen bewußt sein, daß er schon den Volks- und Staatsfeinden dient, wenn er sich zum gedankenlosen Anhören oder Weitertragen von Verleumdungen, die nur aus trüben Quellen stammen können, bereit findet.

Den Verleumdern gleichzustellen sind schließlich die Denunzianten. In vielen Fällen treibt nämlich die Angeber nicht das Streben, staatsfeindliche Machenschaften zu verhüten, sondern kleinlichste persönliche Wichtigmacherei oder läppischer Neid oder gar erbärmliche Stellenjägerei.

Gegen beide Arten von undeutschem Gebaren wird mit den schärfsten Maßnahmen vorgegangen werden.

NLZ 10. November 1933, S. 10

11. NOVEMBER 1933 (SONNABEND)

Kundgebung der deutschen Wissenschaft

Der nationalsozialistische Lehrerbund Sachsen unter seinem Obmann Arthur *Göpfert* kann sich rühmen, die Initiative zu einer besonders eindringlichen Demonstration der deutschen Wissenschaft zum 12. November ergriffen zu haben. Am Sonnabend nachmittag versammelten sich im großen Rundbau der Alberthalle in unübersehbarer Zahl die Lehrer und Sendboten der deutschen Wissenschaft. 8 Professoren als Vertreter der Universitäten legten ein feierliches Bekenntnis zu Adolf *Hitler* ab.

Gauobmann *Göpfert* begrüßte feierlich die Erschienenen, darunter besonders Staatsminister Dr. *Hartnacke*. Er verkündete, daß die hier gehaltenen Reden in einem dreisprachigen *Bekenntnisbuch der deutschen Wissenschaft* gesammelt und an alle Hochschulen und Freunde Deutschlands in der Welt verkündet würden. Dann gaben die Hochschullehrer nacheinander ihr Bekenntnis zu Adolf Hitler und zur nationalen Revolution ab.

Rektor Prof. *Schmidt* – Berlin sprach von der Eigenart und Größe der erlebten Revolution, die keinen Tropfen Blut vergossen habe und trotzdem die größte innere Umwälzung

geworden sei, die jemals ein Volk erlebt habe. Dieses Haus des deutschen Volkes wird gestützt von den beiden Säulen des wahrhaften *Nationalismus* und des *Sozialismus* der Tat. An diesem Haus zu bauen bis zur Vollendung, wollen wir dem Führer helfen.
Der Rektor der Universität *Leipzig*, Professor *Golf*, knüpfte an an die große *Lutherfeier* dieser Tage und forderte nach dem Tage des *Arbeiters* am 1. Mai, nach dem Tage des *Bauern* am 1. Oktober, den *Tag der Volksgemeinschaft* am 12. November. Deutschland will den Frieden, um aufbauen zu können. Mit E. M. *Arndt* wollen wir am 12. November sagen: *Die Knechtschaft hat ein Ende.*
Prof. *Heidegger*-Freiburg bezeichnete in wundervollen Formulierungen den 12. November als den Tag einer einzigartigen Entscheidung, indem ein ganzes Volk von seinem Führer an die äußerste Grenze seines Daseins geführt werde. Es handelt sich bei dieser Entscheidung nicht um eine Abstimmung über *materielle* Dinge, sondern um die Hinführung an einen *metaphysischen* Begriff der Würde, Selbstachtung und Selbstverantwortung, in denen dieses Volk fernerhin zu leben gewillt sei. Das »*Ja!*« ist kein Bekenntnis der Ruhmsucht, des Machthungers, sondern der eigenen Verantwortung. *So ist der Aufbruch und die Umkehr eines Volkes zu den Wurzeln seines Wesens.*
Prof. *Hirsch*-Göttingen gab als Theologe, als wissender und gläubiger Christ ein inniges Bekenntnis zum Führer ab, weil er es nach 14 Jahren der Zuchtlosigkeit und der wankenden Werte ermöglicht habe, die Jugend wieder im Glauben, in der Zucht und in der Liebe zu erziehen.
Professor *Pinder*-München sprach als Kunsthistoriker aus einer leidenschaftlichen Liebe zu deutschem Wesen heraus sein Bekenntnis zur nationalen Revolution aus. Adolf Hitler hat Politik wieder zu einer Angelegenheit der *Sittlichkeit* und *inneren Haltung* gemacht. Deutschland ist das einzige Land der Welt, in dem sich ein neuer Stilwille regt. Bald wird daraus eine neue Kunst entstehen. Wir haben einen neuen Gruß, wie haben eine neue große Kultur der Feste, wir haben eine besondere Form der Totenehrung. Das große Gemeinschaftserleben wird eine neue große deutsche Kunst hervorbringen, denn sie ist heute schon die zweite Sorge im Staate Adolf Hitlers.
Professor *Sauerbruch,* der weltberühmte Berliner Arzt, gab eben als solcher in seiner Rede der Überzeugung Ausdruck, daß keine Wissenschaft so volksverbunden sei wie die ärztliche, daß sie darum aber für ihr Volk fordern müsse, gleichberechtigt stehen zu können in dem Kreise der Völker.
Rektor Professor *Schmidt*-Hamburg wandte sich als Jurist besonders gegen den *Versailler Vertrag*, der auf einem *Wortbruch* aufgebaut sei und der hinfällig sei, schon weil die Vertragspartner die Erfüllung schuldig blieben. Jeder, der am Sonntag vor die Wahlurne tritt, muß von dem Gefühl Luthers in Worms erfüllt sein: »*Hier stehe ich, ich kann nicht anders!*«
Professor *Schumann*-Halle betonte besonders, daß der Führer dem deutschen Volke die Grundlagen seines sittlichen Seins zurückgibt, indem er ihm die Ehre wiedergibt. –
Anschließend verlas Gauobmann *Göpfert* folgende Entschließung, die von den Anwesenden einmütig gebilligt und unterschrieben wurde:
»Alle Wissenschaft ist unlösbar verbunden mit der geistigen Art des Volkes, aus dem sie erwächst. Voraussetzung erfolgreicher wissenschaftlicher Arbeit ist daher die unbeschränkte geistige Entwicklungsmöglichkeit und die kulturelle Freiheit der Völker. Erst durch das Zusammenwirken der volksgebundenen Wissenschaftspflege der einzelnen Völker ersteht die völkerverbindende Macht der Wissenschaft. Unbeschränkte geistige Entwicklung und kulturelle Freiheit der Völker können nur gedeihen auf der Grundlage gleichen Rechtes, gleicher Ehre, gleicher politischer Freiheit, also in der Atmosphäre eines wirklichen allgemeinen Friedens.
Aus dieser Überzeugung heraus richtet die deutsche Wissenschaft an die Gebildeten der ganzen Welt den Appell, dem Ringen des durch Adolf Hitler geeinten deutschen Volkes um Freiheit, Ehre, Recht und Frieden das gleiche Verständnis ent-

gegenzubringen, welches sie für ihr eigenes Volk erwarten.«

Es folgte dann die Verlesung der von allen Universitäten Deutschlands eingegangenen *Sympathie-Telegramme.* Stürmisch begrüßt wurde ein Telegramm von *16 englischen Akademikern,* die in Deutschland studiert haben und ihrer Hochachtung vor der deutschen Wissenschaft in dieser Stunde besonders freudig Ausdruck geben wollten.

Die Versammlung stimmte dann der Absendung eines Telegrammes an den Führer stürmisch zu, in dem sie ihm die Treue der deutschen Wissenschaft auf dem Marsch in die deutsche Zukunft ausdrückte.

NLZ 12. November 1933, S. 7

12. NOVEMBER 1933 (SONNTAG)

Leipzig für Adolf Hitler

Die Werbung um die Entscheidung des deutschen Wählers war mit den Reden des Kanzlers Adolf Hitler am Freitag und des Reichspräsidenten am Sonnabend abgeschlossen. Was den örtlichen Instanzen noch zu tun übrig blieb, war, dafür besorgt zu sein, auch den letzten Wahlberechtigten an die Urne zu bringen.

Herbststimmung lag am Sonntag über der Stadt. Regen rieselte in den frühen Morgenstunden herab. Noch lagen die Straßen in tiefer Ruhe, als die ersten Trupps, Jugend, SA und Amtswalter, sich sammelten. Durch Marschmusik und Sprechchöre wurden die Langschläfer geweckt. Der erste Gedanke am Morgen galt der Entscheidung des Tages.

Schlagartig setzte Punkt 9 Uhr der *Andrang zu den Wahllokalen* ein. Von Stunde zu Stunde vergrößerte sich die Zahl derer, die als Zeichen, daß sie ihrer Wahlpflicht genügt hatten, das »Ja« trugen. In vielen Wahllokalen standen die Wähler in den späteren Vormittagsstunden in langen Schlangen an. Jeder wartete geduldig, manche über eine halbe Stunde. In einzelnen Wahlbezirken sind in einer Stunde bis zu 400 Wähler abgefertigt worden.

Die Wahlhandlung vollzog sich *ohne jede Störung.* Während bei früheren Wahlen die Polizei den ganzen Tag in höchster Alarmbereitschaft war, wurde sie heute in keiner Weise benötigt. Alle Wähler standen feierlich hinter- und nebeneinander, alle traten an die Wahlurne nur als Deutsche. Erstmalig war bei einer Wahl aller Parteistreit, der sonst bis vor die Tür des Wahllokals reichte, verstummt.

Im Laufe des Tages durchzogen Abteilungen zu Fuß oder auf Lastwagen, mit Musikkapellen oder singend durch einzelne Stadtteile, um immer wieder jeden an die Pflicht zur Abstimmung zu erinnern. Redner an Straßenecken forderten auf, mit »Ja« zu stimmen. Von den Türmen läuteten um 12 Uhr alle Kirchenglocken, stündlich heulte die Sirene vom Hochhaus minutenlang. Keiner, der nicht in irgendeiner Weise noch einmal aufgerüttelt wurde!

In den einzelnen Abstimmungsbezirken wickelte sich der Betrieb, von vielen Wahlen her auch allen Wählern hinreichend bekannt, vorbildlich ab. Man sah an den Tischen der Abstimmungsvorstände viele neue Gesichter. Jeder, der herantrat, wurde freundlich und zuvorkommend behandelt. Abstimmungsvorsteher und Listenführer hatten es manchmal nicht leicht, die Personalien des Wählers einwandfrei festzustellen. Mancher stellt sich noch so an, als wäre er zum ersten Male zur Wahl gerufen. Mit der nötigen Rücksicht wurden aber auch diese Schwierigkeiten überwunden.

Die Wahlhelfer der NSDAP waren inzwischen bemüht, aus ihren Karteien die Personen aufzusuchen, die in den Nachmittagsstunden immer noch nicht gewählt hatten. SA-Männer gingen die Häuserfronten entlang, um die Wahlsäumigen durch einen Besuch noch einmal persönlich aufzurütteln. Es war nur bei wenigen nötig. Wer nicht gerade mit hohem Fieber zu Bett lag, der erfüllte seine Pflicht. Alte und gebrechliche Wähler wurden mit Autos abgeholt. Die Arbeitsgemeinschaft Genossenschaft freiwilliger Krankenpfleger und der

Freiwilligen Sanitätskolonne vom Roten Kreuz hatten sich freiwillig für die Wahlhilfe zur Verfügung gestellt. 1147 Kranke wurden von ihnen zur Wahlurne gebracht. Jeder Leipziger sollte an diesem Schicksalstage des deutschen Volkes dabei sein können.

Als um 18 Uhr die Wahlhandlung geschlossen wurde, stand fest, daß die Wahl vom 12. November *eine Rekordwahl für Leipzig* war. Durch die Straßen wogten Menschenmassen, in höchster Spannung die ersten Ergebnisse erwartend.

Was jeder voraussehen konnte, ist nun bewiesene Tatsache: *Leipzig steht zu Adolf Hitler.*

In der *Stadt Leipzig* waren nach Abgang von 15 403 Stimmscheinen 522 460 Einwohner wahlberechtigt. Durch die Abgabe von 12 920 Stimmscheinen in den Wahllokalen der Stadt erhöhte sich die Zahl der wirklich in Leipzig Wahlberechtigten auf 535 380. Davon haben bei der *Volksabstimmung* 516 111 vom Stimmrecht Gebrauch gemacht. Das sind 96,4 Prozent. Von ihnen stimmten 439 768 mit »Ja«. Das sind 85,2 Prozent aller abgegebenen Stimmen.

Bei der *Reichstagswahl* machten 501 419 vom Stimmrecht Gebrauch. Das sind 93,7 Prozent. 425 759 (84,91 Prozent) stimmten für den Wahlvorschlag der NSDAP.

In Leipzig haben *mehr als 85 Prozent* der Wähler, die vom Recht der Entscheidung Gebrauch machten, sich mit »Ja« für die Politik Hitlers entschieden. Nur 12 Prozent stehen noch beiseite. Wenn man bedenkt, daß erst neun Monate ins Land gegangen sind, seit Adolf Hitler sein Werk begonnen hat, so ist das Ergebnis sicher auch für alle die befriedigend, die in den letzten Wochen in Leipzig alles getan haben, um für Adolf Hitler und seine Ziele zu werben.

NLZ 13. November 1933, S. 3

16. NOVEMBER 1933 (DONNERSTAG)

10 Monate Gefängnis für kommunistische Flugblattverteiler

Beim Verteilen kommunistischer Flugblätter wurden am 7. Juni d. J. in Leipzig der 36 Jahre alte Maler Herbert *Schimpf* aus Dresden und der 33jährige Arbeiter Alwin *Weber* aus Leipzig angetroffen und verhaftet. Wegen Vorgehens gegen Paragraph 6 der Verordnung des Reichspräsidenten vom 28. Februar 1933 hatten sich die beiden Kommunisten jetzt vor der Großen Strafkammer zu verantworten, die als Sühne zehn Monate Gefängnis über jeden der Angeklagten verhängte.

NLZ 17. November 1933, S. 4

18. NOVEMBER 1933 (SONNABEND)

Funk im Volk. Eröffnung der Ersten Funkausstellung Sachsens

Die gewaltige Entwicklung des Rundfunks läßt es fast unverständlich erscheinen, daß man in den verschiedenen Teilen des Reichs lediglich die jährliche Funkausstellung in Berlin zum Gradmesser der Fortschritte machte. In diesen Zustand ist nun eine Bresche geschlagen worden. Als eine ausgezeichnete Ergänzung der Reichsausstellung ist am Sonnabend nachmittag die *Erste Funkausstellung Sachsens* eröffnet worden.

Man spürte bei der Feierlichkeit im Krystall-Palast bei allen Veranstaltern die Freude, daß die mit Energie betriebenen Vorbereitungen nun bereits durch eine fertige, überaus vielseitige Funkschau gekrönt werden. Der Leiter der Landesstelle Sachsen für Volksaufklärung und Propaganda, *Salzmann,* hob in seiner einleitenden Ansprache die wichtige Rolle hervor, die der Rundfunk gerade in den letzten Wochen bei der

Durchdringung des Volkes mit dem Geist der Bewegung gespielt hat. In kurzer Zeit sei es gelungen, aus dem Rundfunk ein Instrument zu machen, durch das man das ganze Volk über alle Stände hinweg geeinigt habe. Stellvertretender Vorsteher der Leipziger Stadtverordneten, Schimmel, knüpfte hieran an und wies darauf hin, daß auch in Zukunft die Bedeutung des Rundfunks noch große Fortschritte machen werde. Wenn neue Gesetze herauskämen, würde man vor allem durch den Rundfunk die Bevölkerung über ihren Sinn aufklären können. Gaukunstwart für Sachsen, Boldt, erinnerte an jene alles zerreibenden Zwistigkeiten im Gesamtbereich des deutschen Rundfunks, die noch im vorigen Jahr die positive Arbeit belasteten. Die schöpferischen Kräfte hätten gegen die Sendegesellschaften gestanden, die Industrie gegen den Handel, die linkspolitischen Hörerverbände gegen die bürgerlich-technischen. Nun aber sei endlich die Einigkeit erreicht und ein allen Teilen gleichmäßig dienender *Volksfunk* geschaffen.

Die Ausstellung vereint eine Fülle von Interessantem. *Industrie* und *Handel* zeigen all ihre neuen Produkte, vom besten Empfänger angefangen bis zum einfachsten Zubehörteil. In dieser wirtschaftlichen Werbung liegt eine der wichtigsten Aufgaben der Ausstellung. Viel Interesse lösen daneben andere Abteilungen aus. So wird mit Modellen und Photographien ein anschaulicher Eindruck von dem *Großsender Leipzig* gegeben.

Aus der *Bastelstunde* des *Mitteldeutschen Rundfunks* sind zahlreiche nette Arbeitsergebnisse zusammengetragen, Verkehrsmittel, Häuser, Karussells, eine ganze Schulstube und noch manches andere lustige Stück. Eine gute Idee war es, auch einmal durch Bilder und den ausgestellten Briefwechsel dem Hörer vorzuführen, was alles von der ersten Anregung zur Übertragung eines Fußballspiels bis zur Verbreitung des Spiels durch den Rundfunk zu erledigen ist. Aufschlußreich ist eine genaue Karte der deutschen Rundfunkleitungen, an Hand derer man beobachten kann, welche große Rolle der Sender Leipzig in dem Austauschverkehr der deutschen Sendegesellschaften untereinander schon spielt. Mit einer großzügigen Anlage zeigt sich die *Reichswehr,* deren Funkstelle vom Regiment 11 mit Hilfe von Angehörigen des Militär-Vereins Pioniere Leipzig eine recht instruktive Schau zusammengebracht hat. Man sieht altes und neues Funkgerät. Man hat Gelegenheit, in einem Unterstand die verschiedensten Möglichkeiten des Dienstes unter der Erde anzusehen. An einer Stelle arbeitet ein Blinkfeuer. Im nächsten Gang stößt man auf ein Scherenfernrohr, dann wieder gerät man in einen regelrechten improvisiert wohnlich eingerichteten Unterstand. Das Ganze vermittelt ein anschauliches Bild von diesem Arbeitsgebiet der Reichswehr.

Die Mitarbeit von Reich, Staat und Stadt ist heute dem Rundfunk gesichert. Die Ausstellung wird viel dazu beitragen, daß auch der Widerhall im *Volk* immer stärker wird.

Apitzsch, NLZ 19. November 1933, S. 20

24. NOVEMBER 1933 (FREITAG)

Eröffnung des Seminars für politische Erziehung

In Gegenwart des Reichsstatthalters *Mutschmann* wurde in der Aula der Universität das Seminar für politische Erziehung feierlich eröffnet. Die Gegenwart des Reichsstatthalters dokumentierte, daß der neue Staat in der Erziehung des Volkes seine vornehmste politische Aufgabe sieht.

Se. Magnifizenz Rektor *Prof. Dr. Golf* stattete mit kurzen Begrüßungsworten zugleich den Dank der Universität an die Väter der Idee des politischen Seminars ab, W. *Studentkowski* und Wolf *Friedrich*.

Anschließend legte *Prof. Freyer* ein Bekenntnis zur Idee der politischen Erziehung ab und gab einen Grundriß ihrer künftigen Gestaltung. Ihre Richtung ist festgelegt auf die wahre Erfüllung der Volksgemeinschaft, die dem Akademiker nicht mehr ein Vorrecht, sondern nur noch eine größere Verpflichtung einräumen kann. Stufen gibt es in Zukunft nur in der Leitung, und im neuen Staate wandelt sich der Spruch: Jedem das Seine! in eine Andeutung des den Kräften angemessenen Dienstes am Ganzen. Die Universität hat sich mit der Revolution gewandelt. Der Geist hat sich selbst seinen Stellungsbefehl gegeben. Die deutsche Wissenschaft, der deutsche Student haben kein Privatinteresse mehr, ihre Bemühung kann im neuen Staat nur auf das gerichtet sein, was der Volksgemeinschaft nützt.

Reichsstatthalter Mutschmann warnte in seiner kurzen Zwischenansprache vor der Überschätzung des Wissens. Denn der deutsche Gebildete gerade habe im Kampf Adolf Hitlers abseits gestanden, unfähig, die starken und klaren Kräfte seiner Bewegung zu erkennen. Darum soll nicht der Primat des Wissens, sondern der Primat des politischen Willens, der politische Leidenschaft den Charakter des neuen akademischen Bürgers bestimmen. Die Erziehung muß den heroischen Grundgedanken der deutschen Geisteshaltung wieder herausarbeiten. »Zuerst mein Volk«, das soll der Leitsatz sein, unter dem das neue Institut erzieht.

Der neuernannte Leiter des Politischen Seminars, *Werner Studentkowski* sprach anschließend über die Grundsätze der von ihm getragenen politischen Erziehung. Katechismus des Handelns wird ihr der Kampf und das Wort des Führers sein. Denn niemand kann Nationalsozialismus kommentieren als er allein, der sein lebendiger Zeuge ist. Das Seminar wird aufbauen auf der Schulungsarbeit der Partei und wird aus Kennern des Nationalsozialismus leidenschaftliche Bekenner machen. Die Kampfzeit des Nationalsozialismus in Theorie und Praxis wird Lehrmeister sein, denn diese Kampfzeit ist das Fronterlebnis der jungen Generation, die in ihr die fanatische Kämpfergemeinschaft fand, ohne die der Nationalsozialismus undenkbar ist.

Felix Lützkendorf, NLZ 25. November 1933, S. 5

26. NOVEMBER 1933 (SONNTAG)

In Berlin wird die Freizeit-Organisation der Deutschen Arbeitsfront gegründet, die nationalsozialistische Gemeinschaft (NSG) »Kraft durch Freude« (KdF). Robert Ley, Goebbels und Rudolf Hess halten die Ansprachen.

28. NOVEMBER 1933 (DIENSTAG)

Leipzigs längste Straßenbrücke im Bau. Die Verkehrsverhältnisse im Süden werden verbessert

Gegenwärtig geht ein lange gehegter Wunsch der Einwohnerschaft von *Connewitz* und *Marienbrunn* in Erfüllung. Ein seit Jahren vorliegender Plan kann endlich verwirklicht werden, dessen Ausführung die Stadtverwaltung aus finanziellen Gründen immer wieder verschieben mußte: die Waisenhausstraße in Connewitz, die bisher vor den Bahnanlagen zu Ende war, kann jetzt bis nach Marienbrunn verlängert werden, da der dazu nötige Bau einer neuen, über die Bahnlinie führenden Brücke genehmigt worden ist. Die Mittel zu diesem Bau stehen auf dem Wege des Wechselkredits durch die Gesellschaft für öffentliche Arbeiten (Oeffa) zur Verfügung. Allerdings kann die Waisenhausstraße nicht völlig geradlinig weitergeführt werden. Sie enthält vielmehr einen schlanken, nach Süden ausweichenden *Bogen*. Dadurch wird nämlich für das naheliegende Städtische Gaswerk Süd (II) Erweiterungsgelände gewonnen und somit vermieden, daß bei den Arbeiten des Werks die öffentliche Straße überkreuzt werden muß.

Erschwert werden die Arbeiten dadurch, daß gerade ein Stück jenes Gleisdreiecks überbrückt werden muß, das durch die im spitzen Winkel zusammenkommenden Eisenbahnlinien gebildet wird und auf dessen Landzunge weiter nördlich das Kraftwerk I der Eisenbahn liegt. Da insgesamt sieben Gleise und ein großes Stück freien Geländes überspannt werden müssen, erklärt sich die große Länge der neuen Brücke. Sie wird nämlich eine Ausdehnung von 123 Meter erhalten und damit die *längste Straßenbrücke Leipzigs* darstellen. Allerdings kann die neue Waisenhausstraße nur als ein Provisorium errichtet werden. Denn eine endgültige Konstruktion in Eisen oder Eisenbeton würde viel zu teuer werden, da die Reichsbahnverwaltung dann eine bedeutend größere Spannweite fordern müßte. Doch wird sie auch so allen Ansprüchen genügen. Sie ist für einen größeren Zeitraum und auch *für den schweren Fahrverkehr berechnet,* so daß mit ihrer Vollendung die Verkehrsverhältnisse des Südens beträchtlich verbessert werden. Die Baumaterialien sind Holz und eiserne Träger. Die Brücke wird auf soliden *Betongründungen* ruhen, die in Art von Strompfeilern vorgezogen und so hoch und stark sind, daß sie für den Oberbau der Brücke einen *wirksamen Schutz im Falle einer Zugentgleisung* bilden. Um einen Ausgleich für die Ausdehnung und Zusammenziehung des Materials bei Temperaturschwankungen zu schaffen, wird der Bau durch zwei sogenannte Gruppenpfeiler in drei Abschnitte unterteilt, während die übrigen Lasten auf Pendeljochen ruhen.

Die Breite der Brücke wird 8 Meter betragen, davon sind 6 Meter für eine Fahrbahn mit zwei Verkehrsbändern berechnet, während für den, der niedrigeren Kosten wegen einseitig angeordneten Fußweg 2 Meter bestimmt sind.

Neben ihrer Aufgabe, den Verkehr aufzunehmen, erfüllt aber die Waisenhausbrücke noch einen weiteren Zweck. Sie soll gleichzeitig auch für die *Überführung verschiedener Kabel* des städtischen Elektrizitätswerkes und der Reichspost dienen und auch eine Gashochdruckleitung tragen. Vorgesehen ist ferner, daß ein zur Zeit noch unter den Gleisen weg geführtes großes Wasserleitungsrohr im Bedarfsfalle in die Brücke gelegt werden kann. Außerdem sind Möglichkeiten geschaffen, daß später von der Mitte der Waisenhausbrücke ein *Zugang zu dem Eisenbahnkraftwerk* gebaut wird. Dadurch könnte man dann die beiden alten Meusdorfer Brücken, die gegenwärtig noch den Zugang bilden, beseitigen.

Durch ihren Wegfall aber würden zugleich die Sichtverhältnisse für die Signale der Eisenbahn verbessert werden.

hz., NLZ 28. November 1933, S. 4

30. NOVEMBER 1933 (DONNERSTAG)

Der Rauchwarenhandel bleibt in Leipzig. Umfangreiche Versteigerungen von Rohware

Kaum ein Gebiet des Leipziger Wirtschaftslebens hat so viele Krisen und Wandlungen durchgemacht, wie der Rauchwarenhandel. Die politische Verhältnisse Rußlands sind für ihn von größter Bedeutung gewesen. Hat Leipzig früher das russische Rohmaterial übernommen, veredelt und in alle Welt verkauft, dann mußte hier nach dem Kriege manche Umstellung erfolgen. Der neue russische Staat monopolisierte auch den Rauchwarenhandel und brachte seine Ware selbst auf den internationalen Markt, was nicht hinderte, daß Leipzig einen guten Teil davon aufnahm. In letzter Zeit ging man dann in Rußland dazu über, die Ware selbst zu veredeln und die ausländischen Zurichtereien auszuschließen, wovon Leipzig wiederum schwer betroffen wurde. Allerdings wurde die Qualität dieser Arbeit bald erkannt und ihre Konkurrenz nicht mehr drückend empfunden. Die politischen Umwälzungen in Deutschland konnten ebenfalls an dem durchaus international eingestellten Rauchwarenhandel, dessen Mitglieder zu 85 Prozent Nichtarier waren, nicht spurlos vorübergehen. Manche seiner Angehörigen wanderten aus, und der ausländische Boykott traf den Rauchwarenhandel besonders empfindlich. Doch sind diese Strömungen zur Ruhe gekommen. Die Auswanderer, die da meinten, im Ausland leicht festen Fuß fassen zukönnen, haben sich geirrt und sind teilweise wieder nach Leipzig zurückgekehrt, wo sie sich leicht wieder einleben konnten. Daß Leipzig auch im nationalsozialistischen Deutschland die Zentrale des internationalen Rauchwarenhandels bleiben wird, das zeigen die Versteigerungen der *Ravag*, Rauchwaren-Versteigerungs-AG, die heute Donnerstag und morgen Freitag vormittags im Krystall-Palast stattfinden. Die Leitung dieser Gesellschaft hat sich mit Erfolg bemüht, *ausländische Rohware nach Leipzig zur Versteigerung zu bringen*. Sie entsandte einen Vertreter nach dem früheren Deutsch-Südwestafrika, der die dortigen deutschen Farmer veranlaßte, ihre Persianer-Felle auf den deutschen Markt zur Versteigerung zu schicken. 17 217 Persianer von der 300 Mitglieder zählenden Deutschen Farmervereinigung stehen so diesmal zum Verkauf, von deren jedes einen Wert von über 20 Mark darstellt. Daneben werden 1871 norwegische Silberfüchse sowie Blau- und Kreuzfüchse und gefärbte Persianer angeboten.

In den Lagerräumen der Gesellschaft in der Lagerhofstraße entwickelte sich in diesen Tagen reges Leben. Die zur Versteigerung kommende Ware ist in einzelne Lose verteilt, die nicht ins Auktionslokal gebracht werden. Wer mitsteigern will, muß sich also die Ware vorher ansehen, wobei ihm der Katalog der Ravag gute Dienste leistet. Er kann sich so selbst ein Bild vom Wert des angebotenen Materials machen und dementsprechend bieten. Überall sieht man in den Lagerräumen sachverständige Besucher, die jedes einzelne Warenlos prüfen, mustern und abschätzen. Von der starken Anteilnahme im Lagerhaus kann man auf rege Beteiligung auf der Auktion schließen, für Silberfüchse wird schon jetzt eine freundliche Tendenz bekannt. Auch *das Ausland ist dabei vertreten*. Der Leipziger Brühl scheint in der Lagerhofstraße seine Filiale zu haben; es sind Millionenwerte, die hier, der Öffentlichkeit kaum bekannt, auf engem Raum beieinander sind.

Aus alledem geht hervor, daß die Bindung Leipzigs an den Rauchwarenhandel zu stark ist, als daß sie mit einem Male abgeschnitten werden könnte, so sehr auch ausländische Kreise daran interessiert sind. Es gibt so viele große Rauchwarenbetriebe in Leipzig, und es gibt so viele alteingesessene Familien dazu, deren Lebenskraft nicht von heute auf morgen zu vernichten ist.

NLZ 30. November 1933, S. 4

Gewandhauskonzert unter der Leitung von Hermann Abendroth.

Tanz-Kabarett und Nachtbar »Rote Mühle« in der Windmühlenstraße.

Ipa-Strandbad beim Messegelände, Blick vom Freisitz Richtung Schwimmbecken.

Das Freibad Schönefeld.

Die Kleinmesse am Alten Meßplatz an der Frankfurter Straße (Jahn-Allee), im Hintergrund die Häuser der Hindenburgstraße (Friedrich-Ebert-Straße).

Die Kleinmesse am Alten Meßplatz an der Frankfurter Straße (Jahn-Allee).

Ein Geschäft für Kolonialwaren und Delikatessen in der Oststraße 50.

Buden des Weihnachtsmarktes auf dem Augustusplatz.

Weihnachtsmarkt vor dem Alten Rathaus.

Rodelbahn im Schönefelder Park.

Wartende an der Straßenbahnhaltestelle vor dem Alten Theater am Richard-Wagner-Platz.

Leipzig im Dezember 1933

1. DEZEMBER 1933 (FREITAG)

Das »Gesetz zur Sicherung der Einheit von Partei und Staat« wird erlassen. Es erklärt die NSDAP zur »Trägerin des deutschen Staatsgedankens und mit dem Staat unlöslich verbunden«. Aus diesem Grunde werden Rudolf Hess und Ernst Röhm als Minister ohne Geschäftsbereich in das Reichskabinett berufen. Am 4. Dez. werden sie von Hindenburg vereidigt.

31 000 Arbeitslose weniger.
Der Leipziger Arbeitsmarkt Anfang Dezember

Den gemeinsamen Bemühungen der NSDAP, der örtlichen Arbeitsgemeinschaften und des Arbeitsamtes gelang es, trotz vorgerückter winterlicher Jahreszeit, auch im November die Arbeitslosenzahlen nochmals um mehr als 2½ Tausend zu senken, das bedeutet einen um reichlich 20 000 niedrigeren Stand als zur gleichen Zeit des Vorjahres. Seit der Regierungsübernahme durch Adolf Hitler wurde der Leipziger Arbeitsmarkt um 31 000 oder etwa ¼ entlastet! Allein von den Wehrverbandsangehörigen, Kriegsbeschädigten und Kriegsteilnehmern wurden im verflossenen Monat nahezu 1000 bevorzugt in Arbeit gebracht. Insgesamt vermittelte das Arbeitsamt im November bzw. wurden von ihm namentlich angefordert 7346 Bewerber(innen) in die freie Wirtschaft und 1705 in zusätzliche Arbeit wie Notstandsarbeit, Arbeitsdienst usf. Die Arbeitsbeschaffungsmaßnahmen der Reichsregierung förderten und regten auch weiterhin die Wirtschaft kräftig an. Am stärksten wurde diesmal der Arbeitsmarkt in der Gruppe der Angestellten, der Metallverarbeitung, des Holzgewerbes, des Handels- und Verkehrsgewerbes, des graphischen Gewerbes und der Textilindustrie entlastet. Innerhalb der übrigen Gruppen war die Landwirtschaft noch verhältnismäßig aufnahmefähig, weniger während der Winterzeit die Industrie der Steine und Erden. Das Baugewerbe brachte wiederum größere Fluktuation am Arbeitsmarkt.

NLZ 10. Dezember 1933, S. 15

5. DEZEMBER 1933 (DIENSTAG)

Leipziger Konzerte.
Die Comedian Harmonists singen

Die Comedian Harmonists singen. Das mächtige Rund der Alberthalle ist voll besetzt. Eine Beifallswelle löst die andere ab. Klatschen, Jubeln, Stampfen, Trampeln. Wann hat man je so fröhliche, begeisterte Gesichter gesehen?
Ein seltsamer Zauber geht von diesen fünf Sängern und ihrem Pianisten aus. Sie bringen ein paar Volkslieder, ein paar zierliche Unterhaltungskompositionen, aber vor allem Schlager, Parodien, Grotesken. Doch solche Dinge hört man auch

anderswo, ohne viel Aufhebens davon zu machen. Nur eben: Man hört sie nicht in dieser künstlerischen Durcharbeitung und dieser künstlerischen Wiedergabe. Hier ist der *Schlager* nicht *Selbstzweck,* sondern lediglich *Rohstoff,* aus dem die eigentliche Leistung erst geformt wird. Banalitäten wie die »Isabella von Kastilien« werden mit dem ganzen schweren Rüstzeug kontrapunktischer Vielstimmigkeit, verwickelter Harmonik und raffiniertester Rhythmik bearbeitet, so daß ein kleines Werk entsteht, das es an kompositionstechnischer Kunst mit ganz großen Werken der ernsten Musik aufnehmen kann.

Entscheidend ist aber nun, wie ein technisch so schwieriges Stück dargeboten wird. Spielend und prätentiös, heiter überlegen, singen die fünf Leute im Frack die verwickelten Stimmführungen. Ein bißchen Summen, ein bißchen Kopfstimme, ein wenig Instrumentennachahmung – und schon ist ein Klanggewebe vor uns ausgebreitet, das helles Entzücken auslöst.

Doch sind die Comedian Harmonists im eigentlichen Sinne nicht etwa sechs *Solisten* – abgesehen vielleicht von dem Klavierspieler, der an technischer und künstlerischer Vollendung seinesgleichen sucht. Die einzelnen Stimmen zeichnen sich weder durch Größe, noch durch Schönheit, noch durch besondere Klangreize aus. Einzeln sind die Sänger wenig, zusammen alles. Wie der Gesamtklang die Wirkung der Einzelstimme wandelt und umfärbt, das ist schlechthin ein Wunder. *Ensemblekunst* feiert hier höchste Triumphe. Die Comedian Harmonists sind nicht Schlagersänger, sondern *Kammermusiker.*

Wer die künstlerischen Eindrücke dieses Abends auf sich hat wirken lassen, wer die technische Vollendung dieser Musikantengemeinschaft bestaunt und die befreiende Heiterkeit dieser musikalischen Akrobatik erlebt hat, dem ist zum Bewußtsein gekommen: die Comedian Harmonists bilden ein Musterbeispiel dafür, wie man Musik, beste und herrlichste Musik, dem Volke wiedergeben kann.

Otto Schumann, NLZ 6. Dezember 1933, S. 5

7. DEZEMBER 1933 (DONNERSTAG)

Der »Budenzauber« beginnt

Da erscheinen alljährlich kurz vor dem ersten Adventssonntag auf der weiten Steppe des Augustusplatzes einige Männer und beginnen ein seltsam Werk. Mit dem Bandmaß vermessen sie die dem Südpol zugewandte Hälfte des Platzes und teilen sie fein säuberlich in zahlreiche Rechtecke ein. Wenn sie ihre Arbeit beendet haben, so etwa am Montag, so halten wir zunächst dafür, daß auf dem Augustusplatz mitten im Winter eine *Fliegenpilzkolonie* aus der Erde geschossen sei. Ist aber doch nur ein Trugschluß. Denn die »*Fliegenpilze*« erweisen sich schließlich als stattliche rote Ölfarbtupfen, durch die die »Landmesser« die Ecken ihrer Rechtecke hübsch sichtbar machten. Und abermals erscheinen nun Leute und hacken in Abständen die hartgefrorene Erde auf. Jedes der entstandenen Erdlöcher zieren sie sodann mit einem Mast und schlingen von einem Mast zum andern die zarte Girlande eines Kupferdrahtes.

Inzwischen sind auch allerhand Wagen aufgefahren, vollbepackt mit Planken und Brettern. Planke fügt sich an Planke, Brett an Brett, und das Ganze überzieht schließlich eine Zeltplane.

»Schön«, kommt der Einwand, »die Buden hätten wir, aber wo bleibt der Zauber?« – Nur Geduld, auch er wird noch kommen. Ein paar Tage darauf, wenn ihre Erbauer ausgehämmert haben und die Buden in langen Reihen fertig stehen, treffen viele hundert Kisten ein. Hinter den heruntergelassenen Planen werden sie ausgepackt. Und dann kommt der Morgen, da die Planen hochgezogen werden, da es in den Verkaufsständen glitzert und gleißt von farbigem Goldschmuck, da buntes Spielzeug seiner Farben Pracht darbietet und Pfefferkuchen- und Schokoladenduft den Vorübergehenden wohlig in die Nasen steigt. Die Herrlichkeit des *Christmarktes,* vor der wir als Kinder mit brennenden Augen standen, übt den *Zauber* aus, den Zauber der Weihnachtsstimmung, der in den eng aneinandergereihten Buden zu einem echten »*Budenzauber*« wird, ohne daß der ganze Augustusplatz auf den Kopf gestellt werden mußte.

hz., NLZ 7. Dezember 1933, S. 4

10. DEZEMBER 1933 (SONNTAG)

Die Kälte setzt mit neuer Kraft ein

Wir hatten bereits am Freitag erleichtert aufgeatmet, weil die Witterung sich wesentlich milder anließ und die Hoffnung begründet schien, daß wir wieder Tagen mit erträglicheren Temperaturen entgegengehen sollten. Wurden am Freitag morgen 8 Uhr vom Geophysikalischen Institut 7,4 Grad Celsius, um 14 Uhr 5,0 Grad und um 21 Uhr 9,6 Grad Kälte gemessen, so war es am Sonnabend morgen mit der Aussicht auf Besserung ganz vorbei. Über Nacht hatte die Kälte um 5,3 Grad zugenommen. Nach einem Stand von 13,9 Grad in der siebenten Stunde war um *8 Uhr morgens mit 14,9 Grad das Minimum erreicht.* Nur langsam wurde es im Laufe des Vormittags wärmer. Noch in der 11. Stunde betrug die Kälte 14,3 Grad, und erst gegen Mittag, um 14 Uhr, war sie auf 10,1 Grad herabgedrückt. In den Morgenstunden setzte an der Peripherie der Stadt auch *Rauhreifbildung* ein, die aber bald wieder nachließ.

NLZ 10. Dezember 1933, S. 4

Weihnachts-Pakete: Leipzig N 18. Hochbetrieb in der Rohrteichstraße. 1933 wird ein Rekordjahr!

42 000 Pakete *für* Leipzig am 24. Dezember, 57 000 Pakete *aus* Leipzig am 20. Dezember, 133 000 Pakete und 50 000 Päckchen *über* Leipzig am 23. Dezember. Das sind die Rekordzahlen im Weihnachts-Paketverkehr 1932. Wenn nicht alle Zeichen trügen, werden diese Rekorde bald überholt sein. Seit Mai 1933 liegen die Betriebsergebnisse beim Paket-Postamt 10 bis 15 Prozent über den Vorjahrszahlen, und dieses Verhältnis ist bis jetzt auch im Weihnachtsverkehr festzustellen ...

Weihnachtsverkehr? Gewiß, für die Reichspost beginnt er schon Wochen vorher, bevor wir uns entschließen, ein paar Kleinigkeiten für Verwandte und Bekannte in Packpapier zu schlagen und sorgfältig zu verschnüren. Schon Anfang Dezember rollen posteigene und private Automobile, bis an die Wagendecke vollgestapelt, an die 22 Luken in der Rohrteichstraße heran, speien Tausende von großen Paketen über die Verbindungs-Rollenstücke auf die beiden Rampenbänder heran, die je fünf Luken »mitnehmen«. Von allen Annahmestellen Leipzigs und aus den Ortschaften der Umgebung, die keinen Bahnanschluß haben, kommen die wohlverpackten Weihnachtssendungen der Leipziger Firmen, der großen Verlagshäuser und der Fabriken. Sie kommen so bald nicht wieder aus dem Rollen heraus. Die Rampenbänder schieben sie auf die Zubringer-Bahnen der großen *Förder- und Verteilanlage*. Aus den beiden Strömen, die hier – vor allem in den ersten Abendstunden – einmünden, greifen flinke Hände ein Paket nach dem anderen: Blaustifte kritzeln hastig große Nummern darauf. Am letzten Arbeitsplatz, einem von vielen, die hintereinander angeordnet sind wie die Sitze der Ruderer in den antiken Schiffen, muß das letzte Paket beschriftet und auf eine der Sortierbahnen geschoben werden, die unablässig zwischen den Sortierern dahingleiten. Dort, wo diese Bahnen enden, heißt es wieder: »Rechts um!« »Links um!« Aber hier gibt es gleich sechs Möglichkeiten. Beamte mit besenartigen Holzkeulen bringen jedes Paket von den Abstoßbahnen auf das richtige *Leseband* ...

Alle Pakete, die von Leipzig in die Welt hinausgehen, und 75 Prozent von denen, die Leipzig nur durchreisen, passieren diese sinnvolle Anlage. Sie ermöglicht es, Stunde um Stunde Zehntausende von Sendungen vorzuordnen. Die blauen Nummern darauf bedeuten nichts anderes als die *Kursplätze*.

Jede Ziel- oder Umschlagsstation hat ihre Nummer – zwischen 1 und 128 sind zur Zeit 97 Plätze belegt. Alle diese Platznummern haben die Sortierer im Gedächtnis. Wochenlang müssen sie geschult werden, ehe sie sich sekundenschnell darin auskennen. Wir alle können ihnen, zumal während des weihnachtlichen Hochbetriebs, die Arbeit erleichtern, indem wir auf unseren Päckchen den *Bestimmungsort besonders groß schreiben.*

Seltsame Umwege machen die Pakete, ehe sie auf den Lesebändern zu den *Kurskarren* gelangen. Förderbänder steilen empor, Wendelrutschen führen behutsam wieder nach unten. Aus der Hügellandschaft des sinnvollen Bänderlabyrinths gelangt man in die Ebene der großen Packkammer. Ringsum stehen die Karren, – 850 gibt es davon im Leipziger Paket-Postamt, rund 100 stehen hier –, jeder nimmt nur Pakete mit einer bestimmten Nummer auf. Die Karren haben keine Seitenwände, geübte Hände wissen sie so vollzuschichten, daß die Ladung bis zum Umschichten in den Bahnpostwagen beieinander bleibt. Ist ein Karren voll, schiebt man ihn auf den Querbahnsteig des Postbahnhofes. Eine verglaste Schiebetür gibt den Weg frei …

Für die Päckchen gibt es eine besondere *Förder- und Entstaubungsanlage.* Kleine Pakete treffen hier mit ihnen zusammen. Damit nichts verlorengeht, schicken die Annahmestellen alles in derben Säcken nach der Rohrteichstraße. Ehe die Sortierung beginnt, werden die Säcke aufgeschnitten und – unter den Exhaustor geschickt. Der saugt zwar nicht allen Staub heraus, aber doch soviel, daß die mit dem Sortieren beschäftigten Beamten von dem Staubnebel verschont bleiben, der früher über ihren Arbeitsplätzen lagerte. Damals konnte man auf ihren dunklen Sachen – schreiben, wenn sie von der Arbeit kamen.

Alle die kleinen Pakete und Päckchen sammeln sich in der großen Mulde. Sechs kleine Mulden und 176 Orts- und Kursbeutel sind in einem Dreiviertelkreis angeordnet, wie die Zuschauer-Plätze in den Theaterrängen um das Parkett. Nun eilen, treffsicher bewegt, Päckchen aller Formen und Größen aus dem »Parkett« in die Mulden und aus den Mulden in die Beutel. Ein paar Landkarten unterrichten in Zweifelsfällen über die Beutelgrenzen; jeder Beutelbereich ist grellbunt eingerahmt. Säcke bestimmen hier Orts- und Bezirksgrenzen!

Der *Leipziger Postbahnhof* kann sich in mehr als einer Hinsicht mit dem Hauptbahnhof vergleichen. Die Pakete haben vor den Fahrgästen sogar noch etwas voraus: Sie werden bis vor die Tür ihres Wagens gefahren. Vier Elektro-Schleppkarren flitzen, kleine Karrenschlangen hinter sich her ziehend, von dem 200 Meter langen Querbahnsteig auf die Längsbahnsteige mit ihren 28 Gleisen. Jeder Bahnsteig erscheint, genau wie auf einem Personenbahnhof, auf den Ankunfts- und Abgangstafeln. Alle Wagen werden hierher geleitet, die in den Zügen laufen. Briefe und Päckereien werden sogleich nach der Ankunft ausgeladen und weitergeleitet. Was für Leipzig bestimmt ist, rollt zur Verladerampe für die Zustellung, in die sich die Postämter N 18 und C 10 (Hospitalstraße) teilen. Sobald der Neubau an der Rohrteichstraße fertiggestellt ist, wird die gesamte Zustellung dort konzentriert sein. 125 Kraftwagen stehen für den Zustell- und Abholdienst bereit; sie müssen vor Weihnachten noch um zahlreiche Mietwagen vermehrt werden, will die Post die gewaltige Mehrleistung glatt bewältigen, die die nächsten Wochen bringen.

Der Jahresdurchschnitt aller auf dem Postbahnhof eintreffenden und abgehenden Wagen beträgt täglich 195; im Spitzenverkehr des Jahres 1932 wurden am 23. Dezember 312 Wagen gezählt. In diesen 195 Wagen wurden und waren durchschnittlich 12 000 Pakete für Leipzig, 25 000 Pakete aus Leipzig und 83 000 im Durchgang verstaut, insgesamt 120 000 *täglich!*

Das ist, wie gesagt, nur der Durchschnitt: Zur Zeit haben die 763 Beamten und Arbeiter des Leipziger Paketdienstes weit größere Aufgaben zu bewältigen. Nun, sie sind noch immer durchgekommen, sie werden auch mit dem Rekordumschlag des Jahres 1933 fertig werden. In D-Zügen, Eilzügen, Personenzügen, Güterzügen, in post- und bahneigenen Wagen, begleitet und unbegleitet, rollen die Weihnachtspakete von

Leipzig auf allen Schienensträngen hinaus in die deutschen Gaue, in die großen Städte, nach dem Ausland. Jede Gelegenheit, den Versand zu beschleunigen, wird ausgenutzt.

Eine Bitte, die angesichts solcher Leistungen nur berechtigt ist: Bringt Eure Weihnachtssendungen möglichst frühzeitig zur Post, verpackt sie gut und schreibt die Adressen so deutlich Ihr nur könnt!

Walter Richter, NLZ 10. Dezember 1933, S. 19

14. DEZEMBER 1933 (DONNERSTAG)

Die Strafanträge im Reichstagsbrandstifter-Prozeß. Todesstrafe gegen Lubbe und Torgler beantragt. Der Oberreichsanwalt beantragt, die Bulgaren aus Mangel an Beweisen freizusprechen

Am Donnerstag, dem 54. Verhandlungstag im Prozeß um die Reichstagsbrandstiftung, beendeten die Vertreter der *Reichsanwaltschaft* ihre *Plädoyers,* die von Mittwoch morgen bis Donnerstag abend gegen 16.30 Uhr gedauert haben. Der Oberreichsanwalt stellte zum Schluß die mit außerordentlicher Spannung erwarteten *Strafaufträge.* Er beantragte für die Angeklagten van der *Lubbe* und *Torgler* die *Todesstrafe* und für die drei Bulgaren *Freisprechung mangels Beweises.* Diese Strafanträge des Oberreichsanwalts wurden von dem überfüllten Saal und den zu diesem wichtigen Ereignis in außerordentlich großer Zahl erschienenen Pressevertretern mit *feierlichem Ernst* angehört. *Van der Lubbe* saß auch nach der Beantragung seiner Todesstrafe bei der dann folgenden Verlesung der weiteren Strafanträge *völlig teilnahmslos* auf seinem Platze mit apathisch vornüber hängendem Kopfe wie immer. *Torgler* hörte sich den Antrag der Todesstrafe *ruhig* und aufmerksam an. Nach einem kurzen Appell des Oberreichsanwalts an den Gerichtshof waren damit die Plädoyers der Reichsanwaltschaft geschlossen. Der Senat legte eine Pause ein, nach der der Verteidiger der Bulgaren, Rechtsanwalt Dr. *Teichert*-Leipzig sein Schlußwort begann.

NLZ 15. Dezember 1933, S. 1

16. DEZEMBER 1933 (SONNABEND)

Kälte regiert im Land. 18,2 Grad in Leipzig

Er macht schon lange keinen Spaß mehr, dieser Winter, nicht einmal mehr den rodelnden und Schlittschuh laufenden Kindern. Als Eiskönig sitzt er mitten im Land, regiert streng und unerbittlich. Sich zur Freude, uns zum Leide, läßt er täglich die niedliche Silbersäule des Thermometers so zwischen 12 und 20 Grad herumklettern. Und es macht wirklich nicht viel mehr aus, ob wir 14 oder 18 Grad haben. Die Ohren platzen einem so oder so fast ab, falls man keine Ohrenschützer trägt, die von einem Teil der Herrenwelt aus Gründen der »Würde« zwar abgelehnt werden, trotzdem aber bei solchen Minusgraden außerordentlich zu empfehlen sind. Denn feuerrot leuchtende oder erfrorene Ohren sind auch nicht gerade eine Zierde des menschlichen Hauptes. Für langsam vereisende Nasenspitzen dagegen ist ja leider ein genügender Schutz noch nicht erfunden worden. Ihre Besitzer müssen sich daher begnügen, für sie den *Kampf gegen die Kälte* zu führen, indem sie ihre Nasen möglichst tief hinter dem hochgeschlagenen Mantelkragen verstecken.

Allüberall wird der Kampf gegen die Kälte geführt. Wer dabei zu Hause einen gefüllten Kohlenkeller besitzt, der mag wohl Sieger bleiben. Doch vergesse er darüber die vielen anderen Volksgenossen nicht, die keinen Vorrat daheim haben und nicht wissen, wie sie ihre Stube warm bekommen sollen. Und darum prüfe er, wieviel er davon einem frierenden, von der Kälte schwer betroffenen Volksgenossen abgeben kann oder helfe ihm durch eine *Spende zum Winterhilfswerk* den

Kampf bestehen. Er denke dabei auch an die vielen, die jeden Tag in der Kälte ihre Arbeit tun müssen, und nehme ein wenig Rücksicht auf sie. Noch schlimmer aber geht es allen denen, die ihr Beruf hinaus ins Freie führt: den Beamten der Polizei, der Feuerwehr, der Eisenbahn, Straßenreinigung und Post. Sie haben einen schweren Dienst zu erfüllen bei solchem Wetter. Wenn sie sehnsüchtig mach der Ablösung Ausschau halten, so wird ihnen niemand das verübeln. Ebensowenig den Budenbesitzern auf Leipzigs Christmarkt oder den Christbaumhändlern auf Straßen und Plätzen, denen selbst ihre dicke Vermummung auf die Dauer nichts hilft.

Zwar sieht das Wetter noch gar nicht so aus, als ob das Eis an den Fenstern bald wieder herabtauen sollte, doch haben wir wenigstens eine Hoffnung, die wir der strengen Kälte des Winters entgegensetzen können, das alte Sprichwort: »Gestrenge Herren regieren nicht lange!« Vielleicht erfüllt es sich auch bald an ihr.

NLZ 16. Dezember 1933, S. 4

16. DEZEMBER 1933 (SONNABEND)

Kampf um Torglers Leben. Eine glänzende Verteidigungsrede Dr. Sacks. Sack fordert den Freispruch Torglers. Urteilsverkündung am Sonnabend

Der letzte Tag im Prozeß um die Reichstagsbrandstiftung ist gekommen. Es ist der 56. Verhandlungstag. Es geht um *Torgler*. Eine schwere Bestrafung van der Lubbes war von Anfang an nach dessen Geständnis anzunehmen. Der Antrag, die *Bulgaren* mangels Beweises freizusprechen, hat die Prozeßklage dann erst ganz eindeutig gemacht. Der Kampf um den Fraktionsführer der Kommunisten ist übrig geblieben. Dieser Kampf interessiert ungeheuer. Das sieht man heute überall. Im Publikumsraum und auf den Tribünen drängen sich die Zuhörer Kopf an Kopf. Die Pressetische sind ungewöhnlich stark besetzt, und nach der Eröffnung erscheint der Präsident des Reichsgerichts auf der Tribüne; viele Vertreter der Reichsanwaltschaft, aus den Kreisen der Reichsrichter und Rechtsanwälte hören sich den Verlauf auch selbst an. Torgler sieht heute sehr angegriffen aus. Dimitroff ist lebhaft und stets sprungbereit zu Zwischenbemerkungen. Van der Lubbe läßt den Kopf wieder vornüberhängen und fängt später plötzlich einmal an zu heulen. Das gibt einiges Aufsehen. Dann sitzt van der Lubbe wieder apathisch da.

Rechtsanwalt Dr. *Sack* schließt seine Verteidigungsausführungen mit der an den Senat gerichteten Bitte, den Angeklagten *Torgler* aus *menschlichen* und *rechtlichen* Gründen *freizusprechen*.

Am *Nachmittag* beginnen die Repliken mit verhältnismäßig kurzen Ausführungen von Landgerichtsdirektor *Parisius* und Oberreichsanwalt Dr. *Werner*. Ihnen schließen sich auch sehr knappe Antworten der *Verteidiger* an. Danach fragt der Vorsitzende die Angeklagten, ob sie noch etwas zu erklären hätten. Van der *Lubbe verzichtet.* Die übrigen Angeklagten halten noch ein kurzes *Schlußwort* zu ihrer Verteidigung.

Das Urteil wird am kommenden Sonnabend, 9 Uhr, verkündet.

NLZ 17. Dezember 1933, S. 1

17. DEZEMBER 1933 (SONNTAG)

Silberner Sonntag im Zeichen der Kauflust. Hunderttausende unterwegs. Platzkonzerte für das Winterhilfswerk in allen Stadtteilen

Die Geschäftswelt hat in diesem Jahre Glück mit den Weihnachts-Sonntagen. Das Wetter hält stand. Es ist zwar kalt, aber schön. Die Kälte lockt die Winterware aus Schubladen und Kästen, das Klare Wetter begünstigt den Einkaufsbummel.

Die Schaulust, vor acht Tagen das wesentliche Merkmal, hat sich nun in Kauflust verwandelt. Hunderttausende von Leipzigern und große Scharen von auswärts, die sich in breiter Schlange durch die Geschäftsstraßen der inneren Stadt schoben, haben am Silbernen Sonntag einen stattlichen Teil ihres Weihnachtsbedarfes gedeckt. Neben Spielwaren, kosmetischen Kleinigkeiten und ausgesprochenen Geschenkartikeln waren insbesondere warme Kleidungsstücke gefragt. Vieles wäre zwar auch verkauft worden, wenn Weihnachten nicht gerade bevorstände; das bevorstehende Fest aber hat in Wollsachen Umsätze gebracht, wie sie schon lange nicht mehr verzeichnet worden sind. Die günstigen Meldungen aus den Wintersportgebieten haben die Nachfrage nach Sportbedarf und Sportkleidung gefördert.

Offenbar sind die Mahnungen, rechtzeitig zu kaufen, von vielen Leipzigern beherzigt worden. Da der Goldene Sonntag diesmal auf den 24. Dezember fällt, war der »Silberne« zweifellos als bequemste Einkaufsmöglichkeit zu betrachten. Der nächste Sonntag gehört schon den Vorbereitungen in der Familie, die zu Besorgungen wenig Zeit lassen. Von der großen Kauffreudigkeit sind auch die *Budenmärkte* berührt worden. Christbaumschmuck und Haushaltartikel waren hier die gangbarsten Artikel.

Ein besonderes Gepräge verlieh dem Silbernen Sonntag die Christrose, die allenthalben zugunsten des *Winterhilfswerks* verkauft wurde. Konzerte auf mehreren Plätzen, auch in den Vororten, weckten die Aufmerksamkeit für die Straßensammlung zugunsten der Notleidenden, die sicherlich einen guten Ertrag gehabt hat. Trotz der Kälte führten die Kapellen der Reichswehr, der SA und der SS, der Amtswalter und des Arbeitsdienstes sowie verschiedener Organisationen (Beamte, Eisenbahner, Städtische Betriebe, Straßenbahner), der Hitler-Jugend, der Flieger und der Teno im Interesse des Hilfswerkes ihr großes Musikprogramm durch.

Infolge des frühen Beginns der Verkaufszeit setzte der Ankunftsverkehr, der die Weihnachtseinkäufer aus der Umgebung nach Leipzig brachte, schon bald nach 9 Uhr ein. Alle Personenzüge kamen gut besetzt in Leipzig an. Aus den Hauptrichtungen waren Vorzüge eingelegt worden, um die unterwegs zugehenden Reisenden bequem befördern zu können. Erst nach 13 Uhr ließ der Käuferansturm auf Leipzig nach. 18 000 bis 20 000 Weihnachtsmarktbesucher dürften am Silbernen Sonntag nach Leipzig befördert worden sein. Mit Eintritt der Dunkelheit strömten die Massen, meist »mit Schätzen reich beladen«, wieder nach dem Hauptbahnhof. Der Rückverkehr erreichte gegen 20 Uhr den Höchststand. Die Gepäcknetze in den Abteilungen reichten kaum aus, um die Päckchen und Pakete und die in Leipzig erstandenen Weihnachtsbäume zu verstauen. Im Hauptbahnhof standen für die Hauptverkehrszeit Vorzüge bereit, mit deren Hilfe der starke Verkehr glatt abgewickelt werden konnte. Auch die Gepäckannahmestellen, deren Zahl vermehrt werden mußte, hatten reichlich Arbeit, denn die größeren Gegenstände lieferte man aus. Mancher Reisende hatte einen Reisekorb mitgebracht und in der Gepäckaufbewahrung untergestellt, in dem dann die Pakete versenkt wurden.

Einen lebhaften Verkehr wies auch der sonst so ruhige *Bayrische Bahnhof* auf. Acht Sonderzüge, die ebenfalls in die Hauptverkehrszeit gelegt waren, mußten zur Bewältigung des Andranges eingelegt werden.

m., *NLZ 18. Dezember 1933, S. 4*

22. DEZEMBER 1933 (FREITAG)

Der Wille des Führers. Nationaldenkmal für Richard Wagner in Leipzig. Die Mittel sollen durch allgemeine Sammlungen aufgebracht werden

Oberbürgermeister Dr. *Goerdeler* und Stadtrat F. A. *Hauptmann* wurden in der Reichskanzlei vom Führer zum Vortrag über den Plan der Aufstellung des *Richard-Wagner-Denkmals* in Leipzig empfangen. Reichskanzler Adolf *Hitler* ließ sich an Hand der Modelle und Pläne über Einzelheiten der Ausgestaltung unterrichten und erklärte seine volle Zustimmung zu der städtebaulichen Anlage und zu der künstlerischen Ausführung des Denkmals.

Für sie ist der Stuttgarter Bildhauer *Hipp* in Aussicht genommen. *Hipp* ist der Verfertiger des Entwurfs, der im Wettbewerb einstimmig als der beste zur Ausführung geeignete bezeichnet wurde. Der Führer gab die Anregung, das Leipziger Richard-Wagner-Denkmal im Hinblick auf die Bedeutung Wagners und im Hinblick auf die Großzügigkeit der Anlage als *National-Denkmal des deutschen Volkes* für seinen großen Tonschöpfer zu errichten. Die Mittel zur Ausführung sollen durch allgemeine Sammlungen, für die Einzelheiten noch festzusetzen sind, aufgebracht werden.

Man erinnert sich daran, daß aus den 650 Entwürfen, die im Wettbewerb aus ganz Deutschland zusammengekommen sind, sich eine kleine Anzahl von Vorschlägen sogleich deutlich heraushob, da sie sich gegenüber den anderen durch *das großzügige Erfassen der gestellten Aufgabe* unbedingt auszeichneten. Unter diesen hatte der Entwurf von *Hipp* einen besonderen Rang und es mußte von vornherein klar sein, daß die Gestaltung des Festplatzes, auf dem das Wagner-Ehrenmal seine Stelle erhalten soll, sich in wesentlichen Punkten an die von Hipp gemachten Vorschläge anzuschließen hätte. Daß der rechteckige große *Altarblock*, der in monumentaler Einsamkeit den weiten in *edlen* Verhältnissen abgemessenen Raum beherrschen soll, ein *Denkmal von überzeugender Großartigkeit* werden könne, ließ die Übersichtsskizze jedem ohne weiteres vor Augen treten. Von besonderer Bedeutung wurde dann der Entschluß, von der ursprünglichen Absicht des Künstlers, die Seiten des Blocks mit Broncereliefs zu schmücken, abzugehen und statt dessen die *Wagners Kunst in symbolischen Darstellungen seiner Werke* verherrlichenden Figurenfriese aus der Masse des Steins herauszuholen. Damit ist die Möglichkeit zu einer plastischen Leistung allergrößten Ausmaßes gegeben und man wird mit spannender Erwartung wünschen, daß es dem Künstler gelingen wird, das ungewöhnlich schwere Problem zu meistern. Denn dann wird das *Nationaldenkmal,* das ganz Deutschland jetzt Leipzigs großem Sohn errichtet, zugleich *ein Markstein in der Geschichte der deutschen Kunst unserer Zeit* werden.

NLZ 22. Dezember 1933, S. 1

23. DEZEMBER 1933 (SONNABEND)

Lubbe zum Tode verurteilt. Torgler und die Bulgaren freigesprochen. Die Freigesprochenen in Schutzhaft

Am Sonnabend, kurz nach 9 Uhr, verkündete der Vorsitzende des Vierten Strafsenats im Hauptsitzungssaal des Reichsgerichts das *Urteil* im Prozeß um die *Reichstagsbrandstiftung:* Es lautete gegen die Angeklagten *Torgler, Dimitroff, Popoff* und *Taneff* auf *Freispruch,* gegen den Hauptangeklagten van der *Lubbe* auf *Todesstrafe* und dauernden Verlust der bürgerlichen Ehrenrechte. Nach Schluß der Urteilsverkündung wurden die freigesprochenen Angeklagten in *Schutzhaft* genommen. Die Kosten des Verfahrens fallen, soweit Verurteilung erfolgt ist, dem verurteilten Angeklagten, im übrigen der Reichskasse, zur Last.

Die für 9 Uhr angesetzte Verkündung des Urteils in diesem historischen Prozeß erfüllte schon lange vorher alle, die die

Möglichkeit zur persönlichen Teilnahme hatten, mit außerordentlicher Spannung. Schon um 8 Uhr standen die ersten Gruppen des Publikums im nebligen, kühlen Morgen vor dem Hauptportal des Reichsgerichts. Als sie in das Gebäude Einlaß gefunden hatten, dauerte es dann nicht mehr lange, bis der Zuhörerraum im Hauptsitzungssaal bis auf den letzten Platz besetzt war. Auch auf der Tribüne saßen die Zuhörer Kopf an Kopf. Vier Fotografen standen startbereit an ihren Apparaten. Auf der zweiten Tribüne an der Rückseite des Gerichtssitzes wurden die Apparate zur Schallplatten-Aufnahme dieses einzigartigen Ereignisses in Deutschlands Rechtsgeschichte fertig gemacht. Das gewaltige Interesse des deutschen Volkes und der ganzen Weltöffentlichkeit zeigte sich an der dichten Besetzung der *Presseplätze.* Mancher Vertreter ausländischer Zeitungen, der in den letzten Tagen der Beweiserhebung während der vergangenen Woche nicht in Leipzig gewesen war, hatte sich wieder eingefunden. Kurz vor 9 Uhr nahmen dann noch zahlreiche *Regierungsvertreter* und Angehörige hoher Behörden an den Tischen vor dem Sitz der Reichsanwaltschaft Platz, unter ihnen Kreishauptmann *Dönicke,* Oberregierungsrat Dr. *Ebbeke,* Brigadeführer *Fichte.* Zu gleicher Zeit erschien der Präsident des Reichsgerichts auf der Tribüne. Inzwischen war es 9 Uhr geworden. Die steigende Erwartung verdrängte allmählich die Luft zu Prophezeiungen in letzter Minute.

Die Angeklagten kommen

Da öffnet sich die Tür an der Rückfront des Saales. Die *Angeklagten* kommen, begleitet von Polizeibeamten, zuerst van der *Lubbe,* in schlaffer Haltung und wieder mit tief auf die Brust hängendem Kopf. Zugleich verstummen die halblauten Gespräche in den Reihen der Zuhörer. Nach van der Lubbe kommt *Torgler,* sehr blaß. Dann Dimitroff, frisch, mit der Aktenmappe unter dem Arm, die er seit langem in die Verhandlungen mitbrachte. Auch die zwei anderen Bulgaren, Popoff und Taneff, sind lebhaft. Taneff nickt seiner Freundin, die in der ersten Reihe der Zuhörer sitzt, hoffnungsvoll zu. Neben ihr sieht man auch Dimitroffs Mutter und Schwester und Frau Torgler. Währenddessen sind wieder fünf lange Minuten vergangen. Dann erscheinen auch die Verteidiger, Rechtsanwalt *Seuffert,* Rechtsanwalt Dr. *Teichert* und Rechtsanwalt Dr. *Sack,* die Dolmetscher, zuletzt Oberreichsanwalt Dr. *Werner* und der zweite Vertreter der Anklage, Landgerichtsdirektor *Parisius.* Nun ist alles versammelt.

Nur das Gericht fehlt noch. Es wird in dem feierlichen Saal des höchsten Gerichts immer ruhiger. Aber wenn eine der Türen nach den Wandelgängen sich noch einmal öffnet, hört man von draußen wachsenden Betrieb beim Postamt in der großen Halle. Viele Ferngespräche sind schon angemeldet und laufen bereits ein.

Jetzt, 9.10 Uhr, geht eine plötzliche Bewegung durch den ganzen Saal: Das *Gericht erscheint,* voran der Vorsitzende, Senatspräsident Dr. *Bünger,* nach ihm die übrigen Mitglieder des Senats, der in diesem Saal am 21. September dieses Jahres um die gleiche Zeit zum ersten Male in Sachen »van der Lubbe und Genossen« zusammentrat. Jetzt, nach drei Monaten, ist es so weit, daß der Urteilsspruch verkündet werden kann. Man weiß, daß er in demselben Augenblick, da er hier ausgesprochen wird, *endgültige Rechtskraft* hat. In ihren roten Roben entbieten die Richter feierlich den deutschen Gruß. Lautlos erwidert das Publikum. Sekunden höchster Spannung dann, während man wieder Platz nimmt. Atemlose Stille, während der Vorsitzende die Angeklagten auffordert, sich zu erheben. Nichts, was den Ernst dieser Stunde stören könnte.

Niemand hat jetzt noch Zeit für andere Beobachtungen, nicht einmal mehr Interesse für die Angeklagten. Alles ist ausgerichtet auf Senatspräsident Dr. Bünger.

Das Urteil wird gefällt

In völlige Stille fallen seine Worte: Im Namen des Reichs verkünde ich folgendes Urteil: Die Angeklagten Torgler, Dimitroff, Popoff und Taneff werden *freigesprochen* ... Und dann das *Todesurteil* gegen van der Lubbe ...

Die Entscheidung ist gefallen. Ihr folgt stürmische Bewegung an der Tür der Pressevertreter. Eine kurze Unterbrechung. Van der Lubbe sinkt wieder auf seinen Platz zurück, ohne jede besondere Erregung. Ruhig haben sich die übrigen den Urteilsspruch angehört. Unveränderte Disziplin bei den Zuhörern. Danach kommt die *Urteilsbegründung,* dir Dr. Bünger in seiner unbeirrbaren Ruhe und Sachlichkeit klar und eindringlich vorträgt. Der äußere Verlauf dieser Stunde entspricht der Würde, die dem höchsten deutschen Gericht hohe Tradition ist.

Mit starker Betonung verkündet Dr. Bünger im Verlauf seiner Darlegungen auch die Beurteilung des Senats in den Fragen der *politischen Motive* des großen Verbrechens vom Abend des 27. Februars. Satz für Satz schlägt er gleich anfangs den verleumderischen Lügenbau der Hetzer in Trümmer. Dann verkündet er mit packender Kraft die Gefahr, vor der in jenen Februartagen das deutsche Volk geschützt wurde: Die ungeheure Größe des Verbrechens offenbart die ungeheure Größe des Kampfobjekts! Es war ein Kampf ums Ganze. Die Verhaftungen noch in jener Unglücksnacht haben die Aktion des Kommunismus zum Scheitern gebracht. Die KPD hat die hochverräterischen Ziele als ihr Programm bekannt! Die Regierung hat Deutschland vom Abgrund zurückgerissen. Die Kommunisten wollten die Revolution. Das ist bewiesen. Nur wer das Fanal dazu persönlich mit ansteckte, das ist nicht hundertprozentig bewiesen.

In diesen Stichworten leuchtet noch einmal jenes Signal, der Brand im Haus des deutschen Volkes, erschütternd auf. Als gegen 10.15 Uhr dann die Verhandlung geschlossen wird, gehört der Prozeß um dieses größte Verbrechen der Geschichte an.

Dimitroff wollte noch eine *Erklärung* abgeben. Da die Verkündung aber bereits geschlossen war, mußte er unter allgemeinem Lächeln des Publikums darauf verzichten. Noch sehr aufgeregt versammelte sich schließlich ein großer Teil der Zuhörer an dem Ausgang, durch den die Angeklagten den Saal verließen, unter ihnen die Angehörigen Torglers und die Bulgaren. Auch auf dem Reichsgerichtsplatz stand man nach der Urteilsverkündung in Gruppen zusammen. Gegen 10.30 Uhr wurden schließlich die freigesprochenen Angeklagten unter Begleitung von zwei Polizeiwagen in Schutzhaft gebracht.

Währenddessen vollbracht das Postamt an diesem 57. Prozeßtag in der Halle des Gerichts seine Spitzenleistung. Von der Verkündung des Urteils an, während der ganzen Urteilsbegründung und nach deren Schluß liefen die Verbindungen aus den Hauptstädten Europas im Reichsgericht zusammen, Land für Land, Stadt für Stadt, Paris, London, Stockholm, Kopenhagen, Oslo, Wien, Warschau, Moskau, Schlag auf Schlag, zuerst Blitzgespräche und dann lange Telefonate. Immer wieder hallte zugleich aus dem Lautsprecher die Ansage deutscher Städte, Berlin, München, Hamburg, Berlin und der anderen Mittelpunkte des Reiches.

Es war ein letztes Echo Deutschlands und der Welt auf das Ereignis in Leipzig.

Apitzsch, NLZ 24.-26. Dezember 1933, S. 2

26. DEZEMBER 1933 (DIENSTAG)

> Über die deutsche Botschaft in Moskau erhält die Reichsregierung Kenntnis von dem französischen Angebot an die Sowjetunion, ein Militärbündnis abzuschließen. Der Vorgang wird später zum Anlaß für die Remilitarisierung des Rheinlands genommen.

Der Weihnachtsverkehr auf dem Hauptbahnhof. 209 Sonderzüge. Alle zwei Minuten ein Zug

In der verflossenen Woche stand der Eisenbahnverkehr noch völlig unter dem Zeichen der Weihnachtseinkäufer. Im Nahverkehr waren alle Züge verstärkt und gut besetzt. Mit dem

Schulschluß und dem Beginn der Geltungsdauer der Festtagsrückfahrkarten setzte der Fernverkehr lebhafter ein. 35 Sonderzüge, und zwar hauptsächlich Vorzüge vor D- und beschleunigten Personenzügen, waren an diesem Tage zur Bewältigung des Verkehrs auf dem Leipziger Hauptbahnhofe erforderlich. Den *stärksten Ansturm* brachte der Sonnabend mit 84 Sonderzügen. Auch an diesem Tage fiel, wie am Freitag, der gewaltige Andrang bei den Schnellzügen auf. Schon vom frühen Morgen ab waren die Fahrkartenschalter, die sämtlich geöffnet waren, ungeheuer in Anspruch genommen, und die Nachfrage steigerte sich noch in den Nachmittagsstunden; denn wer irgend abkommen konnte, suchte alle drei Feiertage bei seinen auswärtigen Angehörigen zu verleben. Neben den Besuchsreisenden konnte man aber auch zahlreiche Erholungsreisende beobachten, die nach den anstrengenden Wochen vor dem Feste sich im Hochgebirge erfrischen wollten. Freilich die große Zahl der Wintersportler, die in anderen Jahren einen Hauptbestandteil der Weihnachtsreisenden bildet und die sich während des scharfen Vorwinters schon auf den Sport während der drei Feiertage gefreut hatten, waren durch das milde Wetter arg enttäuscht und blieben meist daheim, denn nur verhältnismäßig wenige hatten sich zu einer Reise mit ihrem Sportgerät nach den bayrischen Alpen oder dem Riesengebirge entschlossen. Die *Leerwagenzüge* für die abzulassenden Vorzüge standen im Abstellungsbahnhofe bereit und wurden planmäßig an die einzelnen Bahnsteige vorgeschoben. Rasch waren sie besetzt und rollten etwa 10 Minuten vor den Hauptzügen ab. In den Nachmittag- und Abendstunden war auch der *Ankunftsverkehr* überaus stark. Vollbesetzt liefen Vor- und Hauptzüge ein. Durch die Bahnsteigsperren quollen die Massen, und auf dem Querbahnsteig war ein Gewimmel, durch das sich die abfahrenden Fahrgäste kaum einen Weg bahnen konnten. Der lebhafte Andrang hielt bis kurz vor Mitternacht an.

Der Sonntag wies mit 38 Sonderzügen auch noch einen ansehnlichen Verkehr auf, der aber in den Abendstunden abflaute, denn die meisten Festtagsreisenden wollen doch den Weihnachtsabend schon an ihrem Reiseziele verbringen. Dessen ungeachtet brachten die Abendzüge bis um Mitternacht noch zahlreiche Personen, die von ihren Angehörigen am Bahnhof sehnsüchtig erwartet wurden. Der Goldene Sonntag trat als solcher kaum in Erscheinung.

Am Montag, dem *ersten Weihnachtsfeiertag,* drängten sich bei den Frühzügen *große Scharen Festreisender* zusammen, die nicht eher abkommen konnten oder hier die Weihnachtsbescherung noch hatten abwarten wollen. Von Mittag ab ließ der Verkehr erheblich nach. Bemerkenswert ist, daß zu dem um Mitternacht nach München verkehrenden D-Zuge 26 zwei Vorzüge gefahren werden mußten, von denen der eine die Reisenden über Landshut nach Berchtesgaden beförderte. 16 Sonderzüge hatten an diesem Tage zur planmäßigen Abwicklung des Verkehrs genügt.

Der *zweite Feiertag* stand unter dem Zeichen des *Rückverkehrs.* Von den 36 Sonderzügen dienten 23 der Ankunft, die sich auf die Stunden von 18 bis 24 Uhr verteilten. Davon entfielen allein auf die Zeit von 21 bis 23 Uhr 15 neben den 22 planmäßig ankommenden Zügen. Rechnet man die 28 abfahrenden Züge hinzu, so verkehrte durchschnittlich *aller zwei Minuten ein Zug.* Eine beträchtliche Leistung des Hauptbahnhofes! Wie sich die Züge zeitweise zusammendrängten, zeigte sich am deutlichsten, daß vor dem Zuge von Dresden (an 20.36 Uhr) zwei Sonderzüge einliefen, ebenso von Plauen vor dem Zuge 22.20 Uhr. Erst gegen Mitternacht flaute der Verkehr ab.

Wie die *Kontrolle* in den Zügen bewies, waren etwa 90 v. H. aller Reisenden im Besitze von Fahrkarten zu *ermäßigten Fahrpreisen, und zwar Winterurlaubskarten,* Festtags- oder Arbeiter-Rückfahrkarten; also ein verschwindend geringer Teil konnte keinen Gebrauch von dem sogenannten »Weihnachtsgeschenk« der Reichsbahn machen. Obwohl sich der Weihnachtsverkehr in diesem Jahre besonders stark gezeigt hat, werden die Einnahmen nicht im gleichen Verhältnis gestiegen sein.

NLZ 27. Dezember 1933, S. 4

31. DEZEMBER 1933 (SONNTAG)

Silvester 1933!

Dieser Tag wird in der Erinnerung niemals verblassen. Mit ihm versank ein Jahr großer Erlebnisse und umstürzender Entscheidungen. Und mit ihm dämmerte ein neues Jahr herauf, das frei von Erschütterungen und brausenden Stürmen in ruhigem Ablauf dieses gewaltige Geschehen seiner Krönung weiter entgegenführen soll: Das Jahr 1934.

Welche Fülle von Ereignissen hatten die letzten zwölf Monate gebracht: Jeder war von ihnen berührt und aufgewühlt worden. Jeder hatte ganz unmittelbar gespürt, daß diese Ereignisse Geschichte bedeuteten und nun am Abschluß des Jahres 1933 wurde man sich bewußt, daß es in der Geschichte einen Höhepunkt darstellt, der für das deutsche Volk nie seinen Glanz verlieren wird. Denn das deutsche Volk war ja in diesem Jahre auferstanden in neuer Einigkeit und mit ihm der Gedanke des Reichs.

Daran mußte man am Silvestertage immer wieder denken, der nicht nur ein Tag der Rückschau, sondern auch ein Tag des Ausblicks ist. Der Ausblick aber wurde getragen von zuversichtlichen Hoffnungen.

So war das das Silvestererlebnis besonderer Art. Gewiß, man war auch diesmal fröhlich und ausgelassen und sogar übermütig, und man hatte ja auch alle Ursache dazu. Aber man verlor nie die Form. Alle Feiern und Veranstaltungen hatten einen gemeinsamen Grundton, in dem das mitschwang, was man erlebt hatte. Man vermied es, wenn man an das Vergangene erinnerte, zu politisieren und alte Gegensätze wieder aufzureißen. Jeder fühlte sich seinem Nachbar, der mit ihm am Tische saß und das Glas leerte, verbunden. Und so wurde an diesem Silvestertage auch die Volksgemeinschaft fester geschmiedet.

In den Wohnungen, in den Gaststätten und auf der Straße hatten sich die Menschen zusammengefunden, um den Einzug des neuen Jahres zu feiern. In den *Lokalen* war für allerlei Abwechslungen gesorgt. Die großen Gaststätten veranstalteten geschlossene Feiern, zu denen man sich teilweise sogar vorher anmelden mußte. Sie begannen mit dem Abendessen und künstlerischen Darbietungen sehr offiziell, bis dann beim Tanz und der Verlosung des Glücksschweins die gute Laune in vorgerückter Stunde ihren Höhepunkt erreichte. Selbst Gastwirtschaften und Kaffeehäuser, in denen man sonst keine Musik hört und in denen nur Unterhaltungen mit gedämpfter Stimme üblich sind, um die Zeitungsleser nicht zu stören, hatten Schrammelkapellen, Stimmungssängerinnen und Tänzerinnen engagiert. Und bald schossen Papierschlangen durch den Raum.

An allen Straßenecken der Innenstadt wurden Scherzartikel, Papiermützen und heiße Würstchen verkauft.

Als dann von den Türmen zwölf wuchtige Schläge die Mitternachtsstunde und damit den Jahreswechsel verkündeten, da öffneten sich die Fenster, da kam man aus den Lokalen auf die Straße. »Prost-Neujahr«-Rufe hallten immer wieder durch die Nacht. Man schüttelte sich die Hände und gratulierte.

NLZ 2. Januar 1934, S. 3

Anhang

ZU DIESER AUSGABE

Die Texte der vorliegenden Ausgabe entstammen der »Neuen Leipziger Zeitung« des Jahres 1933. In den zwanziger Jahren durch eine Fusion des »Leipziger Tageblatts« und der »Leipziger Zeitung« entstanden, repräsentierte die NLZ ein Jahrzehnt lang die liberale Strömung des Leipziger Bürgertums. Ihr zur Linken standen die sozialdemokratische »Leipziger Volkszeitung« und die kommunistische »Sächsische Arbeiterzeitung«, nach der Rechten schlossen sich die nationalkonservativen »Leipziger Neuesten Nachrichten« und, seit dem 1. Januar 1933, die nationalsozialistische, scharf antisemitische und antikommunistische »Leipziger Tageszeitung« an. Während die beiden Zeitungen der Arbeiterparteien bereits Anfang März 1933 auf Dauer verboten wurden und die LNN sich schon längst in nationalistisches Fahrwasser begeben hatten, wurde die NLZ im März und April 1933 »gleichgeschaltet«. Dennoch gelang es der Redaktion, inhaltlich wie sprachlich ein gewisses Niveau zu wahren, sich von antisozialistischer und antisemitischer Hetze fernzuhalten und für eine Versorgung der Leser mit einigermaßen verläßlichen Nachrichten zu sorgen. Auch wenn von einer freien Berichterstattung oder gar einer kontroversen Debatte keine Rede mehr sein konnte, fand der Leser nur hier ein halbwegs neutrales und in den Fakten korrektes Bild von den Leipziger Entwicklungen. Berichte über das Wirken der Terrormaschinerie von SA und SS, über Folter und Mord an zahllosen Gegnern des Regimes, über antisemitische Übergriffe wird man auch in der NLZ vergeblich suchen. Doch in den nüchternen Polizeimeldungen über Verhaftungen und Hausdurchsuchungen gewannen selbst die Gegner der NS-Diktatur, die nur noch in tiefster Illegalität wirken konnten, die Andeutung einer Kontur.

Eine Erweiterung der Textgrundlage durch Kombination der Texte der NLZ mit Artikeln anderer Leipziger Zeitungen verbot sich aus mehreren Gründen: 1. Die beiden Zeitungen der Arbeiterparteien decken nur die ersten beiden Monate des Jahres ab; ihre dann fehlende Stimme kann nicht ersetzt werden, weil es in der antifaschistischen Auslandspresse naturgemäß keine Berichterstattung über Leipziger Vorgänge gab. 2. Artikel aus der NS-Presse zu veröffentlichen, hätte einen unangemessen hohen Aufwand an Recherchen zur Berichtigung auch nur der gröbsten Lügen und Verleumdungen erfordert; eine unkommentierte Wiedergabe hätte den alten Lügen und Verleumdungen falsche

Glaubwürdigkeit verschafft. 3. Eine Erweiterung um Artikel aus den LNN, so reizvoll dies in mancher Hinsicht erscheinen mag, hätte den Umfang des Bandes und damit die Kosten verdoppelt und mußte daher unterbleiben.

Ziel der Auswahl war es, die wichtigsten politischen Ereignisse der Etablierung der NS-Diktatur in Leipzig sowie in angemessener Vielschichtigkeit die Entwicklungen in den Bereichen des Städtebaus, des Verkehrswesens, der Wirtschaft, des Kultur-, Wissenschafts- und Bildungswesens sowie des Alltagslebens wiederzuspiegeln. Besonderes Gewicht wurde darauf gelegt, die dünnen Spuren des Widerstands sichtbar zu machen. Selbstverständlich kann eine Auswahl aus 365 Nummern einer großformatigen, jeweils 24 bis 64 Seiten umfassenden, fast nur aus (eng gesetztem) Text bestehenden Zeitung kaum anders als subjektiv sein.

Die Textauswahl basiert auf den im Stadtarchiv Leipzig vorhandenen Mikrofilmen der Originalausgaben. Die Texte erscheinen in chronologischer Anordnung. Dabei war nicht das Erscheinungsdatum des Artikels, sondern das Datum des Ereignisses, über das darin berichtet wird, maßgeblich. Nur bei allgemeinen Artikeln, die keinen konkreten Tagesbezug haben, erscheint der Text unter dem Datum der Publikation.

279

Die Texte erscheinen in ihrer originalen, ungekürzten Gestalt. Die ursprüngliche Orthographie wurde bewahrt; offensichtliche Schreibfehler wurden stillschweigend korrigiert. Hervorhebungen im Original werden einheitlich kursiv wiedergegeben. Im Quellennachweis am Ende eines jeden Textes ist auch der Name des Verfassers genannt; in einigen Fällen waren die Vornamen nicht zu ermitteln bzw. ließen sich die Namenskürzel nicht auflösen; Artikel ohne Verfasserangaben sind anonym erschienen.

Um den Zusammenhang der Leipziger Ereignisse mit den von Berlin (Reichsregierung) bzw. Dresden (Landesregierung) zentral gesteuerten Entwicklungen zumindest anzudeuten, wurde eine zusätzliche Ebene eingeführt. Die den Tagesdaten unmittelbar folgenden, durch Einrückung abgesetzten Einträge wurden entnommen aus: Deutsche Geschichte von Tag zu Tag. 1918–1949. Berlin: Directmedia 2000 (Digitale Bibliothek, Bd. 39).

Die Artikel aus der »Neue Leipziger Zeitung« werden ergänzt durch etwa einhundert zeitgenössische Fotografien aus den Beständen des Stadtarchivs und des Stadtgeschichtlichen Museums Leipzig. Abgesehen von den Fotos, die konkrete politische Ereignisse des Jahres 1933 zeigen, sind die meisten anderen Abbildungen in der Regel nicht exakt datiert. Sie stammen jedoch alle aus der Zeit zwischen 1930 und 1935. Da sich das Leipziger Stadtbild seit dem Ende der zwanziger Jahre bis zu den Zerstörungen des Bombenkriegs ab Oktober 1943 kaum noch veränderte, kann diese Unschärfe hingenommen werden. Auffällig ist, daß es nur noch sehr wenige Fotos von politischen Großereignissen gibt, obwohl vielfach bezeugt ist, daß bei diesen Gelegenheiten unendlich viele offizielle und private Fotos angefertigt worden sind. Wahrscheinlich sind die meisten dieser Fotos, sofern sie nicht schon bei den Bombenangriffen verbrannten, bei Kriegsende oder beim Einmarsch der Roten Armee oder im Laufe der DDR-Zeit vernichtet worden – aus Angst, aus Scham und aus Unverständnis. Als im Jahr 2006 zufälligerweise ein Album mit Fotografien vom Leipziger Gauparteitag der NSDAP im Juli 1933 aus Privatbesitz ans Stadtgeschichtliche Museum gekommen war, ergab die in der Lokalpresse veröffentlichte Bitte, ähnliche Fotodokumente zur Verfügung zu stellen, keine einzige Reaktion.

BILDNACHWEIS

Stadtarchiv Leipzig: S. 2, 20, 21, 22, 24, 25, 27, 28, 31, 32, 34, 67, 68, 70, 71, 72, 73, 121, 122, 125, 128, 129, 130, 136, 211, 212, 213, 214, 215, 256, 257, 258, 259, 260, 261, 262, 263, 264, 265, 266

Stadtgeschichtliches Museum Leipzig: S. 23, 26, 29, 30, 33, 69, 74, 75, 76, 77, 78, 79, 80, 81, 82, 83, 84, 119, 120, 123, 124, 126, 127, 131, 132, 133, 134, 135, 179, 180, 181, 182, 183, 184, 185, 186, 187, 188, 189, 190, 191, 192, 193, 194, 216, 217, 218, 219, 220, 221, 222

Fotografen:
Anton Blaschke: 21, 67, 257, 265
Böhlemann (Zwenkau): 69, 74, 75o, 75u, 79, 135
Paul Faulstich: 20, 24, 25, 27, 32, 125, 215, 256, 259, 260, 261, 266
Foto-Rost: 119
Alfred Gruber: 212
Junkers Luftbild: 34, 130
Heinrich Kirchhoff: 211
Lohrisch-Achilles (Bremen): 213, 214
Ludwig Scheewe: 23, 26, 29, 30, 120, 123, 124, 126, 127, 131, 132, 133
Fritz Schneider: 71, 72, 73
Alfons Trapp: 28, 121, 122, 128
Rudolf Tröger: 129
Werner (Leipzig-Paunsdorf): 84
Georg Zschäpitz: 31, 136
Unbekannt: alle anderen

ABKÜRZUNGSVERZEICHNIS

A. G.	Aktiengesellschaft
Abg.	Abgeordneter
ADGB	Allgemeiner Deutscher Gewerkschaftsbund
AOK	Allgemeine Ortskrankenkasse
Art.	Artikel
BdM	Bund deutscher Mädchen
DDP	Deutsche Demokratische Partei
DNVP	Deutschnationale Volkspartei
e. V.	eingetragener Verein
GDA	Gewerkschaft der Angestellten
GmbH	Gesellschaft mit beschränkter Haftung
HJ	Hitlerjugend
KPD	Kommunistische Partei Deutschlands
Leha	Autostraße von Leipzig nach Halle
MS	Messesonderzug
NLZ	Neue Leipziger Zeitung
NS	nationalsozialistischer
NSBO	Nationalsozialistische Betriebszellen-Organisation
NSDAP	Nationalsozialistische Deutsche Arbeiter-Partei
Pg, PG	Parteigenosse
RM	Reichsmark
SA	Sturmabteilung (der NSDAP)
SPD	Sozialdemokratische Partei Deutschlands
SS	Schutzstaffel (der NSDAP)
Stadtv.	Stadtverordneter
Stv.	Stadtverordneter
T. V.	Theosophische Gesellschaft
UT	Uniontheater
v. H.	von Hundert (Prozent)

PERSONENREGISTER

Aall, Anathon, norwegischer Professor der Psychologie 234
Abendroth, Hermann, Dirigent 108, 256
Abt, Franz, Komponist 231
Achelis, Hans, Rektor der Universität Leipzig 234
Achron, Joseph, Pianist 19
Apelt, Willibald, Professor für Staatsrecht in Leipzig 106
Apitzsch, Journalist, Journalist der NLZ 159, 176, 238, 252, 276
Arndt, Ernst Moritz, Dichter 249
August Wilhelm, Prinz von Preußen 47
Bach, Johann Sebastian, Komponist, Thomaskantor 10, 19, 91, 92, 234
Backhaus, Wilhelm, Pianist 108
Barchfeld, Heinrich, Galerist in Leipzig 57
Baresel, Alfred, Journalist der NLZ, Musikkritiker 56, 62, 92
Barge, Oberstudiendirektor am Königin-Carola-Gymnasium 95
Barth, Friedrich, Volksschullehrer 229
Bartsch, Gustav, Volksschullehrer 229
Bauer, Schulreferent in München 90
Bäzner, E., Dresdener Mitglied der Theosophischen Gesellschaft Deutschland 139
Becker, Hans, Professor für Geologie in Leipzig 106
Beckert, Johannes, Volksschullehrer 229
Beethoven, Ludwig van, Komponist 13, 15, 16, 148, 231, 243
Behrend, Pfarrer an der Heilandkirche in Leipzig-Plagwitz 93
Bennecke, SA-Brigadeführer 161
Bennewitz, Stadtverordneter im Schulamt Leipzig 56
Bergmann, Otto, Komponist 206
Bergner, Elisabeth, Schauspielerin 42
Berndt, Gretl, Schauspielerin 45, 86
Beyer, Studienrat an der Leibnizschule, Leipzig 229
Beyfuß, Frau, Oberstudienrätin an der Gaudigschule in Leipzig 229
Biach, Gewerkschaftsfunktionär 105
Biedermann, Richard, Schlosser 15
Bismarck, Otto von, Reichskanzler 63
Blaukarts, Rezitator 161
Blomberg, Werner von, Reichswehrminister 36, 110
Boccherini, Luigi, Komponist 14
Boda, Professor von, ungarischer Professor der Psychologie 234
Böhme, Walter, Leiter des Kriminalamts Chemnitz 50
Bohr, Niels, dänischer Atomphysiker 243
Boldt, Gaukunstwart für Sachsen 252
Boldt, Gustav, Volksschullehrer 229
Bolek, Andreas, österreichischer NSDAP-Gauleiter 241
Bracket, Rudi, Reichsbannermitglied 47
Brahms, Johannes, Komponist 14, 15, 16, 62, 108
Brecht, Arnold, Rechtsanwalt 231
Breitkopf & Härtel, Musikverlag
Breitmeyer, Arno, Pressereferent 148
Breitscheid, Rudolf, Politiker, Vorsitzender der Reichstagsfraktion der SPD 199
Breslauer, Wilhelm, Bankier 12
Bruckner, Anton, Komponist 62
Brückner, Werner, Professor der Ethnologie in Leipzig 140
Büchner, Gewerkschaftsfunktionär beim Verband der Lithographen 105
Bühring, Carl James, Leipziger Stadtbaurat 116
Bünger, Wilhelm, Senatspräsident beim Reichsgericht 207, 208, 219, 224, 275, 276
Büsen, Karl, Industrieller 45
Burgsdorff, Curt von, Kreishauptmann 111
Busch, Fritz, Dirigent, Generalmusikdirektor in Dresden 56
Carstens, Lina, Schauspielerin 45

Clauß, Ludwig Ferdinand, Professor der Psychologie in Freiburg i.Br. 235
Coch, Friedrich, sächs. Landesbischof 235
Cohen, Hermann, jüdischer Schriftsteller 87
Cohn, Rabbiner in Leipzig 12
David, Martin, Juraprofessor an der Universität Leipzig 199
Debeye, Peter, Atomphysiker 243, 244
Dellwiek, Gerdi, Musikerin 161
Detten, Georg von, SA-Obergruppenführer, Polizeioberpräsident 161, 165, 168
Dietrich, Marlene, Schauspielerin 42
Dietrich, Rudolf, Führer der Hitlerjugend 148
Dietze, Herbert, Chorleiter 10
Dietzscholdt, Richard, Volksschullehrer 229
Dimitroff, Georgi Michailowitsch, bulgarischer Kommunist 86, 207, 208, 209, 210, 221, 272, 274, 275, 276
Dirac, Paul, Atomphysiker 244
Döblin, Alfred, Schriftsteller 87
Dönicke, Walther, NSDAP-Politiker, Landtagspräsident, später Oberbürgermeister von Leipzig 148, 154, 159, 161, 165, 224, 237, 275
Döring, Martin, Arbeiter 240
Dorrhauer, Vorsitzender des Einzelhandelsverbundes 156
Dreikorn, Eugen, Korrespondent 117
Dreiser, Theodore, amerik. Schriftsteller 87
Drescher, Gewerkschaftsfunktionär vom Einheitsverband der Eisenbahner 105
Drews, Bertha, Schauspielerin 206
Drucker, Martin, Rechtsanwalt, Präsident des Deutschen Rechtsanwaltsvereins 204
Dürer, Albrecht, Maler und Grafiker 243
Dukas, Paul, Komponist 15, 16
Ebbeke, Oberregierungsrat 275
Eckart, Dietrich, antisemitischer Schriftsteller 149

Eichberger, Willy, Schauspieler 54, 55
Eichelbaum, Frau, Studienrätin an der Gaudigschule in Leipzig 229
Eitel-Friedrich, Prinz von Preußen 209
Elcot, Walter, Regisseur 242
Eltz-Rübenach, Paul Freiherr von, Reichsverkehrsminister 175
Endorf, Gewerkschaftsfunktionär des Einheitsverbands der Eisenbahner 105
Engel, Johannes, Leiter der NS-Betriebszellenorganisation 142
Enke, Stadtverordneter in Leipzig 8
Eppstein, Eugen, SPD-Politiker 199
Erkes, Eduard, Professor für Sinologie an der Universität Leipzig 204
Everth, Erich, Professor für Zeitungskunde an der Universität Leipzig 106, 204
Faber, Pfarrer der Luthergemeinde in Leipzig 93
Ferkel, Gewerkschaftsfunktionär beim Verband der Lithographen 105
Fest, Max, Organist 92
Feuchtwanger, Lion, Schriftsteller 114, 199
Fichte, Rechtsanwalt 224, 275
Fischer, Direktor der Firma Gebr. Heine in Leipzig 12
Fleißner, Heinrich, SPD-Politiker, Polizeipräsident von Leipzig 50
Flick, Friedrich, Großindustrieller 45
Foerster, Friedrich Wilhelm, Philosoph und Pädagoge 199
Frahnert, Gewerkschaftsfunktionär des Sattler- und Tapezierer-Verbandes 106
Frahnert, Walter, Volksschullehrer 229
Franck, César, Komponist 19
Frank, Alfred, Bannführer Nordwestsachsen der Hitlerjugend 140, 241
Frank, Hans, Jurist, NS-Politiker, Reichsjustizkommissar 224, 225, 227, 228
Freyer, Hans, Professor für Soziologie an der Universität Leipzig 252
Freytag, Stadtrat in Leipzig 56

Frick, Wilhelm, NS-Politiker, Reichsinnenminister 145, 158, 159
Friderici, Erich, Oberst 148
Friedheim, Ludwig, Privatdozent an der medizinischen Fakultät der Universität Leipzig 204
Friedrich August III., Kurfürst von Sachsen 173
Friedrich, Rudolf, Schauspieler 156
Friedrich, Standartenführer der SS-Standarte 48 171
Friedrich, Wolf, Politikwissenschaftler 252
Fritsch, Karl, NS-Politiker, sächsischer Innenminister 161
Fritsch, Paula, Ehefrau von Theodor Fritsch 204
Fritsch, Theodor, antisemitischer Publizist und Verleger 204
Furtwängler, Wilhelm, Dirigent 15, 16, 62
Gall, Hans, Fleischer 15
Garbo, Greta, Schauspielerin 42
Gebbing, Johannes, Direktor des Zoologischen Gartens in Leipzig 115, 153
Genzel-Röhling, Irmgard, Sängerin 92
George, Heinrich, Schauspieler 206
Gerlach, Hellmut von, pazifistischer Politiker und Publizist 199
Gerstenberger, Regierungsbaurat 175
Glaeser, Ernst, Schriftsteller 114
Gneisenau, August Neidhardt von, preußischer Generalfeldmarschall 230
Goebbels, Joseph, NS-Politiker, Reichsminister für Volksaufklärung und Propaganda 18, 47, 55, 85, 90, 92, 161, 165, 168, 170, 187, 198, 204, 208, 253
Goerdeler, Carl Friedrich, Oberbürgermeister von Leipzig 7, 38, 63, 64, 86, 97, 101, 148, 161, 173, 175, 224, 274
Goethe, Johann Wolfgang von 9, 10, 37
Goetz, Walter, Professor für Geschichte in Leipzig 106, 157
Gold, Michael, jüdischer Schriftsteller 87
Goldmann, Felix, Rabbiner in Leipzig 12

Goldschmidt, Carl, Vorsitzender der Israelitischen Religionsgemeinde in Leipzig 12
Goldschmidt, Max, Professor der Augenheilkunde an der Universität Leipzig 199
Goldstein, Direktor der Ferienheime für Handel und Industrie 12
Golf, Arthur, Professor für Agrarwissenschaft, 1933/34 Rektor der Universität Leipzig 249, 252
Golling, Alexander, Schauspieler 45
Göpfert, Arthur, Gauobmann des NS-Lehrerbundes Sachsen 90, 248, 249
Göring, Hermann, NS-Politiker, preußischer Innenminister 16, 42, 45, 48, 49, 57, 91, 92, 149, 153, 172, 198
Gorki, Maxim, russischer Schriftsteller 88
Götz, Baurat in Leipzig 176
Götze, Walter, Kaufmann in Leipzig 15
Grassmann, Paul, Vorsitzender des ADGB 103
Grossmann, Kurt, Publizist, Generalsekretär der Deutschen Liga für Menschenrechte 199
Grosz, George, Maler und Grafiker 88
Gründgens, Gustav, Schauspieler 54
Grünert, Gewerkschaftsfunktionär des Melker-Verbands 105
Grunewald, Alfred, Bauarbeiter 15
Grzesinski, Albert, SPD-Politiker, Polizeipräsident in Berlin und preußischer Innenminister 47, 48
Guerard, Theodor von, Zentrums-Politiker, Reichsverkehrsminister 174
Gumbel, Emil, Mathematiker, Statistiker, pazifistischer Publizist 199
Gumpel, Gustav, Aufsichtsratmitglied der Karstadt A.G. 66
Gutjahr, Gewerkschaftsfunktionär des Baugewerksbunds 105
Haake, Rudolf, NS-Politiker, Stadtverordneter und Bürgermeister, später Oberbürgermeister von Leipzig 8, 60, 61, 97, 101, 102, 156, 161, 231, 236–238, 240

Haenlein, Rudolf, Volksschullehrer 229
Haffner, Gewerkschaftsfunktionär des Verbandes der Buchbinder 107
Hahn, Geschäftsführer des Holzarbeiter-Verbandes 107
Händel, Georg Friedrich, Komponist 10, 234
Hanke, Rudolf, Volksschullehrer 229
Hartmann, Major der Leipziger Polizei 171
Hartnacke, Wilhelm, sächsischer Kultusminister 62, 234, 248
Hartwig, Reichsbahnrat, Gauführer des sächsischen Sängerbundes 231
Hauptmann, Friedrich August, Stadtrat in Leipzig 230, 274
Hauptmann, Gerhart, Schriftsteller 45
Heidegger, Martin, Philosoph, Professor an der Universität Freiburg 249
Heifetz, Jascha, Geiger 19
Heiland, Rudolf Ernst, Oberregierungsrat, Leiter des Leipziger Kriminalamts 50
Heine, Karl, Rechtsanwalt und Unternehmer in Leipzig 173, 175
Heine, Max Hermann, Tuchgroßhändler in Leipzig 12, 13
Heinze, Walter, Chauffeur 47, 48
Heinzelmann, Präsident der Gewerbekammer in Leipzig 156
Heisenberg, Werner, Physiker, Nobelpreisträger 243, 244
Hellmann, Siegmund, Professor für Mittelalterliche Geschichte in Leipzig 106
Hentsch, Schlosser und SA-Mann aus Leipzig, 1932 Opfer eines Femermordes 8
Hergesheimer, Joseph, Schriftsteller 87
Herrmann, KPD-Kommunalpolitiker, Stadtverordneter in Leipzig 7
Herrmann, Kurt, Mitglied der Theosophischen Gesellschaft Deutschland 138
Hesche, Gewerkschaftsfunktionär des Buchbinderverbands 105
Hess, Rudolf, NS-Politiker, Stellvertreter Hitlers 253, 267

Hesselbarth, Gewerkschaftsfunktionär des Verbands Deutscher Buchdrucker 105
Hierse, Paul, Volksschullehrer 229
Hilbert, Gerhard, Superintendent in Leipzig 235
Hilferding, Rudolf, SPD-Politiker, Reichsfinanzminister 174
Himmler, Heinrich, NS-Politiker, Reichsführer der SS 57, 165
Hindenburg, Oskar von, Sohn des Reichspräsidenten 14, 16
Hindenburg, Paul von, Reichspräsident 7, 17, 18, 35, 48, 49, 92, 97, 99, 107, 148, 201, 267
Hipp, Emil, Bildhauer 274
Hirsch, Emanuel, Professor der Theologie in Göttingen 249
Hitler, Adolf 7, 11, 14, 16, 18, 35, 36, 38, 39, 45, 47, 48, 49, 51, 54, 61, 63, 64, 86, 92, 93, 97, 98, 102, 107, 110, 112, 113, 139, 140, 141, 142, 148, 152, 154, 158-162, 164-169, 176, 181-191, 194, 200, 201, 202, 204, 205, 209, 225, 226, 227, 228, 232, 234, 235, 236, 237, 238, 240, 241, 243, 247, 248, 249, 250, 251, 253, 267, 274
Holitscher, Arthur, österreichischer Schriftsteller 114
Holldack, Hans, Professor für Rechtswissenschaft an der Technischen Hochschule Dresden 106
Höltermann, Karl, Bundesführer des Reichsbanners 10, 11
Hommel, Stadtrechtsrat in Leipzig 66
Hübler, SPD-Kommunalpolitiker 8
Hüper, Robert, Volksschullehrer 229
Humke, Musikzugführer 159
Hund, Friedrich, Professor für Physik an der Universität Leipzig 243
Isabella, Königin von Kastilien 268
Israel, Pfarrer in Leipzig-Connewitz 93
Jaensch, Erich Rudolf, Professor der Psychologie in Marburg 235

Jäpel, Kurt, Volksschullehrer 229
Junck, Hauptmann 102
Kaas, Ludwig, Zentrums-Politiker 13, 18
Kaiser, Georg, Schriftsteller 44, 45
Kamps, Rudolf, sächs. Finanzminister 161
Kannegießer, Lorenz, Schlosser 105
Kapitän, Heinz, Arbeiter 16
Karg, Organisator der Kulturwoche in Leipzig 231
Katt, Walter, Volksschullehrer 229
Katzer, Gewerkschaftsfunktionär des Textilarbeiter-Verbands 105
Kerr, Alfred, Schriftsteller 114, 199
Kessler, Gerhard, Professor für Nationalökonomie an der Universität Leipzig 61, 204
Killinger, Manfred von, Ministerpräsident von Sachsen 54, 165, 168
Kind, Wilhelm, Installateur 236
Kisch, Egon Erwin, Schriftsteller 114
Klopf, Kreiskampfführer 155, 156
Knofe, Oskar, Polizeipräsident von Leipzig 65, 86, 101, 111, 142, 148, 158, 165, 199, 224
Kob, Adolf, NSDAP-Stabsleiter 161
Kohl, Fritz, Vorstandsmitglied der Mitteldeutschen Rundfunk GmbH Leipzig 197
Köhler, Willi, Schriftsetzer 236
Kolbenheyer, Erwin Guido, Schriftsteller 109, 110
Kollontay, Alexandra, Schriftstellerin 87
Kremer, Martin, Sänger 92
Kretzschmar, Hermann, Musikwissenschaftler 62
Kropp, Werner, stellvertretender NSDAP-Kreisleiter 237
Krüger, Felix, Professor für Psychologie an der Universität Leipzig 234
Krupp von Bohlen und Halbach, Alfried, Großindustrieller 45
Künstler, Franz, SPD-Politiker 39
Künzel, Max, Besitzer der UT-Lichtspiele in Leipzig 55

Kulenkampff, Georg, Violinist 62
Kuruda, japanischer Professor der Psychologie 234
Labowsky, Norbert, Aufsichtsratmitglied der Karstadt AG 66
Lampe, Oberkantor 13
Landmann, Arno, Dirigent 156
Lang, Johannes, Volksschullehrer 229
Lautenbach, Otto, Volksschullehrer 229
Lehmann, Reinhold, Volksschullehrer 229
Lehne, Henriette, Sängerin 92
Leipart, Theodor, Vorsitzender des ADGB 103
Leiske, Walter, Stadtrat und Dezernent für Verkehrswesen in Leipzig 159, 173
Lenk, Georg, sächsischer Wirtschaftsminister 154, 200
Lessing, Theodor, Kulturphilosoph, Professor in Hannover 201
Lewis, Sinclair, amerikanischer Schriftsteller 87
Lewisohn, Ludwig, Schriftsteller 87
Ley, Robert, NS-Politiker, Führer der Deutschen Arbeitsfront 103, 110, 159, 160, 232, 233, 253
Liebeneiner, Wolfgang, Schauspieler 54, 55
Liebmann, Hermann, SPD-Politiker 39, 48, 94
Lindner, Joseph, Volksschullehrer 229
Linke, Rudolf, Journalist der NLZ 88
Litt, Theodor, Professor für Philosophie und Pädagogik an der Universität Leipzig 13, 14
Loose, Martin, Volksschullehrer 229
Löser, Ewald, Bürgermeister von Leipzig 148, 224
Löwenstein, Hans von und zu, Großindustrieller 45
Lubbe, Marinus van der, niederländischer Maurer, Anarchist 51, 206, 207, 208, 209, 218, 221, 271, 272, 274, 275, 276
Ludwig, Emil, Schriftsteller 114

Lützkendorf, Felix, Journalist der NLZ 206, 210, 234, 253
Luther, Martin, Reformator 93, 120, 235, 236, 249
Mann, Heinrich, Schriftsteller 87, 114, 199
Mann, Thomas, Schriftsteller 38
Markgraf, Pfarrer der Markuskirche in Leipzig-Reudnitz 93
Marx, Erich Anselm, Professor für Radiophysik an der Universität Leipzig 204
Meixner, Carl, Schauspieler 206
Mendelssohn Bartholdy, Felix, Komponist 38, 56, 62
Metzel, Bruno, NS-Kommunalpolitiker, Stadtverordneter in Leipzig 97
Meyer, Cuno, NS-Politiker 240
Morozowicz, Elhard von, Bundesbevollmächtigter des Stahlhelm, SA-Gruppenführer 153
Mozart, Wolfgang Amadeus 55, 233
Mroß, Hubert, Volksschullehrer 229
Muck, Carl, Dirigent 38
Müller, Gewerkschaftsfunktionär 105
Müller, Gustav Adolf, Geschäftsführer des Allgemeinen Verbandes der Bankangestellten 106
Müller, Otto, Kapellmeister 55
Münzenberg, Wilhelm, KPD-Politiker, Publizist 199
Mutschmann, Martin, NS-Politiker, Gauleiter und Reichsstatthalter für Sachsen 88, 107, 160, 161, 165, 168, 199, 252, 253
Nachod, Hans, Journalist der NLZ, Kunstreferent 57
Natonek, Hans, Journalist der NLZ, Feuilletonchef 38, 42, 45, 55
Neher, Caspar, Bühnenbildner 45
Neßler, Victor, Komponist 148
Nestler, Hermann, Studienrat 37
Neubeck, Ludwig, Vorstandsmitglied der Mitteldeutschen Rundfunk GmbH Leipzig 197

Neumann, Alfred, Schriftsteller 87
Neumann, Robert, Schriftsteller 87
Nikisch, Arthur, Dirigent, Gewandhauskapellmeister 56
Oegg, Friedrich, NS-Jurist, Präsident des Reichsarbeitsgerichts 224
Oettel, Johannes, Sänger 92
Olbracht, Iwan, tschech. Schriftsteller 87
Ophüls, Max, Theater- und Filmregisseur 54
Oppenheim, Julius, Aufsichtsratmitglied der Karstadt AG 66
Oskar, Prinz von Preußen 209
Otto, F., Beauftragter des Reichssportkommissars 146, 148, 149
Ottwalt, Ernst, Schriftsteller 87, 114
Pacelli, Eugenio, Nuntius, später Papst Pius XII. 152
Palitzsch, Johannes, Polizeipräsident von Dresden 50
Palucca, Gret, Tänzerin, Choreographin 233, 234
Papen, Franz von, Zentrums-Politiker, 1932 Reichskanzler, 1933 Vizekanzler unter Hitler 7, 14, 16, 91, 152, 227
Parisius, Felix, Landgerichtsdirektor 272, 275
Peitsch, Hellmut, NS-Politiker, Stadtverordneter und Kreisleiter der NSBO Leipzig 102, 104, 105, 111, 142, 143, 159, 160
Pflugk, Oskar, Volksschullehrer 229
Pfordten, Theodor von der, Oberlandesgerichtsrat 226
Pieck, Wilhelm, KPD-Politiker, Führer der Exil-KPD 47, 199
Pinder, Wilhelm, Professor für Kunstgeschichte in Leipzig, München und Berlin 249
Pius XI., Papst 91
Plache, Bruno, KPD-Politiker und Arbeitersportler in Leipzig 8
Planck, Max, Physiker, Nobelpreisträger 243, 244

Plivier, Theodor, Schriftsteller 114
Plöttner, Herbert, Schlosser 48
Popelka, Joachim, Musiker 14
Popoff, Blagoi Siminow, bulgarischer Jura-Student und Kommunist 86, 207, 274, 275, 276
Popoff, Konstantin, Musiker 14
Poppelreuter, Walther, Professor der Psychologie in Bonn 234
Preßl, Rudolf, Volksschullehrer 229
Prinz von Isenburg, Wilhelm Karl, Psychologe in Bonn 235
Rabenschlag, Friedrich, Universitätsmusikdirektor in Leipzig 234
Raff, Joachim, Komponist 13
Ramin, Günther, Organist, später Thomaskantor in Leipzig 92
Randow, Herta, Schauspielerin 242
Raphael, Günter, Komponist 10
Reche, Otto, Direktor des ethnologisch-anthropologischen Instituts der Universität Leipzig 140
Reger, Max, Komponist 10
Reichhold, deutscher Vertreter beim Internationalen Arbeitsamt in Genf 159
Reimann, Studienrat der Leibnizschule in Leipzig 229
Remarque, Erich Maria, Schriftsteller 114
Retzmann, Vorsitzender des Zentralausschusses »Leipziger Arbeitgeberverbände e. V.« 64
Reuteln, Theodor Adrian von, NS-Politiker, Leiter des Hauptamtes für Handwerk und Handel in der Reichsleitung der NSDAP, Präsident des Deutschen Industrie- und Handelstags 155
Ribbentrop, Joachim von, NS-Politiker, Vertreter der Henkell-Sektkellerei, später Reichsaußenminister 14, 16
Richter, Johannes, Direktor des Pädagogischen Instituts an der Universität Leipzig 106
Richter, Rotraut, Schauspielerin 206

Richter, Walter, Journalist der NLZ 247, 271
Riehl, Gewerkschaftsfunktionär des Baugewerksbundes 105
Riehle, SPD-Politiker, Abgeordneter des sächsischen Landtags 94
Riemann, Gewerkschaftsfunktionär des Verbandes der Hotel-, Restaurant- und Café-Angestellten 105
Riepl, Gewerkschaftsfunktionär des Verbandes der Nahrungsmittel- und Getränkearbeiter 105
Ringelnatz, Joachim, Dichter u. Maler 57
Rive, Robert, Oberbürgermeister von Halle 175
Rockefeller, John D., amerikanischer Großindustrieller 243
Röhm, Ernst, NS-Politiker, Stabschef der SA 165, 168, 170, 209, 267
Roth, Joseph, Schriftsteller 87
Rudolph, Hermann, Mitglied der Theosophischen Gesellschaft Deutschland 138
Ruge, L., Mitglied der Theosophischen Gesellschaft Deutschland 138, 139
Rust, Bernhard, NS-Politiker, preußischer Kultusminister, später Reichsminister 49
Sack, Alfons, Rechtsanwalt 272, 275
Salzmann, Leiter der Landesstelle Sachsen für Volksaufklärung und Propaganda 251
Santas, Jenita, Kabarettistin 14
Sauerbruch, Ferdinand, Mediziner, Professor an der Charité in Berlin 249
Schacht, Hjalmar, Bankier, Reichsbankpräsident 45
Scharfe, Rita, Volksschullehrer 229
Scharry, Georg, Kuhmelker 139, 140
Scheidemann, Philipp, SPD-Politiker 199
Schein, Johann Hermann, Komponist 234
Schemm, Hans, NS-Politiker, bayerischer Kultusminister 89
Schilling, Erich, Vorsitzender und Geschäftsführer des ADGB in Leipzig 106

Schillings, Max von, Komponist, Generalmusikdirektor in Berlin, Präsident der Preußischen Akademie der Künste 38
Schimmel, Stellvertretender Vorsteher der Leipziger Stadtverordnetenversammlung 252
Schimpf, Herbert, Maler 251
Schirach, Baldur von, NS-Politiker, Jugendführer des Deutschen Reiches 86, 141
Schlageter, Albert Leo, Freikorpskämpfer, NS-Märtyrer 149
Schlebe, Oberleiter des Varieté »Drei Linden« in Leipzig-Lindenau 242
Schlegel, SS-Oberführer 161
Schleicher, Kurt von, Militär, Reichskanzler 7, 13, 16, 17
Schmerler, Bundesvorsitzender der Theosophischen Gesellschaft Deutschland 138
Schmidt, Gewerkschaftsfunktionär beim Verband der graphischen Hilfsarbeiter 105
Schmidt, Jurist, Professor und Rektor der Universität Hamburg 249
Schmidt, KPD-Politiker, Vizevorsteher der Leipziger Stadtverordneten 8
Schmidt, Vorsitzender des Reichsverbandes des Deutschen Handwerks 200
Schneider, Albin Ernst, Arbeiter 228
Schneider, Karl Max, Zoologe 115
Schneider, Magda, Schauspielerin 54
Schneider, NS-Politiker, Gauschatzmeister Sachsen 161
Schneller, Ernst, KPD-Politiker 247
Schnitzler, Arthur, Schriftsteller 54, 87
Schnitzler, Ernst Wilhelm, Großindustrieller 45
Schöndorff, Albert, Aufsichtsratmitglied der Karstadt AG 66
Schröder, Kurt von, Bankier 7, 45
Schrödinger, Erwin, Physiker, Nobelpreisträger 243

Schrörs, Parteisekretär der Leipziger SPD 94
Schubert, Franz, Komponist 62
Schulze, Friedrich, Bürgermeister von Leipzig 56
Schumann, Frau, Sekretärin 94
Schumann, Gewerkschaftsfunktionär des Fabrikarbeiter-Verbands 105
Schumann, Musikzugführer einer SA-Standartenkapelle 160, 241,
Schumann, Otto, Journalist der NLZ, Musikredakteur 109, 268
Schumann, Professor an der Universität Halle 249
Schumann, Robert, Komponist 62
Schwager, Johannes, Volksschullehrer 229
Schwar, Gewerkschaftsfunktionär des Melker-Verbands 105
Seifert, Kurt, Schauspieler 242
Sejfullina, Lydia, Schriftstellerin 87
Selbmann, Fritz, KPD-Politiker, Vorsitzender der KPD Sachsen 90
Seldte, Franz, NS-Politiker, Bundesführer des Stahlhelm, Reichsarbeitsminister 153, 209
Sendig, Gewerkschaftsfunktionär des Verbands der Nahrungsmittel- und Getränkearbeiter 105
Sester, Ingenieur 232
Setzpfand, SPD-Politiker 8
Seuffert, Phillip, Rechtsanwalt 275
Siebold, Gewerkschaftsfunktionär beim Zentralverband der Steinarbeiter 105
Siedeborn, Dirigent 10
Siedel, Erhard, Schauspieler 45
Siemon, Arno, Vorsitzender des Leipziger Lehrervereins 13
Sierck, Detlef, Regisseur am Alten Theater Leipzig 45
Sinclair, Upton, amerikanischer Schriftsteller 88
Sommerfeld, Arnold, Professor der Physik in München 243

Spaeth, Maximilian, Journalist der NLZ 244
Speelmans, Hermann, Schauspieler 206
Spengler, Oswald, Professor der Philosophie in München 157
Springorum, Fritz, Großindustrieller 45
Stampfer, Friedrich, Chefredakteur des »Vorwärts« 37, 49, 199
Stanchina, Peter, Organisator der Kulturwoche in Leipzig 231
Steiner-Prag, Hugo, Maler und Grafiker, Professor an der Akademie für Graphische Künste und Buchgewerbe in Leipzig 12
Steinhauer, Walter, Filmkritiker, Mitarbeiter der NLZ 55
Steinhoff, Hans, Regisseur 206
Steinkopf, Erich, Volksschullehrer 229
Sternberg, Josef von, Regisseur 42
Stiehler, Bezirksleiter der Arbeitsfront Sachsen 143, 233
Straube, Karl, Organist, Thomaskantor in Leipzig 9, 10, 91
Strawinsky, Igor, Komponist 15, 16
Streicher, Julius, NS-Politiker, Herausgeber der antisemitischen Wochenschrift »Der Stürmer« 85
Streller, Gerhard, Volksschullehrer 229
Strobel, Hermann, Volksschullehrer 229
Studentkowski, Werner, NS-Politiker, Landtagsabgeordneter 112, 113, 161, 252, 253
Stürz, Gewerkschaftsfunktionär des Verbands Deutscher Buchdrucker 105
Taneff, Wassil Konstantinoff, bulgarischer Schumacher und Kommunist 86, 207, 274, 275, 276
Teichert, Paul, Rechtsanwalt 271, 275
Temkin, Owsej, Privatdozent an der medizinischen Fakultät der Universität Leipzig 204
Tengelmann, Ernst, Großindustrieller 45
Teutsch, Friedrich, Stadtrat 56
Thaer, Albrecht 28

Thälmann, Ernst, Politiker, Vorsitzender der KPD 36, 49, 51, 53, 70
Theilig, Geschäftsführer des Reichsausschusses für das Ausstellungs- und Messewesen 201
Thiele, Alfred, Bildhauer 116
Thiele, Otto, Volksschullehrer 229
Thomas, Kurt, Komponist 10
Todt, Fritz, NS-Politiker, Generalinspekteur des deutschen Straßenbaues 158, 159
Toller, Ernst, Schriftsteller 199
Torgler, Ernst, KPD-Politiker, Vorsitzender der Reichstagsfraktion der KPD 37, 86, 207, 208, 210, 271, 272, 274, 275, 276
Tucholsky, Kurt, Schriftsteller 88, 114, 199
Tyler, Tom, Schauspieler 13
Uhlendahl, Heinrich, Direktor der Deutschen Bücherei Leipzig 145, 152
Uhlig, Mitglied der Handelskammer und des Elster-Saale-Kanal-Vereins 176
Ulbricht, Walter, KPD-Politiker 36
Ullrich, Luise, Schauspielerin 54
Unger, Ella, Arbeiterin 139, 140
Uttmann, Barbara, Wohltäterin Annabergs 230
Vogel, Hans, Politiker, Vorsitzender der SPD 96
Vögler, Albert, Großindustrieller 45
Volkelt, Hans, Professor der Psychologie an der Universität Leipzig 106

Wagner, Richard, Komponist 37, 38, 274
Wagner, Wieland, Regisseur, Enkel Richard Wagners 38
Wagner, Winifred, Schwiegertochter Richard Wagners, Leiterin der Bayreuther Festspiele 38
Walter, Bruno, Dirigent 55, 56
Walther, Johann, Chorleiter 234
Warburg, Fritz, Bankier, Aufsichtsratmitglied der Karstadt AG 66
Wassermann, Jakob, Schriftsteller 87
Watson, John B., amerikanischer Psychologe 234
Weber, Alwin, Arbeiter 251
Weber, Carl Maria von, Komponist 55
Wedem, Freiherr von, Reichspressechef des Stahlhelms 153
Weigand, Georg, Volksschullehrer 229
Weise, Hans, Volksschullehrer 229
Wels, Otto, SPD-Politiker, Vorsitzender der Auslandsleitung der SPD 36, 96, 199
Werfel, Franz, Schriftsteller 87
Werner, Karl August, Oberreichsanwalt 224, 272, 275
Wessel, Horst, SA-Sturmführer, NS-Märtyrer 46, 60, 93, 117, 118, 143, 146, 149, 155, 160, 170, 201, 226, 231, 234, 238
Wessely, Paula, Schauspielerin 54
Wildhagen, Georg, Justizrat 224
Wilhelm, Kronprinz von Preußen 209

Winckler, Vorsitzender des Zentralverbandes der Steinarbeiter 106
Windthorst, Ludwig, Zentrums-Politiker 151
Wissell, Rudolf, Gewerkschaftsfunktionär dees AGDB 103
Witkowski, Georg, Professor für Literaturgeschichte an der Universität Leipzig 106
Wittgensteiner, Arno, Aufsichtsratmitglied der Karstadt AG 66
Wohlgemuth, Gustav, Chorleiter 231, 232
Wolf, Otto, NS-Kommunalpolitiker, Leipziger Stadtverordnetenvorsteher 97, 148
Wolle, Vorsitzender des Leipziger Innungsausschusses 156
Zander, Mitglied im Tennisklub »Rotweiß« 12
Zeh, Arthur, Nationalsozialist 47
Zeigner, Erich, SPD-Politiker, nach 1945 Oberbürgermeister von Leipzig 106
Zeiler, Walter, Volksschullehrer 229
Zeise-Gött, Hans, Schauspieler und Regisseur 149
Zeleny, Karl, Vizepräsident des Reichsverbandes des deutschen Handwerks 155, 201
Zimmer, Walter, Sänger 92
Zimmermann, Hugo, Volksschullehrer 229
Zöphel, Karl Georg, Rechtsanwalt 12
Zweig, Arnold, Schriftsteller 114

Am 4. Dezember 1943 sank Leipzig in Schutt und Asche. In den knapp zwanzig Minuten des englischen Luftangriffs und in dem sich anschließenden grauenvollen Feuersturm wurde mehr als die Hälfte der Gebäude schwer beschädigt oder völlig zerstört. Knapp 200 Menschen starben, 140000 wurden obdachlos. Der sensationelle Fund einer Kiste mit bislang unbekannten Dokumenten ermöglicht es erstmals, den Untergang des alten Leipzig aus der Perspektive der einzelnen Menschen zu sehen. Die buchstäblich zwischen rauchenden Trümmern geschriebenen Briefe, Tagebücher und Berichte sowie zahlreiche Abbildungen, geben einen atemberaubenden Einblick in die größte Katastrophe der Stadtgeschichte.

»Ein beklemmendes Buch, das man nicht so leicht wieder aus der Hand legt. Nach seiner Lektüre geht man mit einem anderen Blick durch die Stadt.« (Wolfgang Tiefensee)

288 Seiten, 108 Abbildungen, 2 Karten, Festeinband,
22 x 24 cm 19,90 EUR, ISBN 978-3-937146-06-5

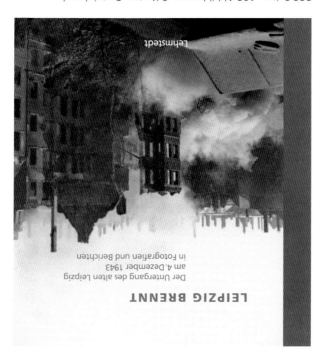

LEIPZIG BRENNT

Der Untergang des alten Leipzig
am 4. Dezember 1943
in Fotografien und Berichten

Lehmstedt